FONTES DA PEDAGOGIA LATINO-AMERICANA

Uma antologia

Danilo R. Streck (Org.)

FONTES DA PEDAGOGIA
LATINO-AMERICANA

Uma antologia

autêntica

Copyright © 2010 Danilo R. Streck

COORDENAÇÃO TÉCNICA
Cheron Zanini Moretti; Telmo Adams

TRADUÇÃO
*Luis Marcos Sander; Marta Barichello;
Danilo Streck; Emílio Gennari*

PROJETO GRÁFICO DE CAPA
Diogo Droschi

EDITORAÇÃO ELETRÔNICA
Christiane Morais de Oliveira

REVISÃO
Lira Córdova

APOIO
CNPq, FAPERGS e UNISINOS

EDITORA RESPONSÁVEL
Rejane Dias

Revisado conforme o Novo Acordo Ortográfico.

Todos os direitos reservados pela Autêntica Editora. Nenhuma parte desta publicação poderá ser reproduzida, seja por meios mecânicos, eletrônicos, seja via cópia xerográfica, sem a autorização prévia da Editora.

AUTÊNTICA EDITORA LTDA.
Rua Aimorés, 981, 8º andar . Funcionários
30140-071 . Belo Horizonte . MG
Tel: (55 31) 3222 68 19
Televendas: 0800 283 13 22
www.autenticaeditora.com.br

**Dados Internacionais de Catalogação na Publicação (CIP)
(Câmara Brasileira do Livro, SP, Brasil)**

Fontes da pedagogia latino-americana : uma antologia / Danilo R. Streck (Org.) . – Belo Horizonte : Autêntica Editora, 2010.

Vários autores.
Bibliografia.
ISBN 978-85-7526-483-6

1. Educação - América Latina 2. Educação - América Latina - História I. Streck, Danilo R.

10-06188   CDD-370.98

Índices para catálogo sistemático:
1. América Latina : Educação 370.98

Sumário

Apresentação 9
Danilo R. Streck

Pensamento pedagógico em nossa América: uma introdução 19
Danilo R. Streck; Telmo Adams; Cheron Zanini Moretti

Educação guarani segundo os Guarani 37
Bartomeu Meliá, S. J.

Simón Rodríguez, crítico da imitação 55
Danilo R. Streck; Telmo Adams; Cheron Zanini Moretti

Andrés Bello, o humanista latino-americano 71
Adriana Puiggrós

**Nísia Floresta e a reforma na educação no Brasil
em busca da equidade de gênero** 89
Graziela Rinaldi da Rosa

**Domingo F. Sarmiento ou os antagonismos da cultura
e da educação argentinas** 105
Adriana Puiggrós

José Pedro Varela: a construção de um sistema educativo nacional, autônomo e igualitário para um Uruguai democrático 117
Marcos Rocchietti

José Martí e a formação de nossa América 135
Danilo R. Streck

Rubén Darío: a emoção singular das Américas!..................................149
Paulo P. Albuquerque

Manoel Bomfim: instrução popular como remédio contra
a ignorância, servilismo e parasitismo..165
Janilson Pinheiro Barbosa

José Vasconcelos, promotor de cultura e criador do sistema
educacional mexicano..183
Eulálio Velásquez Licea

Maria Lacerda de Moura e a educação libertária para mulheres............199
Edla Eggert; Joice Oliveira Pacheco

Gabriela Mistral e a educação das nossas crianças....................................211
Telmo Adams

Elizardo Pérez: Warisata – a escola *ayllu*..231
*Danilo R. Streck; Daiane Almeida de Azevedo;
Mirele Alberton; Dênis Wagner Machado*

José Carlos Mariátegui: educação e cultura
na construção do socialismo..247
Luiz Bernardo Pericás

Anísio Teixeira: democracia, educação e reconstrução nacional............259
Berenice Corsetti

Leopoldo Zea: elementos para uma filosofia da educação
na América Latina..275
Antônio Sidekun

Monsenhor Romero: a educação como
processo libertador do povo..293
María del Carmen Cruz Senovilla

Florestan Fernandes: a sociologia crítica aplicada à educação................313
Cênio Back Weyh

Paulo Freire e a consolidação do pensamento pedagógico
na América Latina..329
Danilo R. Streck

Darcy Ribeiro: a educação necessária..347
Jairo Henrique Rogge

Orlando Fals Borda e a pedagogia da práxis..355
Alfonso Torres Carrillo

Frantz Fanon e a Pedagogia da "Colaboração Muscular".......................377
Gomercindo Ghiggi; Martinho Kavaya

Che Guevara: a pedagogia da revolução..393
Luiz Bernardo Pericás

Camilo Torres: a pedagogia do amor eficaz..403
Fernando Torres Millán

Chico Mendes e os povos da floresta:
uma pedagogia em construção...421
Lindomal Ferreira

Subcomandante insurgente Marcos: educação rebelde,
autônoma e zapatista...439
Cheron Zanini Moretti

Sobre os autores e as autoras...453

Apresentação

Este é um livro de leituras de fontes da pedagogia latino-americana que pretende contribuir para a reconstrução de uma teoria pedagógica que, ao olhar para trás e reencontrar-se com sua memória, possa ao mesmo tempo se abrir para novos horizontes no presente. Se parecemos presos a um destino é porque permitimos que fosse apagada a lembrança de uma grande riqueza de pensamento e de práticas na área da educação. Orgulhamo-nos com o fato de Paulo Freire, um cidadão brasileiro e latino-americano, ser considerado um dos grandes educadores do século XX, mas esquecemos que sua obra se insere tanto no movimento da sociedade em que ele viveu quanto se alimenta de um chão fértil preparado por séculos de luta pela causa da educação.

Ao fazer esta seleção de autores e textos, havia a consciência de que, para cada autor ou autora selecionada, outros tantos ficariam fora. Isso mostra, por um lado, a limitação de um trabalho dessa natureza, mas pode representar também um movimento de busca e construção permanente ao qual esta coletânea procura se aliar. Um dos critérios para a seleção foi reunir autores que podem ser considerados clássicos na área da educação ou em áreas afins. Nomes como José Martí e Domingo F. Sarmiento ultrapassam as fronteiras nacionais e se constituem em marcos do pensamento de um subcontinente que, junto com as diferenças regionais, compartilha uma história semelhante e desafios atuais comuns.

Há também uma intencionalidade de caráter político nessas escolhas. A educação não se dá fora dos conflitos e das tensões da vida concreta e pressupõe opções fundadas em projeto de sociedade e de visão de homem e mulher. Os autores e textos selecionados estão longe de representarem uma voz única, mas há em todos eles uma genuína busca pela emancipação do povo através da educação. Ou seja, de uma ou de outra forma, eles estão inseridos no movimento pedagógico que, na segunda metade do século passado, passou a ser conhecido como educação popular e representa uma contribuição importante no cenário pedagógico global.

A riqueza pedagógica, que corresponde à vastidão geográfica e à diversidade cultural da América Latina e do Caribe, evidentemente não pode ser condensada em um compêndio. Não obstante, houve uma atenção para a relativa cobertura do mapa para mostrar que da mesma forma que não existem vazios em termos de cultura, também não existe um vácuo pedagógico. Pode haver, isso sim, pedagogias silenciadas em detrimento daquelas que se colocam em sintonia com projetos de sociedade hegemônicos. É nesse sentido que a coletânea inclui a contribuição dos povos Guarani, dos zapatistas e dos Povos da Floresta na Amazônia. É uma sinalização de que existem práticas pedagógicas distintas as quais, escutadas, podem contribuir para mantê-la e promover a vida em sua diversidade e plenitude.

Precisa-se advertir que este não é um livro de história da educação no sentido de integrar os autores e autoras em uma narrativa que explicita os elos e as rupturas ao longo do tempo. Ao mesmo tempo, procurou-se evitar uma visão demasiadamente fragmentada através da edição de textos que tenham uma representatividade em sua obra e que compõem uma unidade textual com suficiente amplitude para reconhecer o autor e a autora. A apresentação dos autores e das autoras e dos respectivos textos tem a intenção de inseri-los no processo de construção de pensamento pedagógico latino-americano. Há também notas para localizar o texto destacado na obra do autor ou da autora.

A ordem na qual os textos são apresentados não é aleatória. Tomou-se como referência o ano de nascimento dos autores e das autoras por ser o critério que parecia corresponder melhor ao intento de não realizar uma classificação prévia nem de identificar diferenças regionais *a priori*. Os agrupamentos, cada leitor e cada leitora poderá fazê-los de acordo com o ponto de vista do qual realiza a sua leitura. O texto introdutório, "Pensamento pedagógico em nossa América: uma introdução", procura dar uma indicação mais clara dos pressupostos e das escolhas ao identificar alguns temas que se colocam como desafios pedagógicos da atualidade e aos quais de alguma forma todas as contribuições, a seguir relacionadas, estão referidas.

A educação dos **povos Guarani** abre a coletânea. Bartomeu Meliá, S. J., introduz o leitor no complexo e fascinante mundo de uma educação que já estava sendo praticada em vasta região da América do Sul por ocasião da colonização. Sinaliza-se com este início que não havia nessas terras um vazio pedagógico e que a chegada dos europeus significou uma ruptura e o quase aniquilamento da vida cultural dos povos que aqui habitavam. Essa educação com ênfase na formação moral e espiritual compreendia, segundo Meliá, um processo mais formal do que o visitante ocasional costuma perceber.

Simón Rodríguez (1771-1854), apresentado por Danilo R. Streck, Telmo Adams e Cheron Zanini Moretti, é conhecido como o mestre de Simón Bolívar e uma figura emblemática da pedagogia latino-americana pela clareza de percepção do lugar da educação para o desenvolvimento das nações latino-americanas, mas também pela forma de escrever. Seu estilo procura fugir da linearidade da linguagem escrita ao "pintar" as ideias, como ele mesmo dizia. O propósito da obra de Simón Rodríguez foi a criação de uma sociedade republicana através da educação para todos como desdobramento necessário da independência conquistada por meio das armas. Ele concorda com o princípio da Ilustração de que cada pessoa deve ousar pensar por si mesmo, mas ao mesmo tempo afirma que essa atitude ganha sentido quando contribui para a formação social do indivíduo e para a transformação das condições materiais da sociedade.

Andrés Bello (1781-1865) nasceu em Caracas, mas desenvolveu a maior parte de sua obra no Chile. Ainda em Caracas teve como um de seu alunos Simón Bolívar. Em sua atuação educacional, Adriana Puiggrós destaca a importância que dava à Universidade como instrumento para generalizar a educação para todo o povo, de acordo com o modelo educacional napoleônico que concebe a educação como uma pirâmide em cujo topo se encontra a Universidade. É reproduzido o seu discurso na inauguração da Universidade do Chile, em 1843.

Nísia Floresta (1810-1885) foi uma das pioneiras da educação feminina no Brasil, lutando pela educação das meninas através de seus escritos e da criação de escolas. O texto relacionado por Graziela Rinaldi da Rosa é extraído do *Opúsculo humanitário,* e nele temos uma amostra da visão clara e radical desta brasileira que antecipou as lutas das mulheres não só por uma educação igual à dos homens, mas por uma educação melhor para todos.

 **Domingo Faustino Sarmiento** (1811-1888) é apresentado por Adriana Puiggrós, que aponta para a contradição que aparece na obra deste grande pensador, escritor e político argentino. Por um lado, defendia que a educação comum deveria chegar às grandes massas, mostrando-se contrário à meritocracia do saber. Por outro lado, culpava as raízes hispano-árabes e indígenas de nossa população pelo atraso. Esse pensamento está registrado de forma magistral em *Facundo*, considerado o maior romance argentino. O texto selecionado para esta antologia é de sua *Educación popular*.

 **José Pedro Varela** (1845-1879) destaca-se como um lúcido defensor da "constituição de um sistema educativo nacional, autônomo e igualitário para um Uruguai democrático". Revela a fé na *escola comum* como instituição capaz de garantir a paz social e o progresso, baseado nos princípios da laicidade, da obrigatoriedade e da gratuidade. Ele pergunta: "Por que, pois, tendo leis novas vivemos não obstante no caos?". A sua resposta está na precária educação do povo. Marcos Rocchietti selecionou excertos que abrangem vários temas da vasta obra política e pedagógica de Varela.

 **José Martí** (1853-1895) dedicou sua obra e vida à independência de Cuba e é considerado o grande inspirador da Revolução Cubana. Como escritor, poeta, jornalista e diplomata, ele foi também um incansável promotor da educação do povo. Defendia uma educação científica e técnica junto com a formação ética e política do povo. Na apresentação Danilo R. Streck argumenta que Martí coloca os fundamentos daquilo que pode ser chamado de pedagogia latino-americana e que mais tarde ganha corpo no movimento conhecido como educação popular.

 **Rubén Darío** (1867-1916), poeta, escritor e diplomata nicaraguense, entra nesta coletânea não como um educador ou teórico da educação, mas como alguém cuja obra marca o cenário intelectual de uma época e afirma uma posição *criolla* latino-americana. Paulo P. Albuquerque compara Darío, o poeta, ao educador por este entender que a palavra, quando não submetida a estatutos alheios a ela, contém significados que fazem dele um protagonista do conhecimento. A inclusão desse poeta centro-americano

lembra também a preocupação estética que se encontra nos nossos clássicos da pedagogia. Desde Simón Rodriguez a Paulo Freire há o entendimento, nem sempre explícito, de que cabe à teoria talhar uma linguagem que traduza mais adequadamente a nova realidade desejada.

Manuel Bomfim (1868-1932), brasileiro do estado do Sergipe, defendeu a tese do *parasitismo social*, contraposta à ideia da *desigualdade inata das raças*, comumente aceita em seu tempo. Médico de formação, teve destacada atuação na educação, acreditando ser a instrução pública o único "remédio" para tirar o povo brasileiro do atraso. Janilson Pinheiro Barbosa selecionou, para compor esta antologia, trechos do livro clássico de Bomfim, *A América Latina: males de origem*.

José Vasconcelos (1882-1959) desenvolveu seu pensamento pedagógico nos contextos da conhecida Revolução Mexicana, iniciada em 1910. Num país com 90% de analfabetos, José Vasconcelos propõe, como reitor da Universidade Nacional do México, uma cruzada que chamou de "desanalfabetização". Em seu livro clássico, *La raza cósmica*, propõe que está em formação uma nova raça, mestiça, que um dia brilhará no mundo. Eulálio Velásquez Licea destaca em sua apresentação a importância da dimensão espiritual, ética e estética da educação. "O conhecimento só se alcança quando se obtém uma visão estética do objeto, uma vez que através dos sentidos, do intelecto e da imaginação e das emoções se consegue alcançar a totalidade."

Maria Lacerda de Moura (1887-1945) representa a presença atuante da mulher no movimento anarquista e libertário do início do século passado. De forma vibrante e provocativa ela defendia uma educação igualitária para mulheres e homens, denunciando a discriminação da mulher na educação como fator que mantém a mulher em posição de ignorância e infantilidade. Edla Eggert e Joice Oliveira Pacheco selecionaram um texto do livro *A mulher é uma degenerada?*, no qual ela defende para a mulher uma educação intelectual, científica e profissional para, no fim, "conceber a finalidade da vida, realizando o seu mundo interior, *conhecer-se – para aprender a amar*".

 **Gabriela Mistral** (1889-1957), poeta chilena laureada com o Prêmio Nobel de Literatura (1945), tem parte significativa de sua obra voltada para a educação. Telmo Adams chama atenção para seu olhar especial sobre a criança. Em *Chamamento pelas crianças* ela alerta que muitas coisas podem esperar, menos a criança. "Queremos salvar-nos salvando as crianças." Além disso, como poeta, defende que a beleza e a ternura são constitutivas da prática educativa. É impossível, segundo Mitral, exercer o magistério de coração seco.

 **Elizardo Pérez** (1892-1980), junto com Avelino Siñali, criou, nas margens do Lago Titicaca, na Bolívia, a escola-*ayllu* de Warisata. A pedagogia e a organização dessa escola boliviana estavam fundadas no respeito à tradição incaica, inclusive resgatando práticas ancestrais como o Parlamento Amauta. A experiência foi interrompida após dez anos de funcionamento e teve profundo impacto na vida das comunidades locais e nas práticas e políticas de educação indígena na Bolívia e em outros países da América Latina. Na apresentação, Danilo R. Streck, Daiane Almeida de Azevedo, Mirele Alberton e Dênis Wagner Machado assinalam a contribuição desta experiência para a formação do atual estado boliviano que se define como plurinacional e pluricultural.

 **José Carlos Mariátegui** (1894-1930) foi grande expoente das ideias socialistas. No campo pedagógico, este pensador peruano defendeu a criação das Universidades Populares, espaços autônomos onde pudesse ser elaborada uma "cultura operária", bem como a escola única para todos os peruanos. O texto escolhido por Luiz Bernardo Pericás trata dos professores primários que, pela sua origem social, estariam mais próximos do povo e por isso poderiam desempenhar um papel especial na criação de uma nova ordem social.

 **Anísio Teixeira** (1900-1971), no Brasil, lutou pela democratização da educação no contexto de um projeto de desenvolvimento para um país que vivia o advento da industrialização. Na apresentação deste pensador, Berenice Corsetti destaca a ideia, ainda hoje revolucionária na educação, de que não basta ter escola para todos; é necessário que todos aprendam.

 **Leopoldo Zea** (1912-2004) é considerado o principal representante do grupo de pensadores mexicanos conhecidos como "americanistas" do século XX. Embora não tenha escrito especificamente sobre a educação, toda a sua obra serve, nas palavras de Antônio Sidekun, "como arcabouço pedagógico para refletir a educação circunstanciada na realidade latino-americana". No texto escolhido, "Educação e cultura para a integração na liberdade", Leopoldo Zea analisa a famosa *Carta de Jamaica*, na qual Simón Bolívar coloca os fundamentos para a construção de uma grande pátria americana.

 **Monsenhor Romero** (1917-1980) representa a contribuição de setores progressistas do cristianismo para a libertação do povo e a transformação social. Como assinalado por María Del Carmen Cruz Senovilla, nas Comunidades Eclesiais de Base podem ser encontradas as raízes históricas da Educação Popular na América Latina. No melhor estilo profético, as homilias combinam a denúncia das injustiças com o anúncio de uma nova realidade. Temos em Monsenhor Romero o testemunho do educador crítico em palavra e ação.

 **Florestan Fernandes** (1920-1995), como assinala Cênio Back Weyh, marcou "o pensamento sociológico-educacional brasileiro e latino-americano tanto pela postura ética na defesa do rigor da produção científica como dos ideais de uma sociedade mais justa e democrática". Homenageado pelo Movimento dos Trabalhadores Sem Terra (MST) no nome de seu instituto de formação (Escola Nacional Florestan Fernandes), ele é referência para todos que acreditam na possibilidade de mudanças. Como ele escreve no texto selecionado: "A sociedade pode dar saltos". Importante é saber para onde.

 **Paulo Freire** (1921-1997) é o educador latino-americano que alcançou maior reconhecimento internacional. Nele se verifica a consolidação de um pensamento pedagógico que finca suas raízes na vivência dos "esfarrados do mundo", mas se engaja no diálogo franco com as teorias do assim chamado Primeiro Mundo. No texto escolhido, inédito em língua portuguesa, o autor discute o tema da liberdade cultural na América Latina, buscando compreender a construção histórica da "cultura do silêncio" e as

possibilidades de uma superação. Dentre as fontes de Paulo Freire temos nomes de destaque como Álvaro Vieira Pinto e Ernani Maria Fiori.

Darcy Ribeiro (1922-1997) representa o pensador multidisciplinar, utópico e engajado. A sua "pele" de educador, como destaca Jairo Henrique Rogge, se manifesta na defesa da educação como ponte entre o cidadão e o Estado. Sua ideias são referência para a criação de projetos escolares e de universidade em vários países da América Latina. No Brasil, seu nome está ligado com a criação da Universidade de Brasília e dos Centros Integrados de Educação Pública (CIEPs), no Rio de Janeiro.

Orlando Fals Borda (1925-2008) é reconhecido como um dos formuladores da Pesquisa Participativa (ou Investigación-Acción Participativa, IAP). Alfonso Torres Carrillo sublinha, em sua apresentação, o papel educativo dessa metodologia de pesquisa. E o próprio Fals Borda, no texto selecionado, identifica como uma das tarefas na busca de paradigmas alternativos desafiar os educadores a converter-se em pesquisadores de sua realidade e assim "justificar o seu trabalho ante a sociedade e a história".

Frantz Fanon (1925-1961) era natural de Martinica, Ilha do Caribe administrada pela França, e tornou-se conhecido por identificar e descrever a "psicopatologia da colonização". Inspirou, nesse sentido, o movimento de libertação da América Latina e no Caribe. Do ponto de vista pedagógico, conforme Gomercindo Ghiggi e Martinho Kavaya, desenvolveu a "pedagogia colaborativa muscular", ou seja, uma pedagogia voltada para a luta concreta e conjunta dos condenados da terra.

Ernesto Che Guevara de La Serna (1929-1967) nasceu na Argentina e tornou-se uma figura legendária da luta de resistência e libertação na América Latina. Como guerrilheiro insistia na formação cultural dos homens sob o seu comando. No texto escolhido por Luiz Bernardo Pericás, ele proclama que a universidade "há que se pintar de negro, de mulato, de operário, de camponês, há de descer até o povo, há que se vibrar com o povo, isto é, todas as necessidades de Cuba inteira". Projetos como estes foram decisivos para tornar a Cuba revolucionária uma referência na educação do povo na América Latina e no Caribe.

Camilo Torres Restrepo (1929-1966) foi um sacerdote católico e sociólogo colombiano que, junto com Orlando Fals Borda, fundou a Faculdade de Sociologia da Universidade Nacional, em Bogotá. Sua contribuição para o pensamento pedagógico latino-americano consiste, como assinala Fernando Torres Millán, no chamamento ético para o exercício do "amor eficaz". No discurso apresentado, faz um apelo aos estudantes para que tomem contato com o povo, ou seja, "as autênticas fontes de informação para determinar qual é o momento, qual é sua responsabilidade, e qual terá que ser em consequência a sua resposta necessária".

Povos da Floresta é o nome dado àqueles que habitam áreas que no mapa costumam ser representadas como um vazio de povo e de cultura, numa região reconhecida pela exuberância de uma natureza e que representa hoje uma das principais fronteiras na luta pela preservação da flora e da fauna. Lindomal Ferreira ajuda-nos a perceber o movimento nas políticas e práticas educativas voltadas para os Povos da Floresta. Os dois textos de **Chico Mendes** (1944-1988) mostram importantes facetas da formação desse líder e da luta que se trava pela educação do povo dessa região.

O subcomandante insurgente Marcos representa nesta coletânea a busca de raízes autóctones para a prática educativa e a importância dos movimentos sociais na construção da pedagogia latino-americana, em especial o movimento zapatista. A América Latina e Caribe foram e continuam sendo o palco de vigorosos movimentos sociais que, por sua vez, incidem nas práticas educativas e nas políticas educacionais. Cheron Zanini Moretti apresenta-nos aspectos da proposta de educação rebelde, autônoma e participativa de Chiapas. O texto escolhido, uma declaração do subcomandante insurgente Marcos, mostra como a educação está inserida no processo de autogoverno, numa prática de organização da comunidade baseada em sua milenar tradição.

A organização desta antologia de fontes da pedagogia latino-americana tornou-se possível graças à colaboração de muitas pessoas, que contribuíram de diferentes maneiras ao longo do trabalho e a quem desejo registrar um agradecimento: os colegas e as colegas que se dispuseram a apresentar autores e autoras e selecionar os textos que dão um sabor da obra original e remetem a ela; a Cheron Zanini Moretti e a Telmo Adams, incansáveis companhias na preparação dos textos e na pesquisa sobre o pensamento pedagógico na América Latina; a Vanice Wentz, Vítor Schütz, Diulli A. Lopes, Daiane Azevedo, Dênis Machado, Mirele Alberton e Letícia da Silva, bolsistas de iniciação científica, cuja curiosidade e comprometimento serviram de estímulo para dar sempre novos passos; a Luís Marcos Sander pelo meticuloso serviço de tradução e revisão; a Antônio Sidekun por compartilhar seus preciosos contatos acadêmicos na América Latina; a Rejane Dias e à equipe da Editora Autêntica, por dividirem a aposta na relevância deste trabalho.

O organizador

Pensamento pedagógico em nossa América: uma introdução

Danilo R. Streck
Telmo Adams
Cheron Zanini Moretti

> *Zeus não poderia desatar as redes*
> *de pedra que me cercam. Esqueci*
> *os homens que antes fui; segui o odiado*
> *caminho de monótonas paredes*
> *que é o meu destino.*
> Jorge Luis Borges, O labirinto, 1971, p. 14

> *Cremos que as condições estão dadas como nunca antes para a mudança social, e que a educação será seu órgão mestre. Uma educação desde o berço até o túmulo, inconforme e reflexiva, que inspire em nós um novo modo de pensar e nos incite a descobrir quem somos em uma sociedade que se queira mais a si mesma.*
> Gabriel García Márquez, 1994, p. 22

Pensar a educação na América Latina

O exercício que nos propusemos no ensaio introdutório a esta coletânea de textos do pensamento pedagógico latino-americano tem a intenção de identificar alguns marcos neste vasto e complexo mapa das sociedades em movimento na América Latina. Qualquer advertência de que se trata de uma aproximação modesta será pouco diante do tamanho do desafio. Além da diversidade de práticas, temos hoje uma grande quantidade de pesquisas em educação espalhadas em inúmeros programas de pós-graduação de norte a sul do continente e que desvendam aspectos da história, das políticas, da realidade escolar e da educação não formal ou não escolar.

Entendemos que reconhecer a diversidade não significa abdicar do trabalho de procurar os elos que nos unem como povos que não apenas têm uma história semelhante, mas que podem compartilhar os seus dons e capacidades para construir o seu destino comum. Por outro lado, não deve significar a tentativa de enquadramento das experiências e reflexões em esquemas rígidos e, por isso, limitadores da riqueza produzida ao longo do tempo.

Também não poderia ser nossa intenção provar que existe uma pedagogia latino-americana, como contraponto excludente a uma pedagogia europeia, africana, asiática ou norte-americana. O pensamento não pode ser aprisionado em fronteiras geográficas. Negar as contribuições de Jean-Jacques Rousseau ou John Dewey para a pedagogia universal seria tão absurdo quanto reclamar José Martí ou Paulo Freire como espécie de propriedade dos latino-americanos. Se é um fato que na educação em *nossa América* continua havendo exagerada xenofilia, também deve ser reconhecido que a superação desse pensamento não depende do fomento da afirmação de um exotismo que se consome a si mesmo.

Entendemos que, por ser herdeira de uma determinada formação histórica e cultural, forjou-se nesta parte do mundo um pensamento com algumas características próprias, em princípio, nem melhor nem pior que o pensamento em outros lugares. Mas é um pensamento que, em meio à fugacidade das ideias *de fora* que, como ondas, se sucedem em modas, busca encontrar raízes por onde continua subindo a seiva que, mesmo imperceptível, continua alimentando práticas e esperanças.

O labirinto, uma imagem forte na literatura latino-americana,[1] é também uma metáfora muito apropriada para a nossa educação. Quando finalmente a maioria das crianças vão para a escola, surge a pergunta sobre como mantê-las numa instituição alheia ao seu mundo; quando os jovens e os adultos são introduzidos ao mundo letrado, este já não parece ser mais o mundo que conta, e novas habilidades são exigidas pela sociedade e pelo mercado; quando negros são incluídos, constatamos que ainda se trata de uma inclusão paliativa que pode estar perpetuando as desigualdades.

O labirinto significa espera. Diz Jorge Luis Borges (1971, p. 14): "Oxalá fosse este o último dia da espera". Paulo Freire (2000, p. 5) completa: "Não te esperarei na pura espera/ porque o meu tempo de espera é um/ tempo de quefazer". Talvez o labirinto seja a expressão das *revoluções inacabadas*[2] que Orlando Fals Borda (1979) identifica na história da América Latina. Mas é também – sempre – a esperança de novas possibilidades, como apontado por Gabriel García Márquez no texto da epígrafe.

---

[1] Vejam-se alguns títulos clássicos: *O labirinto latino-americano* (Octavio Ianni), *O general em seu labirinto* (Gabriel García Márquez) e o *Labirinto da solidão* (Octavio Paz).

[2] Outros autores, como Adolfo Gilly (1977), falam em "revoluções interrompidas".

Apresentamos a seguir três eixos temáticos que podem servir como elementos aglutinadores e articuladores da discussão pedagógica atual na América Latina. Com certeza haverá outros e sua identificação depende muito da motivação que move os autores deste artigo introdutório. A nossa premissa é de que nossas sociedades estão em dívida, não apenas com os seus jovens, mas com enormes parcelas da população condenadas a viver em estado de subcidadania. As muitas práticas educativas atuais voltadas para a emancipação estão inseridas numa trajetória de busca e de luta que foi ignorada, esquecida ou silenciada em nossa memória pedagógica. "Em 500 anos se negaram a ver nosso rosto: por que agora querem ver nossa cara?" (Comunidad Indígena el Tephe, México).[3]

Colonialidade pedagógica: como superar o eurocentrismo?

Em *Nuestra America*, artigo síntese da obra de José Martí, ele enfatiza a necessidade de superar um *estrangeirismo* endêmico (europeizante e ianquizante) presente nas elites e nos importantes segmentos dos povos latino-americanos. Com veemência José Martí, Simón Rodríguez, Frantz Fanon, assim como outros, defendem o desenvolvimento de um conhecimento próprio ao entenderem que a verdadeira independência deve ir além das formas e troca de imperadores ou governantes. "O problema da independência não era a mudança de formas, mas a mudança de espírito" (MARTÍ, 2007, p. 54). *Inventamos, ou erramos*, intitulou Rodríguez uma de suas obras. Ou como afirma Aníbal Quijano (2005, p. 274): "É tempo de aprendermos a nos libertar do espelho eurocêntrico[4] onde nossa imagem é sempre, necessariamente, distorcida. É tempo, enfim, de deixar de ser o que não somos!".

Como seria possível olhar o pensamento pedagógico latino-americano desde outra lógica, outro marco de pensamento, a partir do lugar dos "condenados da terra"? (FANON, 1979). Trata-se de buscar condições para a superação da colonialidade[5] impregnada na ideia de América Latina e sua história colonial de mais de quatro séculos. Com a chegada dos europeus

---

[3] Frase copiada de um mural, disponível em: <http://www.enlacecivil.org.mx>. Acesso em: ago. 2007.

[4] Para Aníbal Quijano (2005, p. 246-247), "Eurocentrismo é, aqui, o nome de uma perspectiva de conhecimento cuja elaboração sistemática começou na Europa Ocidental antes de meados do século XVII, ainda que algumas de suas raízes são, sem dúvida mais velhas, ou mesmo antigas, e que, nos séculos seguintes, se tornou mundialmente hegemônica... [...] associada à específica secularização burguesa do pensamento europeu e à experiência e às necessidades do padrão mundial de poder capitalista, colonial/moderno, eurocentrado, estabelecido a partir da América".

[5] Enquanto o colonialismo tem claras ligações geográficas e históricas, a colonialidade, em processo, atua como uma matriz subjacente do poder colonial que seguiu existindo depois da independência política.

foram subordinadas as histórias e cosmologias dos povos que aqui habitavam. A colonialidade surge da ferida colonial, ou seja, do lado obscuro da modernidade. A ferida colonial sinaliza o sentimento de inferioridade, com todas as ausências que se produzem nos relatos da modernidade como resultado de uma construção europeia de história, aqui realizada, a favor dos interesses de Europa (MIGNOLO, 2007; FERNÁNDEZ RETAMAR, 2006; ROSENMANN, 2008).

Antigas civilizações, como a asteca, inca e maia, foram classificadas como culturas inferiores, juntamente com suas crenças, línguas, formas de convívio e relações humanas. De outro lado, é preciso considerar que sempre houve movimentos de resistência dos povos nativos que deram brecha para o surgimento de um pensamento fronteiriço. Este se caracteriza por um processo em que os povos retomam sua história por meio de resistências culturais acompanhadas por diversas formas de rebeldia aberta, insurreições e movimentos de protesto. Surge como expressão de uma matriz autônoma de pensamento que "implica reconhecer a legitimidade das concepções e os valores contidos nas memórias sociais que, no transcurso de centenas de anos, foram processando a 'visão dos vencidos'" (ARGUMEDO, 2004, p. 17). No entanto, o pensamento fronteiriço teve dificuldade para se consolidar frente ao expansionismo moderno/colonial, especialmente através do controle epistêmico, ou seja, o controle do conhecimento e da subjetividade (Cf. MIGNOLO, 2007; ARGUMEDO, 2004).

A lógica da colonialidade, ainda hegemônica, expressa-se pela distribuição desigual da riqueza, mas igualmente pelo domínio geopolítico da epistemologia. Está arraigada, até os nossos dias, desde o estabelecimento do sistema de classificação hierárquica em todas as esferas da sociedade até a eliminação de economias e culturas existentes antes da chegada dos colonizadores (DUSSEL, 2000; MIGNOLO, 2004, 2007). Negar as origens das civilizações estabelecidas antes da colonização é como uma maldição que perpassa a América Latina. Seus efeitos assentam-se "no critério de inferioridade, de povos sem história, de estados sem nação, de racionalidades inconclusas, de modernizações sem modernidade..." (ROSENMANN, 2008, p. 10). Como superar esta "maldição" que nos leva a querer imitar e viver outras experiências e realidades?

Não há como contribuir com a reconstrução de fontes pedagógicas de *nossa América* sem considerar o processo contraditório que foi e é o *pachakuti*[6] provocado pela chegada dos conquistadores: "invasão violenta, destruição

---

[6] Palavra aymara-qhichwa que desmembrada significa: *pa* = dois; *cha* = força-energia; *kuti* = retorno – refere-se a uma transformação. *Pachakuti* é o tipo de processo que os povos de Abya Yala têm experimentado em função da consequências da colonização; mas significa, ao mesmo tempo, um espaço que vislumbra novos tempos, transformações estruturais da colonialidade e criação de novas realidades com reorganização da vida, do tecido social (YAMPARA HUARACHI, 2008, p. 76).

sem piedade, desprezo pela forma de vida existente, um cataclisma sobre todos os níveis de existência, e momento de fundação da ferida do mundo moderno/colonial" (MIGNOLO, 2007, p. 77). Os colonizados, inclusive como forma de resistência, aprenderam a cultura dos dominadores, tanto no campo da atividade material quanto na prática cristã que engendrava uma subjetividade colonizada. Nessa perspectiva, colonialidade e independências colocam-se no mesmo paradigma, ou seja, a proposta descolonial dos povos indígenas e afrodescendentes não foi contemplada pela emancipação política.

O pensamento de Leopoldo Zea (1972) renova os argumentos já defendidos por Simón Rodríguez, Simón Bolívar e José Martí de que, ao negar ou esquecer-se do passado, se está rejeitando o que é próprio do ser latino-americano. A declaração da independência política não foi acompanhada da emancipação educativa. Entretanto, isso não é tudo. A América Latina é fruto das heranças coloniais, mas ao mesmo tempo das resistências. Em torno da segunda ênfase conformou-se a latinidade como solidariedade, idealizada na integração da região na sua busca pela autonomia. Na concepção de Zea, assumir ideias autóctones significa afirmar a própria originalidade, reconhecendo as diferenças, com abertura para a universalidade. Enfrentar a colonialidade pedagógica, num contexto epistemológico do *sul*, significa, portanto, aprender com o espírito que produziu culturas e conhecimentos, mas sem repetir e copiar servilmente os frutos de culturas do norte. Compreende-se aqui o *sul* (países do sul, ótica do sul) como metáfora do sofrimento humano causado pelo colonialismo capitalista. Trata-se do *sul* global (em oposição ao *norte*) criado pela expansão colonial da Europa que subjugou e expropriou o sul do planeta (América Latina, África, parte da Ásia) (Cf. SANTOS, 2004; 2006; SANTOS; MENESES, 2009).

Para "escavar" uma pedagogia emancipadora com as características de nossos povos, é necessário partir do encontro contraditório, mas indissociável, entre a cultura europeia, a indígena e a africana. A primeira identificada com o projeto da modernidade e as duas outras, as dominadas, que carregam até hoje as consequências em termos de subalternidade e resistência: a colonialidade. Como aparecem historicamente os projetos pedagógicos nesse contexto? Contribuíram para superar as inferioridades e dependências ou para legitimar a crença epistêmica de que não somos capazes e por isso temos que ter o aval do norte para validar nossos caminhos de emancipação humana e social? Acreditamos que a atitude adequada não seja negar o legado da modernidade, mas reconhecê-lo e contextualizá-lo histórica e epistemologicamente questionando, contudo, a lógica da monocultura eurocêntrica e abrir caminhos para outros paradigmas. Superar a colonialidade significa deixar de ser apêndice das transformações e assumir igualmente o protagonismo da construção de sociedades que valorizem as características da diversidade dos nossos povos.

Uma visão pedagógica que enfrente a colonialidade nas suas causas enraíza-se na filosofia. O lastro do pensamento hegemonicamente difundido incorporou a lógica dicotômica da filosofia greco-romana, em detrimento de outros modos de pensar desde matrizes cosmológicas dos povos nativos de *nossa América*. As filosofias oficiais – sobretudo nas universidades e academias, mas também nos currículos do ensino médio – seguem exclusivamente o paradigma ocidental apoiado em princípios lógicos e hermenêuticos da Ilustração europeia, com forte tendência à exclusão de todo tipo de pensamento "heterodoxo" (ESTERMANN, 2007). Que outras concepções originariamente identificadas com os povos nativos de nossos países podem estar indicando outro caminho pedagógico?

Por exemplo, existem hoje estudos delineando uma filosofia andina originária de Abya Yala, que indica caminhos para recuperar uma sabedoria oprimida e invisibilizada. Os vetores orientadores dessa filosofia são determinados pela dialética de complementaridade *desde arriba y abajo*, da esquerda e direita, do vetor do feminino e masculino. Enquanto a filosofia tradicional, de origem grega, se caracteriza pelas dicotomias entre interior-exterior, transcendente-imanente, eterno-passageiro, essencial-acidental, universal-particular e a dicotomia entre material-espiritual ou mundano-divino, a filosofia andina parte de outro princípio: a relacionalidade. Tudo é interdependente com tudo, numa rede de solidariedade cósmica onde cada ente é parte. Enquanto, para Aristóteles, a relação seria um acidente, na filosofia andina ela se constitui no *mito fundante*. Desse princípio da relacionalidade derivam outros, como a complementaridade, a correspondência, a reciprocidade, a ciclicidade e a inclusividade. Conforme Estermann (2007, p. 49) "a filosofia andina pensa em dualidades polares e não em dualismos", o que aparece como uma chave interessante para elucidar projetos pedagógicos emancipadores afinados com nosso ser latino-americano.

A luta pela educação: alguns atores e lugares

A América Latina e o Caribe continuam abrigando enormes desigualdades entre ricos e pobres, bem como discriminações de diversos matizes, dentre eles as de sexo e de raça. Não é demais sublinhar esse fato como um dos temas centrais ao se tratar da educação na América Latina. O que trazemos na presente obra quer contribuir com o reconhecimento, resgate e (re)construção do pensamento pedagógico latino-americano em personagens históricos que exerceram um papel profético, antecipando possibilidades emancipadoras. Destacamos alguns expoentes que trouxeram para o campo dos desafios educativos as desigualdades sociais associadas com as questões de gênero e raça.

No Brasil, destacam-se mulheres educadoras desde o século XIX. Nísia Floresta começou sua vida literária em 1831, publicando em jornal pernambucano artigos em defesa do ideal republicano, da igualdade política dos sexos e da liberdade aos escravos. No ambiente patriarcal da época, às mulheres era vedado o acesso à educação. Mas, em vez de resignar-se a tal condição, Nísia lutou incansavelmente em defesa dos direitos das mulheres, tornando-a precursora da luta feminista no Brasil. Foi também uma lutadora contra a escravidão dos negros e do massacre contra os índios.

Da mesma forma, Maria Lacerda de Moura denunciava que a educação das mulheres era totalmente voltada para a submissão da mulher como mãe e dona de casa, refém da "escravidão feminina". Na família tradicional perpetuava-se o preconceito criminoso contra a mulher, propriedade privada do homem (MOURA, 1932, p. 69). Defendia, assim, a libertação da mulher, o que deveria dar-se também pelo seu acesso à educação científica, igual aos homens. Já Gabriela Mistral (Chile) acreditava no potencial de uma boa educação (com tudo o que ela inclui, dentro e fora da escola), no sentido de contribuir para tornar as crianças, especialmente as mais pobres, pessoas humanas capazes de fazer história. Ela priorizou a luta pelo direito e condições de educação das mulheres, no ambiente de sociedades machistas.

A voz de Mariátegui ecoou forte, quando, sob inspiração do referencial marxista, vê e analisa a realidade do Peru, onde a educação era privilégio da classe dominante. Para ele, como reflexo da desigualdade e injustiça vigentes no mundo da economia, há uma separação por classes. Em decorrência facilita-se a ascensão dos alunos das elites e, por sua vez, os estudantes pobres são impedidos de desenvolver-se intelectual e profissionalmente. O que esperar das sociedades onde a cultura é um privilégio absoluto da burguesia do continente? A educação não pode segregar crianças de famílias ricas das crianças de origem camponesa ou operária. Mas o surgimento desse ensino público está condicionado ao surgimento de uma nova ordem social, econômica, política e cultural (cf. MARIÁTEGUI, 2007, p. 78). Em sua compreensão, o problema do ensino vincula-se essencialmente aos problemas econômicos e sociais. Para os índios, a fim de contrapor a difusão e reprodução da ideologia dominante das elites e do governo, Mariátegui defendia uma educação promovida pelos próprios índios e não imposta pelos brancos.

Frantz Fanon desenvolve sua análise crítica em torno da dominação colonial e da classificação racial. Em *Os condenados da Terra* (1979) analisa os meandros do colonizado como produto do colonizador. Para Fanon, o colonizador suga sua existência do sistema colonial. Trata-se de um antagonismo que se acentua pelo racismo contra o colonizado, visto como preguiçoso, impulsivo e selvagem. O colonizado introjeta a dominação, assumindo um complexo de inferioridade que o leva a negar-se como negro para não continuar sendo um ser inferior ao branco. Martí (2007, p. 59) defendia que "a alma emana, igual e eterna, dos corpos diversos em forma e em cor". Para Fanon, o racismo prático é um esteio ideológico do colonizador, uma justificativa da colonização, vista por quem o pratica não como uma violência, mas como um benefício aos colonizados. Enfatiza que o racismo é a ideologia mais arraigada no colonialismo, que associa o direito à dominação do colonizador através da crença da superioridade biológica. A inferiorização do outro é condição básica da ideologia racista, segundo a qual seres sub-humanos merecem a escravidão, por razões que justificam como científicas através da argumentação ideológica.

Direta ou indiretamente todas as autoras e todos os autores referidos nesta obra buscaram, com maior ou menor intensidade, aprofundar o diagnóstico da América Latina, a fim de conhecer as causas, para, a partir daí, indicar os respectivos caminhos de solução. Por exemplo, Manoel Bomfim, brasileiro de Sergipe, na sua obra *América Latina: males de origem* (1903), buscou compreender as raízes dos problemas que afligiam o Brasil e a América Latina e eram responsáveis pelos impasses sociopolíticos em que viviam nossos países. Para ele, a soberania de um povo anula-se no fato de ter que se submeter à proteção de outro. Buscava explicar as causas do imobilismo para um desenvolvimento autônomo e endógeno no passado, nas condições de formação das nacionalidades sul-americanas. Discordava dos que atribuíam nossos males à mestiçagem. O problema de origem, para ele, estava mesmo na forma de conquista e saque dos espanhóis sobre os povos incas e astecas. Igualmente Brasil e África foram colônias que permitiram a Portugal o exercício do parasitismo que retirava, do Brasil, os tributos, dízimos e monopólios; e da África, o tráfico dos negros.

Segundo Bomfim (*apud* PRADO, 1998), "mesmo quando deixamos de ser uma área colonial, a prática de se viver parasitariamente do trabalho de outrem já havia se instalado. Lembremos, para o caso do Brasil, a concentração das terras em poucas mãos, a presença marcante das atividades agrárias". E isso, graças à escravidão que foi o meio utilizado para tornar mais viável o parasitismo. Afirmava Manoel Bomfim que, se a América não tivesse sido expropriada de suas riquezas, e estas fossem aplicadas aqui, certamente teríamos uma outra realidade em nossas sociedades. Tivemos um parasitismo onde uma classe que detinha os meios de produção dominava os que nada possuíam. Bomfim acreditava que a mudança teria de vir do povo e que um dos caminhos essenciais seria a educação!

A devolução do sonho aos "condenados da terra" (cf. FANON, 1979), através das lutas que passam essencialmente pelas questões de classe, étnico-raciais e relações de gênero, inscreve-se também na esteira dos caminhos da educação emancipadora para superar as heranças da colonialidade do poder e do saber. Trata-se de um processo de muitas frentes em construção, articulado coletivamente por inúmeros educadores e educadoras engajados como Camilo Torres e Orlando Fals Borda. Torres fundamentou a luta contra a opressão permeada por uma proposta educativa centrada no horizonte ético-político do amor ao próximo: o amor eficaz como princípio de transformação social. Fals Borda defende uma luta comum em favor de sociedades libertadas da opressão a partir de ações que envolvem a subversão moral, a crítica ao colonialismo intelectual, a democracia radical e a investigação-ação participativa (IAP), conhecida no Brasil como Pesquisa Participante. Esta se colocou como uma pedagogia da práxis na medida em que se constituiu uma metodologia e pedagogia capaz de conhecer a realidade – de opressão de classe, raça, gênero e outras – para transformá-la.

Entre as figuras históricas do pensamento pedagógico latino-americano, houve aquelas que marcaram sua posição por uma educação libertadora engajada em um desenvolvimento endógeno, autêntico das nações que superassem as dependências e modelos copiados. Neste campo destacam-se Simón Rodríguez, Simón Bolívar, Francisco Bilbao, José Martí, entre outros (cf. CASAS, 2006, p. 104-105). Mas houve, igualmente, os que assumiram posturas eurocêntricas, as quais Paulo Freire (1977) identificava como "modernização conservadora". Foi o caso de Sarmiento, que defendeu a generalização da escolarização, sim, mas para os brancos. Tendo assimilado o modelo europeu de modernização, estimulou as imigrações europeias com a função de "branqueamento" e força de trabalho para desenvolver a Argentina.

São apenas exemplos de que a memória pedagógica é repleta de contradições e paradoxos, que devem ser assumidos como parte da trajetória quando se deseja construir paradigmas emancipatórios para a educação, hoje. Se essas mulheres e esses homens referidos podem servir de modelo é porque ousaram pensar a educação a partir de seu mundo, tendo como horizonte comum romper os grilhões da colonialidade refletida nas estruturas sociais e políticas legitimadoras de injustiças, mas também aninhada na alma dos povos.

A pedagogia latino-americana: desafio e tarefa

Mais do que uma identidade ou uma grandeza geográfica, a América Latina pode ser entendida como um desafio ou, segundo Canclini (2008, p. 32), como uma tarefa. Caracteriza-se pela incessante busca, pelo estar a caminho. Talvez o fato de poucos versos serem tão citados como aqueles do poeta espanhol Antonio Machado revele uma maneira de estar no mundo:

> Caminhante são teus rastros
> O caminho nada mais;
> Caminhante não há caminho
> Se faz caminho ao andar.[7]

Paulo Freire, referindo-se a si mesmo e à sua obra, falava da *andarilhagem* como o lócus de sua ação. É no movimento que se realiza a sua pedagogia, numa peregrinação que vai aguçando os sentidos e a sensibilidade para as ameaças da desumanização e as possibilidades de humanização que se encontram na própria vida das pessoas e dos povos. É também um movimento no mundo de ideias que, em sendo rigoroso, desafia o enquadramento em esquemas e escolas de pensamento (cf. BRANDÃO, 2008, p. 41). Trata-se ainda de um caminhar que indica disponibilidade de ir ao encontro do outro, mas pode ser também o andar em busca de rumo, de um tempo perdido em algum lugar.

É esse segundo aspecto que Octavio Ianni aborda em seu livro *Labirinto latino-americano* (1993), onde argumenta que parece haver uma eterna defasagem entre a realidade da América Latina e os conceitos que procuram interpretá-la e explicitá-la. Tem-se a impressão de que sempre falta algo, que se está atrasado em relação a alguém outro, que não se é exatamente filho de seu tempo. Esta realidade inominada movimenta-se num labirinto de impasses e possibilidades, provocando entre aqueles que com ela se defrontam uma mescla de fascínio e espanto. Fascínio pela originalidade possível e espanto ou horror pelo fato de a realidade resistir ao enquadramento em esquemas teóricos transplantados. Daí, segundo Ianni (1993, p. 124), "é como se houvesse um hiato entre a realidade e a reflexão, o pensamento e o pensado. Por

---

[7] No original: "*Caminante son tus huellas / El camino nada más; / Caminante no hay camino / se hace camino al andar*"(Antonio Machado).

isso subsiste a impressão de que a América Latina, como um todo e em suas sociedades nacionais, parece uma realidade em busca de conceito".

Além disso, hoje a América Latina está espalhada pelo mundo. Nas palavras de Canclini (2008, p. 19), "a América Latina não está completa na América Latina. Sua imagem é formada de espelhos disseminados no arquipélago das migrações". Segundo dados apresentados por esse autor, o número de pessoas que deixou o Uruguai no século XX é igual ao número de nascimentos; 15% da população do Equador se encontram nos Estados Unidos, na Europa ou em outros países; o mesmo ocorre com aproximadamente 10% de argentinos, mexicanos, cubanos e salvadorenhos.

Quais seriam os desafios e as tarefas que essa condição propõe aos educadores e pedagogos? Olhando a realidade da educação e escutando o que aqueles que nos antecederam deixaram escrito, destacamos três tarefas, tendo plena consciência da precariedade desta síntese. A primeira delas consiste em debruçar-se sobre esta realidade complexa e multifacetada e escutá-la. Desde Franz Tamayo, passando por José Martí até Paulo Freire, *a leitura do mundo* é condição para a educação do povo. Não se trata de um estudo meramente acadêmico e livresco, mas um "encharcar-se" (PAULO FREIRE, 1977) na cultura opressora a ser transformada.

José Martí fala da necessidade de conhecer a natureza dos povos de nossa América. Quando se refere à natureza, ele não pretende designar alguma essência fixa e predeterminada, mas as condições que geraram uma maneira própria de ser homem e mulher, e em cujo reconhecimento se encontram as possibilidades de desenvolvimento e de transformação. A educação, segundo ele, precisa ir aonde vai a vida e ao fazer isso ela consegue dar conta dos grandes problemas humanos que ele assim resume: "a conservação da existência e a conquista dos meios de fazê-la grata e pacífica" (MARTÍ, 2007, p. 241).

Franz Tamayo (1975, p.10) referindo-se à educação boliviana do início do século XX, alertava para o que ele entendia como o verdadeiro estudo da pedagogia:

> O que se tem que estudar não são métodos estranhos, trabalho de compilação, mas a alma de nossa raça, que é um verdadeiro trabalho de criação. São os lugares íntimos de nossa vida interior e de nossa história os que sobretudo o grande pedagogo deve tratar de descobrir.[8]

---

[8] No original: "*Lo que hay que estudiar no son métodos extraños, trabajo compilatorio, sino que el alma de nuestra raza, que es um trabajo de verdadera creación. Son los resortes íntimos de nuestra vida interior y de nuestra historia los que sobre todo el gran pedagogo debe tratar de descubrir*".

Nessa passagem temos indicações de que a tarefa não consiste simplesmente em recitar e compilar dados da realidade social e conhecimento livresco de psicologia, mas de mergulhar no âmago das tramas nas quais se constitui e desenvolve a vida.

A segunda tarefa consiste em tomar plena *consciência do tipo de inserção* que coube à América Latina, em grande parte através da educação, no processo de ocidentalização e modernização. Num artigo sobre as escolas de eletricidade na cidade de Darmstadt, na Alemanha, no ano 1883, Martí descreve sua visão da nova universidade para a nova sociedade: "É criminoso o divórcio entre a educação que se recebe em uma época e a época". E continua:

> Educar é depositar em cada homem toda a obra humana que lhe antecedeu: é fazer de cada homem o resumo do mundo vivente, até o dia em que ele vive: é pô-lo em nível de seu tempo para que flutue sobre ele e não deixá-lo debaixo de seu tempo, com o que não poderá sair a flutuar; é preparar o homem para a vida (MARTÍ, 2007, p. 81).

Martí sentia que o mundo estava passando por mudanças das quais os povos no sul da América não poderiam ficar à margem. O grande desafio, ainda hoje, é como se inserir neste mundo em mudanças sem abdicar dos elementos culturais próprios. Daí também a sua insistência na formação de lideranças capazes de verdadeiramente *fundar* povos nesta parte do mundo.

Um século depois de Martí, Paulo Freire, ao dialogar sobre o papel dos modernos meios de comunicação na educação, repete a mesma denúncia: "Tenho a impressão de que o melhor que posso dizer, no começo da minha reflexão em torno desse problema, é: uma das coisas mais lastimáveis para um ser humano é ele não pertencer a seu tempo. É se sentir, assim, um exilado de seu tempo" (FREIRE, 1984, p. 14). Ele testemunhou o esforço de fazer cada criança uma pessoa de seu tempo quando, na qualidade de secretário de educação da cidade de São Paulo, procurou aliar a capacitação dos professores com a dotação das escolas de modernos instrumentos e recursos didáticos. O desafio, dirá ele, que cada pessoa tem como tarefa histórica

> [...] é assumir o seu tempo, integrar-se, inserir-se no seu tempo. Para isso, porém, mais uma vez, eu chamo a atenção dos moços para o fato de que a melhor maneira de alguém assumir o seu tempo, e assumir também com lucidez, é entender a história como possibilidade (FREIRE, 1991, p. 89).

Vivendo um século depois de Martí, quando a ciência hegemônica deixa ver com mais clareza os seus limites, Freire tem condições de reconhecer a coexistência de temporalidades diferentes na América Latina. Sua teoria pedagógica reflete o encontro de tempos (STRECK, 2001) que se vive hoje, no qual se interpenetram o tradicional, o moderno e o pós-moderno.

> Minha terra é a coexistência dramática de tempos díspares, confundindo-se no mesmo espaço geográfico – atraso, miséria, pobreza, fome, tradicionalismo, consciência mágica, autoritarismo, democracia, modernidade e pós-modernidade. O professor que na universidade discute a educação e a pós-modernidade é o mesmo que convive com a dura realidade de dezenas de milhões de homens e de mulheres que morrem de fome (FREIRE, 1995, p. 26).

No sentido de Boaventura de Sousa Santos (2004, p. 791), é uma pedagogia que respeita a ecologia de temporalidades, que reconhece a existência de diferentes temporalidades presentes na experiência do povo e que a prática educativa precisa ter as mesmas como ponto de partida. Por outro lado, ela se nega ao reducionismo da monocultura do tempo linear que induz a visões deterministas de lógicas prefixadas como ponto de chegada. As temporalidades e as *epistemes*[9] estão inscritas na história como possibilidade, e cada uma delas individualmente e todas elas no conjunto podem ser portadoras de humanização ou de desumanização.

A terceira tarefa é o desenvolvimento de uma *pedagogia da práxis*, entendida esta como a ação transformadora das condições que se colocam como obstáculo para o desenvolvimento do *ser mais* (Paulo Freire) de todas as pessoas e de cada uma. Entre outras coisas, significa promover a visibilização de práticas anunciadoras de novas possibilidades de humanização. Isso confere um caráter particular à reflexão latino-americana, conforme apontado por Arturo Roig (2008, p. 147): "Poderíamos dizer, pois, que é característica do pensar latino-americano [...], a negação de um 'modelo clássico' abstrato e de afirmação de que os modelos têm ou não têm valor conforme o exigem as formas de práxis que surgem do impulso da emergência social, em suas variadas manifestações". Os universais metafísicos, segundo ele, teriam ocultado o "ente" com as suas diferenças.

Essa atitude filosófica pode ser encontrada de forma paradigmática em José Martí, motivo pelo qual Raúl Fornet-Betancourt vê nele o inaugurador de uma tradição filosófica peculiar na América Latina. Segundo esse filósofo, o pensamento de Martí "é momento fundacional da filosofia por que faz o que sempre fez e sempre fará, quem recria a filosofia a partir da circunstância, a saber, pensar a realidade e responsabilizar-se por ela"(FORNET-BETANCOURT,

---

[9] Entende-se por *episteme* "as condições de possibilidades daquilo que se pode pensar, conhecer e dizer em um momento histórico determinado, além da forma possível de um determinado fazer e da própria existência de alguns fazeres" (MORENO OLMEDO, 1993, p. 37).

1998, p. 107). Fornet-Betancourt identifica, a seguir, três características desse pensamento, as quais, consideradas as especificidades das áreas de conhecimento, podem ser traduzidas para a teoria pedagógica. Trata-se de um pensamento *resolutivo* no sentido de que se coloca a serviço do conhecimento de problemas concretos da sociedade. É um pensamento *contextual* e *contextualizado*, voltado para a solução de problemas locais, mas em diálogo com a produção intelectual de outros cantos do mundo. É também um *pensamento comprometido* com os mais necessitados e humilhados, baseado na premissa ético-política de Martí de que "pensar é servir". Por fim, é um pensamento *previsor* na medida em que intervém na realidade com base nas observações empíricas, mas ao mesmo tempo com um projeto utópico de mudança.

Pensar a prática, por seu turno, implica um esforço constante e rigoroso de buscar instrumentos e manter uma vigilância teórica e ética para compreender o labirinto e não retornar ao mesmo ponto de partida. Ricardo Forster (2008, p. 103), ao analisar o que ele chama de *noite da história* vivida pela esquerda latino-americana, escreve que quando esta olha para trás "se encontra com uma terra deserta, com uma desolação que surgiu não apenas com suas derrotas, do 'triunfo do inimigo', mas, o que é mais grave, escandaloso e lapidário, de seus 'assaltos ao poder', desses momentos em que conseguiu capturar esse tão esquivo objeto de desejo para transformar sua retórica libertária em dispositivos de violência e dominação". À educação cabe a tarefa de vigilância crítica da prática.

No fim, será a práxis criativa que revelará o sentido da existência nesta parte do mundo.

> Se nossa América não for mais do que uma prolongação da Europa; se o único que fazemos é oferecer um solo novo para a exploração do homem pelo homem, e por desgraça esta é até agora nossa única realidade; se não nos decidimos a que esta seja a terra da promissão para a realidade cansada de buscá-la em todos os climas, não temos justificação.[10]

Essas palavras do dominicano Henriquez Ureña expressam o grande desafio e a grande tarefa pela qual se justifica, ou não, recompor – na imagem de Martí – a folha que foi arrancada do grande livro da história.

---

[10] No original, ampliado: "*Se nuestra América no ha de ser sino una prolongación de Europa; si lo único que hacemos es ofrecer suelo nuevo a la explotación del hombre por el hombre, y por desgracia esa es hasta ahora nuestra única realidad; si no nos decidimos a que esta sea la tierra de promisión para la realidad cansada de buscarla en todos los climas, no tenemos justificación. Sería preferible dejar desiertas nuestras altiplanicies y nuestras pampas si sólo hubieran de servir para que en ellas se multiplicaran los dolores humanos que la codicia y la soberbia infligen al débil y al hambriento*" (Henríquez Ureña, 1925 – dominicano de Cuba, semeador de uma utopia radical na Argentina. In: FERNÁNDEZ RETAMAR, 2006, p. 56).

Referências

ARGUMEDO, Alcira. *Los silencios y las voces en América Latina: notas sobre el pensamiento nacional y popular.* 5. reimpr. Buenos Aires: Del Pensamiento Nacional, 2004.

BOFF, Leonardo; ARRUDA, Marcos. *Globalização: desafios socioeconômicos, éticos e educativos. Uma visão a partir do Sul.* Petrópolis, RJ: Vozes, 2000.

BOMFIM, Manoel. *América Latina: males de origem.* Rio de Janeiro: Topbooks, 1993.

BORGES, Jorge Luis. *Elogio da Sombra;* poemas. Tradução de Carlos Nejar e Alfredo Jacques. *Perfis: um ensaio autobiográfico.* Tradução de Maria da Glória Bordini. Porto Alegre: Globo, 1971.

BRANDÃO, Carlos R. Andarilhagem. In: STRECK, Danilo R.; REDIN, Euclides; ZITKOSKI, Jaime J. (Org.). *Dicionário Paulo Freire.* Belo Horizonte: Autêntica, 2008.

CAMORS, Jorge. A pedagogia social na América Latina. In: SOUZA NETO, João Clemente de; SILVA, Roberto da; MOURA, Rogério Adolfo de (Org.). *Pedagogia social.* São Paulo: Expressão e Arte, 2009. p. 109-130.

CANCLINI, Nestor García. *Latinoamericanos buscando lugar em este siglo.* Buenos Aires: Paidós, 2008.

CASAS, Alejandro. Pensamiento crítico y marxismo em América Latina: algunas trayectorias entre Bolívar e Mariátegui. In: FERNÁNDEZ RETAMAR, Roberto. *Pensamiento de nuestra América: autorreflexiones y propuestas.* Buenos Aires: Consejo Latinoamericano de Ciências Sociales – CLACSO, 2006, p. 93-116. (Colección Campus Virtual),

DUSSEL, Enrique D. *Ética da Libertação na idade da globalização e da exclusão.* Tradução de Ephraim Ferreira Alves, Jaime A. Clasen e Lúcia M. E. Orth. Petrópolis, RJ: Vozes, 2000.

ESTERMANN, Josef. Dios no es europeo, y la teologia no es occidental. In: SIDEKUM, Antonio; HAHN, Paulo (Org.). *Pontes interculturais.* São Leopoldo: Nova Harmonia, 2007, p. 41-60.

FALS BORDA, Orlando. *As revoluções inacabadas na América Latina (1809-1968).* São Paulo: Global, 1979.

FANON, Frantz. *Os condenados da Terra.* 2. ed. Rio de Janeiro: Civilização Brasileira, 1979.

FERNÁNDEZ RETAMAR, Roberto. *Pensamiento de nuestra América: autorreflexiones y propuestas.* Buenos Aires: Consejo Latinoamericano de Ciências Sociales – CLACSO, 2006. (Colección Campus Virtual.)

FORNET-BETANCOURT, Raúl. *Aproximaciones a José Martí.* Aachen: Mainz, 1998.

FORSTER, Ricardo. *El laberinto de las voces argentinas – ensayos políticos.* 1. ed. Buenos Aires: Coliheu, 2008.

FREIRE, Paulo. *Ação cultural para a liberdade e outros escritos.* 2. ed. Rio de Janeiro: Paz e Terra, 1977.

FREIRE, Paulo. *A educação na cidade*. São Paulo: Cortez, 1991.

FREIRE, Paulo. *À sombra desta mangueira*. São Paulo: Olho d'Água, 1995.

FREIRE, Paulo. *Pedagogia da indignação: cartas pedagógicas e outros escritos*. São Paulo: Editora UNESP. 2000.

FREIRE, Paulo; GUIMARÃES, Sérgio. *Sobre educação* v. 2. (Diálogos) Rio de Janeiro: Paz e Terra, 1984.

GARCÍA MÁRQUEZ, Gabriel. La Proclama: por un país al alcance de los niños. In: MISIÓN DE CIENCIA, EDUCACIÓN Y DESARROLLO. *Colômbia: al filo de la oportunidad*. Bogotá: Cooperativa Editorial Magisterio, 1994.

GARCÍA MÁRQUEZ, Gabriel. *O general em seu labirinto*. 3. ed. Rio de Janeiro: Record, 1990.

GILLY, Adolfo. *La revolución interrumpida*: México 1910-1920. Uma guerra campesina por la tierra y el poder. 9. ed. México: El Caballito, 1977.

IANNI, Octavio. *O labirinto latino-americano*. Petrópolis, Rio de janeiro: Vozes, 1993.

MARIÁTEGUI, José Carlos. *Mariátegui sobre educação*. Seleção de textos e tradução de Luiz Bernardo Pericás. São Paulo: Xamã, 2007.

MARTÍ, José. *Educação em nossa América*. Apresentação e organização de Danilo R. Streck. Ijuí: Editora Unijuí, 2007.

MEJÍA JIMÉNEZ, Marco Raúl (2006). *Educación(es) en la(s) globalización(es): entre el pensamiento único y la nueva crítica*. Bogotá: Ediciones Desde Abajo, s/d. 332p.

MIGNOLO, Walter D. Os esplendores e as misérias da "ciência": colonialidade, geopolítica do conhecimento e pluri-versalidade epistêmica. In: SANTOS, Boaventura de Sousa (Org.). *Conhecimento prudente para uma vida decente: um discurso sobre as ciências revisitado*. São Paulo: Cortez, 2004, p. 667-709.

MIGNOLO, Walter D. *La idea de América Latina: la herida colonial y la opción decolononial*. Traducción de Silvia Jawerbaum y Julieta Barba. Barcelona: Gedisa, 2007.

MINISTÉRIO DEL PODER POPULAR PARA LA COMUNICAÇIÓN Y LA INFORMACIÓN. *Antologia Simón Bolívar*. Caracas. 2009. Disponível em http:// <www.minci.gob.ve>. Acesso em: ago. 2009

MORENO OLMEDO, Alejandro. *El aro y la trama: episteme, modernidad y pueblo*. Caracas: Centro de Investigaciones Populares, 1993.

MOURA, Maria Lacerda de. *Amai e... Não vos multipliqueis*. Rio de Janeiro: Civilização Brasileira, 1932.

NETO, João Clemente de Souza; SILVA, Roberto da; MOURA, Rogério Adolfo de (Org.). *Pedagogia social*. São Paulo: Expressão e Arte, 2009.

PAZ, Octavio. *O labirinto da solidão*. 2. ed. Rio de Janeiro: Paz e Terra, 1984.

PERICÁ, Luiz Bernardo. Mariátegui e a questão da educação no Peru. In: MARIÁTEGUI, José Carlos. *Mariátegui sobre educação*. Seleção de textos e traduação de Luiz Bernardo Pericás. São Paulo: Xamã, 2007, p. 9-38.

PRADO, Maria Emilia. Manoel Bonfim: uma leitura apaixonada do Brasil e da América Latina. 1998. Disponível em: <http://www.rj.anpuh.org/Anais/1998/indice.htm>. Acesso em: jul. 2009

QUIJANO, Aníbal. Colonialidade do poder, eurocentrismo e América Latina. In: LANDER, Edgardo (Org.). *A colonialidade do saber: eurocentrismo e ciências sociais.* Tradução de Júlio César Casarin Barroso Silva. Buenos Aires: Clacso, 2005, p. 227-278.

ROIG, Arturo Andrés. *El pensamiento latinoamericano y su aventura.* Buenos Aires: El Andariego, 2008.

ROSENMANN, Marcos Roitman. *Pensar América Latina: el desarrollo de la sociologia latinoamericana.* Buenos Aires: clacso, 2008. (Colección Campus Virtual.)

SANTOS, Boaventura de Sousa (2006). *A gramática do tempo:* para uma nova cultura política. São Paulo: Cortez. (Coleção Para um novo senso comum, 4.)

SANTOS, Boaventura de Sousa. Para uma sociologia das ausências e uma sociologia das emergências. In: SANTOS, Boaventura de Sousa. (Org.). *Conhecimento prudente para uma vida decente: um discurso sobre as ciências revisitado.* São Paulo: Cortez, 2004, p. 777-819.

SANTOS, Boaventura de Sousa; MENESES, Maria Paula (Org). *Epistemologias do Sul.* Coimbra: Almedina, 2009.

STRECK, Danilo R. *Pedagogia no encontro de tempos: ensaios inspirados em Paulo Freire.* Petrópolis: Vozes, 2001.

TAMAYO, Franz. *Creación de la Pedagogia Nacional.* La Paz: Biblioteca del Sesquicentenário de la República, 1975.

VASCONCELOS, Jose. *La raza cósmica: mision de la raza iberoamericana, notas de viajes a la América del Sur.* Barcelona: Agencia Mundial de Librería, 1944.

YAMPARA HUARACHI, Simón. Educación Popular y construcción del nuevo Estado Multinacional. In: HUANCA RODRÍGUEZ, Orlando (Org.). *Tareas de la Educación Popular en la Revolución Democrática y Cultural.* Bolívia: CENTROTAC, 2008.

ZEA, Leopoldo. *América como conciencia.* 2. ed. México: Universidad Nacional Autónoma de México, 1972.

Educação Indígena Guarani

Educação guarani segundo os Guarani

Bartomeu Meliá, S. J.

Identificaremos "cultura" entre os Guarani como *teko* e educação como pedagogia em um processo orientado para a consecução de um modo de ser e de um projeto de identidade: o Guarani.[1]

Ñande reko – nosso modo de ser

A palavra *teko*, tal como a registrou Antonio Ruiz de Montoya, em seu *Tesoro de la lengua guaraní* (MADRI, 1639, f. 363ss.), continua sendo, entre os Guarani, portadora de significados múltiplos: modo de ser, modo de estar, sistema, lei, cultura, norma, comportamento, hábito, condição, costume... Os diversos valores semânticos dessa palavra são, por sua vez, determinados pela adjetivação específica que recebem. Da análise de textos e expressões nos quais ocorre o conceito *teko* parecem resultar estes valores, segundo o seguinte paradigma:

	teko katu	
teko porã		teko marangatu
	ñande reko	

Essa palavra *teko*, que corresponde plenamente à noção normal de "cultura", é comum às três etnias guaranis, Mbyá, Avá Guarani (Ñandeva, no Brasil) e Pãi Tavyterã (Kaiowá, no Brasil), cujo território se estende por Paraguai, Brasil e Argentina, com um caráter transfronteiriço que os Estados desses países têm muita dificuldade em reconhecer. O que se dirá aqui em termos um tanto genéricos e "lógicos" está presente nas três etnias ou povos considerados, embora às vezes com maior ênfase em um do que em outro.

---

[1] As vogais nasais são marcadas do seguinte modo: *ã, õ, ẽ, ĩ, ũ, ỹ*. Se isso não for possível por limitações tipográficas, serão marcadas pela diérese: ë, ï, ü, ÿ.

O *teko katu* é pensado como o autêntico e verdadeiro modo de ser. Provavelmente é através de sua noção do *teko katu* que se dá uma conceitualização e reflexão explícita do sistema guarani. Os Guarani concebem o *teko katu* como regra do que uma pessoa é e faz, ou melhor dito, do que deve ser e deve fazer. O *teko katu* é uma espécie de consciência que configura, além disso, sua identidade, situando-se em um nível do pensamento reflexivo, em um nível que poderíamos chamar de "filosófico".

O *teko marangatu* é o modo de ser religioso guarani, que tem relação direta com o divino. Como tal, está constituído fundamentalmente pelas crenças e práticas religiosas, com seus ritos e objetos sagrados. O *teko marangatu* é a reprodução, a imitação, o reflexo do modo de ser dos deuses. Através dele, consegue-se captar o modo de ser dos deuses e o atuar dos espíritos, agiram como em um princípio e como continuam presentes. Com isso, constrói-se a história das origens e se constroem os modelos.

Formalmente é possível distinguir um *teko porã* como diferente do *teko* geral e do *teko marangatu* religioso. *Teko porã* é "o que está bem". O *teko porã* é, configurado por um quadro de virtudes, sobretudo sociais, mas que regem também os comportamentos individuais. São sobretudo sociais as virtudes que incluem a reciprocidade (expressa no guarani pelo afixo *jo*, que indica relação mútua): *teko joja* (igualdade), *teko joayhu* (amor mútuo). Há virtudes individuais que recebem uma qualificação que quase poderíamos chamar de climática e ambiental, como o *teko ñomboro'y* (estado de refrigério, modo de ser aprazível), tendo seus contrários qualificações compostas com *tata* (fogo).

- *teko porã* (bondade, retidão)	- *teko vai* (maldade)
- *teko joja* (igualdade, justiça)	- *teko joja'ÿ* (desigualdade, injustiça)
- *ñe'ë joja* (palavra justa)	- *ñe'ë joja'ÿ* (palavra ofensiva)
- *ñe'ë porã* (palavra boa)	- *ñe'ÿ rei* (palavra vã)
- *joayhu* (amor mútuo)	- *ñomoatare'ÿ* (inimizade)
	- *a'e'ÿ* (antipatia)
- *teko ñemboro'y* (ser aprazível)	- *teko pochy* (ser irritado)
- *py'aguapy* (paz e tranquilidade)	- *teko poraivi* (ser inquieto)
- *py'apotï* (coração limpo)	- *py'amokõi* (coração duplo)

Os "bons comportamentos" são visualizados e socializados principalmente nas concentrações religiosas do *mitã pepy* (convite para a iniciação dos rapazes) e do *avatikyry* (a festa do milho novo) e nas reuniões políticas (*aty*), que costumam estar relacionadas com o dizer: palavra dita, palavra ensinada, palavra escutada.

O *teko* não é um absoluto que acontece fora de uma realização e uma situação dada, isto é, fora de uma cultura. A identificação cultural se expressa real e concretamente quando o *teko* passa a ser possuído por um *ñande* coletivo, que inclui o grupo todo com características e pautas culturais bem definidas; *ñande* é o nós inclusivo; o *ore* exclui outros. Assim, o *ñande reko* (nosso modo de ser), frente a outro tipo de *teko*, pode ser definido exclusivamente como *ore reko*. *Ñande reko* tem, de certa forma, as características de uma cultura étnico-nacional. *Ñande reko* realça este aspecto de diferenciação cultural, que inclui um tipo especial de organização social, uma língua e uma linguagem própria (com suas formas peculiares de "pensamento" e de "simbolização"), uma religião tradicional, uma economia característica.

O processo de educação guarani

O sentido da educação guarani é formar um bom guarani – em um sentido sobretudo moral e espiritual – e, portanto, conservando e aperfeiçoando o *ñande reko*. A educação está orientada a saber para que viver e viver perfeitamente, alcançando a perfeição por meio da reza, da não violência e da visão teológica do mundo. Essas metas podem ser alcançadas através da comunidade e também pela inspiração e comunicação com os deuses.

Na prática, que a observação do visitante ocasional ou inclusive do antropólogo sistemático nem sempre capta, a educação inclui um processo mais formal do que pode pensar quem está acostumado a identificar educação com escola. Nas aldeias guarani, até tempos muito recentes, não havia escolas; a comunidade educacional, no amplo espaço de casa, pátio, chácaras e caminhos pela mata – quando ela ainda existe –, está sempre presente para educar seus membros mediante uma atenção providente, uma palavra oportuna, um olhar de aprovação ou de reprovação e às vezes – embora raramente – uma admoestação direta ou a ameaça. O grito é raríssimo.

O ciclo de vida abarca a gravidez e o parto

Os preparativos para assegurar a vida e alma da criança começam já durante a gravidez. Nesse tempo, a mulher deve se abster de toda comida "pesada" (gordura, azeite, sal, certos animais de caça, etc.) por se considerar que seu consumo poderia ter uma influência negativa sobre a alma que já está em fase de crescimento. Durante o parto, a mulher é ajudada por outra mulher experiente e de idade madura. A parturiente fica sentada no solo em cima de um *biche pire* (uma pele de animal selvagem), e a parteira, sentada atrás dela, apertada contra suas costas, massageando o ventre da parturiente. O recém-nascido, depois de um banho em água morna, é entregue aos braços de sua mãe, que continuará sendo sua principal morada durante o primeiro ano de sua vida.

A doutrina da concepção do ser humano difere de acordo com os grupos guarani, e inclusive dentro deles, segundo os intérpretes, assim como difere sua teoria psicológica. Duas, três e até mais almas estariam presentes e atuantes no Guarani (SCHADEN, 1974, p. 107-108). Mas, de todas elas, a "sublime" e o núcleo inicial da pessoa é a "palavra" *ayvu* (ou *ñe'ë*), porção divina por participação; palavra-alma que, por sua própria origem, está destinada a voltar a um dos Pais de quem procede; é boa e indestrutível. Outras "almas" serão a "sombra" (*ã*); a "paixão" (*asyguá*), que tem algo de gênio animal encarnado; ou o "modo de ser imperfeito": (*teko achý*), com suas manifestações de mau caráter, agressividade ou simples condição telúrica e corporal.

O mais importante, no entanto, de toda essa psicologia teológica está na convicção de que a alma não se dá inteiramente feita, mas que se faz com a vida do homem, e o modo de seu fazer-se é seu dizer-se; a história da alma guarani é a história de sua palavra, a série de palavras que formam o hino de sua vida.

O novo ser humano

Assegurar o crescimento da palavra-alma é a maior preocupação dos pais durante o primeiro ano de vida da criança. O pai e a mãe devem evitar especialmente o comportamento "violento", o *pochy*. Durante esse tempo, a criança está quase sempre acompanhada por sua mãe, seu pai ou outros parentes e nunca é deixada sozinha em casa. Ainda não se exige nada desta criatura: ela mama quando quer, recebe o máximo de atenção e nunca se deixa que chore sem procurar acalmá-la com carícias. O período de lactância se estende até os dois anos e mais. O desenvolvimento da palavra-alma (*ñe'ë*) é considerado completo quando a criança começa a pronunciar suas primeiras palavras. Nesse momento, é possível que o *tesapyso* (o vidente) descubra seu nome religioso, isto é, o nome de sua alma, estabelecido já antes de seu envio para se assentar no corpo de sua futura mãe.

Socialização

É a família extensa – na maioria dos casos quase idêntica com a própria comunidade – que está encarregada da socialização das crianças. Pode-se distinguir a comunidade de brincadeiras (um a cinco anos) e a época de processo de participação (seis a 12 anos), que culmina com a iniciação dos rapazes, altamente ritualizada, e com a primeira menstruação das meninas.

A iniciação dos rapazes, vigente sobretudo entre os Pãi-Tavyterã (ou Kaiowá), com seus intensos exercícios e práticas rituais, que se prolongam durante semanas, pode ser comparada a uma instrução formal, mas não tem nada de escolar. Os rapazes são levados, isto sim, a escutar as tradições mitológicas que constituem as mais importantes crenças, mas sobretudo a exercitar cantos e danças que fomentam uma experiência religiosa séria e profunda. A iniciação termina com a perfuração do lábio inferior e a colocação do tembetá, "pedra labial" ou botoque em forma de cravo, que lhes confere dignidade e autenticidade e será o distintivo de sua identidade.

Entre os Mbyá e entre os Chiripá (ou Avá-Katú), a iniciação é menos relevante, mas o certo é que a participação desde a mais tenra idade nas danças e o acompanhamento dos cantos preparem os rapazes guarani para a experiência religiosa de serem eles próprios um dia os "donos" de uma oração, de um canto.

"O recurso sempre à mão de que dispõe o Guarani para provocar e ao mesmo tempo dar vazão a suas vivências religiosas é o *porahêi* (canto ou reza). [...] O que de mais valioso um indivíduo possui são seus *porahêi*, a que se refere com orgulho e até com alguma reverência [...]" (SCHADEN, 1974, p. 118-119). Individuais, porque são dom dos espíritos a determinadas pessoas, as orações e os cantos são também uma força para a comunidade, que, ao escutá-los e "dançá-los", se identifica com eles e se sente reconfortada. É graças às orações e rezas que os Guarani sentem que o mundo pode atrasar sua futura e inevitável destruição.

Por ocasião da primeira menstruação, a menina é mantida em casa por uma ou duas semanas (tradicionalmente eram um ou dois meses). Ela tem de observar um regime alimentício, tem de se abster de todo trabalho pesado, não deve sair de casa, a não ser de madrugada ou ao anoitecer, ou seja, no crepúsculo, para fazer suas necessidades e sempre acompanhada por uma parenta. A mãe, ou às vezes uma parenta anciã, lhe corta o cabelo até um ou dois centímetros de comprimento. Durante a reclusão, é ensinada especialmente sobre o bom comportamento de uma mulher e sobre suas obrigações como futura mãe e esposa.

Depois da "prova" da iniciação, o indivíduo já está em sociedade. Agora os jovens já são membros ativos da sociedade e independentes de seus pais, completamente responsáveis por todos os seus atos e por seu comportamento. Essa etapa termina com o casamento.

Os mecanismos de controle provêm da possibilidade de serem eventualmente ridicularizados e, em casos mais graves, de sofrerem a rejeição por parte da comunidade.

Os rapazes podem se ocupar com trabalhos temporários e receber pagamento; costumam ser enviados como mensageiros para outras comunidades e podem ir, independentemente de seus pais, às farras de sua própria comunidade ou de outra.

As moças são mais acompanhadas por seus pais ou outros parentes – por exemplo, não costumam ir sozinhas às festas –, mas têm o direito de namorar o candidato que elas escolhem.

Casar-se, formar uma família e inserir-se no complexo sistema de parentes requer uma série de conhecimentos que também fazem parte da educação. Pouco a pouco, o educando será, por sua vez, educador, sempre observado pela comunidade.

A palavra não é ensinada nem é aprendida humanamente. E para muitos Guarani é insensato e até provocador pretender ensinar as crianças na escola; daí seu receio e, às vezes, sua firme rejeição do ensino escolar em termos ocidentais. A palavra é um dom que se recebe do alto e não um conhecimento aprendido de outro mortal.

A educação do Guarani é uma educação da palavra, pela palavra, porém ele não é educado para aprender e muito menos memorizar textos, mas para escutar as palavras que receberá do alto, geralmente através do sonho, e poder dizê-las. O Guarani procura a perfeição de seu ser na perfeição de seu dizer; sua valorização e seu prestígio entre os membros de sua comunidade e até mesmo entre comunidades vizinhas são medidos pelo grau de perfeição e inclusive pela quantidade de cantos e modos de dizer que possui. E como sua sabedoria procede do desenvolvimento de sua palavra, e esta, por sua vez, da propriedade e intensidade de sua inspiração, é fácil ver como é essencial para o Guarani a experiência propriamente religiosa, que nem todos conseguirão no mesmo grau, mas a que todos aspiram de um modo ou outro.

Potencialmente, cada Guarani é um profeta – e um poeta –, segundo o grau que atinja sua experiência religiosa.

O valor pedagógico da morte

Para os Guarani, a morte é a última e mais difícil prova de sua vida na terra, que, em geral, é considerada prova para a alma e preparação para a vida verdadeira na morada dos deuses (paraíso, "terra sem mal"). *Mamo jaju haguégui, ñane ambápe jey jaha va'erã* – de onde viemos, a essa nossa morada vamos voltar.

É nesse momento da morte que a solidariedade e corresponsabilidade social dos Guarani nos parecem mais fortemente visíveis. Toda a comunidade ajuda na preparação do indivíduo para a morte. Acompanham-no com rezas, falam-lhe das belezas de sua futura vida e dos parentes já mortos, com os quais vai se encontrar outra vez; às vezes, até mesmo lhe pedem que leve saudações às almas de parentes falecidos. Essa preparação consciente do indivíduo para sua morte e a solidariedade do grupo têm como consequência uma agonia relativamente leve e curta (especialmente em comparação com os sofrimentos de membros da cultura ocidental) tanto no caso de velhos como no de jovens. Morrer como Guarani entre os Guarani não carece de consolo.

A comunidade guarani educadora

Os principais mecanismos da educação guarani são o exemplo, a comunicação verbal, a aceitação ou a rejeição na vida social. Recompensa e castigo não têm importância no processo educacional. Todos os conhecimentos e aptidões de um indivíduo são prestigiados e considerados bons na medida em que beneficiem a comunidade.

É possível dizer que a única limitação para a liberdade do indivíduo é o perigo em potencial que poderia surgir de seu comportamento para a comunidade. Por outro lado, a comunidade está comprometida com todos os seus membros e lhes presta ajuda para resolver problemas pessoais, sempre e quando essa ajuda for solicitada por parte dos indivíduos afetados.

Como não há agentes nem instituições especializadas para a educação, pode se dizer que o indivíduo não é educado, mas que ele se educa através da vida comunitária, que, por sua vez, é presença encarnada das palavras-alma que se manifestam ao falar nas assembléias comunitárias e, sobretudo, nos grandes rituais.

Os xamãs, como pessoas especialmente inspiradas, são, por seu turno, os educadores privilegiados, não porque tenham a palavra, mas porque abrem caminho para a palavra.

Referências

CADOGAN, León. *Ayvu Rapyta: textos míticos de los Mbyá-Guaraní del Guiairá*. 2. ed. Asunción: Fundación León Cadogan, CEADUC-CEPAG, 1992.

MELIÀ, Bartomeu; GRÜNBERG, Friedl; GRUNBERG, Georg. *Pài-Tavyterã: etnografia guaraní del Paraguay contemporáneo*. 2. ed. Asunción: CEADUC-CEPAG, 2008.

NIMUENDAJÚ, Curt Unkel. *Leyenda de la creación y juicio final del mundo como fundamento de la religión de los Apapokuva-Guaraní*. Tradução de Juan Recalde. São Paulo, 1987.

RUIZ DE MONTOYA, Antonio. *Tesoro de la lengua guarani*. Madrid: Por Juan de Sanchez, 1639.

SCHADEN, Egon. *Aspectos fundamentais da cultura guarani*. 3. ed. São Paulo: Edusp, 1974.

[Textos selecionados]

Tradução: *Luis Marcos Sander*

Textos dos Mbyá-Guarani

[Palavras dos Mbyá, Paraguai, contidas na publicação de: CADOGAN, León. *Ayvu Rapyta: textos míticos de los Mbyá-Guaraní del Guiairá*. 2. ed. Asunción: Fundación León Cadogan, CEADUC-CEPAG, 1992.]

Para o Guarani, a palavra é o todo. E tudo para ele é palavra. A característica que especifica a psicologia e a teologia guarani é a peculiar experiência religiosa da palavra.

Para que se entenda melhor e mais concretamente o que queremos dizer, transcrevemos aqui um longo texto dos Mbyá – especialmente expressivo, mas não único – sobre o fundamento da palavra.

> O verdadeiro pai Ñamandú, o primeiro,
> de uma parte de seu próprio ser de céu,
> da sabedoria contida em seu ser de céu
> com seu saber que vai se abrindo como flor,
> fez que se gerassem chamas e tênue neblina.
> Tendo se incorporado e erguido como homem,
> da sabedoria contida em seu ser de céu,
> com seu saber que se abre qual flor
> conheceu para si mesmo a fundamental palavra futura.
> Da sabedoria contida em seu ser de céu,
> por causa de seu saber que se abre em flor,
> Nosso Pai fez com que se abrisse a palavra fundamental
> e que se fizesse como ele, divinamente coisa de céu.
> Quando a terra não existia,
> em meio à escuridão antiga,
> quando nada se conhecia
> fez com que se abrisse como flor a palavra fundamental,
> que com Ele se tornasse divinamente céu;
> isto fez Ñamandú, o pai verdadeiro, o primeiro.
> Conhecendo já para si a palavra fundamental que haveria de ser,
> da sabedoria contida em seu próprio ser de céu,
> por causa de seu saber que se abre em flor,
> conheceu para si mesmo o fundamento do amor ao outro.
>
> [...]
>
> Tendo já feito abrir-se em flor o fundamento da palavra que haveria de ser
> tendo já feito abrir-se em flor um único amor,
> da sabedoria contida em seu ser de céu,
> por causa de seu saber que se abre em flor,
> fez com que se abrisse em flor um canto alentado.
> Quando a terra não existia,
> em meio à escuridão antiga,
> quando nada se conhecia,
> fez com que se abrisse em flor para si mesmo em sua solidão um canto animado.
>
> [...]
>
> Tendo já feito abrir-se em flor para si o fundamento da palavra futura,
> tendo já feito abrir-se em flor para si uma parte do amor,

tendo já feito abrir-se em flor para si
um canto animado,
considerou detidamente
a quem fazer participar do fundamento da palavra,
a quem fazer participar desse único amor,
a quem fazer participar da série de palavras que compunham o canto.
Tendo-o já considerado profundamente,
fez com que se abrissem em flor os que haveriam de ser companheiros de seu celeste divino ser,
fez com que se abrissem os Ñamandú de coração grande.
Fê-los abrir-se com o reflexo de sua sabedoria,
quando a terra não existia,
em meio à escuridão antiga.

[...]

Depois de tudo isto,
da sabedoria contida em seu ser de céu,
por causa de sua sabedoria que se abre em flor,
ao verdadeiro pai dos Karaí futuros,
ao verdadeiro pai dos Jakairá futuros,
ao verdadeiro pai dos Tupã futuros,
fez com que se conhecessem como divinamente celestes.
Aos verdadeiros pais de seus muitos filhos próprios,
aos verdadeiros pais da palavra de seus muitos filhos próprios,
fez com que se conhecessem como divinamente celestes.
Depois de tudo isto,
o verdadeiro pai Ñamandú,
a que estará frente a seu próprio coração,
à futura verdadeira mãe dos Ñamandú,
fez com que se conhecesse como (divinamente) celeste
[Karaí, Jakairá e Tupã colocam do mesmo modo frente
a seu coração as futuras mães de seus filhos].

Por eles já terem assimilado a sabedoria celeste de seu próprio Primeiro Pai,
por eles já terem assimilado o fundamento da palavra,
por eles já terem assimilado as séries de palavras do canto animado,
por eles já terem assimilado a sabedoria que se abre em flor,
a eles, por isso mesmo, os chamamos:
excelsos verdadeiros pais das palavras,
excelsas verdadeiras mães das palavras.
(CADOGAN, 1992, p. 33-39)

Este texto, escutado e registrado por Cadogan, que também oferece dele a versão em dialeto Mbyá, não é um hino fixo, que faça parte de uma tradição repetida cerimonialmente, ou de qualquer outra forma. É simplesmente uma palavra profética única, certamente proferida dentro de pautas formais tradicionais, mas não é um texto dogmático, memorizado e repetido.

Podemos afirmar, com Cadogan, que estes versos, transcritos quase integralmente, constituem uma das expressões mais importantes da religião guarani. Perguntados sobre o sentido do conceito-chave de *ayvú rapytá* (= fundamento da palavra ou palavra fundamental), dos Mbyá, dirigentes de grupo fizeram sua exegese: "ao fundamento da palavra fez com que se abrisse e que tomasse seu ser (divinamente) celeste Nosso Primeiro Pai, para que se fosse ao centro e medula da palavra-alma"; "o fundamento da palavra é a palavra originária, a que Nossos Pais, ao enviar seus numerosos filhos à morada terrena para que ali se erguessem, lhes repartiriam".

O dom da palavra por parte dos Pais "divinos" e a participação da palavra por parte dos mortais marca o que é e o que pode se tornar um Guarani.

"Está por tomar assento um ser que será a alegria dos bem amados" (Cadogan, 1992, p. 67). Nesta metáfora está contida a ideia guarani de como é concebido um novo ser humano. O homem, ao nascer, será uma palavra que se põe de pé e se ergue até sua estatura plenamente humana.

> "Quando está por tomar assento um ser que alegrará
> os adornados com penas, as adornadas,
> envia, pois, para nossa terra,
> uma palavra boa que ali ponha o pé",
> diz Nosso Pai Primeiro aos verdadeiros pais das palavras de seus próprios filhos.
> (Cadogan, 1992, p. 67)

Os Pais das palavras-almas, a partir de seus respectivos céus, se comunicam, geralmente, através do sonho com aquele que vai ser pai. E é a palavra sonhada que, comunicada à mulher, toma assento nela e começa a concepção do novo ser humano. A criatura é enviada por Os de Cima. "O pai a recebe em sonho, conta o sonho à mãe e ela fica grávida" (Schaden, 1974, p. 108). A palavra "toma assento" no seio da mãe – oñemboapyka –, tal como a palavra que desce sobre o xamã, estando ele próprio sentado em um banquinho ritual em forma de "tigre". A concepção de um ser humano e a concepção do canto xamânico se identificam. Não é exagero dizer que, para o Guarani, a procriação é, sobretudo, um ato poético-religioso, mais do que um ato erótico-sexual.

> A noção da alma humana, tal qual a concebe o Guarani – isto é, sua primitiva psicologia – constitui, sem dúvida alguma, a chave indispensável à compreensão de todo o sistema religioso [...] Por sua vez, a noção da alma se torna compreensível com maior facilidade a partir das crenças relativas à concepção (Schaden, 1974, p. 107).

As experiências através das quais o índio guarani recebe o dom do canto místico são comovedoras (Nimuendajú, 1987, p. 34-35, 78), e seus textos de uma grande beleza poética e profundidade religiosa. Eis aqui um que vale por muitos, já que a infinita maioria deles nunca foi registrada:

> Pelos arredores das casas onde dizem preces formosas
> vou caminhando espargindo a neblina [fumo de tabaco fumado ritualmente].
> Perseverando assim, aprenderei numerosas palavras para
> fortalecer meu interior
> Que o vejam os verdadeiros Pais de minha palavra;
> que em um futuro não distante me façam dizer muitas, muitas palavras...
> Embora nos amemos sinceramente, se permitimos que nosso coração se bifurque,
> não alcançaremos grandeza de coração nem fortaleza.
> (Cadogan, 1992, p. 151)

Colocar-se em estado de escutar as palavras boas e formosas, inclusive com jejuns, continência sexual, observação de modos austeros de viver, de comer e de dormir, é uma prática ainda constante entre os Guarani contemporâneos, especialmente entre os Mbyá; são comportamentos, atitudes e posturas que propiciam o "dizer-se" (ñembo'é), isto é, a oração.

Normas para a agricultura

[L. Cadogan, *Ayvu rapyta*. Capítulo XIII, p. 209ss.]

1. Explicarei as normas que Nosso Primeiro Pai deixou para a agricultura. Enumerarei em sua totalidade as regras concernentes à agricultura.
2. De acordo com elas, ele deixou a primavera para a época da semeadura.

    Milho que se semeia em lua nova não prospera; o núcleo, quando se endurece, enche-se de vermes.

    Caso contrário, ainda que produza grãos bons, estes se enchem logo de gorgulhos.

    Devido a esses fatos é que se dispôs que não se semeasse milho em lua nova. Unicamente o milho semeado em lua minguante prosperará.

    Com a mandioca também ocorre o mesmo; a que se planta em lua nova frequentemente dá tubérculos podres.

    Quanto à batata, as folhas das plantadas em lua nova são logo atacadas pelo verme ngaruru. E se se livra deles, os frutos se enchem de vermes.
3. Nenhuma espécie de semente deve ser plantada em lua nova.

    Enquanto o lapacho floresce, devemos semear toda espécie de sementes, sem exceção.

    Ainda que alguma geada volte a cair sobre as flores do lapacho, somente alcançará as alturas; já não matará os brotos das plantas.
4. Se aquilo que semeaste germina de forma desigual, deves replantar logo em seguida para evitar que tua plantação seja desigual e para que frutifique de forma mais ou menos uniforme.
5. Quando queremos que chova, levamos nossa vara à água, deixando-a lá.

Nós a cravamos em posição perpendicular, submersa na água. Fazendo isso, é certo que choverá muito.

6. Semearás milho mosqueado, feijão precoce, milho anão e, além disso, amendoim para a segunda colheita.

Estas são as únicas sementes para a segunda colheita: são semeadas em meados [da época] da madurez do guembê.

7. Deves orar por tuas semeaduras que aqui se estendem, porque não vais querer que os insetos as devorem.

Não terás receio de falar delas com Nosso Primeiro Pai, pois não estão destinadas a serem consumidas somente por ti.

Desta maneira orarás pelo que semeaste para que o Nosso Primeiro Pai veja:

8. "Eis que aqui se estendem meus cultivos. Faz com que os Jakairá os vigiem para que tudo que semeei prospere.

Tendo todas estas plantas que se veem sido criadas por ti, dirijo a ti esta oração referente a elas.

E ainda que não se encontrem dentro de tua morada inacessível, tão formosa, a ti as consagro a fim de que prosperem, para que sirvam de alimento a mim e aos meus coaldeães."

9. Em vista disso, Nosso Pai falará aos numerosos dirigentes de seus filhos:

10. "Façam meus filhos aparecer um lugar onde situar seus cultivos, para que as senhoras o pisem e para que se gerem as pequenas flores da terra, para que as criaturas as consumam.

Que os Tupã vigiem permanentemente aquilo que tocam os ramos floridos das palmas de vossas mãos."

11. Tendo teus frutos amadurecido, darás de comer deles aos teus coaldeães sem exceção. Os frutos maduros são produzidos para que todos deles comam e não para que sejam objeto de avareza.

Dando de comer a todos, somente assim, só se o Nosso Primeiro Pai vir nosso amor ao próximo, alongará nossos dias para que possamos semear repetidas vezes.

Os preceitos que nossos bons pais deixaram para nosso governo

[L. Cadogan, *Ayvu Rapyta*. Capítulo XI, p. 191ss.]

O código mbyá guarani foi recopilado com a colaboração do cacique Pablo Vera e do *mayor* Francisco, de Tava'i. Os parágrafos referentes ao homicídio são síntese de uma arenga pronunciada por aquele por ocasião do julgamento de um réu condenado por homicídio, em um acampamento chamado Alambre Punta, Caaguazú.

1. Aquele que tiver se apoderado violentamente de uma menina ao lado do caminho receberá numerosos açoites. Caso contrário, compensará a vítima.

    Se sua vítima morrer, é indispensável que seu agressor morra.

2. Aquele que tiver espetado seu próximo, aquele que tiver infligido ferida cortante, aquele que tiver castigado com espada de madeira, dará compensação.

    Se assim não acontecer, ele deve ser espetado, cortado, castigado com espada de madeira; purgará seu delito.

3. O ladrão será açoitado. Caso contrário, compensará o dono da chácara a fim de que a harmonia volte a reinar entre eles.

4. Se a mãe de teus filhos convive às escondidas com outro, deves repudiá-la prudentemente, sem maltratá-la antes.

    Caso contrário, se não tens intenção de repudiá-la por ter agido assim uma única vez, deves aconselhá-la oportunamente de boa forma.

    Se, apesar de teus bons conselhos, ela não te levar em conta, deves repudiá-la definitivamente.

5. Aquele que incendiar a casa de seu semelhante por desamor ao seu corpo formoso sofrerá a mesma pena. Unicamente assim há justiça.

Os textos Pãi-Tavyterã

[Palavras proferidas por Evangelí Morilla, Guarani, do povo Pãi-Tavyterã em Tajy (Amambái, Paraguai), recolhidas por B. Melià, nos anos 1974 e 1975 e publicado em: MELIÀ, Bartomeu; GRÜNBERG, Friedl; GRUNBERG, Georg. *Pài-Tavyterã: etnografía guaraní del Paraguay contemporáneo*. 2. ed. Asunción: CEADUC-CEPAG, 2008, p. 201ss.]

Exortação

Olhem-me [estejam atentos], vou enfileirar, uma atrás da outra, as palavras autênticas, vou abrir a todos os olhos para os costumes resplandecentes que são de todos. Não se inflamem, pois, sem mais nem menos nesta nossa festa de recíproca alegria geral, não levantem aquele modo de ser brusco de uns contra outros. Esta é, costuma dizer-se, a conversação dos deuses; assim, ainda que acabem os próprios Jakairá, não estarão eles metidos em nosso modo de ser?

O amor mútuo

Não contestes nem resmungues contra os que te criaram, teus progenitores. Ainda que estejam irritados, tu deves calar diante deles. Não levantes os olhos, não encares teu pai, abaixa-te em vez de contestar, em vez de olhar fixamente para teu pai, olha para o chão.

Tua própria mãe, aquela que te fez ver o dia, que te abriu os olhos para a luz, tua mãe, deves respeitá-la, não lhe contestes sem mais nem menos; se lhe contestas e discutes com ela, não te aproximas de Nossa Mãe, a do céu, Nossa Mãe de todos.

Viverás bem com teu próximo, com teu companheiro; tua esposa deves amar assim sem mais.

Nossa origem é uma só, ela não faz diferenças: é assim que nos espalhamos. Devemos nos amar uns aos outros, pois um é Nosso Pai que está no céu. Não é possível que sejamos inimigos uns dos outros, pois todos somos habitantes desta nossa terra. Quando chega o frio, nós também sentimos frio juntos; não é possível que não queiramos ver um ao outro.

Nosso modo de ser

O melhor é que caminhemos na religião. Devemos estar em oração para que nada [mau] te aconteça, para viver agradavelmente. Com isso, devemos iluminar nosso modo de ser. Vamos estar de novo no costume antigo. Estejamos na bênção; assim estávamos em um princípio. Ao longo do amanhecer se deve fazer o canto [ritual]; que a doença não ponha seus pés sem mais nesta terra, mas antes afasta de ti qualquer coisa inútil. Agora se costuma ir apagando cada vez mais o costume antigo.

Visitamo-nos

Vamos percorrer o lugar, de vizinho em vizinho, para que se nos escute bem. Se vamos para onde estão conversando os filhos de Jasuka, os filhos de Tupã, é para escutar como surgem palavras de compreensão. Aquelas palavras amáveis, nós as dizemos ordenadamente uma atrás da outra entre todos os vizinhos. Isto costuma ser o que os habitantes da terra se comunicam entre si quando se visitam: Embora nos levantemos para andar por entre todos os vizinhos, que não façamos escutar, pois, entre nós falatórios fortes, sem mais nem menos. Sejam, pois, o costume as palavras amáveis, que desejamos fazer brilhar entre os vizinhos. Assim, na verdade, entre as pessoas de nosso lugar estarão felizes uns com os outros.

A grande [festa da] alegria de uns com os outros

Mandemos o convite: vou fazer *chicha* [aguardente feita de milho].

Convidemos para que venham para a [festa da] bebida da *chicha*, para que nos reunamos no lugar da alegria mútua. Os que vão vir de longe dizem "Vamos para a festa". Vamos olhar atentamente onde nos vamos colocar para dormir. É bem possível que nos cansemos bastante, já que vamos só dançar o *kotyhu* [canto festivo]. "Prestemos atenção nos rostos das moças."

Os rapazes dizem: "Demo-nos as mãos para dançar o *kotyhu*".

Um canto de estilo Kotyhu

Já de tarde transvasamos a *chicha* para que seja vista, para que seja abençoada, para que os "seres inquietos" não a vejam conosco e provemos nossa *chicha*. "Faz com que nos alegremos e nos sintamos bem, cantanos um *guahu*", diz o dono da casa, dando um arco [ou] uma vara de cana doce ao cantor do *guahu*.

Um canto de estilo guahu

> Pois se o néctar das flores
> é o que te deixou tonto, beija-flor,
> quanto mais, pois, te matará
> a *chicha* verdadeira!

Agora vamos nos dispersar todos de novo, vamos ir de novo para nossas casas. Quando fizerem outra festa, vamos nos ver todos de novo. "Quando vão fazer outra festa de *chicha*?"

O modo de ser agradável

Para que as crianças não se criem mal, os filhos de *Jasuká*, ao nascer, virão para a casa do chefe da comunidade para que este, impondo-lhes as mãos, as abençoe, para que não se vejam em situações incômodas; essas crianças se criam bem; não se verão em dificuldades com seus próximos; quando forem mais velhas, não se verão metidas em malefícios; não se verão frente aos Seres Inquietos, tampouco se encontrarão com os filhos da dona das víboras, tampouco se encontrarão com habitantes malignos da selva [os tigres].

Antes que a criança agarre sua alma [tenha consciência], para isso está a bênção sobre ela; para que, tendo crescido de todo, se é homem, respeite seu próprio sogro e sua própria sogra; se é mulher, para que respeite o pai de seu marido [seu sogro], para que respeite seus próprios cunhados. Os que assim foram sabem escutar atentamente, aceitam seu próprio pai, não ignoram sua própria mãe; sabem julgar as palavras de seus semelhantes.

Parece que agora é de novo costume o que antes foi para seus primeiros avós. Isso é o que se conta para os descendentes, isso é para que seja apreciado justamente entre todos os vizinhos; para alcançar a conformidade entre todos os vizinhos, para que não haja discórdias entre os vizinhos, para que os filhos de *Tupã* não se acalorem sem mais nem menos; que na festa da *chicha* falem ordenadamente, postas as coisas em fila. Todas estas são as palavras autênticas que tinham sido propagadas em um princípio.

Nosso modo de ser

Conforme nosso modo originário de ser, para que qualquer coisa não nos faça ficar doentes sem mais nem menos, devemos estar em harmonia com os céus: o céu de Nosso Avô Primeiro-Último, o céu de Pa'i Kuará, o céu de Pa'i Ñamõi. Está sendo assim [sic] para que o façamos perfeito para todos; está sendo assim para que todas as coisas sejam perfeitas. Há muitos sem perfeição; que eles nem sequer chamem [nem supliquem]. Eles, sendo assim imperfeitos, quando se confrontam com o céu, a doença já põe seus pés [aqui].

Na verdade, quando se completa o tempo e as Plêiades aparecem, tu te levantarás cada manhã para abençoar. Deste modo, estando o ano novo em sua perfeição, suavizam-se as doenças. Assim, estando coordenados com os céus, deste modo as palavras inflamadas, as cabeças todas exacerbadas, se dão a si mesmas um coração bom.

Assim foi, pois, que se fez no começo; por isso, os arcos não estão adornados, Nosso Avô Último-Primeiro não os fez adornar; nossas mãos tampouco as vamos fazer adornar [sic]. É por isso que não podemos ser insensatos quanto a nosso modo de ser na grande festa da bebida; não levantemos alvoroços ásperos uns contra os outros.

De maneira alguma deixemos de lado o que deu início a nosso modo de ser. Vamos abrir os olhos, como de costume, para os seres divinos, moradores da verdadeira aldeia.

Nosso pai nos diz quando nos casamos:

"Pois sim, rapaz, já trazes a que será tua 'adornada', já estás entre os que vão ser teus parentes como para que te dês sentimentos de autenticidade.

Eis que, se tens um filho agora, já estás como quem tem de olhar por ele, pois agora já és pessoa casada; logo, em breve, quando eu for à tua casa, que estejas assim segundo costuma ser o costume: que não eu tenha de andar atrás de ti com minhas palavras. Tu és, pois, o protetor dos dias de teus pequenos; logo, em breve, quando eu já não estiver presente, sê depois para eles assim como é de costume.

De todas as plantinhas tu já ficas, pois, como sendo o responsável; assim estás; tua 'adornada', como tu também, aí está; segundo os tempos se dá seu próprio modo de ser; então certamente, ao te encontrar, assim como tu, também se dá seu próprio modo de ser segundo os tempos. Isto és tu, certamente; quando as plantas estão já maduras, tua 'adornada' já vai olhá-las todas; à imagem da terra haverá de fazer também a cruz, e depois também ela já os pode trazer para que sejam objeto de reza; desta maneira, alegram-se os *Jakairá*, eles que também estão investidos em nosso modo de ser. Para isso se dá forma e figura à terra. Isso é, pois, o que deu origem a nosso modo de ser."

Nosso Avô, fazedor da terra

No princípio, era Nosso Avô Eterno, o poderoso, que firmou o centro da terra de modo que ela não se afunda; estava ampliando o que será de uso de todos os *Tupã*. Ele se revelou no princípio, esteve se revelando em seu próprio modo de ser. Meu Avô Grande Eterno, então, naquele princípio, esteve dando claridade à terra, meu Avô Grande Eterno tinha sido [sic]:

"Eu sou o que está se colocando de pé, eu sou o que está se revelando"; isso no princípio, quando os *Tupã* não tinham se tornado tão numerosos.

Nosso Avô Eterno fez a terra, por amor de todos o fez, para que não contendamos uns com os outros, para todos os *Tupã*, para todos os homens, para que nos amemos com igualdade uns aos outros. Depois de ter usado totalmente esta terra, vamo-nos para o além, chegamos a Nosso Avô Eterno. Depois de usar ordenadamente esta terra, desprendemo-nos, para não ir ao lugar marcado da destruição. Ali nos tornamos perfeitos; depois de ter andado com confiança, depois de ter usado corretamente esta terra adequadamente [sic], chegamos à morada de Nosso Avô, ali é que vamos ser verdadeiramente perfeitos.

Nossa comunidade

Assim foi no princípio. Meu Avô Grande Eterno: os Pãi Tavyterã, todos os semelhantes aos Pãi Tavyterã [os habitantes da verdadeira morada] não comprarão terra; isso é certamente o mandado. Para que todos os deuses estejam convidados conosco, não é bom, pois, que os Tavyterã comprem terra, [a não ser] para usá-la todos juntos de modo igual. Nem sequer os Pãi Tavyterã devemos lotear a terra. Por nossa ignorância, nós homens a alienamos continuamente uns para os outros.

Coloquemo-nos de novo em fila [para a genuflexão], trabalhemos de forma igual, ajustemos as palavras. Podem se usar ferramentas para o roçado. Chega o tempo bom em que os *Jakairá* começam de novo as plantações. E com isso as sementeiras serão boas. Uma vez cumprido tudo, vamos cantar. Dessa maneira, faremos nossa comunidade progredir um pouco mais; quando adornarmos de novo os *Jakairá*, todos nós somos felizes uns com os outros. Já estamos no que foi no princípio. Agora de novo estamos nos encontrando com o[s] do princípio.

Simón Rodríguez (1771-1854)

Simón Rodríguez, crítico da imitação

Danilo R. Streck
Telmo Adams
Cheron Zanini Moretti

> *Sem educação popular não haverá verdadeira sociedade!*
> *Ensinem, e terão quem saiba. Eduquem, e terão quem faça.*
> SIMÓN RODRÍGUEZ

Contexto, trajetória e obras de Simón Rodríguez

Caracas ganhou importância devido ao crescimento do comércio do cacau ao redor do qual gerava a economia da época. Em 1777, a Venezuela foi elevada a Capitania Geral, com autoridade político-militar e, posteriormente, com poder judicial e administrativo. Nesse período colonial a sociedade venezuelana caracterizava-se por uma estratificação em castas. Havia o grupo dos *peninsulares* (nascidos no continente espanhol), seguidos dos *criollos* (filhos de espanhóis nascidos na América); na sequência vinham os *canários* (vindos das Ilhas Canárias), depois os *pardos* (mescla de brancos, índios e negros) que eram o maior contingente e se dedicava ao pequeno comércio, trabalhos agrícolas e artesanato; e finalmente os *escravos negros* e os *índios*.[1]

Foi ainda no período colonial, ao final do século XVIII, que nasceram, em Caracas, Simón Rodríguez (1771-1854), Simón Bolívar (1783-1830), do qual o primeiro foi mestre, e Andrés Bello (1781-1865). Esse último é considerado um dos grandes humanistas da América Latina cuja obra conta com uma vasta produção de poesias, estudos literários, de história e direito.

---

[1] A população venezuelana atual é resultante da rica composição étnica – miscigenação de índios, espanhóis e africanos – que ocorreu desde o período colonial. Hoje, a maioria da população (26.023.528 de habitantes – dados de 2008) daquele país possui uma ou mais dessas mesclas, sendo que os mestiços somam 69%, os descendentes de europeus, 21% (espanhóis, italianos, alemães, holandeses e portugueses), 4% de afro-descendentes, 1% de indígenas e 5% de asiáticos. Fonte: Thais Pacievitch, disponível em: <http://www.infoescola.com/venezuela/populacao-da-venezuela>.

A independência da Venezuela, cuja primeira rebelião emancipatória não bem sucedida ocorreu em 1749, iniciou-se, propriamente, no dia 19 de abril de 1810, em Caracas, porém, consolidou-se, apenas, em 24 de junho de 1821, com a vitória de Bolívar na batalha de Carabobo sobre as tropas imperiais de Espanha.

Simón Rodríguez nasceu em Caracas, aos 28 de outubro de 1771.[2] Como o pai faleceu cedo, ficou sob a tutela de um tio, o presbítero José Rafael Rodríguez, quem se encarregou da sua educação. Seu caráter foi definido como: "altivo, duro, independente, com idéias e costumes verdadeiramente singulares" (Rumazo González, 2006, p. 7). Formou-se professor no ano 1791, e desde cedo ligou-se à educação, assumindo a direção de uma escola municipal.

Em 1792, Simón Rodríguez foi convidado para se ocupar da educação do menino Simón Bolívar, em Caracas, tendo sido o seu mestre de 1792 a 1797. O próprio Bolívar reconhece a profunda influência em termos de aquisição de saberes, aprendizado de normas, desenvolvimento do espírito criador e formação de um caráter que teve por base o carinho e a confiança.

Mais tarde acompanhou-o um período na França e Itália, durante os anos 1804 a 1806. A partir desse momento, converteu-se em figura decisiva no rumo do futuro libertador da América. Ao regressar ao continente americano (em 1824), recebeu de Simón Bolívar uma das mais comovedoras cartas de sua vida, como é possível verificar no extrato que segue:

> O senhor formou meu coração para a liberdade, para a justiça, para o grandioso, para o belo. Eu segui a vereda que o senhor me indicou [...] O senhor não pode imaginar quão profundamente foram gravadas em meu coração as lições que o senhor me deu; não apaguei jamais uma vírgula sequer dos grandes ensinamentos com que me presenteou (Rodríguez, 1975, t. I, p. 511).[3]

A partir das leituras dos pensadores da ilustração e descontente com o regime colonial espanhol, vinculou-se, em 1797, ao projeto de emancipação. Com o fracasso da primeira tentativa revolucionária, acabou optando por buscar a liberdade de pensamento e ação em outro lugar.

No mesmo ano estabeleceu-se, por algum tempo, na Jamaica (Kingston), e se dedicou a aprender a língua inglesa. Seguiu para os Estados Unidos (Baltimore e, talvez, Filadélfia), permanecendo por alguns meses. Dali foi para a França,

---

[2] Há outra versão com base nas *Obras Completas* cujo ano de nascimento é 1769 e traz seu nome completo: Simón Narciso Jesús Rodríguez. Cronologia publicada em: <http://www.anhvenezuela.org/admin/Biblioteca/Cronologias/Cronologia_Simon_Rodriguez.pdf>. Acesso em: 4 ago. 2009

[3] Texto original: "Ud. formó mi corazón para la libertad, para la justicia, para lo grande, para lo hermoso. Yo he seguido el sendero que Ud. me señaló [...] No puede Ud. figurarse cuán hondamente se han grabado en mi corazón las lecciones que Ud. me ha dado, no he podido jamás borrar siquiera una coma de las grandes sentencias que Ud. me ha regalado".

onde se estabeleceu, a partir de 1801. Enquanto Bolívar voltou para a América, Rodríguez, com medo da repressão espanhola caso regressasse à Venezuela, seguiu um longo peregrinar pela Europa (por volta de 1806 em diante): Itália, Alemanha, Prússia, Polônia e Rússia. Em vários desses países atuou como professor além de exercer também outras atividades para custear suas despesas. Em 1823, encontrou-se com Andrés Bello na cidade de Londres e preparou o seu retorno para a América, via Cartagena, chegando até Bogotá, no mesmo ano.

No início de 1825, foi para Lima, onde estava Simón Bolívar, realizando as últimas campanhas da guerra de independência. A convite do próprio Bolívar, Rodríguez foi incorporado a seu grupo de colaboradores. No mesmo ano, assumiu como diretor do Ensino Público, Ciências Físicas, Matemáticas e Artes; e diretor geral de Minas, Agricultura e Caminhos Públicos da República Boliviana. Em 1826 desenvolvia um projeto educativo especial com jovens indígenas:

> Meu grande projeto na ocasião consistia em por em prática um plano bastante refletido que se apoia em colonizar a América com seus próprios habitantes, para evitar o que temo acontecer um dia; quero dizer, que a invasão repentina de imigrantes europeus mais inteligentes que nosso povo atual, venha a avassalá-lo de novo e a tiranizá-lo de um modo mais cruel que o do antigo sistema espanhol. Eu queria reabilitar a raça indígena e evitar sua extinção completa (Rodríguez, 1975, t. II, p. 74).[4]

Em 1826, por discordâncias, desligou-se do governo. Foi para Arequipa, onde publicou (1828) partes da obra *Sociedades americanas em 1828*, na qual insistia na necessidade de buscar soluções próprias para os problemas da Hispano-América: "De onde iremos buscar modelos? ... A América Espanhola é Original = Originais hão de ser suas instituições e seu governo = E Originais seus meios de fundar um e outro".[5] E assim escreveu: "Ou inventamos ou erramos". Em 1830 lançou a obra *El Libertador del Mediodía de América y sus compañeros de armas, defendidos por un amigo de la causa social – La defensa de Bolívar*.

Convidado para trabalhar em Concepción (Chile), Rodríguez assumiu, em 1834, a direção de uma escola primária e lá publicou o livro *Luces y virtudes sociales*. Um terremoto na região destruiu a escola no ano seguinte, mas ele continuou lecionando em sua residência. Em 1836, enfermo retirou-se em condições precárias, sobrevivendo da solidariedade de amigos (Rodríguez, 1975, T. II, p. 518-ss).

---

[4] Texto original: "Mi gran proyecto por entonces consistía en poner en práctica un plan bastante meditado que estriba en colonizar la América con sus propios habitantes, para evitar lo que temo acontezca un día; es decir, que la invasión repentina de inmigrantes europeos más inteligentes que nuestro pueblo actual, venga a avasallarlo de nuevo y a tiranizarlo de un modo más cruel que el del antiguo sistema español. Yo quería rehabilitar la raza indígena y evitar su extinción completa".

[5] Texto original: "Donde iremos a buscar modelos?... La América Española es Orijinal = Orijinales han de ser sus instituciones i su gobierno = I Orijinales sus medios de fundar uno i outro".

No ano 1839, encontrou-se seguidas vezes com Andrés Bello, em Santiago. Por volta de 1842-1843, voltou ao Equador e se estabeleceu em Latacunga, ao sul de Quito. O jornal do Comércio de Lima publicou vários de seus trabalhos sobre temas políticos sob o título: "Crítica de las Providencias del Gobierno" (RODRÍGUEZ, 1975, t. II, p. 401-428). Em meio a turbulências e contestações, buscando ganhar a vida, com teimosia continuava seu ofício de ensinar aos jovens. No ano 1847 o governador da província lhe pediu para que fundasse uma escola de professores.

Em 1850, ainda com admirável capacidade física e mental, realizou sua última experiência como mestre de um grupo de jovens, a partir da qual sintetiza suas idéias pedagógicas (RODRÍGUEZ, 1975, t. II, p. 1-64). Nos anos finais de sua vida, Rodríguez, em companhia do filho, foi residir em Guayaquil (Equador). Em busca de um novo empreendimento no Peru, em companhia do filho sofreu um naufrágio na viagem de barco. Resgatado, permaneceu muito doente no povoado de Amotape (Peru), onde agonizou e morreu em 1884. Seus principais escritos permaneceram em Guayaquil, mas em boa parte teriam sido perdidos em um incêndio, alguns anos depois.

Pensamento pedagógico

Assim sentenciava Simón Rodríguez, em tom de angústia, a esterilidade de seu esforço para fazer da nascente república americana uma terra de justiça e paz por meio da educação (CENTERO, 2000):

> Há ideias que não são do tempo presente, ainda que sejam modernas: nem de moda, ainda que sejam novas. Por querer ensinar mais do que todos sabem, poucos me compreenderam, muitos me depreciaram e alguns se deram o trabalho de perseguir-me [...][6]

Simón Rodríguez era reconhecido como jovem entusiasta, precoce em muitos saberes, forte e enérgico com grande capacidade de influenciar nos rumos dos seus educandos. Além de Bolívar, tinha também outros discípulos em sua casa e lecionava em escola pública (RUMAZO GONZÁLEZ, 2006, p. 30), sendo essa sua experiência a base para defender mudanças profundas no sistema de educação colonial. Com esse intuito, em 1794, divulgou um documento sob o título: *Estado actual de la escuela y nuevo establecimiento de ella*. Apresenta nele sua crítica e propostas de reforma do sistema educativo.

---

[6] Texto original: *"Hay ideas que no son del tiempo presente, aunque sean modernas: ni de moda, aunque sean nuevas. Por querer enseñar más de lo que todos saben, pocos me han entendido, muchos me han despreciado y algunos se han tomado el trabajo de perseguirme [...]"*.

Num contexto em que somente os brancos tinham acesso à educação, fundamentado no princípio de igualdade, defendeu o direito de todos à educação: pardos, morenos, índios e brancos. Pediu o aumento do número de escolas, com educadores autênticos, provisão de materiais e móveis adequados, no lugar de castigo, a premiação aos alunos, o trabalho de seis horas diárias e uma adequada remuneração dos professores. Assumia assim a educação primária como prioridade (RUMAZO GONZÁLEZ, 2006, p. 29). Além de mestre de Simón Bolívar, Rodríguez é reconhecido pelas suas obras como pedagogo, filósofo, educador e escritor, profundo conhecedor da sociedade hispano-americana. Embora influenciado por pensadores da Ilustração, "estamos diante de uma figura criativa", um educador apaixonado, (re)criador de novas ideias (cf. HERNÁNDEZ OSCARIS, 1998, p. 39).

Os escritos de Simón Rodríguez, de acordo com Ramón Jáuregui Olazábal (2003), orientam-se, em última análise, para a criação de uma sociedade republicana. Para alcançar tal objetivo entende que a condição era uma educação para todos os cidadãos, começando pelas crianças, sem distinção de raças. Para educá-las desde a primeira infância defendia a necessidade de mestres idôneos para encaminhar democraticamente os jovens (Cf. JÁUREGUI OLAZÁBAL, 2003, p. 94). Entendia Rodríguez que dessa educação básica dependeria o futuro das crianças e, em consequência, a possibilidade de concretizar uma vida republicana. Afirmava um princípio radical como base da sociedade republicana: "quem não aprende política na cozinha não a sabe no gabinete" (RODRÍGUEZ, 2006, p. 73). Por isso, via na educação da infância e da juventude uma função sagrada.

Com esse espírito Simón Rodríguez valoriza os autênticos mestres

> Porque o mestre que sabe dar as primeiras instruções segue ensinando virtualmente tudo o que se aprende depois, porque ensinou a aprender. Seu ministério é de primeira necessidade porque influi nos estudos seguintes. [...] O professor das crianças deve ser sábio, ilustrado, filósofo e comunicativo porque seu ofício é formar homens para a sociedade (JÁUREGUI OLAZÁBAL, 2003, p. 96).[7]

Mas também defendia que os principais educadores e instrutores das crianças são os seus pais. Estes "não podem colocar sua responsabilidade em ombros alheios [...]" Por isso mesmo o mestre exerce uma função de

---

[7] Texto original: *Porque "el Maestro que sabe dar las primeras instrucciones, sigue enseñando virtualmente todo lo que se aprende después, porque enseñó a aprender. Su ministerio es de primera necesidad, porque influye en los demás estudios". Y prosigue "el Maestro de niños debe ser sabio, ilustrado, filósofo y comunicativo porque su oficio es formar hombres para la sociedad"* (RODRÍGUEZ, 1975, t. I, p. 27; t. II, p. 541).

pai comum, razão pela qual deve ser eleito pelas suas aptidões. Considerava que era impossível que todos os pais fossem instruídos, que tivessem condições e tempo para ensinar. Nesse sentido, a primeira escola não teve e não tem outro fim que o de suprir os limites dos pais, seja por ignorância ou porque suas ocupações não permitem que exerçam efetivamente a tarefa de ensinar os filhos.

Sobre os textos escolhidos

Nota sobre o projeto de Educação Popular

É possível afirmar que Simón Rodríguez tinha um plano estratégico, um sistema ou projeto pedagógico de educação (Jorge H., 2005, p. 15). Esse plano está desenvolvido na "Nota" a seguir transcrita. Sua proposta de educação vai além da escola, além dos professores e da massificação do ensino. Para ele, a educação não é um fim, mas "um meio de transformação de um tipo de sociedade para criar outra: a republicana" (p. 15), onde o direito de emitir o voto é comum a todos os cidadãos. Trata-se de um sistema de socialização para desenvolver a capacidade de atuar eficazmente de maneira coordenada no plano social, com vista ao exercício do poder através do diálogo, com liberdade, segundo a razão, a ética e a moralidade.

Congresso

É um dos textos em que Rodríguez insiste na educação popular, para toda população, como um dever político do Estado. Após a independência, continuavam os vícios de uma educação elitizante que não contemplava devidamente os índios e descendentes africanos. Para Simón Rodríguez, os governos nada conseguirão se não instruírem seu povo. "O Governo deve ser mestre; e para formar o Povo para a vida republicana (hoje diríamos: participação cidadã, democracia participativa) necessita no máximo cinco anos" (Rodríguez, 2006, p. 192).

Profissão de mestre

De acordo com Rodríguez, os mestres podem ser classificados em três grandes grupos: a) os que ostentam sabedoria, mas não ensinam; b) os que querem ensinar tanto que acabam confundindo seus alunos; c) e os que se colocam ao nível dos educandos auscultando suas capacidades e estimulando-os a aprender. Esses últimos são os que conseguem realizar o fim da educação (Cf. Rodríguez, 1975, t. II, p. 233). E na introdução a *Luces y virtudes sociales* insiste na diferença entre instruir e educar. Entende que instruir não é educar e que a instrução não é equivalente à educação, ainda que instruindo se possa educar parcialmente. Enquanto instrução significa "doação" de conhecimentos, educação é a formação de critérios, de consciência em vista da conduta social.

Referências

CENTERO, Emílio. Resenha do livro *Vida y obra de Don Simón Rodríguez*. Revista *Educere*, Universidad de Los Andes, año 4. nº. 10, jul-set. 2000.

GARCÍA BACA, Juan David; MORALES, Fábio; LOVERA-DE SOLA, Roberto. Cronología de Simón Rodríguez. Vida y obra de Simón Narciso Jesús Rodríguez. In: RODRÍGUEZ, Simón. *Sociedades Americanas*. Biblioteca Ayacucho. Disponível em: <http://www.anhvenezuela.org/admin/Biblioteca/Cronologias/Cronologia_Simon_Rodriguez.pdf>. Acesso em: 4 ago. 2009

HERNÁNDEZ OSCARIS, Roberto. *Simón Rodríguez: pensamiento educativo. Páginas escogidas*. Colômbia: Editorial FAID, 1998. (Colección Pensamiento Educativo Latinoamericano.)

JÁUREGUI OLAZÁBAL, Ramón M. El Maestro según Simón Rodríguez. Universidad de Los Andes. Escuela de Educación. *Revista Educere. Investigación Arbitrada*. año 6, nº 21, abr-jun, 2003. p. 94-99. Disponível em: <http://www.saber.ula.ve/bitstream/123456789/19756/1/articulo12.pdf>. Acesso em: 4 ago. 2009

JÁUREGUI OLAZÁBAL, Ramón M. *Vida y obra de Don Simón Rodríguez*. Mérida, Venezuela: Universidad de Los Andes, Consejo de Publicaciones, Consejo de Estúdios de Post-Grado, 1991. (Colección Ciências Sociales. Educación.)

JORGE H., Carlos. *Un nuevo poder. estúdio filosófico de las ideas morales e políticas de Simón Rodríguez*. Venezuela: Universidad Nacional Experimental Simón Rodríguez.; Rectorado, 2005.

RUMAZO GONZÁLEZ, Afonso. *Simon Rodríguez: biografia breve*. Caracas: Fundación Misión Che Guevara, 2006.

RODRÍGUEZ, Simón. *La defensa de Bolívar: El Libertador del mediodéa de America y sus compañeros de armas defendidos por un amigo de la causa social*. Caracas: Universidad Nacional Experimental Simón Rodríguez; Rectorado, 2006.

RODRÍGUEZ, Simón. *Obras completas*. Caracas: Universidad Simón Rodríguez, 1975.

RODRÍGUEZ, Simon. *Sociedades Americanas en 1828: luces y virtudes sociales*. Versión HTML - V.1.0 - 2002. Indice - Anterior ([33] a [46]) - [47] a [59] - Siguiente ([60] a [71])

ROSALES SÁNCHEZ, Juan José. *Ética y razón en Simón Rodríguez*. Venezuela: Universidad Nacional Experimental Simón Rodríguez: Rectorado, 2008.

[Textos Selecionados]

Tradução: *Luis Marcos Sander*

Nota sobre o projeto de educação popular

Simón Rodríguez

[RODRÍGUEZ, Simón. *La defensa de Bolívar: El Libertador del mediodia de America y sus compañeros de armas defendidos por un amigo de la causa social*. Caracas: Universidad Nacional Experimental Simón Rodríguez; Rectorado, 2006. p. 221-224.]

Os que atribuem a Bolívar intenções hostis contra a liberdade talvez não saibam o que ele fez para assegurá-la.

Quem pretende reinar

- não tenta elevar o povo à sua dignidade;
- não tenta ensinar para que o conheçam;
- não tenta dar forças para que lhe resistam.

O plano

- de educação *popular;*
- de destinação a exercícios *úteis* e;
- de aspiração *fundada* à propriedade

Bolívar o mandou executar em Chuquisaca.

Ele expediu um decreto para que se recolhessem as crianças pobres de ambos os sexos... não em *casas de misericórdia* para fiar por conta do Estado – não em *conventos* para rogar a Deus por seus benfeitores – não em *cárceres* para purgar a miséria ou os vícios de seus pais – não em *hospícios*, para passar seus primeiros anos aprendendo a servir, para merecer a preferência de serem vendidos aos que procuram criados fiéis ou esposas inocentes.

As crianças deveriam ser recolhidas em *casas cômodas e asseadas*, com peças destinadas a oficinas, e estas sortidas de instrumentos e dirigidas por bons professores. Os meninos deveriam aprender os três ofícios principais – pedreiro, carpinteiro e ferreiro – porque com terras, madeiras e metais se fazem as coisas mais necessárias e porque as operações das artes mecânicas secundárias dependem do conhecimento das primeiras. As meninas aprendiam os ofícios próprios de seu sexo, considerando suas forças – tiravam-se, por conseguinte, dos homens muitos exercícios que eles usurpam às mulheres.

Todos deveriam estar decentemente alojados, vestidos, alimentados, cuidados e receber instrução moral, social, religiosa. Tinham, além dos professores de cada ofício, agentes que cuidavam de suas pessoas e velavam sobre sua conduta, e um diretor que traçava o plano de operações e o fazia executar.

Dava-se ocupação aos pais das crianças recolhidas, se tinham forças para trabalhar; se eram inválidos, eram socorridos por conta de seus filhos: com isso se poupava a criação de uma casa para pobres ociosos e se dava às crianças uma lição prática sobre um de seus principais deveres.

O capital empregado nesses gastos era produtivo, porque se mantinham contas particulares com as crianças – no final do quinquênio se debitavam aos existentes, mediante rateio, os gastos ocasionados pelos mortos e inválidos – e, ao sair da aprendizagem, cada jovem reconhecia uma dívida ao fundo e pagava 5% até amortizá-la. Desse fundo se tiravam recursos para auxiliar, socorrer e amparar os membros daquela sociedade, por corporações, depois de estabelecidos. Só o amparo era um encargo – pelo auxílio e pelo socorro pagavam juros ao fundo.

O fundo para gastos de estabelecimento foi criado, pela primeira vez, reunindo sob uma única administração, em cada departamento, várias fundações – umas destinadas a coisas inúteis, e outras mal aplicadas. Não se obedeceu à VONTADE DO TESTADOR, primeiro porque, se sua alma tivesse estado neste mundo, teria aprovado (sem dúvida) o novo destino que se dava ao capital que deixou a juros para viver com descanso na outra vida: segundo porque os vivos destes tempos, melhor instruídos do que os do passado, já não creem que devem consultar os defuntos a respeito de seus negócios.

Tanto os alunos como seus pais gozavam de liberdade – nem as crianças eram frades nem os velhos presidiários –, passavam o dia ocupados e de noite se retiravam para suas casas, exceto os que queriam ficar.

Em cada Departamento da República deveria existir um estabelecimento igual – não havia número determinado, e todos entravam voluntariamente. Em menos de quatro meses, a casa de Chuquisaca reuniu mais de 400 crianças, cerca de 50 pobres e 20 jovens de diferentes partes que aprendiam para propagar a instrução em outras cidades. Por ocasião da saída do diretor para Cochabamba, ele deixou uma lista de aproximadamente 700 crianças pretendentes aos primeiros lugares que se oferecessem.

A intenção não era (como se pensou) encher o país de artesãos rivais ou miseráveis, mas instruir e acostumar ao trabalho para gerar homens úteis – destinar-lhes terras e auxiliá-los em seu estabelecimento [...] era *colonizar o país com seus próprios habitantes*. Davam-se instrução e ofício às mulheres para que não se prostituíssem por necessidade nem fizessem do matrimônio uma especulação para assegurar sua subsistência. [...]

O diretor dessa obra deve ter mais aptidões que o presidente da República [...] contem-se.

1ª moralidade (não escrúpulos monásticos nem hipocrisia);

2ª espírito social (por razão, não por imitação nem por conveniência);

3ª conhecimento *prático* e CONSUMADO de artes, de ofícios e de ciências exatas (economista, não mero especulador);

4ª conhecimento prático do povo, e para isso ter viajado por longo tempo, em países onde há o que aprender e com a intenção de aprender. Não se conhece o povo andando pelas ruas, nem frequentando algumas casas pobres, para lhes dar *uma parte* do que necessitam ou para lhes pedir *tudo* o que podem dar;

5ª modos decentes (sem afetação);

6ª gênio popular, para saber se baixar para tratar, de igual a igual, com o ignorante – sobretudo com as crianças;

7ª juízo, para fazer sentir sua superioridade sem humilhar;

8ª comunicativo, para ensinar tudo o que sabe, e pôr seu amor próprio nesta qualidade; não em alucinar com sentenças próprias ou alheias e fazer-se respeitar por uma vantagem que todos poderiam ter se empregassem seu tempo em estudar. Quem pensar nisso reconhecerá que aquilo que sabe deve ao pobre que o manteve, por uma porção de anos, como estudante – e que só fez aquele sacrifício com a esperança de ter quem o ensinasse. Os que aprenderam a expensas de outros são livros que custaram muito dinheiro; mais teria valido ao pobre camponês comprar-se uma biblioteca. Os doutores americanos não percebem que devem sua ciência aos índios e aos negros: porque se os senhores doutores tivessem tido de arar, semear, colher, carregar e confeccionar o que comeram, vestiram e jogaram durante sua vida inútil [...] não saberiam tanto: [...] estariam nos campos e seriam tão brutos como seus escravos – exemplo: os que ficaram trabalhando com eles nas minas, nas sementeiras atrás dos bois, nos caminhos atrás das mulas, nas pedreiras e em muitas pobres tendinhas fazendo mantos, casacas, borlas, sapatos e casulas;

9ª de um humor igual, para ser sempre o mesmo com as pessoas que tenha sob suas ordens;

10ª são, robusto e ativo para se transportar a todos os pontos onde se trabalhe. O diretor é a função do governo – de sua intervenção depende o bom êxito da maior parte das providências; porque quase todas são econômicas, e sem economia não há Estado. Como *agente imediato*, deve aplicar a mão às obras para ensinar – e estar presente para fazê-las executar. O governo manda *a partir de sua casa*: quem deve executar suas ordens não deve estar SENTADO despachando correspondência e confiando a outros o que está obrigado a fazer – não pode, por conseguinte, ter outro emprego nem tomar o título de diretor econômico por causa da honra ou do salário[...] porque não é *colocação nem destino nem sorte*, como se diz quando se favorece a qualquer pessoa por empenhos.

A direção econômica não se ocupa para aparecer preenchendo cabeçalhos e fazendo preencher sobrescritos com palavras OCAS. Quando o diretor escrever, deve dizer

A Direção Econômica manda que se faça tal coisa.

E, quando lhe escreverem, devem sobrescrever suas cartas dizendo-lhe

*à Direção Econômica
(e nada mais)*

em vez de

O Excelentíssimo Senhor Doutor Dom Juan José Antonio Diaz Martinez de Sandoval, Ulloa de Mendoza, Grande diretor Principal e Geral de Domínios Nacionais, Administrador e Encarregado especial e particular dos Ramos Gerais de Educação Nacional, Minas do Estado, Caminhos Públicos, Sendas e Veredas, Fábricas, Manufaturas, Comércio Ultramarino e Terrestre, Inspetor Geral da Indústria Agrícola, Florestas, Portos e Enseadas, em toda a extensão da República, etc., etc., etc.

De todas essas coisas, o Sr. diretor não sabe senão os nomes nem cuida de outra coisa. Seus dependentes o enganam, ele engana o governo, e o governo, o povo. Todos falam muito, e ninguém faz nada.

11ª Deve ter ENGENHO, porque em muitíssimas ocorrências se verá sozinho com as dificuldades e terá de apelar a si mesmo para vencê-las. Há coisas em que aquele que manda (seja quem for) não pode ou não deve pedir conselho, ou não tem a quem pedi-lo – é uma viagem em alto-mar: os marinheiros são de muita utilidade com decisões de manobra ou de destreza em casos difíceis, mas de nada servem em questão de rumo – eles manejam as velas; porém, só o piloto manda virar. O diretor não deve estar pendurado em livrinhos nem em mapas nem em receitas, nem os que dele necessitam devem estar esperando que ele saia do Coro, do Tribunal, da Alfândega ou da Secretaria de Estado, nem que volte de sua fazenda nem que tenha fechado a loja. Deve ter cabeça e mãos – só com a cabeça saberá o que é necessário mandar, e só com as mãos o fará quando lho mandarem [...]

12ª Desinteressado, prudente, dado à invenção e aos trabalhos mecânicos, estudioso, despreocupado, enfim... *homem do mundo* – não deve ser um ingênuo que se deixe mandar por aqueles que comanda nem um néscio que se faça valer pelo emprego. Não haveria com que pagar um diretor assim se ele exigisse um prêmio por qualidade; porém, quer a fortuna que os homens tão felizmente dotados tenham uma inclinação decidida a se ocupar em *fazer o bem* e não pensam em acumular riqueza. É muito fácil obter os serviços que a Direção pede, porque os desejam fazer; não obstante, é muito difícil reduzi-los a uma submissão cega: o governo deve tratá-los com decoro, porque, como sabem comprar sua independência com o trabalho, não mendigam COLOCAÇÕES. [...]

Congresso
Simón Rodríguez

[RODRÍGUEZ, Simón. *La defensa de Bolívar: el Libertador del mediodia de America y sus compañeros de armas defendidos por un amigo de la causa social*. Caracas: Universidad Nacional Experimental Simón Rodríguez; Rectorado, 2006, p. 191-196.]

Aborrecido e perplexo, o presidente convoca o Congresso: fixa o dia, exorta no princípio e manda no final que não haja falta. Por isso, esmeram-se em faltar: viajam devagar, detêm-se nas cidades, chegam quando podem e começam no dia em que querem. Nas sessões, pouquíssimos falam, aprovam levantando-se e, às vezes, para não deixar o assento, desaprovam. Em uma manhã, despacham dez leis, e as que não entram nos três meses de temporada ficam fora para depois – há tempo. Se ocorre algo entrementes, o presidente providenciará, e se providenciar mal, será criticado ou se revogarão suas providências.

Quem não vê neste quadro o mal de que sofrem os povos republicanos – a inutilidade dos esforços que seus chefes fazem para remediá-lo – e a necessidade de recorrer a outros meios para não perder o fruto da Revolução?

Os remédios que se ditarem devem se dirigir a dois objetivos... aos NEGÓCIOS e às PRETENSÕES. Tanto nos primeiros como nas segundas se deve considerar que nem o povo tem a culpa de ser ignorante e pobre, nem o Congresso a tem por não poder fazer o bem que deseja – e o presidente a tem menos, por não poder executar ordens que não têm sobre que recair ou recaem mal – todas as faltas podem se reduzir a uma... dizendo "[o] lugar das instituições é a opinião pública, esta está por formar – e nada se faz para instruir".

Convençam-se os chefes do povo de que nada conseguirão se não instruem. Quando se lhes faz essa observação, uns respondem que o governo não é professor – e outros que, para formar um povo, se necessita de séculos. Nem uns nem outros refletem bastante, e não refletem porque desprezam a advertência.

> O governo deve ser professor
> e, para o povo formar a república,
> necessita, quando muito, de cinco anos.

Não é este o lugar de expor as razões que o obrigam a ensinar, nem de apresentar-lhe o plano de ensino que deve adotar.

Só se dirá que, por ter visto a Instrução Republicana como objetivo secundário, os chefes perderam muito tempo e arriscam perder o que lhes resta.

Com universidades não se tornam fortes as nações, nem no canto de um colégio cabem todos os que devem aprender – supondo que ali se ensinem os deveres do cidadão.

Grandes projetos de ILUSTRAÇÃO ao lado de uma absoluta IGNORÂNCIA contrastarão sempre e nunca se associarão – juntos fazem um MONSTRO SOCIAL. Ordens para executar o impossível podem lisonjear no princípio por causa de alguns resultados felizes; porém, no final, produzem *desprezo* ou DESESPERO. Os que mandam infelizmente não o creem assim – pensam que com DECRETOS ilustrarão os povos ou (talvez) conseguirão da *ignorância* o que não esperam da razão: o governo muda de aspecto a cada legislatura e a cada nova presidência: um chefe pode ser consequente com seus princípios, mas a confiança pública não se forma pela vontade do governante, mas por aquela que o bom sucesso de suas providências faz nascer – não repousa sobre os agentes do governo, mas sobre o sistema.

As razões enganadoras que se alegam contra estas verdades aparecem no seguinte contraste [...]

Desejar saber uma língua estrangeira sem estudar é coisa muito comum e pretendê-lo não é raro – "Senhor Professor (diz um cavalheiro ao professor), desejaria SABER... o italiano (por exemplo), mas advirto o senhor de que não quero SER SÁBIO. Meus negócios e minha idade não me permitem aspirar a me confundir com um romano ao falar, mas me contentarei

> com ler fluentemente...
> com traduzir sem dicionário...
> com acompanhar uma conversação... e
> com cuidar de minha correspondência...
> o restante é supérfluo."

"Estudei a língua latina, que é a mãe de todas as línguas... digam o que quiserem os que não a sabem... em pouco tempo falaria a língua que eu quisesse... aplicando-me, entende-se etc., etc. Tenho que dar algum tempo ao italiano, porque necessito dele: além de mais... é uma língua sábia e muito doce, sobretudo na boca de mulheres. Vamos ao caso; o senhor, trate-me como a um principiante; mas sem gramáticas, sem regrinhas; porque, como eu disse, sei de tudo isso; e seria perder meu tempo. Entremos no fundo da língua, que é a parte útil – eu tenho meu plano: o senhor já verá que não sou dos mais lerdos.

Não é nada o que o cavalheiro pede!
(diz o professor à sua mulher, que ficou em um canto, escutando a proposta.)

O mesmo dizem os governantes a seus ministros.
"Não queremos fazer um povo de FILÓSOFOS...
Cultivemos as pessoas DECENTES...
E tenhamos o povo quieto e ocupado, respeitando pessoas e propriedades, obedecendo às leis e aos magistrados, pagando suas contribuições e defendendo o país.
O restante é romance,
belas teorias, e nada na prática;
a experiência desenganou."

Não é nada o que os senhores pedem!
Que os povos ajam sem saber *por quê, nem para quê* e que saibam sem ter aprendido!

O resultado, quanto ao cavalheiro da língua, é que, depois de ter gasto seu dinheiro com autores clássicos e com pagamentos ao professor, sai, no final de algumas visitas, mastigando os verbos auxiliares e estropiando um par de diálogos.

Quanto aos senhores do governo, é que, depois de grandes combinações e longas vigílias, cada um, AO FIM DE SUA TEMPORADA, deixa uma coleção de decretos, alguns revogados, outros reduzidos, outros emendados e muitos dos vigentes sem efeito.

Considerando isto – *considerando* aquilo – e *considerando* quanto há: menos do que se deve considerar – os CONSIDERANTES perdem o *tempo* e a *paciência*, e os CONSIDERADOS, a *esperança*.

Com uma única consideração evitariam estar CONSIDERANDO a cada instante sem fruto.

"CONSIDEREM"
que não têm povo e que podem formar um povo muito bom com as crianças e com os jovens que se perdem nas ruas e
ACABARÃO DE CONSIDERAR.

Se não o fizerem assim, o *considerando* que o último governante terá de fazer será... o da MULA.

"CONSIDERANDO"

1º
Que minhas forças se acabaram

2º
Que, por mais que eu queira, só dou tropeções

Vim decretar e decreto

1º
Que devo aguentar a carga

2º
Que não me levantarei se não a tiram de mim

Os reis ficam encarregados, sob responsabilidade, do cumprimento desse decreto – Circule-se para inteligência dos interessados e em desencargo de minha consciência.

"Não! (dirão os bem-intencionados) Nós jamais daremos tal decreto: trabalhamos pela causa e a levaremos até o fim: contamos com companheiros que não nos abandonarão: responderemos com nossas cabeças!!"

Está bem. Não se fala de serviços que não se podem negar – não se trata de intenções que se devem pressupor; porém, será permitido duvidar do bom êxito da resistência. Os povos não pedem cabeças, mas LIBERDADE.

Texto sobre a tarefa da primeira escola

[RODRÍGUEZ, Simón. *Obras completas*, t. II, p. 19; 26-27. In: HERNÁNDEZ OSCARIs, Roberto. *Simón Rodríguez: pensamiento educativo. Páginas escogidas.* Colômbia: Editorial FAID, 1998, p. 165-167 (Colección Pensamiento Educativo Latinoamericano.)]

O MESTRE domina os princípios de uma CIÊNCIA, ou de uma ARTE, seja liberal, seja mecânico, e que, transmitindo seus conhecimentos, sabe fazer-se ENTENDER e COMPREENDER, com GOSTO. E é o MESTRE que por excelência, aclara os conceitos e ajuda a estudar, ensina a aprender, facilitando o trabalho; ele tem o DOM, de INSPIRAR a um, e PROPICIAR a outros, o DESEJO de SABER. [...]

Se na primeira escola se ensinasse a raciocinar, haveria menos EMBRULHÕES na sociedade.

Veja-se se é importante! Diga-se... IMPORTANTÍSSIMO!! PREVENIR ERROS DE CONCEITOS na infância para que não sejam PREVENÇÕES, depois. RETIFICAR SUAS PERCEPÇÕES para que não se PREOCUPE.

- Ensinar-lhe a pronunciar, a articular, a acentuar;

- a fixar a significação das palavras e a propriedade dos termos;

- a dar às frases a ÊNFASE que o pensamento peça;

- a expressar com propriedade as ideias, notando a quantidade e o tom que devem distingui-las: porque tão necessária é a quantidade na sílaba para que seja palavra como o tom na palavra para que a locução expresse o sentimento.

Tudo isso consegue um professor que sabe se colocar ao alcance das crianças.

Ele o conseguirá fazendo-as gritar em livrinhos e garatujar em quadros-negros?

Quantos costumes desagradáveis não se adquirem em uma má escola!

Digam-no os que têm a desgraça de perceber que erram e sentem a pena de não poder se corrigir. O vulgo não vê na primeira escola mais do que crianças em salinhas ou em salões incomodando o professor para que não incomodem em casa: as crianças crendo que a escola é para aprender a se enfadar, e o professor... que deve se enfadar para lhes dar o exemplo; elas aprendem a MENTIR, e ele a DISSIMULAR.

OBEDECER CEGAMENTE é o princípio que reina. Por isso há tantos escravos – e por isso é Amo o primeiro que quer ser-lo.

Ensinem as crianças a serem questionadoras, para que elas, pedindo o porquê daquilo que se as manda fazer, se acostumem a obedecer... à RAZÃO! Não à AUTORIDADE, como os LIMITADOS; nem ao COSTUME, como os ESTÚPIDOS.

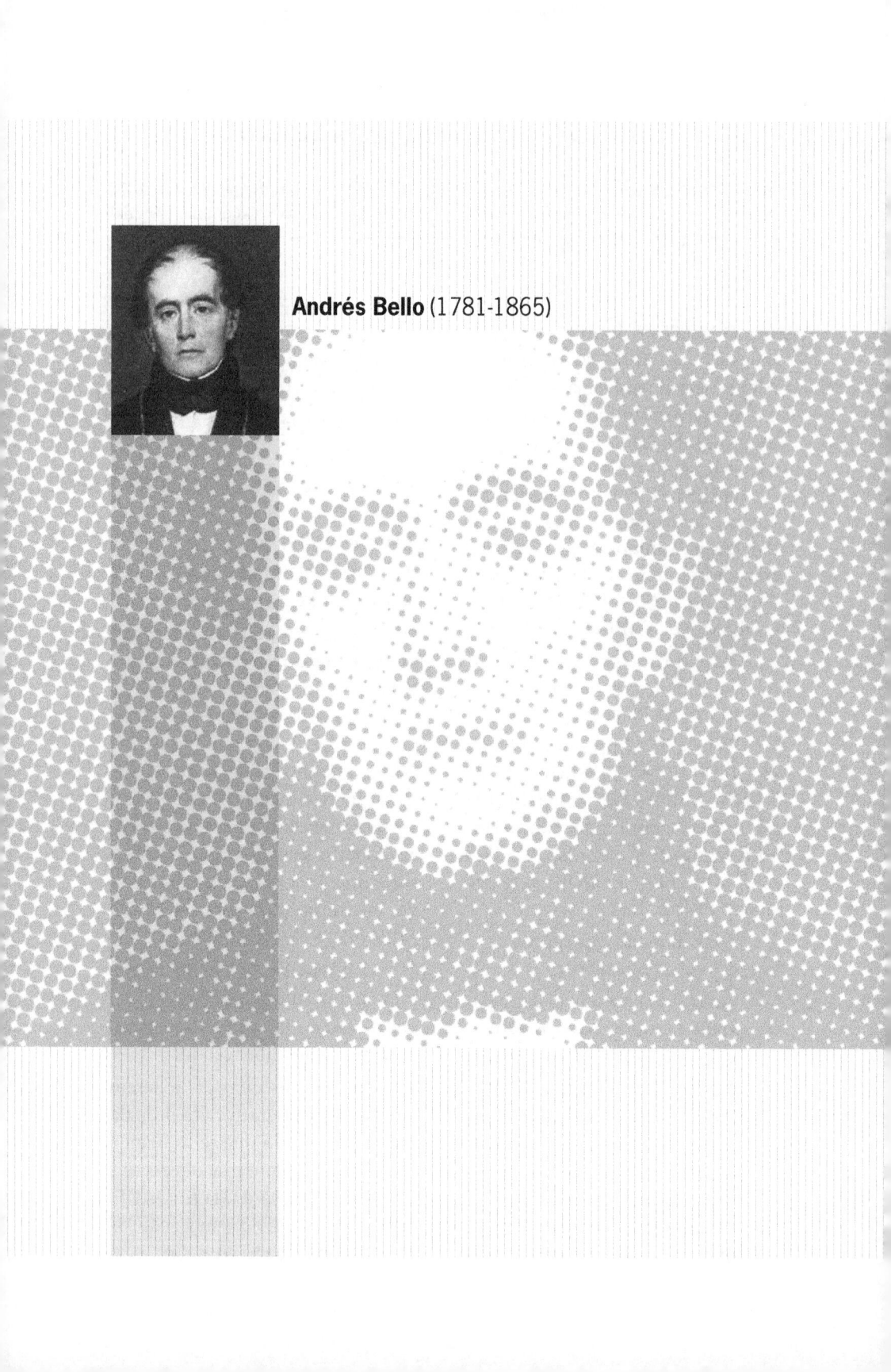

Andrés Bello (1781-1865)

Andrés Bello, o humanista latino-americano

Adriana Puiggrós

Vida e contexto

Andrés Bello nasceu em Caracas, capital da Capitania Geral da Venezuela, em 1781, e morreu em Santiago do Chile, em 1865. Foi um dos mais destacados poetas e filólogos da língua espanhola e exerceu a função de jurista e educador.

Bello recebeu uma educação cuidadosa durante sua infância, estudando profundamente o latim, cursando seus estudos básicos na Academia do Seminário de Santa Rosa e obtendo depois o título de bacharel em Artes na Real e Pontifícia Universidade de Caracas. Realizou estudos de medicina e direito, que abandonou para dedicar-se a tarefas intelectuais, políticas e educacionais. Entre seus alunos teve Simón Bolívar. Nessa época, traduziu Voltaire e dirigiu a publicação *La Gaceta de Caracas*.

Em 1810, Bello foi enviado a Londres, junto com Bolívar e Luis López Méndez, em uma missão diplomática do nascente governo revolucionário, mas os altos e baixos da luta pela Independência o impediram de regressar à sua terra natal. Instalado na Grã-Bretanha, residiu ali durante quase 20 anos, passando por penúrias econômicas e tragédias familiares. Vinculou-se com Francisco Miranda, um membro da maçonaria que realizava um trabalho destacado pela independência latino-americana, e ingressou em uma loja formada por pessoas que lutavam pela causa independentista.

Sua residência em Londres lhe permitiu manter contato com políticos, economistas, filólogos e filósofos. Bello colaborou com James Mill, pai do filósofo John Stuart Mill, na tradução para o espanhol de obras do utilitarista inglês Jeremy Bentham, a cuja teoria aderiu. Depois da Independência, exerceu cargos de representação na legação chilena devido à amizade que travou com Antonio José de Irisarri, chanceler do diretor supremo do Chile, Bernardo de O'Higgins. Nessa época, Bello dirigiu as publicações *El Censor*

Americano (1820), a Biblioteca Americana (1823) e *El Repertorio Americano* (1826). Nesses periódicos, foram publicados alguns de seus poemas e diversos artigos científicos e humanísticos.

Bello regressou definitivamente à América em 1829, estabelecendo-se em Santiago do Chile, junto com sua segunda esposa. Foi designado então oficial maior do Ministério da Fazenda, professor do Instituto Nacional e se tornou o fundador do Colégio de Santiago, de onde rivalizou, a partir de uma postura pedagógica conservadora, com o Liceu do Chile, dirigido pelo literato espanhol liberal José Joaquín de Mora. Foi lhe outorgada a cidadania chilena (1832) e foi senador entre 1837 e 1864 (VILLALOBOS, 1993, p. 441).

Entre suas principais contribuições desse período destacam-se a redação do Código Civil chileno e a tradução de *Oração por todos* de Victor Hugo. Em 1843, Bello fundou a Universidade do Chile, da qual foi reitor entre 1843 e 1865. O discurso que pronunciou por ocasião da inauguração dessa casa de altos estudos é uma peça histórica do pensamento humanista latino-americano (GRASES, 1978). A obra de Andrés Bello foi prolífica, destacando-se nela a *Gramática de la lengua castellana, destinada para el uso de los americanos* (BELLO, 2002) e numerosos livros de direito internacional, filologia e poesia.

Bello foi um dos homens destacados durante o período conservador chileno do século XIX, em particular como integrante do grupo que acompanhou as ações do ministro Diego Portales y Palazuelos (VILLALOBOS, 1990). Portales, como o argentino Juan Bautista Alberdi, pensava que, na América Latina, deveriam se instalar repúblicas encabeçadas por figuras fortes capazes de instalar a ordem e a paz sem deteriorar o sistema republicano. Bello concordava com Portales em que o Chile deveria ser um país "cumpridor" com suas obrigações internas e externas. Ou seja, que a burguesia ou oligarquia tinha de assumir uma característica liminar dos comerciantes para propiciar uma conduta social que convocasse capitais para um lugar seguro para a realização de investimentos e processos econômicos e garantisse uma conduta social responsável, autocontrolada e produtiva.

Bello participou do grupo que redigiu a Constituição chilena de 1833, assim como das reformas do sistema judicial, tributário e educacional. Essa Constituição atribui ao Estado a responsabilidade e o controle da educação e, ao mesmo tempo, reconhece a liberdade de ensino (DE RAMÓN, 1990; 2003, p. 105).

Pensamento pedagógico

O autor participou do chamado Movimento Literário (1842) e do diário *El Araucano*, de grande influência cultural. Foi nesse meio que debateu com o exilado argentino Domingo Faustino Sarmiento. A postura de Bello quanto ao sistema educacional confronta com a de Sarmiento, e esse enfrentamento representa uma contradição que abarca toda a discussão educacional da época na América Latina.

Bello defendia um modelo semelhante ao sistema educacional napoleônico e ao que o liberal Bernardino Rivadavia tinha instalado na Argentina, em 1821, consistente em uma pirâmide em cuja cúpula se situava a universidade, que difundiria saberes até a base social e organizaria os demais níveis do ensino.

Para Bello, portanto, era necessário desenvolver a alta cultura, as ciências e a língua na cúspide da sociedade para apenas então empreender a educação básica, pois as universidades seriam o instrumento idôneo para a propagação das luzes, sem negar, contudo, o papel que as sociedades de comércio, indústria e de beneficência exercem nesse sentido.

A instrução geral ou a educação do povo constituem um objetivo que Bello considera fundamental, mas crê que seu cumprimento só seja possível onde se tenham disseminado previamente as letras e as ciências e se tenha formado um número suficiente de professores instruídos. Destaca também que a introdução da imprensa servirá para propagar os conhecimentos universitários, ajudando o progresso.

Assim, Bello (1985, p. 64), fazendo referência implícita a Sarmiento, afirmava que

> [...] outros pretendem que o fomento dado à instrução científica se deve de preferência ao ensino primário. Eu certamente sou dos que olham a instrução geral, a educação do povo, como um dos objetos mais importantes e privilegiados a que o governo possa dirigir sua atenção, como uma necessidade primária e urgente, como a base de todo progresso sólido, como o fundamento indispensável das instituições republicanas. Mas, por isso mesmo, creio ser necessário e urgente o fomento do ensino literário e científico. Em nenhuma parte foi possível generalizar-se a instrução elementar que reclamam as classes trabalhadoras, a grande maioria do gênero humano, exceto onde as ciências e as letras tenham florescido antes.

Sarmiento, pelo contrário, julgava que a formação dos docentes era o passo imediatamente anterior à generalização da educação comum, pois considerava que, para um povo adquirir a alta cultura, a instrução primária deveria ser disseminada previamente.

Sarmiento e Bello também polemizaram acerca da pertinência de adaptar o espanhol à América Latina (SARMIENTO, 1950, t. XII 12, p. 71). Enquanto Bello temia que se chegasse a produzir um efeito como o do latim na Europa, que tinha dado lugar a tantas línguas como países, Sarmiento insistia em que a língua devia refletir o falante. A postura dos polemistas é contraditória, pois, enquanto Bello insistia em que a nação chilena não era a humanidade em abstrato e que as inclinações e os costumes deveriam ser levados em conta como base da organização dos novos países latino-americanos, Sarmiento censurava a Espanha por não ter exterminado a população indígena, à qual atribuía escassa capacidade de aprendizagem.

Andrés Bello amou os montes, os vales e os rios do Chile e valorizou seus habitantes. Considerou necessário escrever uma história própria do Chile que resgatasse o homem da Independência em seus próprios acontecimentos, seus costumes, seus alimentos e sua filosofia peculiar, sem por isso deixar de analisá-lo no contexto das relações com a Europa e de sua inserção no mundo (BELLO, 1976). Com um critério avançado sobre a saúde e o ensino da medicina, lutou para que esta se dedicasse a descobrir a origem autóctone das epidemias e a difundir meios simples para preservar a saúde. A universidade deveria ler as estatísticas chilenas para compreender as necessidades materiais do país. Todos os ensinos deveriam convergir em um centro, que era a Pátria, presente na poesia de Bello, como em *El Araucano, El cóndor y el poeta* e *El himno a Colombia*.

Sobre o texto selecionado

O texto selecionado é o "Discurso pronunciado na instalação da Universidade do Chile", publicado em *El Araucano*, em outubro de 1843. Nesse discurso Andrés Bello defende o papel da universidade como peça-chave para o desenvolvimento intelectual e moral de um povo. Trata-se de uma universidade cujo programa é "inteiramente chileno". Mesmo que se emprestem da Europa os conhecimentos da ciência, ela deverá estar voltada para a resolução dos problemas do Chile, sem com isso cair num "empirismo cego". A universidade é o lugar onde todos os saberes se encontram ("todas as verdades se tocam"), desde os estudos teológicos até a instrução científica, da literatura à ciência política.

Referências

BELLO, Andrés. *Antología de discursos y escritos*. Madrid: Nacional, 1976.

BELLO, Andrés. Discurso en la inauguración de la Universidad de Chile. In: LÓPEZ PORTILLO, Felícitas. *La educación en la historia de Venezuela*. México: El Caballito-SEP, 1985, p. 64.

BELLO, Andrés. *Gramática de la lengua castellana destinada al uso de los americanos.* Alicante: Biblioteca Virtual Miguel de Cervantes, 2002.

DE RAMÓN, Armando. *Historia de Chile: desde la invasión incaica hasta nuestros días (1500-2000).* Santiago: Catalonia, 2003, p. 105.

DE RAMÓN, Armando. *Origen y ascenso de la burguesía chilena.* Santiago de Chile: Universitaria, 1990.

GRASES, Pedro. *Antología de A. Bello.* Barcelona: Seix Barral, 1978.

KEY AYALA, Santiago. *Discurso pronunciado en la Universidad de Caracas con motivo del centenario de la Universidad de Chile.* Caracas, 1942.

SARMIENTO, Domingo Faustino. Educación común. In: SARMIENTO, Domingo Faustino. *Obras completas.* Buenos Aires: Luz de Día, 1950, t. XII, p. 71.

TOSTA, Virgilio. *Sentido democrático y republicano del pensamiento educativo de Andrés Bello.* Caracas, 1960.

VILLALOBOS, S. et al. *Historia de Chile.* Santiago de Chile: Universitaria, 1993, p. 441.

VILLALOBOS, Sergio. *Portales una falsificación histórica.* Santiago de Chile: Universitaria, 1990.

[Texto selecionado]

Tradução: *Luis Marcos Sander*

Discurso pronunciado na instalação da Universidade do Chile, 17 de Setembro de 1843[1]

Andrés Bello

[GRASES, Pedro. *Antología de A. Bello.* Caracas: Kapelusz Venezolana, 1964, p. 95-109.]

Excelentíssimo Sr. Patrono da Universidade:

Senhores:

O conselho da universidade me encarregou de expressar em nome deste corpo nosso profundo reconhecimento pelas distinções e a confiança com que o supremo governo se dignou nos honrar. Devo também me fazer o intérprete do reconhecimento da universidade pela expressão de benevolência em que o senhor ministro de Instrução Pública se dignou a aludir a seus membros. Quanto a mim, sei demasiadamente bem que devo essas distinções e essa

---

[1] *Discurso pronunciado en la instalación de la Universidad de Chile, el 17 de setiembre de 1843*, publicado em *El Araucano*, outubro de 1843. Este discurso é uma das peças fundamentais do pensamento de Bello. Foi impresso reiteradamente. Por ocasião do Centenário da Universidade do Chile (1842-1942), foi reeditado no Chile e na Venezuela.

confiança muito menos às minhas aptidões e forças do que ao meu antigo zelo (esta é a única qualidade que posso me atribuir sem presunção), ao meu antigo zelo pela difusão das luzes e dos sãos princípios, e à dedicação laboriosa com que segui alguns ramos de estudo, não interrompidos em nenhuma época de minha vida, não deixados de lado em meio a graves tarefas. Sinto o peso desta confiança; conheço a extensão das obrigações que ela impõe; compreendo a magnitude dos esforços que exige. Esta responsabilidade sobrecarregaria, se recaísse sobre um só indivíduo, uma inteligência de outra ordem e muito melhor preparada do que a minha pôde estar. Mas a cooperação de meus distintos colegas no conselho e do corpo todo da universidade me anima.

A lei (felizmente para mim) quis que a direção dos estudos fosse obra comum do corpo. Com a assistência do conselho, com a atividade ilustrada e patriótica das diferentes faculdades, sob os auspícios do governo, sob a influência da liberdade, espírito vital das instituições chilenas, é-me lícito esperar que o caudal precioso de ciência e talento que a universidade já possui aumentará, se difundirá velozmente, em benefício da religião, da moral, da própria liberdade e dos interesses materiais.

A universidade, senhores, não seria digna de ocupar um lugar em nossas instituições sociais, se (como murmuram alguns ecos obscuros de discursos antigos) o cultivo das ciências e das letras pudesse ser visto como perigoso sob um ponto de vista moral, ou sob um ponto de vista político. A moral (que eu não separo da religião) é a própria vida da sociedade; a liberdade é o estímulo que dá um vigor são e atividade fecunda às instituições sociais. O que enturvar a pureza da moral, o que travar o regulado, mas livre desenvolvimento das faculdades individuais e coletivas da humanidade e – digo mais – o que as exercitar infrutiferamente não deve ser incorporado na organização do Estado por um governo sábio. Porém, neste século, no Chile, nesta reunião, que vejo como uma homenagem solene à importância da cultura intelectual, nesta reunião, que, por uma coincidência significativa, é a primeira das cerimônias que saúdam o dia glorioso da pátria, o aniversário da liberdade chilena, não me creio chamado a defender as ciências e as letras contra os paralogismos do eloquente filósofo de Genebra, nem contra os receios de espíritos assustadiços, que, com os olhos fixos nos escolhos que fizeram soçobrar o navegante presunçoso, não iriam querer que a razão abrisse jamais as velas, e de boa vontade a condenariam a uma inércia eterna, mais perniciosa que o abuso das luzes para as próprias causas que defendem. Não para refutar o que foi mil vezes refutado, mas para manifestar a correspondência existente entre os sentimentos que o senhor ministro de Instrução Pública acaba de expressar e os que animam a universidade, se me permitirá que acrescente às de sua senhoria algumas ideias gerais sobre a influência moral e política das ciências e das letras, sobre o ministério dos corpos literários e sobre os trabalhos especiais a que me parecem destinadas nossas faculdades universitárias no estado presente da nação chilena.

Vós o sabeis, senhores: todas as verdades se tocam, desde as que formulam o rumo dos mundos no pélago do espaço; desde as que determinam as agências maravilhosas de que dependem o movimento e a vida no universo da matéria; desde as que resumem a estrutura do animal, da planta, da massa inorgânica que pisamos; desde as que revelam os fenômenos íntimos da alma no teatro misterioso da consciência, até as que expressam as ações e reações das forças políticas; até as que estabelecem as bases inalteráveis da moral; até as que determinam as condições precisas para o desenvolvimento das iniciativas industriais; até as que dirigem e fecundam as artes. Os avanços em todas as linhas se chamam uns aos outros, se encadeiam, se impelem. E, quando digo "os avanços em todas as linhas", refiro-me, sem dúvida, aos mais importantes para a felicidade do gênero humano, os avanços na ordem moral e política. A que se deve este progresso de civilização, esta ânsia de melhoras sociais, esta sede de liberdade? Se quisermos sabê-lo, comparemos a Europa e a nossa afortunada América com os sombrios impérios da Ásia, em que o despotismo faz pesar seu cetro de ferro sobre pescoços encurvados de antemão pela ignorância, ou com as hordas africanas, em que o homem, pouco superior aos brutos, é, como eles, um artigo de tráfico para seus próprios irmãos. Quem acendeu na Europa escravizada as primeiras centelhas de liberdade civil? Não foram as letras? Não foi a herança intelectual da Grécia e de Roma, reclamada, depois de uma longa época de escuridão, pelo espírito humano? Ali, ali teve início este vasto movimento político que restituiu seus títulos de liberdade a tantas raças escravas, este movimento que se propaga em todos os sentidos, acelerado continuamente pela imprensa e pelas letras, cujas ondulações, aqui rápidas, ali lentas, em todas as partes necessárias, fatais, superarão por fim todas as barreiras que se lhes opuserem e cobrirão a superfície do globo. Todas as verdades se tocam, e eu estendo essa asserção ao dogma religioso, à verdade teológica. Caluniam, não sei se digo a religião ou as letras, os que imaginam que possa haver uma antipatia secreta entre aquela e estas. Eu creio, pelo contrário, que existe, que não pode deixar de existir, uma aliança estreita entre a revelação positiva e essa outra revelação universal que fala a todos os homens no livro da natureza. Se entendimentos extraviados abusaram de seus conhecimentos para impugnar o dogma, que prova isso, senão a condição das coisas humanas? Se a razão humana é débil, se tropeça e cai, tanto mais necessário é fornecer-lhe alimentos substanciosos e apoios sólidos. Porque extinguir esta curiosidade, esta nobre ousadia do entendimento, que o faz arrostar os arcanos da natureza, os enigmas do porvir, não é possível sem torná-lo, ao mesmo tempo, incapaz de tudo o que é grande, insensível a tudo que é belo, generoso, sublime, santo; sem envenenar as fontes da moral; sem afear e envilecer a própria religião. Eu disse que todas as verdades se tocam, e inclusive não creio ter dito o bastante. Todas as faculdades humanas formam um sistema, em que não pode haver regularidade e harmonia sem o concurso de cada uma. Não se pode paralisar uma fibra (me seja permitido dizê-lo assim), uma só fibra da alma, sem que todas as outras adoeçam.

As ciências e as letras, além deste valor social, além desta importância que podemos chamar instrumental, além do verniz de amenidade e elegância que dão às sociedades humanas, e que devemos contar também entre seus benefícios, têm um mérito seu, intrínseco, na medida em que aumentam os prazeres e deleites do indivíduo que as cultiva e as ama; prazeres deliciosos, a que não chega o delírio dos sentidos; deleites puros, em que a alma não diz a si mesma:

> [...] *Medio de fonte leporum*
> *surgit amari aliquid, quod in ipsis*
> *floribus angit.*
> (Lucrécio)[2]

As ciências e a literatura levam em si a recompensa dos trabalhos e vigílias que se consagram a elas. Não falo da glória que ilustra as grandes conquistas científicas, não falo da auréola de imortalidade que coroa as obras do gênio. A poucos é permitido esperá-las. Falo dos prazeres mais ou menos elevados, mais ou menos intensos, que são comuns a todas as categorias da república das letras. Para o entendimento, assim como para as outras faculdades humanas, a atividade

---

[2] Do meio da fonte do deleite / um não sei quê de amargo se levanta, / que entre o afago das flores punça.

é em si mesma um prazer: prazer que, como diz um filósofo escocês[3] sacode de nós aquela inércia a que de outro modo nos entregaríamos para dano nosso e da sociedade. Cada senda que as ciências abrem ao entendimento cultivado mostra-lhe perspectivas encantadas; cada nova face que descobre no tipo ideal da beleza faz estremecer deliciosamente o coração humano, criado para admirá-la e senti-la. O entendimento cultivado ouve no retiro da meditação as mil vozes do coro da natureza: mil visões peregrinas revoam em torno da lâmpada solitária que ilumina suas vigílias. Só para ele a ordem da natureza se desenvolve em uma escala imensa; só para ele a criação se atavia de toda a sua magnificência, de todas as suas galas. Mas as letras e as ciências, ao mesmo tempo que proporcionam um exercício delicioso ao entendimento e à imaginação, elevam o caráter moral. Elas debilitam o poderio das seduções sensuais, desarmam da maior parte de seus terrores as vicissitudes da fortuna. Elas são (depois da humilde e contente resignação da alma religiosa) o melhor preparativo para a hora da desgraça. Elas levam o consolo ao leito do enfermo, ao asilo do proscrito, ao calabouço, ao cadafalso.

Sócrates, na véspera de beber a cicuta, ilumina seu cárcere com as mais sublimes especulações sobre o porvir dos destinos humanos que nos deixou a antiguidade gentílica. Dante compõe sua *Divina comédia* no desterro. Lavoisier pede a seus verdugos um prazo breve para terminar uma pesquisa importante. Chénier, aguardando por instantes a morte, escreve seus últimos versos, que deixa incompletos para caminhar ao patíbulo:

Comme un dernier rayon, comme un dernier zèphire
anime la fin d'un beau jour,
au pied de l'échafaud j'essaie encore ma lyre.[4]

Tais são as recompensas das letras; tais são seus consolos. Eu mesmo, ainda que seguindo de tão longe os seus favorecidos adoradores, eu mesmo pude participar de seus benefícios, saborear-me com suas delícias. Elas adornaram de celagens alegres a manhã de minha vida e conservam ainda alguns matizes para a alma, como a flor que aformoseia as ruínas. Elas fizeram mais ainda por mim: alimentaram-me em minha longa peregrinação e encaminharam meus passos para este solo de liberdade e de paz, a esta pátria adotiva, que me dispensou uma hospitalidade tão benévola.

---

[3] Tomás Brown (N. de Bello).

[4] Qual raio último, / qual aura que anima / o último instante / de um formoso dia, / ao pé do cadafalso / ensaio minha lira.

Há outro ponto de vista, em que talvez lutaremos com preocupações especiosas. As universidades, as corporações literárias, são um instrumento adequado para a propagação das luzes? Mas quase não concebo que se possa fazer essa pergunta em uma idade que é, por excelência, a idade da associação e da representação; em uma idade em que pululam por todas as partes as sociedades de agricultura, de comércio, de indústria, de beneficência; na idade dos governos representativos. A Europa e os Estados Unidos da América, nosso modelo sob tantos aspectos, responderão a ela.

Se a propagação do saber é uma de suas condições mais importantes, porque sem ela as letras não fariam mais que oferecer uns poucos pontos luminosos em meio a densas trevas, as corporações a que se deve principalmente a rapidez das comunicações literárias trazem benefícios essenciais à ilustração e à humanidade. Mal brota uma verdade nova no pensamento de um indivíduo, toda a república das letras se apodera dela. Os sábios da Alemanha, da França, dos Estados Unidos apreciam seu valor, suas consequências, suas aplicações. Nessa propagação do saber, as academias, as universidades, formam outros tantos depósitos onde tendem a se acumular constantemente todas as aquisições científicas, e é destes centros que elas se derramam mais facilmente pelas diferentes classes da sociedade. A Universidade do Chile foi estabelecida com esse objetivo especial. Ela, se corresponder aos propósitos da lei que lhe deu sua nova forma, se corresponder aos desejos de nosso governo, será um corpo eminentemente expansivo e propagador.

Outros pretendem que o fomento dado à instrução científica se deve de preferência ao ensino primário. Eu certamente sou dos que veem a instrução geral, a educação do povo, como um dos objetivos mais importantes e privilegiados a que o governo possa dirigir sua atenção, como uma necessidade primária e urgente, como a base de todo progresso sólido, como o fundamento indispensável das instituições republicanas. Mas, por isso mesmo, creio ser necessário e urgente o fomento do ensino literário e científico. Em nenhuma parte foi possível generalizar-se a instrução elementar que reclamam as classes trabalhadoras, a grande maioria do gênero humano, exceto onde as ciências e as letras tenham florescido antes. Não digo que o cultivo das letras e das ciências acarrete, como uma consequência precisa, a difusão do ensino elementar, ainda que seja incontestável que as ciências e as letras tenham uma tendência natural a se difundir, quando causas artificiais não as contrariam.

O que digo é que o primeiro é uma condição indispensável do segundo; que onde não existe aquele, é impossível que o outro, quaisquer que sejam os esforços da autoridade, se verifique sob a forma conveniente. A difusão dos conhecimentos pressupõe um ou mais lares de onde saia e se reparta a luz, que, estendendo-se progressivamente sobre os espaços intermediários, penetre por fim nas últimas camadas. A generalização do ensino requer grande número de professores competentemente instruídos, e as aptidões desses seus últimos distribuidores são, elas mesmas, emanações mais ou menos distantes dos grandes depósitos científicos e literários. Os bons professores, os bons livros, os bons métodos, a boa direção do ensino são necessariamente obra de uma cultura intelectual muito avançada. A instrução literária e científica é a fonte de onde a instrução elementar se nutre e se vivifica, assim como em uma sociedade bem organizada a riqueza da classe mais favorecida pela fortuna é o manancial de onde se deriva a subsistência das classes trabalhadoras, o bem-estar do povo. Mas a lei, ao propor de novo a universidade, não quis se fiar só nessa tendência natural da ilustração a se difundir, já que a imprensa dá, em nossos dias, uma força e uma mobilidade não conhecidas antes; ela uniu intimamente as duas espécies de ensino; deu a uma das seções do corpo universitário o encargo especial de velar sobre a instrução primária, de observar seu andamento, de facilitar sua propagação, de contribuir para seus progressos. O fomento, sobretudo, da instrução religiosa e moral do povo é um dever que cada membro da universidade se impõe pelo fato de ser recebido em seu seio.

A lei que restabeleceu a antiga universidade sobre novas bases, adaptadas ao estado presente da civilização e às necessidades do Chile, aponta já os grandes objetivos aos quais este corpo deve se dedicar. O senhor ministro vice-patrono manifestou também a intenção que presidiu a refundação da universidade, os fins que nela se propõe o legislador e as esperanças que é chamada a cumprir, e desenvolveu de tal modo essas ideias que, seguindo-o nelas, dificilmente me seria possível fazer outra coisa que um ocioso comentário a seu discurso. Acrescentarei, contudo, algumas breves observações que me parecem ter sua importância.

O fomento das ciências eclesiásticas, destinado a formar dignos ministros do culto e, em última análise, a prover os povos da república com a competente educação religiosa e moral, é o primeiro desses objetivos e o de maior importância. Mas há outro aspecto sob o qual devemos ver a consagração da universidade à causa da moral e da religião. Se importa o cultivo das ciências eclesiásticas para o exercício do ministério sacerdotal, também importa generalizar entre a juventude estudiosa e entre toda a juventude que participa da educação literária e científica conhecimentos adequados do dogma e dos anais da fé cristã. Não creio ser necessário provar que esta deveria ser uma parte integrante da educação geral, indispensável para toda profissão, e inclusive para todo homem que queira ocupar na sociedade um lugar superior ao ínfimo.

À Faculdade de Leis e Ciências Políticas se abre um campo o mais vasto, o mais suscetível de aplicações úteis. Vós ouvistes: a utilidade prática, os resultados positivos, as melhoras sociais, é principalmente isso que o governo espera da universidade; é principalmente isso que deve recomendar seus trabalhos para a pátria. Herdeiros da legislação do povo-rei, temos de purificá-la das manchas que contraiu sob a influência maléfica do despotismo; temos de remover as incoerências que deslustram uma obra para a qual contribuíram tantos séculos, tantos interesses alternativamente dominantes, tantas inspirações contraditórias. Temos de adaptá-la, de restituí-la às instituições republicanas. E que objetivo mais importante ou mais grandioso que a formação, o aperfeiçoamento de nossas leis orgânicas, a reta e rápida administração da justiça, a segurança de nossos direitos, a confiabilidade das transações comerciais, a paz do lar doméstico? A universidade, atrevo-me a dizer, não acolherá a preocupação que condena como inútil ou pernicioso o estudo das leis romanas; creio, pelo contrário, que lhe dará um novo estímulo e o assentará sobre bases mais amplas. A universidade provavelmente verá nesse estudo a melhor aprendizagem da lógica jurídica e forense. Ouçamos sobre esse ponto o testemunho de um homem a quem seguramente não se tachará de parcial a doutrinas antigas, a um homem que no entusiasmo da emancipação popular e da nivelação democrática tocou talvez o extremo.

"A ciência estampa no direito seu selo; sua lógica estabelece os princípios, formula os axiomas, deduz as consequências e tira da ideia do justo, refletindo sobre ela, desenvolvimentos inesgotáveis. Sob este ponto de vista, o direito romano não conhece igual: é possível contestar alguns de seus princípios, mas seu método, sua lógica, seu sistema científico o fizeram e o mantêm superior a todas as outras legislações; seus textos são a obra-prima do estilo jurídico; seu método é o da geometria aplicada em todo o seu rigor ao pensamento moral".

Assim explica L'Herminier, e já antes Leibniz tinha dito: "In jurisprudentia regnant (romanid). D*ixi saepius post scripta geometrarum nihil extare quod vi ac subtilitate cum* *romanorum jurisconsultorum scriptis comparari possit; tantum nervi inest; tantum profunditatis*".[5] A universidade estudará também as particularidades da sociedade chilena sob o ponto de vista econômico, que não apresenta problemas menos vastos nem de solução menos arriscada. A universidade examinará os resultados da estatística chilena, contribuirá para formá-la e lerá em seus algarismos a expressão de nossos interesses materiais. Porque neste, como em outros ramos, o programa da universidade é inteiramente chileno: se toma emprestadas da Europa as deduções da ciência, é para aplicá-las ao Chile. Todas as sendas em que se propõe dirigir as pesquisas de seus membros, o estudo de seus alunos, convergem para um centro: a pátria.

A medicina investigará, seguindo o mesmo plano, as modificações peculiares que dão ao homem chileno seu clima, seus costumes, seus alimentos; ditará as regras da higiene privada e pública; desvelar-se-á por arrancar das epidemias o segredo de sua germinação e de sua atividade devastadora; e fará, tanto quanto possível, que se difunda aos campos o conhecimento dos meios simples de conservar e recuperar a saúde. Enumerarei agora as utilidades positivas das ciências materiais e físicas, suas aplicações a uma indústria nascente, que mal e mal exerce umas poucas artes simples, grosseiras, sem procedimentos bem entendidos, sem máquinas, inclusive sem alguns dos mais comuns utensílios; suas aplicações a uma terra cruzada em todos os sentidos por veios de metais, a um solo fértil de riquezas vegetais, de substâncias alimentícias; a um solo sobre o qual a ciência mal deu uma rápida olhada?

Porém, fomentando as aplicações práticas, estou muito distante de crer que a universidade adote como sua divisa o mesquinho "*cui bono?*"[6] e que não aprecie em seu justo valor o conhecimento da natureza em todos os seus variados departamentos. Em primeiro lugar, porque, para guiar acertadamente a prática, é necessário que o entendimento se eleve aos pontos culminantes da ciência, à apreciação de suas fórmulas gerais. A universidade, sem dúvida, não confundirá as aplicações práticas com as manipulações de um empirismo cego. E, em segundo, porque, como disse antes, o cultivo da inteligência contemplativa que afasta o véu dos arcanos do universo físico e moral é em si mesmo um resultado positivo e da maior importância. Neste ponto, para não me repetir, copiarei as palavras de um sábio inglês, que me honrou com sua amizade.

---

[5] "Reinam na jurisprudência. Eu disse muitas vezes que, depois do escritos dos geômetras, nada surgiu que possa ser comparado em força e sutileza com os escritos dos jurisconsultos romanos; tal é o seu vigor, tal a sua profundidade."

[6] Para o bem de quem? para que finalidade?

"Tem sido, diz o doutor Nicholas Arnott, uma preocupação crer que as pessoas instruídas assim nas leis gerais tenham sua atenção dividida e mal lhes sobre tempo para aprender alguma coisa perfeitamente. O contrário, no entanto, é o certo, porque os conhecimentos gerais tornam mais claros e precisos os conhecimentos particulares. Os teoremas da filosofia são outras chaves que nos dão acesso aos mais deliciosos jardins que a imaginação pode conceber; são uma vara mágica que nos descobre a face do universo e nos revela infinitos objetos que a ignorância não vê. O homem instruído nas leis naturais está, por assim dizer, rodeado de seres conhecidos e amigos, enquanto o homem ignorante peregrina por uma terra estranha e hostil. Quem por meio das leis gerais pode ler no livro da natureza encontra no universo uma história sublime que lhe fala de Deus e ocupa dignamente seu pensamento até o fim de seus dias ".

Passo, senhores, àquele departamento literário que possui, de um modo peculiar e eminente, a qualidade de polir os costumes; que afina a linguagem, tornando-a um veículo fiel, formoso, diáfano das ideias; que, pelo estudo de outros idiomas vivos e mortos, nos põe em comunicação com a antiguidade e com as nações mais civilizadas, cultas e livres de nossos dias; que nos faz ouvir, não pelo imperfeito meio das traduções sempre e necessariamente infiéis, mas vivos, sonoros, vibrantes, os acentos da sabedoria e eloquência estrangeira; que, pela contemplação da beleza ideal e de seus reflexos nas obras do gênio, purifica o gosto e concilia com os arrebatamentos audazes da fantasia os direitos imprescritíveis da razão; que, iniciando ao mesmo tempo a alma nos estudos severos, auxiliares necessários da bela literatura e preparativos indispensáveis para todas as ciências, para todas as carreiras da vida, forma a primeira disciplina do ser intelectual e moral, expõe as leis eternas da inteligência a fim de dirigir e afirmar seus passos, e desenvolve as profundas dobras do coração, para preservá-lo de extravios funestos, para estabelecer sobre sólidas bases os direitos e os deveres do homem. Enumerar esses diferentes objetos é apresentar-vos, senhores, segundo minha concepção, o programa da universidade na seção de Filosofia e Humanidades. Entre eles, o estudo de nossa língua me parece de alta importância. Jamais defenderei o purismo exagerado que condena tudo que é novo em matéria de idioma; creio, pelo contrário, que a multidão de ideias novas, que passam diariamente do intercâmbio literário para a circulação geral, exige vozes novas que as representem. Encontraremos no dicionário de Cervantes e de frei Luis de Granada – mas não quero ir tão longe –, acharemos no dicionário de Iriarte e Moratín meios adequados, signos lúcidos para expressar as noções comuns que pairam hoje em dia sobre as inteligências medianamente cultivadas para expressar o pensamento social? Novas instituições, novas leis, novos costumes; variadas a matéria e as formas por toda parte aos nossos olhos; e velhas vozes, velha fraseologia! Além de ser desafinada essa pretensão, porque se oporia ao primeiro dos objetivos da língua, a transmissão fácil e clara do pensamento, seria totalmente inacessível. Mas se pode ampliar a linguagem, se pode enriquecê-la, se pode adaptá-la a todas as exigências da sociedade, e inclusive às da moda, que exerce um império incontestável sobre a literatura, sem adulterá-la, sem viciar suas construções, sem violentar seu gênio. Por acaso a língua de Chateaubriand e Villemain é distinta da de Pascal e Racine? E a língua desses dois escritores não revela perfeitamente o pensamento social da França de nossos dias, tão diferente da França de Luís XIV? Há mais: demos liberdade a essa espécie de culteranismo, demos carta de nacionalidade a todos os caprichos de um extravagante neologismo, e nossa América reproduzirá dentro de pouco a confusão de idiomas, dialetos e jargões, o caos babilônico da Idade Média, e dez povos perderão um de seus vínculos mais poderosos de fraternidade, um de seus mais preciosos instrumentos de correspondência e intercâmbio.

A universidade fomentará não só o estudo das línguas, mas também das literaturas estrangeiras. Mas não sei se me engano. A opinião daqueles que creem que devemos receber os resultados sintéticos da ilustração europeia, dispensando-nos do exame de seus títulos, dispensando-nos do procedimento analítico, único meio de adquirir conhecimentos verdadeiros, não encontrará muitos sufrágios na universidade. Respeitando, como respeito, as opiniões alheias e reservando-me só o direito de discuti-las, confesso que tampouco me pareceria próprio para alimentar o entendimento, para educá-lo e acostumá-lo a pensar por si, ater-nos às conclusões morais e políticas de Herder, por exemplo, sem o estudo da história antiga e moderna, como adotar os teoremas de Euclides sem o prévio trabalho intelectual da demonstração. Considero, senhores, Herder como um dos escritores que serviram mais utilmente a humanidade: ele deu toda a sua dignidade à história, desenvolvendo nela os desígnios da Providência e o destino a que é chamada a espécie humana sobre a terra. Mas o próprio Herder não se propôs suplantar o conhecimento dos fatos, e sim ilustrá-los, explicá-los, e não se pode apreciar sua doutrina senão por meio de estudos históricos prévios. Substituí-los por deduções e fórmulas seria apresentar à juventude um esqueleto em vez de uma reprodução viva do homem social; seria dar-lhe uma coleção de aforismos em vez de colocar diante dela o panorama móvel, instrutivo, pitoresco das instituições, dos costumes, das revoluções, dos grandes povos e dos grandes homens; seria tirar do moralista e do político as convicções profundas, que só podem nascer do conhecimento dos fatos; seria tirar da experiência do gênero humano o saudável poderio de suas percepções, na idade, exatamente, que é mais suscetível de impressões duráveis; seria tirar do poeta uma mina inesgotável de imagens e cores. E me parece que devemos aplicar a todos os outros ramos do saber o que digo a respeito da história. Impõe-se, deste modo ao, entendimento a necessidade de estudos longos, é verdade, mas agradáveis. Pois nada torna mais insosso o ensino do que as abstrações, e nada o torna mais fácil e ameno do que o procedimento que, mobiliando a memória, exercita ao mesmo tempo o entendimento e exalta a imaginação. O raciocínio deve gerar o teorema; os exemplos gravam profundamente as lições.

E eu poderia, senhores, deixar de aludir, ainda que de passagem, nesta rápida resenha, à mais encantadora das vocações literárias, ao aroma da literatura, ao capitel coríntio, por assim dizer, da sociedade culta? Poderia, sobretudo, deixar de aludir à excitação instantânea que fez aparecer sobre nosso horizonte essa constelação de jovens engenhos que cultivam com tanto ardor a poesia? Eu direi com sinceridade: há incorreção em seus versos; há coisas que uma razão disciplinada e severa condena. Mas a correção é obra do estudo e dos anos; quem pode esperá-la dos que, em um momento de exaltação, ao mesmo tempo poética e patriótica, se lançaram a essa nova arena, decididos a provar que, nas almas chilenas, arde também aquele fogo divino de que, por uma preocupação injusta, se tinha acreditado que estivessem privadas? Demonstrações brilhantes, e não limitadas ao sexo que entre nós cultivou quase exclusivamente as letras até agora, já a tinham refutado. Eles a desmentiram de novo. Não sei se uma predisposição parcial para com os ensaios das inteligências jovens extravia meu juízo. Digo o que sinto: encontro nessas obras cintilações incontestáveis do verdadeiro talento e, em relação a algumas delas, eu até mesmo poderia dizer, do verdadeiro gênio poético. Encontro, em algumas dessas obras, uma imaginação original e rica, expressões felizmente atrevidas e (o que parece que só um longo exercício pode dar) uma versificação harmoniosa e fluida, que busca de propósito as dificuldades para lutar com elas e sai airosa desta prova arriscada. A universidade, alentando nossos jovens poetas, talvez lhes diga: "Se quereis que vosso nome não permaneça encarcerado entre a Cordilheira dos Andes e o mar do Sul, recinto demasiado estreito para as aspirações generosas do talento, se quereis que a posteridade vos leia, fazei bons estudos, principiando pelo da língua nativa. Fazei mais: tratai assuntos dignos de vossa pátria e da posteridade. Deixai os tons fáceis da lira de Anacreonte e de Safo; a poesia do século XIX tem uma missão mais alta. Que os grandes interesses da humanidade vos inspirem. Palpite em vossas obras o sentimento moral. Diga-se cada um de vós, ao tomar a pena: Sacerdote das Musas, canto para as almas inocentes e puras:

> ...*Musarum sacerdos,*
> *virginibus puerisque canto.*
> (Horácio)[7]

E quantos temas grandiosos não vos apresenta já a vossa jovem república? Celebrai seus grandes dias; tecei grinaldas para seus heróis; consagrai a mortalha dos mártires da pátria". A universidade recordará ao mesmo tempo à juventude aquele conselho de um grande mestre de nossos dias: "É preciso, dizia Goethe, que a arte seja a regra da imaginação e a transforme em poesia".

A arte! Ao ouvir essa palavra, ainda que tomada dos próprios lábios de Goethe, haverá alguns que me coloquem entre os partidários das regras convencionais, que usurparam durante muito tempo esse nome. Protesto solenemente contra tal asserção; e não creio que meus antecedentes a justifiquem. Não encontro a arte nos preceitos estéreis da escola, nas unidades inexoráveis, na muralha de bronze entre os diferentes estilos e gêneros, nas cadeias com que se quis aprisionar o poeta em nome de Aristóteles e Horácio, e atribuindo-lhes às vezes o que jamais pensaram. Mas creio que há uma arte fundamental nas relações impalpáveis, etéreas, da beleza ideal, relações delicadas, mas acessíveis ao olhar de lince do gênio competentemente preparado; creio que há uma arte que guia a imaginação em seus mais fogosos arroubos; creio que sem essa arte a fantasia, em vez de encarnar em suas obras o tipo do belo, aborta esfinges, criações enigmáticas e monstruosas. Esta é minha fé literária. Liberdade em tudo, porém não vejo liberdade, e sim embriaguez licenciosa, nas orgias da imaginação.

A liberdade, como contraproposta, por uma parte, à docilidade servil que recebe tudo sem exame e, por outra, à desregrada licença que se rebela contra a autoridade da razão e contra os mais nobres e puros instintos do coração humano, será sem dúvida o tema da universidade em todas as suas diferentes seções.

Mas não devo abusar por mais tempo de vossa paciência. O assunto é vasto; percorrê-lo rapidamente é tudo que me foi possível. Sinto não ter ocupado mais dignamente a atenção do respeitável auditório que me rodeia e lhe agradeço pela indulgência com que se dignou a me escutar.

---

[7] ...Sacerdote das musas, canto aos rapazes e às moças. (Horácio) (N.T.).

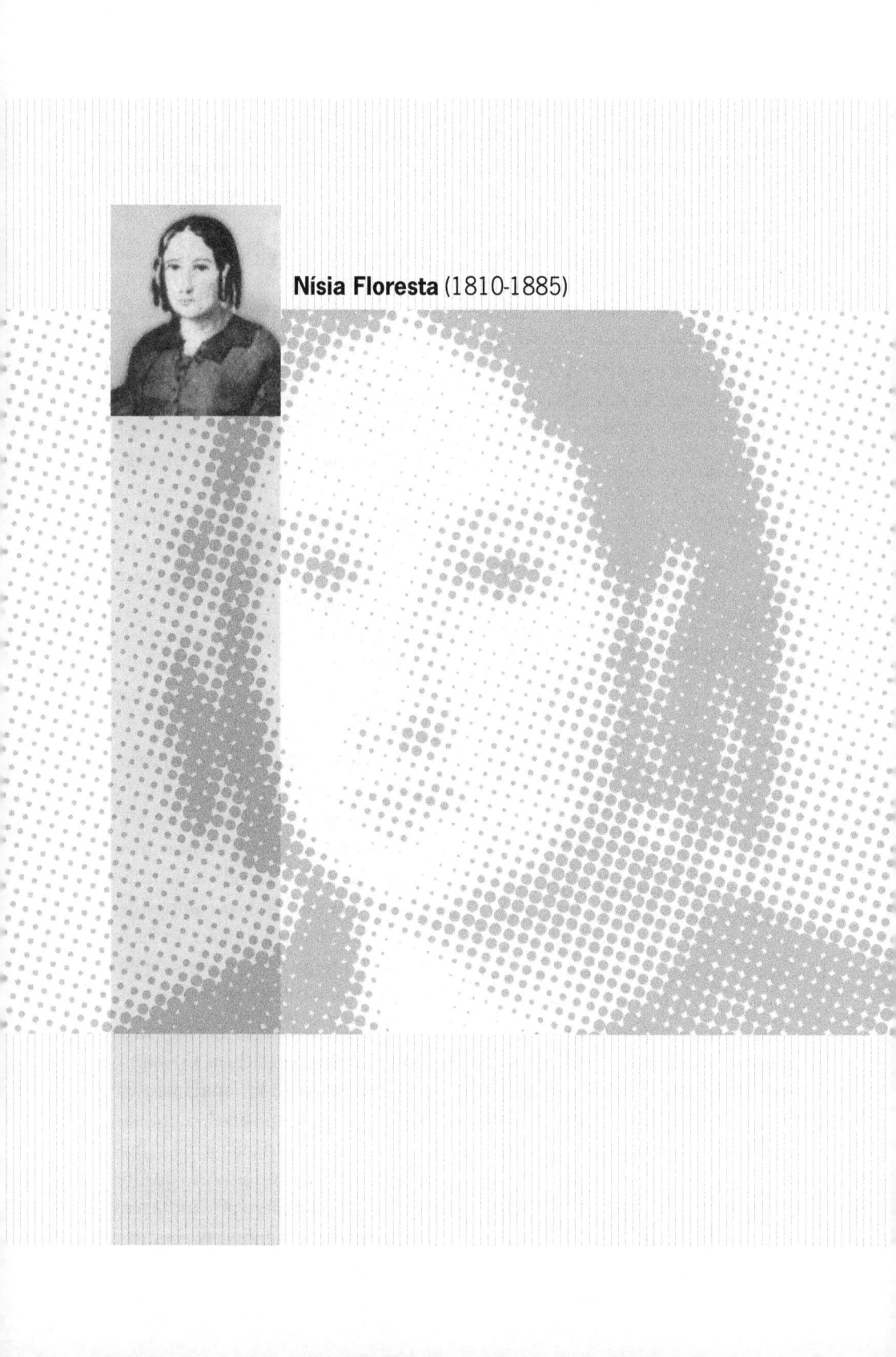

Nísia Floresta (1810-1885)

Nísia Floresta e a reforma na educação no Brasil em busca da equidade de gênero

Graziela Rinaldi da Rosa

Vida e contexto

Dionísia Gonçalves Pinto[1] (1810-1885), brasileira, nasceu em 12 de outubro de 1810, em Papari, no Rio Grande do Norte, cidade que hoje tem o nome de Nísia Floresta, filha de Dionísio Gonçalves Pinto Lisboa, um escultor e advogado português, e de Antônia Clara Freire, dona de casa. Foi ativista dos direitos humanos das mulheres, educadora e escritora feminista. Adotou o pseudônimo de Nísia Floresta Brasileira Augusta, que revela sua personalidade e opções existenciais: Nísia, diminutivo de Dionísia; Floresta, para lembrar o sítio Floresta; Brasileira, como afirmação do sentimento nativista; e Augusta, uma homenagem ao companheiro Manuel Augusto.[2]

Foi pioneira na educação feminista no Brasil e tem muito a contribuir para a educação brasileira/latino-americana na atualidade, pois escreveu especialmente sobre a condição das mulheres brasileiras, lutando pela reforma na educação das meninas. Tem escritos e ideias revolucionárias, que mostram uma preocupação filosófica com o cotidiano brasileiro da época em que viveu e com a construção de uma reforma na educação das meninas do Brasil. Nísia se preocupou principalmente com a educação e o papel das mulheres

---

[1] Também conhecida como Dionísia Pinto Lisboa, Nísia Floresta Brasileira Augusta ou Nísia Floresta, usou vários pseudônimos: Tellezilla, Telesila, B.A., Une Brésilienne, Quotidiana Fidedigna, entre outros.

[2] Como era comum na época, Nísia foi obrigada a se casar muito cedo, no ano 1823, com 13 anos. Seu primeiro marido foi Manuel Alexandre Seabra de Melo, mas no mesmo ano ela o deixa e volta a morar com seus pais. Um ano depois de sua separação, Nísia Floresta vai com a família para Pernambuco e residem em Goiana, Olinda e Recife. Seu pai é assassinado em Recife, no ano 1828, e Nísia, ainda moça, passa a ter que sustentar sua mãe e os três irmãos. Depois, Nísia vai viver com um acadêmico de faculdade de direito, Manuel Augusto, por quem ela tinha grande admiração. Inclusive a escola que ela fundou no Rio de Janeiro teve o nome "Augusto". Em 1830 nasce sua filha, Lívia Augusta Faria que se tornou companheira em suas viagens para o exterior e dentro do Brasil. Em 12 de janeiro de 1833, nasce outro filho que recebe o nome de Augusto Américo de Faria Rocha.

em nossa sociedade, acreditando que o progresso de uma sociedade depende da educação que era oferecida às meninas.

Nísia falava no exterior sobre os colégios do Brasil e sobre a educação existente na época em que viveu. Chegou a dizer, no seu artigo "O Brasil", que ninguém até aquele período havia se dedicado a estudar profundamente e tornar notório aquilo que havia no país de mais importante. Ela contou que, se nas salas de aulas de Paris aparecesse alguma brasileira que demonstrasse talento, perguntavam se ela havia sido educada na França. Buscou fortalecer a educação das meninas, acreditando que as mulheres deveriam estudar para melhorar sua condição de vida. Hoje, sabemos que quanto maior o nível de educação das mulheres, melhor sua condição de vida e de seus agregados. Nesse sentido, as obras de Nísia Floresta podem ajudar nossos países a construir uma educação que leve em consideração as questões de gênero.

Nísia criou duas escolas no Brasil. Uma delas foi o colégio Augusto, que manteve suas atividades durante 18 anos no Rio de Janeiro, sendo desativado em 1855. O Colégio Augusto tinha programas de estudos que incluía disciplinas como latim, caligrafia, história, geografia, religião, matemática, português, francês, italiano, inglês, música, dança, piano, desenho e costura. Ela fez oposição à comercialização do ensino, já que, como a própria Nísia escreveu nos jornais locais do Rio de Janeiro, frequentemente se abriam escolas particulares de bela aparência, mas sem nenhuma consistência, na época. Nísia residiu no Rio Grande do Sul (1833-1837), período em que ocorria a Revolução Farroupilha.[3] Em Porto Alegre fundou uma escola, da qual ainda se sabe muito pouco.

Formou consciências e propôs uma reforma relativa ao comportamento, posição e atuação política das mulheres. A educação para as mulheres foi a mais importante de suas reformas.[4] Vale lembrar que as representações das mulheres no século XIX são elaboradas, sobretudo, pela oposição homem/razão/cultura *versus* mulher/instinto/natureza.

Nísia escreveu bastante sobre o Brasil nos países por onde andava, desmistificando a visão que os europeus tinham de nossa terra, e também salientava que muito do que se tinha como "novo" no âmbito educacional europeu, ela, como brasileira, já estava trabalhando com a mesma perspectiva

---

[3] Sugiro a leitura do livro de Fernando Osório, intitulado *Mulheres farroupilhas*.

[4] Cabe destacar que Nísia Floresta também foi a pioneira do feminismo brasileiro, escritora romântica, abolicionista, indianista, republicana, sempre envolvida na luta dos direitos humanos.

no Brasil. Essa ilustre mulher morreu em 24 de abril de 1885, com 74 anos, vitimada por uma pneumonia, sendo enterrada num jazigo perpétuo no Cemitério de Bonsecours. Hoje seus despojos estão no Brasil.

Pensamento pedagógico

Nísia Floresta escreveu cerca de 15 títulos ao longo dos seus 74 anos, dentre poemas, romances, novelas e ensaios, muitos dos quais foram publicados na imprensa de sua época. Nísia "usa da escrita para reivindicar igualdade e educação para as mulheres" (TELLES, 1997, p. 405). A mulher tem para essa pensadora um papel fundamental na transformação da sociedade. É no coração da mulher que está o que pode "cooperar na causa geral da humanidade" (FLORESTA, 1997, p. 113). Nísia (1997, p. 123) critica que os homens proclamam que a força e o raciocínio são suas características, e que a fraqueza e a volubilidade são o distintivo da mulher.

Autodidata, foi influenciada por quatro correntes do pensamento: a filosofia da Ilustração, o idealismo romântico, o utilitarismo e o positivismo. Inspirada nessas correntes filosóficas, que estavam em voga na metade do século XIX, começou sua produção teórica no ano 1831. Em *Espelho das Brasileiras*, um jornal dedicado às senhoras pernambucanas do tipógrafo francês Adolphe Emille de Bois Garin, ela começa a surgir como escritora. Durante 30 números do jornal (de fevereiro a abril), ela colabora com artigos que tratam da condição feminina em diversas culturas. Mas é em 1832 que ela publica o primeiro livro, *Direitos das mulheres e injustiça dos homens*,[5] inspirada no livro *Vindications of the Rights of Woman*, de Mary Wollstonecraft, obra de cunho feminista, na "Declaração dos direitos da mulher e da cidadã", de Olympia de Gouges e em outras obras europeias.

Com a filosofia da Ilustração, ela trabalhava as ideias do filósofo francês Jean-Jacques Rousseau sobre a igualdade de direitos. Destacam-se as publicações *Direitos das mulheres e injustiça dos homens* e seu texto "A mulher", que enfatizam o papel da mulher na sociedade.

Com seu posicionamento feminista ela analisa, na obra *Direitos das mulheres e injustiça dos homens*, no capítulo V, intitulado "Se as mulheres são naturalmente capazes de ensinar as Ciências ou não", a questão de que as mulheres eram excluídas da produção de conhecimentos. Nós mulheres

---

[5] Considerado por Constância Duarte o texto fundante do feminismo brasileiro, foi escrito por Nísia quando ela tinha apenas 22 anos.

somos modelos e mestres. Isso porque, segundo ela, a eloquência é um talento tão natural e particular às mulheres, que ninguém lhes pode disputar. Nesse sentido ela diz nessa mesma obra que nós devemos ser reconhecidas, ao menos, tão capazes como os homens, tão capazes de ensinar as ciências. E, ainda, se não são vistas mulheres nas cadeiras das universidades, não se pode dizer que seja por incapacidade, mas sim por efeito da violência com que os homens se sustentam nesses lugares, em nossos prejuízos.

Em "A mulher"[6] Nísia afirma que era tempo de as mulheres enxugarem as lágrimas causadas pelas opressões sofridas ou por um arrependimento estéril, e de assumir uma heroica resolução de fazer o máximo para se erguerem da sua prostração, do modo que achem melhor, guiadas e sustentadas pela simples força do coração, despindo-se das fraquezas, de que às vezes injustamente são acusadas. Para essa pensadora as fraquezas das mulheres frente às opressões masculinas tinham origem no desejo doentio de agradar seus amáveis dominadores.

Ainda nesse texto, Nísia diz que o coração precisava ser trabalhado com uma educação especial e convenientemente dirigida. Ela implorou nesse artigo para que o coração das mulheres fosse educado e o esclarecimento de seu intelecto, baseado em coisas úteis, sem frivolidades, para que não nos tornássemos escravas de nossos caprichos. Ela pediu que não se fizesse da mulher a mulher da *Bíblia*, pois, para ela, a mulher de seu tempo poderia sair-se melhor do que aquela; também não queria que as mulheres fossem como no período da Idade Média. O que ela desejava era que a mulher progredisse com o século XIX, ao lado do homem, rumo à regeneração dos povos (FLORESTA, 1997, p. 116-117). Em 1847 novas publicações, de cunho feminista, vêm à luz no Rio de Janeiro: *Daciz ou a jovem completa, Fany ou o modelo das donzelas.*

Seu "idealismo romântico" foi demonstrado nas obras em que insistia que a reforma da sociedade começaria no centro da vida privada, tendo a mulher um papel essencial nessa mudança, por isso era necessário investir na educação, especialmente na educação das mulheres, que eram naquele período da história a parcela da população que mais sofria com uma educação repleta de problemas e preconceitos oriundos de uma sociedade machista.

A doutrina do utilitarismo foi uma tendência do pensamento ético, político e econômico inglês, dos séculos XVIII e XIX, que via no útil (e na utilidade) o valor supremo da vida. A coincidência entre a utilidade individual com a

---

[6] Lívia Augusta Faria, foi tradutora de diversas obras de Nísia Floresta, entre elas, o artigo "A mulher".

social foi um dos principais temas dessa corrente. Nísia tentou mostrar que as mulheres são mais úteis que os homens e deduziu daí a maior importância das mulheres, no contexto social, enfatizando que as diferenças entre os sexos não são naturais, mas sociais, estando sempre sujeitas à mudança.

Além dessas questões, encontramos em suas ideias uma relação profunda com a filosofia positivista,[7] o que era comum naquele período no Brasil. Segundo a pesquisadora Constância Duarte, o seu texto mais positivista é a narrativa "Um passeio no Jardim de Luxemburgo", que pode ser encontrado na obra *Cintilações de uma alma brasileira*. Este também é o único texto que contém declarações explícitas de Auguste Comte sobre as ideias de Nísia Floresta.[8]

Constância Duarte (2002, p. 28) conta que a adesão de Nísia ao positivismo foi limitada, já que "muitas das posições que assumiu – como a defesa da mulher, da abolição, do moralismo e da educação feminina – eram bandeiras que extrapolavam os ditames positivistas e pertenciam também a outras correntes de pensamento. A relação de Nísia e Comte terminou com a morte desse pensador em 5 de setembro de 1857, sendo Nísia uma das poucas mulheres a estarem presentes no cerimonial fúnebre.

No livro *Opúsculo humanitário* ela descreve o que podemos chamar de sua filosofia da educação, mas em outros ensaios[9] ela também trata do tema, como em "A mulher", "Um passeio ao Jardim de Luxemburgo" e no texto (ainda não reeditado) que trata de um discurso que as educandas fizeram para Nísia, de 1847, onde também aparece o pensamento da autora sobre a educação.

Boa parte de sua obra versa para além do contexto vivido no século XIX, o que demonstra que ela tinha ideias à frente de seu tempo. Em seus escritos, especialmente no seu artigo "O abismo sob as flores da civilização", que está compilado na obra *Cintilações de uma alma brasileira*, ela incentiva o sexo realizado nos limites do casamento.

---

[7] Nísia e Auguste Comte tiveram grande respeito intelectual um pelo outro, fato que é demonstrado nas correspondências que eles trocaram (13 cartas), que servem também como um documento da biografia desses intelectuais. O fato de a doutrina positivista propor uma reforma social através da educação também teria atraído essa pensadora, visto que ela trazia as questões sociais em seus escritos. A amizade entre os dois ocorreu durante agosto de 1856 a setembro de 1857.

[8] Nísia assistiu a conferências ministradas por Auguste Comte no curso de História Geral da Humanidade, no auditório do Palais Cardinal, e, também em 1856, a escritora recebe esse intelectual francês em sua residência parisiense, sendo desse ano as correspondências que estão guardadas pelos positivistas.

[9] Ensaios que estão no livro *Cintilações de uma alma brasileira*, de 1859.

Apresentação do texto selecionado

Em 1856, no Rio de Janeiro, Nísia Floresta publicou *Opúsculo humanitário*, que é composto por 62 capítulos sobre a educação da mulher que haviam sido publicados no jornal da corte. Nesse livro, a autora combate o preconceito e condena os erros seculares da formação educacional da mulher, não só no Brasil como também em diversos países. Nísia fez nessa obra uma crítica às escolas particulares, dizendo que em todos os pontos do Brasil qualquer homem ou mulher que saiba ler julga-se logo habilitado a arrogar o título de diretor de colégio. A autora ainda trata sobre a educação e as classes sociais, afirmando que existem duas classes distintas de brasileiros: rica e pobre. A primeira, pode gozar pelos favores da fortuna; a segunda pode atingir pela inteligência o cúmulo da glória que dão as artes e as ciências. Nísia Floresta fala também sobre problemas sociais de outros países da Ásia, da Oceania, da África, da América do Norte e da Europa.

Referências

AZEVEDO, Francisca L. Nogueira de. Biografia e gênero. In: GUAZZELLI, Cesar Augusto Barcellos; PETERSEN, Sílvia Regina Ferraz; SCHMIDT, Benito Bisso; XAVIER, Regina Célia Lima (Org.). *Questões da teoria e metodologia da história*. Porto Alegre: Ed. UFRGS, 2000, p. 131-160.

BASSANEZI, Carla (Coord.). *História das mulheres no Brasil*. São Paulo: Contexto. 1997, p. 401-481.

DUARTE, Constância Lima. A pioneira do feminismo brasileiro. *Jornal Diário de Natal*, DN EDUCAÇÃO. Natal, 2006.

DUARTE, Constância Lima. *Cartas - Nísia Floresta e Auguste Comte*. Editora Mulheres: UNESC, 2002.

DUARTE, Constância Lima. *Nísia Floresta: uma mulher à frente de seu tempo*. Brasília: Mercado Cultural, 2006b. 120 p.

FLORESTA, Nísia. *Cintilações de uma alma brasileira*. Santa Cruz do Sul: edunisc; Editora Mulheres, 1997.

FLORESTA, Nísia. *Direitos das mulheres e injustiça dos homens*. São Paulo: Cortez, 1989.

FLORESTA, Nísia. *Fragmentos de uma obra inédita. Notas biográficas*. Tradução de Nathalie B. da Câmara. Brasília: Editora UnB, 2001.

FLORESTA, Nísia. *Opúsculo humanitário*. Introdução e notas de Peggy Sharpe-Valadares. Posfácio de Constância L. Duarte. São Paulo: Cortez, 1989.

LOURO. Guacira Lopes. Mulheres na sala de aula. In: PRIORE, Mary Del (Org.). *História das mulheres no Brasil*. São Paulo: Contexto, 2000, p. 441-463.

OSÓRIO, Fernando. *Mulheres farroupilhas*. Porto Alegre: Globo, 1935.

[Texto selecionado]

Opúsculo humanitário - trechos escolhidos

Nísia Floresta

[FLORESTA, Nísia. *Opúsculo humanitário*. Introdução e notas de Peggy Sharpe-Valadares. Posfácio de Constância L. Duarte. São Paulo: Cortez, 1989].

XLIV

Copiemos antes de tudo a educação que naqueles países se dá à mocidade.[10] Imitemos principalmente os ingleses no respeito à religião e à lei, os alemães no hábito de pensar e no empenho de elevarem-se acima de todos os povos pelo estudo e pela reflexão, os franceses em seu espírito inventor e em suas generosas inspirações civilizadoras: a todos, no gosto pelo trabalho e no desejo sempre progressivo de engrandecerem-se por seu engenho e atividade.

Quando vemos naquelas nações tomarem-se todos os dias novas medidas para se melhorar ainda mais a educação de sua mocidade, a qual tão inferior se acha – e se achará talvez por séculos ainda a nossa –, o coração se nos contrai no peito ao contemplarmos o nosso Brasil tão rico, tão grandiosamente excedendo a todas as nações do mundo em recursos naturais, precisando lutar, ainda no século XIX, com grandes dificuldades para oferecer às suas mulheres uma tênue parte da instrução que as classes mais baixas daqueles países da Europa e dos Estados Unidos podem facilmente obter.

Não é, porém, a falta de erudição que mais devemos lamentar: ela poderá desaparecer mais tarde. A luz brilha nas trevas e para logo as trevas deixam de existir. A ignorância de nossas mulheres poderá ser um dia substituída por conhecimentos que as tornem dignas de renome. Mas o mesmo não acontecerá a respeito da viciada educação que, como incêndio, vai lavrando pelo centro das famílias e deixando-lhes consideráveis vestígios, que nenhuma instrução conseguirá apagar.

O espírito pode enriquecer-se de belos e úteis conhecimentos em todas as idades antes da decrepitude.

---

[10] Ousada e determinada Nísia viajou por Recife, Olinda, Porto Alegre, Rio de Janeiro, Lisboa, Coimbra, Londres, Roma, Florença, Nápoles, Paris, Cannes e Rouen, entre outros locais. Em muitos desses lugares ela escreveu sobre a condição e a vida das mulheres, sobre a educação (para meninas), sobre o que via nos países por onde andava; escreveu sobre o Brasil, com intenção de desmitificar a maneira que as pessoas do exterior viam os(as) brasileiros(as). Nísia falava no exterior sobre nossos colégios e também sobre a educação das meninas existente na época em que viveu. Será sobre a educação tanto pública quanto doméstica que o texto selecionado versará (N. Graziela Rinaldi).

Voltaire aprendeu a música no último período de sua vida longa de 84 anos. Muitas grandes inteligências cujos preciosos legados a humanidade desfruta atingiram, como Rousseau, a idade adulta sem as profundas luzes que fazem hoje a nossa admiração. Só a educação para produzir salutares efeitos deve acompanhar o indivíduo desde a infância.

Nas condições, pois, já mencionadas, em que se acham as nossas meninas, impossível lhes será adquirirem o hábito das boas práticas, cujo todo constitui a base de uma completa educação, por quanto grande parte das mães, longe de se esforçarem por diminuir os prejudiciais efeitos de tais condições, lhes vão por seu turno inculcando princípios demasiadamente arriscados para eles no futuro.[11] Aquelas que, melhor que ninguém podiam inspirar-lhes sentimentos simples e benignos, são quase sempre as primeiras em dar-lhes, uma, o espetáculo de sua iracúndia, outra, o de desleixo, ou de um luxo ruinoso, que levam as famílias à miséria e à dissolução, esta, o de certas teorias levianas, tidas como inocentes, mas de tão graves conseqüências para a mulher que lá se está formando nesse pequeno ser compilador atento chamado menina.

Outras ainda têm a indiscrição de deixar suas filhas aperceberem-se de suas desinteligências domésticas. Quem há aí que não tenha visto certas mães, esquecidas do que devem a si mesmas e à moral de seus filhos, patentearem a estes, bem vezes com desabrida imprudência, os seus desgostos reais ou indiscretos ciúmes? Algumas cometem até a imperdoável falta de inspirar-lhes antipatia por aquele que lhes deu o ser, a fim de os atrair melhor à sua causa.

Nada por certo é mais prejudicial à educação das filhas do que as repetições dessas cenas domésticas, natural ou artificiosamente representadas pelas mães, manifestando o resfriamento dos deveres impostos pela sociedade e mantidos pelo bom senso e pela religião no seio das famílias pensadoras, compenetradas de empenho de firmarem o venturoso porvir dos tenros seres que se vão modulando pelos exemplos daquela cuja voz mais império tem sobre seus corações.

Uma mãe é então o quadro mais eloqüente para lhes servir de norma em sua conduta futura, o modelo que devem primeiro copiar: se esse modelo não é perfeito, como poderá a menina apresentar uma cópia perfeita?[12]

---

[11] Nísia Floresta deixa claro na sua obra *Opúsculo humanitário* qual o papel dos pais na educação de seus filhos, dizendo que o rigor, os castigos e a punição com relação às desobediências domésticas não deveriam ser dados por estranhos. Para Nísia os deixar a responsabilidade da educação somente para as escolas ou empregados da família demonstra a fraqueza dos pais que são comparados por ela, no capítulo XXXIII, a um sadio e vigoroso dono de um terreno fértil, mas inculto pela preguiça de seus braços, que vai pedir ao seu vizinho, a quem faltam iguais vantagens, o alimento necessário para a vida (p. 77) (N. Graziela Rinaldi).

[12] Nísia (1989, p. 92) fala de um modelo perfeito de mãe, isso porque para ela, a mulher, deve ser

XLV

Algumas naturezas privilegiadas se mostram, entretanto, pelo meio de nós, isentas do contágio desses perniciosos exemplos, não obstante acharem-se deles rodeadas desde a infância, e se algum lenitivo podemos ter, na desordem em que se acha o sistema de nossa educação, é, por sem dúvida, o quadro que nos apresentam elas. Muitas de nossas brasileiras, apesar da atmosfera de subversivos princípios em que respiram, são, todavia, o modelo do sexo e a honra da humanidade. Filhas, elas respeitam seus pais, lamentando no silêncio d'alma suas faltas, seus crimes, se os cometem, sem que a mais ligeira censura lhes escape dos lábios. Esposas, seu coração se compenetra religiosamente de seus deveres, e folgam de sacrificar a seus esposos toda a ventura de sua vida, antepondo à sua inconstância ou à sua dureza a incessante prática das virtudes domésticas. Mães, dirigem com perseverante zelo a educação de seus filhos, afastando-os dos cardos que lhes juncam o trânsito da primeira mocidade, e chorando seus desvios quando não podem deles preservá-los. A vida é para tais naturezas uma luta constante, de que saem sempre vitoriosas mas não felizes, porque não podem harmonizar seus nobres sentimentos com a degeneração de seu semelhante, que amam e que desejariam ver trilhando a senda da moral e da equidade.[13]

Felizes os homens a quem tais naturezas cabem em partilha. Mais felizes, as meninas, cujos pais, guiados por um espírito reto e esclarecido, trabalharem para remover as causas destruidoras das boas disposições com que as dotara a natureza. Se a generalidade de nossas mulheres não pode referir-se àquela exceção, é porque a isto se opõem não somente os obstáculos já apontados, mas também o costume nocivo, tão ridículo e geralmente admitido entre nós, de emprestar às crianças maneiras contrafeitas e inspirar-lhes gostos próprios da idade adulta. Assim, os meios empregados de ordinário para o seu desenvolvimento moral tendem palpavelmente a destituí-las de certa naturalidade, a cujo encanto não consegue equiparar-se a aquisição de todas as prendas ensinadas.

A menina alemã, inglesa, e mesmo a francesa é um pequeno tesouro de graças naturais, respirando a mais pura inocência, exprimindo com mais ou menos

---

a primeira educadora de seus filhos e a mais útil amiga do homem. Se a mulher não atingir esse estado, os pais deveriam recorrer aos colégios onde as diretoras fossem reconhecidas por seu zelo e dedicação ao ensino (N. Graziela Rinaldi).

[13] Nísia Floresta fala de equidade de gênero numa época em que só restava às mulheres os espaços do lar ou do convento, desempenhando nos dois o mesmo papel, com dedicação exclusiva ao esposo. A violação dessas normas significa a perda definitiva do respeito social (N. Graziela Rinaldi).

espírito, porém sempre naturalmente, a ingenuidade de sua alma refletida em sua fisionomia infantil, como os primeiros raios do sol da primavera de seu país natal se refletem nos feiticeiros lagos de seus aromáticos jardins.

E o que é da maneira brasileira? À fé que a não podemos encontrar nessas pequenas criaturas apertadas nas barbatanas de um espartilho, penteadas e vestidas à guisa de mulher, afetando-lhe os meneios e o tom, destituídas muita vez de toda a simpleza e candura que constituem o maior atrativo da infância.

"L'enfance avec ses graces naïves n'existe pour ainsi dire pas au Brésil" (diz um dos viajantes já citados). "A sept ans le jeune brésilien a dejà la gravité d'un adulte, il se promène majestueusement, une badine à la main, fier d'une toilette qui le fait plutôt ressembler aux marionnettes de nos foires qu'à un être humain; au lieu de vêtements larges et commodes qui permettent aux membres de libres mouvements, il est affublé d'un pantalon fixé sous les pieds et d'une veste ou d'un habit qui l'emprisonne et l'étreint. Rien de triste, selons nous, comme ces pauvres enfants condamnés à subir les exigences d'une mode absurde."[14] [etc.]

Infelizmente para o sexo, as nossas meninas fornecem mais amplos e tristes exemplos para esta análise.

XLVI

Não há muito tempo, teve lugar em um colégio desta corte,[15] em presença de oitenta alunas, um espetáculo dolorosíssimo, cujo conhecimento ofereceria aos escritores estrangeiros matéria para um capítulo assaz frisante sobre a história dos nossos costumes.

Uma menina de 6 anos freqüentava como externa aquele colégio. Anjo de gentileza e de candura baixado ao mundo infecto dos homens, ela captava a simpatia de todos e inspirava profundo interesse à diretora, que, vendo-a respirar com dificuldade sempre que entrava para as classes, tinha o cuidado de afrouxar-lhe o espartilho que lhe oprimia o peito a tal ponto. Por vezes, ponderou à mãe da inocente supliciada as funestas conseqüências que podiam resultar de lhe comprimir assim os tenros

---

[14] "A infância com suas graças ingênuas não existe, por assim dizer, no Brasil. (...) Com sete anos o menino brasileiro tem já a gravidade de um adulto, passeia majestosamente, bengala à mão, orgulhoso de uma roupa que o faz parecer-se mais com as marionetes de nossas feiras que com um ser humano; em vez de roupas largas e cômodas que permitam o livre movimento dos membros, ele se enrola numas calças que vão até os pés e numa casaca ou num sobretudo que o aprisionam e o apertam. Nada mais triste, a nosso ver, que essas pobres crianças condenadas a suportar as exigências de uma moda absurda." (Original do livro, nota 160).

[15] Foi este o próprio Colégio Augusto, de Nísia Floresta. (Original do livro, nota 161).

órgãos, os quais tanto necessitam de livres movimentos para bem desenvolver-se.

Baldadas foram tais observações, que os médicos de nossa terra deveriam, em honra de sua nobre missão, fazer incessantemente às mães de família, porquanto os conselhos do homem da ciência, do consolador da humanidade, obteriam em tais circunstâncias mais resultado do que os das diretoras e amigas.

Depois de haver passado parte de uma noite no teatro, constrangida no espartilho para atrair à indiscreta mãe elogios pelo seu bom gosto em vesti-la, a pobre inocentinha submeteu-se ainda, na manhã seguinte, a um novo processo de aperto, ataviando-se para o colégio. Apenas entrou em sua classe, a diretora viu-a vacilar, querendo sentar-se. Voa a tomá-la nos braços, desabotoa-lhe o vestido... Era já tarde! A pobrezinha, soltando um doloroso ai, tinha expirado, vítima da vaidade de sua mãe.

Esta, sendo advertida, correu muito tarde para receber o derradeiro ósculo de sua filha, porém muito cedo para contemplar a obra de seu louco desvanecimento. A martirizada cintura da inocente simulava as dos penitentes do fanatismo, ou antes das vítimas do Santo Ofício. Espetáculo lastimoso e revoltante, por ter origem na pretensão de uma mãe a tornar a filha notável pelo artifício do corpo. A ocasião pareceu oportuna à diretora para tentar uma reforma no espírito de suas alunas, abalado profundamente à vista daquela triste florzinha, ceifada tão de chofre e prematuramente pelo fatal abuso de uma moda, a quem, sem escrúpulo, se sacrifica entre nós a saúde das meninas.

Falou-lhes dos deveres inerentes ao cristão, do quanto é essencial conservar a pureza d'alma para que a Eternidade nos surpreenda em paz em qualquer idade ou situação da vida, e demonstrou-lhes o perigo que correm os que se ocupam do físico em preferência ao moral. Suas palavras eram verdadeiras porque partiam do coração, eloqüentes porque lhas inspirava a presença de um féretro. Não podiam deixar de produzir impressão.

As mães, a quem suas filhas noticiaram aquele acontecimento, cuja vista as havia tanto sensibilizado, lamentaram-no e conosco horrorizaram-se de uma tão grande aberração da ternura e do bom senso materno. Mas em pouco a impressão desapareceu e mães esqueceram aquele resultado da criminosa vaidade de uma mãe.

Algum tempo depois os espartilhos, tirados às que haviam testemunhado essa pungentíssima cena, voltaram de novo a comprimi-las.

A imagem da morte havia desaparecido, e a moda reconquistava todos os seus loucos e funestos excessos.

XLVII

As lições e os esforços de uma ou outra pessoa, desta ou daquela família, nada podem contra a generalidade dos princípios e hábitos seguidos por uma nação inteira.

Um ou outro pai conseguirá educar bem seus filhos, mas, não estando esta educação no espírito de seu país, eles permanecerão estrangeiros no meio de sua própria sociedade, e nada terá o país ganho com estas frações diminuídas da enorme soma dos prejuízos e erros que presidem à educação geral. Para cortar as cabeças sempre renascentes dessa hidra moral seriam precisos outros tantos Hércules quantas são as idéias e práticas errôneas do nosso povo.

Enquanto o governo e os pais não reconhecerem o dano de tais práticas e se esforçarem por bani-las inteiramente, em vão uma ou outra voz se levantará para indicar os meios de um melhoramento, considerado ainda por muitos como utopia.

"C'est la nature du gouvernement de chaque societé" – diz Mme. Coicy[16] – "qu'établit la nature de l'éducation, qui y donne la faiblesse ou la force, les vices ou les vertus."[17]

Este princípio é incontestável, mas, se na insuficiência de enérgicas medidas do governo para a reforma da nossa educação, apelamos para os pais de família, é porque estamos convencidos de que, em um país onde a escravidão é permitida, deles dependem principalmente os meios de subtraírem seus filhos a grande parte dos inconvenientes que os prejudicam. Um desses inconvenientes é, por sem dúvida, a instrução superficial, isolada de uma educação severamente moral, que constitui de ordinário a superioridade das nossas meninas de hoje sobre as de outrora.

Desconhecendo-se ou não se querendo seguir comumente o bom método de educar, vai-se usando com elas pouco mais ou menos daquele com que foram suas mães educadas,[18] acrescentando-se-lhe por vezes certa liberdade mal entendida e, por estar em moda, o ensino de algumas prendas[19] vedadas outrora ao sexo.

Certo, o que se chama por via de regra no Brasil dar boa educação a uma menina? Mandá-la aprender a dançar, não pela utilidade que resulta aos membros de tal exercício, mas pelo gosto de a fazer brilhar nos salões; ler e escrever o português, que, apesar de ser o nosso idioma, não se tem grande empenho de conhecer cabalmente;

---

[16] Mme. Coicy escreveu: *Demande des femmes aux Etats Généraux* (1789) e *Les femmes comme il convient de les voir*, ou *Aperçu de ce que les femmes ont été, de ce qu'elles sont, & de ce qu'elles pourraient être* (1785). (Original do livro, nota 162).

[17] "É a natureza do governo de cada sociedade [...] que estabelece a natureza da educação, que lhe confere força ou fraqueza, vícios ou virtudes." (Original do livro, nota 163).

[18] Para Nísia Floresta as mulheres possuem um papel fundamental na sociedade, que vai além dos cuidados com a casa, o marido e dos filhos. Para ela só a instrução, aliada à educação moral, pode oferecer maior dignidade, fazendo com que as mulheres, além de cidadãs, sejam também melhores esposas e mães (N. Graziela Rinaldi).

[19] O termo "prendas" se refere às meninas (N. Graziela Rinaldi).

falar um pouco o francês, o inglês, sem o menor conhecimento de sua literatura; cantar, tocar piano, muita vez sem gosto, sem estilo, e mesmo sem compreender devidamente a música; simples noções de desenho, geografia e história, cujo estudo abandona com os livros ao sair do colégio; alguns trabalhos de tapeçaria, bordados, crochê etc., que possam figurar pelo meio dos objetos de luxo expostos nas salas dos pais a fim de granjear fúteis louvores a sua autora.[20]

O desenvolvimento da razão por meio de bons e edificantes exemplos da família; o hábito de racionar, que se deve fazer contrair às crianças, ensinando-as a atentarem no valor das palavras que proferem e ouvem proferir aos outros; discriminar as boas das más ações, excitando-as a imitar aquelas e a reprovar estas – tudo isto se deixa na mais completa negligência: o que há de mais essencial a ensinar ou a corrigir guarda-se para uma idade mais avançada, repetindo-se sempre: "Ela é tão criança!".

Assim, quando a menina passa da casa paterna para o colégio leva no espírito o germe, algumas vezes tão desenvolvido, de mil pequenos vícios que impossível ou muito difícil é desarraigar.

E quais são aí as educadoras, por mais dignas que sejam de exercer tais funções, que ousam contrariar inteiramente as opiniões e o gosto dos pais a respeito da educação de suas filhas? Seria exporem-se a ver suas aulas sem auditório, e, como já observamos, sendo o magistério em nossa terra por via de regra um objeto de especulação, grande cuidado se tem em transigir com os pais de família, embora com detrimento dos alunos.

É partindo desta experiência que tiramos a conclusão de que, no Brasil, não se poderá educar bem a mocidade enquanto o sistema de nossa educação, quer doméstica, quer pública, não for radicalmente reformado.[21]

Debalde tentarão os diretores e mestres que pertencem à exceção da regra enunciada fazer de seus alunos indivíduos bem morigerados, conspícuos e modestos, se os pais não forem os primeiros em inspirar-lhes estes princípios. Debalde esperarão, os pais que tal fizerem, os devidos progressos destes princípios, se os mestres não possuírem as qualidades indispensáveis para preencherem os encargos do magistério.

Será, portanto, da comunhão das boas práticas de uns e de outros que somente poderão sair homens e mulheres capazes de firmar o

---

[20] O Colégio Augusto, fundado por Nísia Floresta no Rio de Janeiro teve críticas anônimas pronunciadas na época por considerar as suas propostas educacionais inadequadas às meninas. Nísia incomodava as pessoas conservadoras da época e fundou escolas que preparassem as meninas para atuarem na sociedade (N. Graziela Rinaldi).

[21] Nísia Floresta foi abolicionista, indianista, nacionalista, escritora feminista, educadora feminista. Mas a sua principal luta foi pela reforma da educação feminina, tanto no âmbito doméstico, quanto público (N. Graziela Rinaldi).

renome da Nação Brasileira, a qual, tão grandemente elevada pela natureza, tão pequeno espaço tem ainda conquistado no vasto e fértil campo da civilização moderna.

XLVIII

Por uma anomalia dos nossos costumes, no Brasil – onde a mulher nada é ainda pelo espírito e nenhuma liberdade goza das que utilizam e honram as mulheres do Norte, aqui onde o seu nome não se alistou até hoje no grande catálogo dos progressos humanitários por uma instituição qualquer de beneficência – são as mães quase sempre o árbitro exclusivo da educação das filhas, prerrogativa de que muitas se ufanam, por não verem nela o indiferentismo ou o desprezo hereditário de nossos homens pela educação do sexo.

A elas, pois, incumbe particularmente prevenir ou corrigir as faltas dos primeiros anos, convencidas de que é um absurdo pretender que as meninas a cuja educação doméstica não presidem os bons exemplos e o empenho constante de bem dirigi-las possam depois aproveitar, em toda a amplidão, as boas lições que por ventura venham a receber.

Atentem todas as mães brasileiras – como convém ao seu próprio interesse, à dignidade da família e à gloria da pátria na aurora do seu engrandecimento – para as propensões de suas filhas, e empreguem todos os seus esforços para arredá-las a tempo de tudo quanto possa animar as más e enfraquecer as boas, evitem-lhes, sem que elas se apercebam, até uma certa idade, as ocasiões de acharem-se em companhia de quem quer que seja, longe de suas visitas ou das de preceptoras esclarecidas e dignas de sua confiança.

Transfundam nos tenros corações de suas filhas a inata doçura e as boas qualidades do seu, furtando-as aos exemplos de vaidade, de orgulho e dos erros que tendem a destruir ou a inutilizar a sua obra. Resignem por amor delas o gosto imoderado pelos prazeres do mundo, sem todavia abstê-las completamente deles, sendo que um e outro excesso lhes pode ser, da mesma sorte, prejudicial. É harmonizando distrações inocentes com úteis ocupações que uma mãe judiciosa deve procurar fortalecer o físico e o moral de suas filhas desde a mais tenra infância.

Procurem, sobretudo, habituá-las ao trabalho, apresentando-o como uma virtude necessária em todos os estados da vida, qualquer que seja a opulência do indivíduo, e não digno do desdém com que o olham certas classes.

As mulheres mais consideráveis das nações[22] de que falamos sabem

---

[22] Nísia fala principalmente da missão da mulher na sociedade, apontando os problemas de seu tempo e fazendo uma denúncia social dos problemas políticos e sociais do Brasil e do mundo. Além de fazer um panorama da situação da educação dada às meninas no Brasil e apontar alguns problemas relacionados a educação das meninas na obra *Opúsculo humanitário*, Nísia Floresta também escreve sobre a educação da mulher em outras culturas, analisando a educação das meninas do Egito,

ocupar utilmente o tempo. A esposa, irmã e noras de Luís Felipe rodeavam de noite uma mesa redonda, no Palácio das Tulherias, para fazerem serão.[23] A esposa de Lamartine,[24] e outras muitas mulheres que vivem na grande sociedade e são obrigadas a sacrificar-lhe uma parte do seu tempo, têm, todavia, horas reservadas para o trabalho assim intelectual como material, alternando-o com obras de beneficência, em que grande parte delas se ocupa.

Um dos primeiros trabalhos de escultura que admiramos em Paris, na igreja de S. Germano L'Auxerrois, foi um grupo de anjos de mármore sustentando uma pia d'água benta, cinzelado pela digna companheira do inimitável escritor francês. Por toda a parte encontram-se naqueles países primores d'arte, em todos os gêneros, da mão das mulheres, que provam não somente o seu gosto e o estudo a que se dão, mas também o hábito do trabalho adquirido desde os verdes anos.

Não é nas representações teatrais, principalmente as de nossa terra, nem nas casas de baile, que entre nós muitas meninas freqüentam de comum com o colégio – donde as mandam buscar, interrompendo seus exercícios escolares, para não perderem triunfos que inebriam as filhas e lisonjeiam os pais, nesta atmosfera viciada onde a *crocodílica* voz de improvisados galantes, ou de galantes parasitas, destrói quase sempre o efeito das mais severas lições de moral – que uma jovem donzela adquire o gosto e o hábito do trabalho. Ainda menos, à janela, ordinariamente telégrafo especial do resultado da ociosidade em que as deixam vegetar. É, sim, no lar doméstico ou fora dele, mas estimulada sempre pelos bons exemplos da família e pelo nobre desejo de bastar-se a si mesma utilizando a humanidade.

Para guiar as meninas em tão grande e digno empenho, será precioso vencer-se a fraqueza que se tem de inspirar-lhes gosto por futilidades – as quais, dando-lhes apenas ligeiros matizes de boa educação, só lhes atraem passageiros sucessos, que lhes preparam bem vezes, no futuro, tristes e cruéis desilusões, senão a perda do repouso da consciência, a ruína total de sua felicidade.

---

da Pérsia, da Grécia, de Roma, da América, da Oceania, da Alemanha, da Grã-Bretanha, da Inglaterra, da França (N. Graziela Rinaldi).

[23] Luís Felipe de Orléans (1773-1850), rei de França de 1830 a 1848, casou-se em 1809 com Maria Amélia (1782-1866), filha de Fernando IV das duas Sicílias. A irmã dela, já mencionada pela autora, era Eugênia-Luísa Adelaide. Das cinco noras daquela rainha, duas tiveram íntima relação com a Casa Real brasileira: a princesa Vitória de Salzburgo, casada com o Duque de Nemours, foi a mãe do Conde d'Eu, genro de D. Pedro II; e a princesa Francisca (Chicá) de Bragança, casada no Rio de Janeiro, a 1º de maio de 1843, com o príncipe de Joinville, era irmã do segundo imperador do Brasil. (Original do livro, nota 164).

[24] Alphonse-Marie-Louis de Prat de Lamartine (1790-1869): político e diplomata, compunha com Victor Hugo os dois maiores nomes da poesia francesa de seu tempo. Casou-se a 5 de junho de 1820 com Mary-Anne-Elisa Birch, jovem inglesa de formação protestante. (Original do livro, nota 165).

Domingo F. Sarmiento (1811-1888)

Domingo F. Sarmiento ou os antagonismos da cultura e da educação argentinas

Adriana Puiggrós

Domingo Faustino Sarmiento nasceu em um lar humilde da Província de San Juan, Argentina, em 1811, e morreu em Assunção do Paraguai, em 1888. Dirigiu e foi colaborador de numerosos periódicos em sua província, no Chile, onde viveu exilado, e em Buenos Aires. Seus artigos preenchem vários tomos de suas *Obras completas*. Entre 1840 e 1852, viajou pela Europa, Estados Unidos e África, enviado pelo governo chileno. Durante esse período, escreveu os livros *Facundo, Recuerdos de Provincia, Argirópolis* e *Educación popular*. Instalou-se novamente na Argentina depois da queda de Juan Manuel de Rosas, em 1855. Em 1858, fundou a revista *Anales de la Educación Común*. Entre os numerosos cargos que ocupou destacam-se: governador da Província de San Juan, diretor de escolas da Província de Buenos Aires, ministro de várias pastas, senador e presidente da nação. Nesse último cargo, realizou uma ampla obra modernizadora, ao mesmo tempo que interveio na Guerra contra o Paraguai e perseguiu os caudilhos populares. Foi autor da Lei de Educação Comum da Província de Buenos Aires, base da Lei Nacional 1.420/1884, de Educação Comum. É considerado o construtor do sistema escolar argentino.

Sarmiento se interessou pela experiência escolar da Prússia, que era a mais inovadora no velho continente, mas foi no reformismo pedagógico norte-americano que encontrou o modelo que considerou adequado para implantar no Chile e na Argentina. Dos Estados Unidos Sarmiento admirava o espírito liberal e as instituições. Entusiasmou-se ao ler o *Sétimo informe* de Horace Mann, secretário do Board of Education do estado de Massachussets, e viajou aos Estados Unidos para conhecer de perto a experiência reformista norte-americana. Representante do pensamento liberal, Mann imaginava o desenvolvimento das instituições sociais ligado à expansão das escolas públicas. Rejeitava a divisão entre escolas para pobres e escolas para ricos, promovendo a "educação comum". Sarmiento adotou a categoria "educação comum" como o conceito filosófico subjacente à expansão da instrução primária. Definiu-a desta maneira:

> A *instrução primária*, para lhe dar seu verdadeiro significado, será considerada neste trabalho como a INSTRUÇÃO NACIONAL, ou o grau de educação que um povo culto tem ou recebe para se preparar devidamente para o desempenho das múltiplas funções da vida civilizada (SARMIENTO, 1950, t. XII, p. 9).

Sarmiento adotava a definição que, na legislação francesa, compreendia a instrução moral e religiosa, a leitura, escrita, cálculo, língua, sistema de pesos e medidas, geometria e suas aplicações, como desenho linear e mensuração, física, história natural, história geral e história pátria, geografia e canto. Mas, quando usava o termo "educação comum", fazia-o com um acréscimo, pois integrava a ação pedagógica da sociedade civil e a informação.

Em sua obra *Educação comum*,[1] Sarmiento diz que, faltando uma lei que defina tal termo, aceita o significado que lhe foi dado em outros países, tomando especialmente o exemplo francês e prussiano. Cita M. Guizot:

> Não há situação nem profissão alguma [...] que não exijam certos conhecimentos, sem os quais o homem não poderia trabalhar frutiferamente, nem para si nem para a sociedade. Há, pois, certo gênero de educação e certo grau de instrução de que todos os cidadãos têm necessidade (SARMIENTO, 1950, t. XII, p. 69).

Ferido em sua própria pele pelos privilégios aos quais ficou alheio por causa de sua origem humilde, obrigado a estudar de maneira assistemática e autodidata, ainda que incentivado por seu pai, grande leitor, Sarmiento reconhecia a ferida social produzida pela discriminação educacional. Acusava as classes ricas de indiferença frente à ignorância, denunciava que davam esmolas aos pobres em vez de levar-lhes a instrução.

Segundo o autor, a instrução pública se destinava a oferecer dignidade à sociedade, mediante a elevação moral, o desenvolvimento da inteligência e do conjunto das faculdades humanas. Nesse aspecto, ele é coerente com a sociologia da educação nascente na Europa e vincula fortemente a educação à moral pública, considerada esta como os sentimentos comuns da sociedade, que se antecipam à Lei. As leis reprimem e castigam, mas os costumes se antecipam, são "a polícia da lei" (SARMIENTO, 1950, t. XII, p. 33). Esclarece que a moral, entendida como os costumes, é adquirida de acordo com as condições materiais de existência e a importância dos acontecimentos.

---

[1] *Educación común*, publicada pela primeira vez en 1856, é a Memória apresentada em 1855 para um concurso aberto pelo governo chileno sobre a instrução primária, de cujo corpo de jurados fazia parte o linguista e educador Andrés Bello.

A educação comum deveria chegar às grandes massas, ao povo. Esses últimos são termos usados por Sarmiento, porque rejeitava a meritocracia do saber e pensava que uma sociedade moderna é a que tem o maior número de cidadãos instruídos. Em seus escritos sobre as escolas dos Estados Unidos, ele transcreveu numerosas declarações a favor da libertação dos negros e do acesso à educação comum por parte de escravos e libertos. A difusão massiva da educação comum lhe era indispensável para a constituição do espírito público, mas, ao mesmo tempo, esse último era o elemento indispensável para comunicar a cultura moderna. Anticlerical, mas crente, Sarmiento desejava que se desenvolvesse "o sentimento religioso ilustrado" (SARMIENTO, 1950, t. XII, p. 38).

A preocupação com a educação comum que absorvia Sarmiento não se restringia ao seu país, mas se estendia a toda a América Latina. Em um discurso pronunciado em Lima, em dezembro de 1864, explicava que os governos deveriam ser representativos, sem famílias privilegiadas, escolhidos por eleição popular, com discussão livre da imprensa e todos os demais princípios que constituem a soberania popular.

No entanto, as menções de Sarmiento à instrução pública e à educação comum se antagonizam com sua profunda convicção de que o povo latino-americano carece de inteligência, extraviou suas ideias e se inflama com paixões. Estas são ideias que atravessam toda a sua obra, mas que ele expressa especialmente em *Facundo*, o mais importante de seus livros, que é considerado a obra suprema da literatura argentina, na qual ataca duramente os povos do interior do país que lutam contra a hegemonia de Buenos Aires, representando-os com a figura de Facundo Quiroga, caudilho da Província de La Rioja. Foram numerosos os liberais e liberal-positivistas que concordaram com Sarmiento, mas ele mesmo foi um dos principais responsáveis por instalar o antagonismo "civilização e barbárie" como conceito organizador do discurso liberal latino-americano (PUIGGRÓS; SOUTHWE; GAGLIANO, 2002).

Sarmiento culpava as raízes hispano-árabes e indígenas de nossa população pelo atraso cultural e social e não teve piedade, embora essa colocação entrasse em contradição com seu modelo de educação comum e instrução pública. Ele defendia que a população latino-americana não tinha elementos próprios que dessem base a uma cultura orientada para a modernidade. Em *Facundo*, denunciou o hiato que existia entre a cidade e o campo: os dados da natureza, que determinam o caráter dos homens, tecem uma sociedade cujos laços primitivos, semelhantes a uma horda, não são suficientes para considerá-los instituições. Não via possibilidades de hibridação entre índios, gaúchos filhos de espanhóis e citadinos. Sentenciava como irremediável a deterioração que afetava as cidades argentinas nas décadas posteriores às lutas pela independência. A herança do gaúcho mau era constituída pelos caudilhos, bárbaros, tártaros (Sarmiento, 1972). Atribuía ao uruguaio José Gervásio de Artigas, que considerava o arquétipo do caudilho, "instintos hostis à civilização europeia e a toda organização regular" (p. 58).

Na operação discursiva que Sarmiento (1952, p. 38) realizou, a categoria "povo" não incluía os indígenas, os quais, dizia, a colonização espanhola deveria ter eliminado (p. 38). A população nativa deveria se diluir junto com suas vestes tradicionais, sua linguagem e seus "huangalies", "imundos e estreitos covis" sempre preparados para, "à menor comoção da república, à menor oscilação do governo", "vomitar hordas de vândalos" (p. 57). A população se tornava uma categoria, abstração esvaziada de suas múltiplas determinações.

Sarmiento dirigiu sua ampla obra educacional a essa "população". Ele trouxe ao país professores e educadores norte-americanos que imprimiram seus métodos pedagógicos nas escolas normais, impulsionou a beneficência, os berçários públicos, os quartos de asilo, deu grande impulso às escolas primárias elementares, a escolas de artes e ofícios e normais e promoveu conferências e pregação laica para difundir a civilização. Organizou cooperativas, associações de pais, sociedades populares e bibliotecas públicas.

O destinatário dessa política educacional era considerado incapaz, o que contradizia o sistema proposto por Sarmiento, que requeria, para sua realização plena, a participação ativa dos sujeitos que ele próprio tinha desqualificado. Essa postura antipopular de Sarmiento era coerente com as ideias da oligarquia defensora da livre empresa que instalou na Argentina o modelo agroexportador e importador, ao compasso da ferrovia que distribuía manufaturas inglesas, acabando com a produção artesanal das populações do interior do país.

Na proposta sarmientina, a educação comum deveria construir uma cultura sul-americana uniforme, tendo como modelo a norte-americana. A educação comum atuaria como rasoura contra a barbárie, permitiria que a população que não encontrasse trabalho no setor agrário pudesse fazê-lo na indústria, atividade que considerava só suplementar para a economia de nossos países. Como nossa raça é menos apta para a civilização, nossas nações deveriam se resignar a que as mais avançadas desenvolvessem a indústria e fossem superiores para a guerra. Ambos os temas, a desqualificação da população autóctone e a proposta de começar a difusão da educação pela instrução primária, foram objeto de polêmica com o filólogo, poeta e educador chileno Andrés Bello, que defendia que a base da cultura chilena deveriam ser as características populares e, ao mesmo tempo, que o sistema educacional deveria começar pela cúspide, ou seja, pela universidade, para formar a massa crítica de educadores que difundissem a educação elementar. Ambos os pensadores discordaram também, em uma polêmica famosa, quanto ao ensino da língua.

A prolífera obra que Sarmiento deixou é um material indispensável para compreender os antagonismos profundos com os quais se desenvolveram os sistemas escolares modernos da América Latina, assim como os problemas que ainda atravessam a cultura política argentina até a atualidade. Sarmiento (1972, p. 5) começa a Introdução ao *Facundo* dizendo:

> Sombra terrível de Facundo!, vou evocar-te para que, sacudindo o ensanguentado pó que cobre tuas cinzas, te levantes para nos explicar a vida secreta e as convulsões internas que dilaceram as entranhas de um nobre povo. Tua trágica morte, o homem das cidades e o gaúcho das planuras argentinas, ao tomar diversos caminhos no deserto, diziam: "Não! Ele não morreu! Ainda vive!" Certo! Facundo não morreu; está vivo nas tradições populares, na política e revoluções argentinas [...].

Analisar essas palavras é indispensável para penetrar em profundidade no drama argentino.

Sobre o texto selecionado

Os excertos reproduzidos constam nas primeiras páginas do livro *Educación popular* publicado no ano de 1849, como informe apresentado por Sarmiento ao governo chileno contendo o resultado de uma viagem de estudo ao exterior, no qual fundamenta as reformas do sistema e dos métodos de ensino. O livro aborda temas centrais da educação popular/pública tais como: o financiamento da educação, a inspeção escolar, a educação das mulheres, os professores de escolas normais, as escolas públicas e os métodos de ensino.

Referências

HORACE, Mann. *Seventh Annual Report of the Board of Education*. Boston: Dutton and Wentworth State Printers, 1844, p. 19-21.

SARMIENTO, D. F. Educación común. In: *Obras completas*. Tomo XII. Buenos Aires: Luz de Día, 1950.

SARMIENTO, D. F. *Facundo o civilización y barbárie*. México: Nacional, 1972.

SARMIENTO, D. F. *La educación popular*. Buenos Aires: Luz de Día, 1952.

SARMIENTO, D. F. *Las escuelas, base de la prosperidad y de la república en los Estados Unidos*. Buenos Aires: Luz de Día, 1952.

PUIGGRÓS, A.; SOUTHWE, M.; GAGLIANO R. Liberalismo, neoliberalismo y modelos socioeducativos. *Revista Entrepasados*, Buenos Aires, mar. 2002.

[Textos selecionados]
Tradução: *Luis Marcos Sander*

Introdução
Instrução pública
Domingo Faustino Sarmiento

[SARMIENTO, D. F. *Educación popular*. Buenos Aires: Librería la Facultad, 1915, p. 21-28; p. 39-40; p. 41-42.]

O lento progresso das sociedades humanas criou nestes últimos tempos uma instituição desconhecida nos séculos passados. A instrução pública, que tem por objetivo preparar as novas gerações em massa para o uso da inteligência individual, pelo conhecimento ainda que rudimentar das ciências e fatos necessários para formar a razão, é uma instituição puramente moderna, nascida das dissensões do cristianismo e convertida em direito pelo espírito democrático da associação atual. Há dois séculos existia educação para as classes governantes, para o sacerdócio, para a aristocracia, mas o povo, a *plebe*, não fazia, propriamente falando, parte ativa das nações. Na época teria parecido tão absurdo defender que todos os homens deveriam ser igualmente instruídos como teria sido dois mil anos antes negar o direito de tornar escravos os vencidos, direito sobre cuja prática se estribava a existência das sociedades livres. Não é minha intenção fazer aqui o histórico da série de acontecimentos e de conquistas que trouxeram os povos cristãos ao ponto a que chegaram hoje. Isso talvez seja o assunto de um trabalho especial. Por ora nos baste o fato de que cada progresso nas instituições tendeu para esse objetivo primordial, e que a liberdade adquirida em alguns países, o próprio despotismo em outros, para fazer perdoar sua irregularidade, contribuíram poderosamente para preparar as nações em massa para o uso dos direitos que hoje não pertencem mais a esta ou aquela classe da sociedade, mas simplesmente à condição humana. Há mais ainda: os direitos políticos, isto é, a ação individual aplicada ao governo da sociedade, anteciparam-se à preparação intelectual que o uso desses direitos implica. Nada teria parecido mais conforme à razão que perguntar a quem vai expressar sua vontade na direção dos negócios públicos se essa vontade estava suficientemente preparada e dirigida por uma inteligência cultivada e pela aquisição de todos os fatos que autorizam a prejulgar sobre o bem ou o mal público que pode produzir a linha de conduta que se tenha de adotar. Mas os acontecimentos históricos se anteciparam, pode-se dizer; e a lei não se atreve mais a pôr como condição o uso do direito que pertence ao homem, bastando que seja pessoa racional e livre, a capacidade em que se encontra de exercê-lo prudentemente.

Até não faz um ano, era possível dizer que existiam entre os povos civilizados dois direitos civis distintos: um que se referia à propriedade, outro à pessoa; aquela como garantia da inteligência da outra. Essa diferença, porém, vai desaparecer com a última revolução da Europa, que terá como resultado final na prática, como teve já em princípio, o direito de todos os homens de serem *reputados* suficientemente inteligentes para a gestão dos negócios públicos pelo exercício do direito eleitoral, outorgado a todos os homens adultos de uma sociedade, sem distinção de classe, condição ou educação.

E essa igualdade de direitos concedida a todos os homens, inclusive nos países que se regem por sistemas tutelares, é nas repúblicas um fato que serve de base para a organização social, quaisquer que sejam as modificações que ela sofre acidentalmente pelos antecedentes nacionais ou outras causas. Desse princípio imprescritível hoje nasce a obrigação de todo governo para prover de educação as gerações vindouras, já que não pode compelir todos os indivíduos da geração presente a receber a preparação intelectual que implica o exercício dos direitos que lhe são atribuídos. A condição social dos homens depende muitas vezes de circunstâncias alheias à vontade. Um pai pobre não pode ser responsável pela educação de seus filhos, mas a sociedade em massa tem interesse vital em se assegurar de que todos os indivíduos que com o tempo formarão a nação tenham, pela educação recebida em sua infância, sejam preparados suficientemente para desempenhar as funções sociais a que serão chamados. O poder, a riqueza e a força de uma nação dependem da capacidade industrial, moral e intelectual dos indivíduos que a compõem; e a educação pública não deve ter outro fim que aumentar estas forças de produção, de ação e de direção, aumentando cada vez mais o número de indivíduos que as possuam. A dignidade do Estado, a glória de uma nação já não podem ser cifradas, pois, senão na dignidade de condição de seus súditos; e essa dignidade não pode ser obtida senão elevando o caráter moral, desenvolvendo a inteligência e predispondo-a à ação ordenada e legítima de todas as faculdades do homem. Deve-se ter, além disso, em vista objetivos de previsão ao se ocupar da educação pública: as massas estão menos dispostas ao respeito pelas vidas e propriedades à medida que sua razão e seus sentimentos morais estão menos cultivados. Por egoísmo, pois, dos que gozam hoje de maiores vantagens na associação, deve-se tentar quanto antes embotar aquele instinto de destruição que dorme agora e que a própria vida política e a influência das ideias que se irradiam sobre todos os povos cristãos haverão de despertar. Se todas estas considerações que não faço mais do que apontar não fossem suficientes para formar convencimentos profundos, tenha-se presente, além disso, que os Estados sul-americanos pertencem a uma raça que figura na última linha entre os povos civilizados. A Espanha e seus descendentes se apresentam hoje no teatro do mundo moderno destituídos de todos os dotes que a vida de nossa época exige. Carecem de meios de ação, por causa de sua falta radical daqueles conhecimentos nas ciências naturais ou físicas que, nos demais países da Europa, criaram uma poderosa indústria que ocupa todos os indivíduos da sociedade; a produção filha do trabalho não pode se fazer hoje em uma escala proveitosa, exceto pela introdução dos meios mecânicos que a indústria dos outros países conquistou; e se a educação não prepara as gerações vindouras para esta necessária adaptação dos meios de trabalho, o resultado será a pobreza e obscuridade nacional, em meio ao desenvolvimento das outras nações que progridem com o auxílio combinado de tradições de ciência e indústria iniciadas há longo tempo e do desenvolvimento atual produzido pela instrução pública que lhes promete progressos e desenvolvimento de forças produtivas maiores. Outro risco nacional, e não menos iminente, é o que resulta da imigração da indústria estrangeira que pode e deve fatalmente se aclimatar entre nós. A indústria emigra de umas nações para outras com os indivíduos que se expatriam buscando em solo estrangeiro maiores vantagens. Um grande número de imigrantes de outras nações que não sejam a espanhola, a única que nos é análoga em atraso intelectual e incapacidade industrial, trará por consequência forçosa a substituição de uma sociedade por outra, fazendo lentamente descer às últimas condições da sociedade os que não se encontrarem preparados pela educação de sua capacidade intelectual e industrial, pelo impulso do progresso e pela transformação que a sociedade experimentará; a partir disso é fácil vaticinar a milhares de pais de família que hoje desfrutam de uma posição social vantajosa a possibilidade de que, com a ação de novos homens e com sua maior capacidade de adquirir, seus filhos, dentro de não muitos anos, desçam às últimas classes da sociedade.

Nossos esforços para educar completamente as gerações próximas devem ser maiores, se se atentar para outras condições desfavoráveis produzidas pela colonização espanhola. Não bastava o legado de atraso intelectual e industrial que ela nos deixou e que na própria Europa a fez descer à insignificância e nulidade em que hoje está mergulhada, sendo nada mais do que uma colônia no seio da própria Europa, onde todas as demais nações exportam seus artefatos para o consumo do povo que, por incapacidade nacional, não pode produzi-los; não bastava tampouco que nos legasse a inépcia civil de que ela mesma está envolta sob o peso de dívidas insolventes no exterior e da mais espantosa desordem administrativa que se conhece na Europa em seu interior; era necessário, além disso, que da própria colonização resultasse para nós um inconveniente com que teremos de lutar durante séculos. Todas as colonizações que as nações europeias fizeram nestes três últimos séculos levaram de roldão diante de si os selvagens que povoavam a terra que vinham para ocupar. Os ingleses, franceses e holandeses na América do Norte não se mancomunaram de forma alguma com os aborígines e, quando, com o passar do tempo, seus descendentes foram chamados a formar Estados independentes, encontraram-se compostos das raças europeias puras, com suas tradições de civilização cristã e europeia intactas, com seu afinco de progresso e sua capacidade de desenvolvimento, até mesmo mais pronunciado, se isso é possível, do que entre seus pais ou a pátria mãe. Devido a essa capacidade geral de todos os indivíduos que compõem a nova nação, uma vez que ficavam abandonados a si mesmos e donos de seus próprios destinos, os povos descendentes das nações que colonizaram o norte da América avançaram de progresso em progresso até serem hoje a admiração dos próprios povos da Europa, que deixaram muito atrás na aplicação de todos os princípios, de todos os descobrimentos e de todas as máquinas, como auxiliares do trabalho, que a ciência humana em todos os países civilizados revelou ou aplicou.

A colonização espanhola no resto da América procedeu de modo muito distinto. Sem ser mais humana do que a do Norte, por se aproveitar do trabalho das raças indígenas escravizadas, talvez por encontrá-las mais dóceis também, incorporou em seu seio os selvagens, deixando para os tempos futuros uma descendência bastarda, rebelde à cultura e sem aquelas tradições de ciência, arte e indústria que fazem com que os deportados para a Nova Holanda reproduzam a riqueza, a liberdade e a indústria inglesa em um curto número de anos. Não é possível dizer como a aptidão intelectual, a moralidade e a capacidade industrial se transmitem de pais a filhos, inclusive naqueles homens que carecem de toda instrução ordenadamente adquirida; porém, é um fato fatal que os filhos sigam as tradições de seus pais e que a mudança de civilização, de instintos e de ideias só se faça por mudança de raças. Que futuro aguarda o México, o Peru, a Bolívia e outros Estados sul-americanos que têm ainda vivas em suas entranhas, como alimento não digerido, as raças selvagens ou bárbaras indígenas que foram absorvidas pela colonização e conservam obstinadamente suas tradições das florestas, seu ódio à civilização, seus idiomas primitivos e seus hábitos de indolência e de repugnância desdenhosa contra a vestimenta, o asseio, as comodidades e os costumes da vida civilizada? Quantos anos, se não séculos, para levantar aqueles espíritos degradados à altura de homens cultos e dotados do sentimento de sua própria dignidade?

E esse mal que, naquelas partes da América, é aparente e tangível não é menos real nas outras partes onde a obra de fusão de ambas as raças já está realizada, mas que não por isso opõe menos dificuldades ao desenvolvimento do conjunto de povos semicivilizados da Europa e de selvagens da América. Qualquer pessoa que estude detidamente os instintos, a capacidade industrial e intelectual das massas na República Argentina, no Chile, na Venezuela e em outros pontos tem ocasião de sentir os efeitos daquela inevitável, mas danosa amálgama de raças incapazes ou inadequadas para a civilização. Que hábitos de incúria, que limitação de aspirações, que incapacidade absoluta de indústria, que rebeldia contra tudo que pode conduzi-las a seu bem-estar; que endurecimento, enfim, na ignorância voluntária, na escassez e nas privações de que poderiam se livrar caso quisessem; que falta tão completa de todos os estímulos que servem de aguilhão para as ações humanas!

Se me proponho fazer sentir profundamente a enormidade do mal, não é, sem dúvida, para que desesperemos de encontrar remédio para ele.

Por mais profundo que o abismo seja, não haveremos de nos precipitar nele deliberadamente. Nossa tarefa é, indubitavelmente, dura, pois nos cumpre preencher o déficit de suficiência que a Espanha deixou no limite duvidoso que divide os povos civilizados dos bárbaros e o aumento de barbárie que a colonização nos trouxe e os indígenas nos conservaram. Mas o movimento que hoje precipita as nações cristãs para uma organização social cujas bases, por mais amplas e grandes que sejam, não nos é dado nem conseguir medir com a vista, nem abarcar em seus detalhes impõe-nos, sob pena de perecer sob os escombros das formas sociais já usadas, o dever de nos preparar para a nova existência que todas as sociedades cristãs assumirão muito em breve uniformemente; que não será outra que o maior desenvolvimento possível de todos os indivíduos que compõem a nação, removendo as dificuldades que a organização atual opõe ao livre desenvolvimento das faculdades intelectuais e ativas do homem; protegendo o Estado, ou as forças da nação reunidas, todas as deficiências individuais até conseguir tornar todos os associados partícipes das vantagens da associação, sem deixar excluídos, como até aqui, os que não conseguem ser autossuficientes. Todos os grandes acontecimentos do mundo haverão de ser a partir de hoje mais preparados pela inteligência, e a grandeza das nações haverá de se estribar menos nas forças materiais do que nas intelectuais e produtivas de que possam dispor.

[...]

A moralidade se produz nas massas pela facilidade de obter meios de subsistência, pelo asseio que eleva o sentimento da dignidade pessoal e pela cultura do espírito que impede que ele se entregue a dissipações ignóbeis e ao vício embrutecedor da embriaguez; e o meio seguro, infalível, de chegar a esses resultados é proporcionar educação às crianças, já que não nos é dado tornar os adultos partícipes dos mesmos benefícios. O comparecimento das crianças à escola traz o efeito moralizador de absorver uma parte do tempo, que sem ela seria dissipado na ociosidade e no abandono; habituar o espírito à ideia de um dever regular, contínuo, proporciona-lhe hábitos de regularidade em suas operações; acrescentar uma autoridade mais à paterna, que nem sempre age constantemente sobre a moral das crianças, o que já começa a educar o espírito para a ideia de uma autoridade fora do recinto da família; por fim, a reunião de massas de indivíduos, a necessidade de conter entre eles suas paixões e a oportunidade de estreitar relações de simpatia lança, sem senti-lo, os primeiros rudimentos de moralidade e de sociabilidade tão necessários para prepará-los para as obrigações e os deveres da vida de adultos; estas são as influências indiretas, pois os documentos e observações precedentes deixam transparecer as mais imediatas em toda a sua extensão. Seria uma coisa digna de uma estatística precisa e formada expressamente para este objetivo a comparação das forças de uma nação, não mais segundo o número de habitantes que cada uma possui, mas segundo o maior grau de desenvolvimento que a educação recebida dá às suas massas.

[...]

A maior dificuldade que se opõe à difusão da instrução entre nós decorre de que não se *quer bem* o mesmo que se deseja; de que não há convicções profundas e de que não se examinou bastante a chaga nem se apreciou suficientemente a extensão do mal. Quando aquela convicção nascer deste estudo, a aplicação do remédio parecerá a todos coisa fácil e factível, pois não vamos inventar nada, criar nada que já não tenha sido posto em prática em diversos países e dado resultados completos, tendo se transformado todo o mecanismo de procedimentos em leis e regulamentos vigentes, de uma aplicação praticável sob todas as condições de localidade e segundo cada grau de civilização e sistema de governo das nações que os testaram.

Os capítulos seguintes serão consagrados ao exame ordenado destas questões, e o legislador, o governante e o cidadão que desejam ardentemente o bem de seu país verão, ao percorrê-los, que nada ou muito pouco fica no terreno do incerto e do duvidoso; que o caminho já está explorado, os meios já são conhecidos e, em geral, já está indicada a caminhada que se deve fazer para obter os resultados com economia de gastos, brevidade de tempo e segurança na aplicação dos princípios claros e precisos que devem guiar as nações em um ponto tão importante para sua ventura.

José Pedro Varela (1845-1879)

José Pedro Varela: a construção de um sistema educativo nacional, autônomo e igualitário para um Uruguai democrático

Marcos Rocchietti

Contextualização: um homem de seu tempo, mas com uma perspectiva universal

A República Oriental do Uruguai se debatia entre guerras e revoltas fratricidas em pleno século XIX. Estava atrasada em seu desenvolvimento econômico e social em comparação com outras sociedades mais industrializadas e lutava por acompanhar o incipiente, mas irreversível processo de modernização.

O meio rural estava praticamente despovoado, e a pouca população existente se concentrava praticamente na capital, Montevidéu. Em 1860, estimava-se uma população de 221.248 habitantes no total, dos quais 35% eram estrangeiros. Em Montevidéu, os estrangeiros chegavam a 45%. Era, pois, uma população formada basicamente por imigrantes europeus, que trouxeram novas ideias e costumes e diferentes cosmovisões. A maioria da população professava a religião católica, embora houvesse alguns poucos núcleos de habitantes que aderiam a outras confissões religiosas (protestantes), especialmente os de origem inglesa.

Nesse período histórico, começou-se a cercar o campo com arame, estabelecendo-se os primeiros latifúndios (grandes extensões de terra em mãos de poucos e poderosos proprietários) do país, o que resultou no desenvolvimento da propriedade privada.

Quanto a correntes filosóficas predominantes, as classes cultas se renderam ao espiritualismo, e a Universidad Mayor, fundada em 1849, seria seu centro mais representativo. O espiritualismo filosófico, o romantismo literário, o deísmo religioso,[1] o principismo[2] político e o positivismo francês seriam o denominador comum dessa época.

---

[1] Corrente filosófica que crê em um ser supremo unipessoal, princípio do mundo, mas que se encontra afastado dele e do ser humano. Consulta eletrônica em Wikipédia. Acesso em: 1º maio 2009.

[2] Corrente política que sustentava o valor das instituições: liberdades ordenadas, direitos e garantias harmônicos, frente ao caos da época. Consulta eletrônica em Wikipédia. Acesso em: 1º maio 2009.

Do ponto de vista político, viviam-se longos períodos de perturbação e desordem, por causa do permanente enfrentamento de caudilhos,[3] o que significou uma grande instabilidade institucional; em consequência disso, sobreveio um período de estancamento econômico.

Houve dois governos ditatoriais: Venancio Flores (1865-1868), general Lorenzo Latorre (1876-1879), entre vários governos constitucionais, e uma Guerra Civil (1870-1872), que colocou frente a frente os hoje tradicionais partidos políticos Blanco e Colorado. Esse conflito bélico culminou com a "Paz de Abril", celebrada com entusiasmo em todo o país.

Apesar dos vaivéns políticos, continuaram o processo de modernização e o processo de secularização do país: foram decretadas as leis de registro civil, a de cemitérios, a de conventos, o reconhecimento de matrimônios realizados por pastores protestantes.

No âmbito religioso, o país viveu o conflito que se desencadeou no interior da Igreja católica entre maçons (católicos liberais progressistas) e jesuítas (conservadores). Estes se opunham à liberdade de pensamento, à tolerância religiosa e à separação do Estado e da Igreja.

A partir de 1876 e até a entrada do novo século, ocorreram importantes mudanças na vida cidadã: os grandes bancos internacionais prosperaram, circulou moeda estrangeira (a libra), houve um incessante crescimento demográfico e urbanístico, e a classe comerciante se afirmou. Também se firmaram o poder estatal e a adoção de um novo ritmo de vida em todos os âmbitos da vida nacional.

Tornaram-se notórios os avanços de novos produtos da ciência e da indústria, o surgimento de novas estruturas econômicas e sociais e a entrada de tecnologias de massa, como a imprensa.

O homem

José Pedro Varela (1845-1879) nasceu em Montevidéu, no seio de uma família de comerciantes, emigrados da cidade de Buenos Aires, Argentina, por razões políticas. Foram perseguidos pelo governo de Juan Manuel de Rosas. Sua cidade natal estava sitiada, e o país vivia afundado na Grande Guerra, que em certo sentido punha frente a frente uruguaios e uruguaios, mas também foi um conflito regional que envolveu países vizinhos, seus

---

[3] Cabecilhas ou líderes políticos ou militares. A aparição de numerosos caudilhos em diferentes países sul-americanos no século XIX constituiu um fenômeno social denominado caudilhismo. Consulta eletrônica, Wikipédia. Acesso em: 2 maio 2009.

governos e seus exércitos e, ainda, potências estrangeiras que se enfrentavam entre si: França e Inglaterra.

Varela, jovem ainda, encarregou-se dos negócios de seu pai e, aos 21 anos (1867), teve a possibilidade de realizar uma viagem aos Estados Unidos, passando primeiro pela Europa, experiência que marcaria profundamente sua vida, seu pensamento e sua obra. Ele foi um autodidata de sólida cultura. Entre os anos 1860 e 1866, aprofundou seus conhecimentos literários e sua aprendizagem dos idiomas francês, inglês e alemão. Em seu acervo cultural e em seu pensamento pedagógico se reconhecem influências de Domingo Faustino Sarmiento, Horace Mann e do escritor francês Victor Hugo.

Em seu trabalho como jornalista colaborou com a *Revista Literaria*, o jornal *El Siglo*, foi fundador da revista *La Paz* e, mais tarde, de *El Hijo de la Paz*. Foi poeta e um polemista destacado em temas culturais e políticos. A Sociedade de Amigos da Educação Popular foi fundada em 1868,[4] e Varela tornou-se seu presidente no ano seguinte.

O ditador Latorre o designou como primeiro inspetor nacional de Instrução Pública em 1876, cargo que exerceu até seu falecimento, com o propósito de promover seu projeto educacional. Sem deixar de lado suas atividades literárias e políticas, suas inquietudes começaram a ocupar o centro de suas preocupações e seus esforços.

Faleceu na cidade de Montevidéu, em 24 de outubro de 1879.

Sua proposta pedagógica: características fundamentais

A vida, o pensamento e a obra de Varela formam uma unidade indivisível, um todo coerente e harmônico, que é impossível fragmentar. Ele escreveu duas obras de caráter pedagógico. A primeira em 1874, *La educación del pueblo*, e a segunda em 1876 (embora finalizada em 1875), *La legislación escolar*. Mas sua produção foi mais vasta: inclui artigos jornalísticos, conferências e suas memórias anuais, elaboradas no exercício de sua responsabilidade como diretor geral de Instrução Pública e inspetor nacional de Educação.

Seu projeto pedagógico estava intimamente relacionado a propósitos políticos, sociais e humanos: instaurar e defender a democracia em todos os aspectos da vida da nação. A *democracia como governo do povo, para o*

---

[4] Essa instituição foi fundada para a promoção, o avanço e o desenvolvimento da educação popular em todo o território nacional. Destacou-se por seu trabalho no estabelecimento de Bibliotecas Populares, tanto no interior do país como na capital.

povo e pelo povo seria o princípio fundamental de seu pensamento e ação pedagógica. E, nessa estrutura, a educação exerce um papel essencial, uma educação igual para todas as crianças sem importar sua classe social ou a condição econômica dos pais. Assim, pois, Varela considerava a educação como a base da democracia e a grande niveladora das diferenças sociais.

Embora o sistema educacional que propunha esteja esboçado em *La Educación del pueblo*, é em *La Legislación escolar* que trata da articulação quanto à sua gestão, administração e organização. Através das páginas dessas obras se observa claramente a influência positivista no pensamento vareliano: observar para prever e prever para prover.

Faraone (s.d., p. 51) escreve sobre isso:

> [...] é a primeira no país destinada a analisar rigorosamente a educação como atividade social e científica e a promovê-la [...] Foi vista também, conjuntamente com a outra obra pedagógica de Varela, como promotora, no Uruguai, do positivismo em diversos planos do pensamento, e neste sentido sua relevância passa a ser muito maior. E, ainda, por corresponder à época do surgimento de uma primeira produção cultural verdadeiramente nacional, é que se pode falar com propriedade de Varela: a consciência cultural.

Sua primeira parte se intitula "Fins e princípios da educação" e contém um resumo da experiência educacional nos países mais adiantados. A segunda parte se denomina "A democracia e a escola", que analisa os princípios essenciais da educação em democracia: universalidade, obrigatoriedade, gratuidade e laicidade. Por fim, o último capítulo está destinado aos instrumentos auxiliares da educação, ensino moral, jardins de infância, oficialização do título de professor e a criação de centros para adultos.

Sua outra obra, *La legislación escolar*, aborda a organização do sistema educacional do país e está dividida em três partes. A primeira se ocupa de "Nosso estado atual e suas causas", a segunda, dos "Princípios gerais" e a terceira, de "A aplicação dos princípios". Nessa última parte, inclui o texto do Projeto de Lei de Educação Comum.

Em 24 de agosto de 1877, o governo provisório do coronel Latorre promulgou um Decreto Lei de Educação, que só contemplava o projeto inicial de Varela de forma parcial e com algumas modificações. Os 111 artigos originais ficaram reduzidos a 54, deixando, além disso, de lado aspectos muito importantes da proposta progressista de Varela no que se refere à administração escolar e ao problema do ensino religioso nas escolas públicas, tornando-o obrigatório para todos os alunos, exceto aqueles cujos pais apresentassem uma nota escrita solicitando sua dispensa por motivos religiosos.

Porém, igualmente graças a esse sistema, Varela conseguiu, em dois anos, a construção de novas escolas e a elaboração de material didático adequado, a seleção do pessoal docente e sua formação em uma Escola Normal, o desenvolvimento dos conteúdos científicos do plano de estudos e a utilização de métodos inovadores que empregavam a memória como faculdade auxiliar da reflexão. Princípios que hoje são familiares, como a adaptação dos conhecimentos à psicologia infantil ou a proibição dos castigos corporais, na época recém começavam a ser aplicados no sistema educacional uruguaio.

Sobre os textos selecionados

Os títulos e subtítulos escolhidos para os fragmentos dos textos selecionados não aparecem nas obras originais. Eles foram incluídos com a intenção de facilitar a leitura, identificar o espírito com que José Pedro Varela os concebeu e escreveu e, por último, como uma contribuição para sua sistematização.

Referências

ACOSTA, Yamandú; GATTI, Elsa. *José Pedro Varela: selección de textos.* Montevideo: Fondo de Cultura Universitaria, Servicio de Documentación en Historia de las Ideas. (Ficha No. 82).

DEMARCHI DE MILA, Marta; RODRÍGUEZ, Hugo. José Pedro Varela (1845-1879). *Perspectivas*, UNESCO, n. 91-92, p. 719-733.

DI GIORGI, Diógenes. *El impulso educacional de José Pedro Varela.* Montevideo: Monteverde, 1942.

FARAONE, Roque. *Varela, la conciencia cultural.* Montevideo, Enciclopedia Uruguaya, n. 32.

JESUALDO. *Formación del pensamiento racionalista de José Pedro Varela.* Montevideo: Universidad de la República, 1959.

MANACORDA, Telmo J. *José Pedro Varela.* Montevideo: Impresora Uruguaya, 1948.

MONESTIER, Jaime. *El combate laico.* Montevideo: El Galeón, 1992.

RAMA, Carlos. *J. P. Varela sociólogo.* Montevideo: Medina, 1957.

ROCCHIETTI, Marcos. *La propuesta pedagógica de José Pedro Varela: una perspectiva protestante.* Montevideo: Instituto Crandon, 2004.

VARELA, José Pedro. Las revoluciones. *Revista Literaria*, Montevideo, n. 14, ago. 1865.

VARELA, *José Pedro. La educación del pueblo.* Montevideo: Tipografía La Democracia, 1874.

VARELA, *José Pedro. De la legislación escolar.* Montevideo: Imprenta Nacional, 1876.

VARELA, *José Pedro. Memoria.* Período del 1 de abril de 1876 al 1 de agosto de 1877.

VARELA, *José Pedro. Memoria.* Período del 24 de agosto de 1877 al 31 de diciembre de 1878. Montevideo, 1879.

[Textos selecionados]

Tradução: *Luis Marcos Sander*

Fragmentos de sua obra, coerência de pensamento

José Pedro Varela

Estamos trabalhando na maior, na mais colossal e na mais fecunda de todas as obras que jamais ensaiou a ousadia do espírito humano: na educação do povo.[5]

Uma das causas do estancamento moral e material do país[6]

Não necessitamos de populações excessivas, e sim de populações instruídas. No dia em que nossos gaúchos[7] souberem ler e escrever, souberem pensar, nossas convulsões políticas talvez desapareçam. É por meio da educação do povo que chegaremos à paz, ao progresso e à extinção dos gaúchos. Então o habitante da campanha, hoje embrutecido pela ociosidade, seria dignificado pelo trabalho, transformaria seu cavalo, hoje elemento de selvagismo, em elemento de progresso e traçaria com ele o sulco que tornará produtiva a terra, que permanece até hoje estéril, e as imensas riquezas nacionais, movidas pelo braço do povo trabalhador e instruído, formariam a imensa pirâmide do progresso material. A ilustração do povo é a verdadeira locomotora do progresso. (Los gauchos. *La Revista Literaria*, Montevideo, n. 13, p. 207, jul. 1865.)

O progresso dos povos e as verdadeiras revoluções

As lutas do pensamento, lutas lentas, mas tenazes, e que acontecem em meio a uma paz e uma tranquilidade aparentes, conquistam o mundo moral: mas chega um dia em que as novas ideias se agitam em todas as cabeças, querem se sobrepor aos erros e aos crimes do passado. É então que a resistência do passado produz a revolução, mas não a culpemos pelo sangue e pelos sacrifícios que custa ao mundo; culpemos, isso sim, o despotismo e o crime que pretendem deter a corrente civilizadora do progresso. (Las revoluciones. *La Revista Literaria*, Montevideo, n. 14, p. 223, ago. 1865.)

---

[5] Discurso de encerramento do Congresso de Inspetores na cidade de Durazno (Uruguai), 1878.

[6] Os subtítulos foram acrescentados por Marcos Rocchietti, autor da apresentação e da seleção de textos (N.E.).

[7] Habitantes típicos do meio rural.

A intolerância do dogma católico

Os inimigos das novas ideias, os representantes de um passado lutuoso, que, no entanto, querem se apropriar de todos os progressos do mundo, se comprazem em ferir um por um todos os homens que lutaram e que lutam para romper alguns dos elos da ominosa cadeia da preocupação [...] A doutrina católica é má, é fatal, mas o sacerdote católico que se sacrifica por ela e morre por ela é nobre e é digno de consideração e respeito. Esta é a doutrina racionalista, e isso é o que pediríamos ao catolicismo se o círculo mesquinho das crenças católicas permitisse a seus adeptos a possibilidade de compreender a grandeza da tolerância.

O ideal moderno é a democracia. O reino dos céus baixou à terra. Para a atividade humana já não basta um Deus que, como Júpiter, permanece imóvel em seu trono, sem que as dores e as alegrias dos homens cheguem a comovê-lo. É necessário um Deus que se encarne em cada homem, que viva e palpite com o coração do povo. Não um Deus de morte, mas um Deus de vida [...] Não professamos nenhum culto, mas temos a religião do porvir com o olhar fixo na estrela da justiça que nos ilumina; caminhamos incessantemente preparando o estabelecimento da democracia em que o povo transformado em sacerdote e em rei terá a liberdade por guia e por Deus. (La Iglesia católica y la sociedad moderna. *El Siglo*, 15 dez. 1866.)

A educação norte-americana e a vigência da democracia

[...] toda pessoa pode se considerar candidato à presidência e aspirar a dirigir os destinos de seu país; é necessário que os cidadãos saibam, não ler e escrever (estabeleçamos esta diferença), mas pensar. A ideia geralmente admitida pelos pensadores franceses que se ocupam da educação popular é que esta é muito vantajosa porque o operário inteligente produz mais que o ignorante. A maior capacidade, mais benefício [...] A dos Estados Unidos é explorar todas as riquezas da mina [...] Para isso os americanos tomam seus filhos e os levam quando crianças para as escolas, adultos para os colégios, jovens para as reuniões e a imprensa, homens para as legislaturas e os Congressos. Este é um trabalho e estudo permanente que torna possível que o homem se revele a qualquer idade e em qualquer esfera em que se encontre. (*Impresiones de viaje*. Montevideo: Liceo, 1945, carta 13, p. 90.)

Os Estados Unidos e a educação popular

Trata-se de dar vida a esse algo inerte que na Europa se chama de a massa popular, de torná-lo um todo harmônico que pense por si e que aja com consciência de seus atos. Depois que esta ideia encontrou cabida na mente, isto é, que se reconhece a liberdade como princípio vital, a primeira necessidade para operar a transformação é a escola. Desde os alvores da colônia, ao lado do templo onde os livres-pensadores discutiam suas crenças, eleva-se a escola onde educam seus futuros homens [...] Empregando quantidades imensas de inteligência e de dinheiro nelas [nas escolas], a questão da educação popular é, pois, vital nos Estados Unidos. (*Impresiones de viaje*. Montevideo: Liceo, 1945, carta 13, p. 112-113.)

Desafios da educação

Os escritores sem consciência só servem para os povos sem consciência. Por isso, é necessário revelar o mal da ignorância que nos sufoca. O remédio verdadeiro é a escola. Ela ensina o respeito à lei, o conhecimento do direito, a virtude e a honradez. (*El Siglo*, 2 set. 1868.)

O que nos falta, na verdade, é a educação, mas a educação difundida em todas as classes sociais, iluminando a consciência obscurecida do povo e preparando a criança e o homem para ser cidadão. (Discurso pronunciado em 18 de setembro de 1868.)

É necessário, para fazer respeitar a lei, que o povo compreenda que ela é justa; e para que o povo o compreenda, é forçoso que esteja educado [...] A maior parte de nossas disposições políticas estão à altura das mais civilizadas do mundo. Por que, pois, tendo leis boas, vivemos, no entanto, no caos? Por que as massas de nossa população ignorantes e atrasadas não conhecem nem compreendem nem respeitam a lei? O homem só obedece voluntariamente ao que crê ser justo. (Discurso pronunciado em 18 de setembro de 1868.)

[A escola comum] tem nas democracias a imensa vantagem de aproximar e fundir as classes sociais. Pobres e ricas, as crianças que se educarem juntas nos mesmos bancos da escola não terão desprezo nem antipatia umas pelas outras. (Discurso pronunciado em 18 de setembro de 1868.)

Nobre e grande ideia que, como tudo que é verdadeiramente popular, pede a todos os homens sua cooperação sem lhes perguntar quais são suas crenças religiosas nem sua cor política [...] é aos homens jovens que me dirijo: é dos jovens que tudo espero. (Discurso pronunciado em 18 de setembro de 1868.)

Aprender a aprender: um século antes da formulação deste princípio pedagógico pela UNESCO

Para mim, a criança não vai à escola para aprender, mas para adquirir os meios para poder aprender. A escola não pode ser um depósito de crianças. Eduquemos o povo, eduquemos o gaúcho, mas não comecemos lhe dizendo algo que não é certo, reconhecendo neles um amor à educação que a ignorância não tem nem pode ter, porque a ignorância é estéril, estacionária, orgulhosa. (*El Siglo*, 8 out. 1868.)

Fins e propósitos da educação

É necessário dignificar o professor, ampliar e melhorar a escola, e para isso é necessário que a escola tenha existência fixa, continuada, inabalável; que o professor e a criança, quem ensina e quem aprende, tenham vida física e vida moral assegurada dos vaivéns de nossa política. É necessário convencer os pais a mandar seus filhos para a escola. É necessário convencer os filhos de que devem frequentá-la. É necessário assegurar que os homens e as crianças, as gerações do presente e as gerações vindouras, bendigam a educação. A Sociedade de Amigos não vai fundar escolas para reunir centenas de crianças, mas elevar e dignificar aos olhos de todos o professor e a escola. Nossa missão é de paz. (*El Siglo*, 8 out. 1868.)

Em todas as nações, e em todas as idades do mundo, a ignorância não só privou a humanidade de infinitas alegrias, mas também, criando-lhe inumeráveis sobressaltos infundados, aumentou, com eles, a soma da miséria humana. Nas idades primitivas do mundo, um eclipse do Sol ou da Lua era considerado sinal de calamidades temíveis, como se anunciasse catástrofes imprevistas, que viriam a pesar sobre o universo. Ainda hoje, opiniões tão absurdas não desapareceram por completo do espírito dos homens ignorantes [...] Portanto, a difusão dos conhecimentos úteis destrói os males da ignorância, males que causaram pesares e desgraças sem conta à família humana. (*La educación del pueblo*. Montevideo: El Siglo Ilustrado, 1910, p. 23.)

Em um governo, faculdades humanas despóticas são mutiladas e paralisadas; em uma república, crescem com força intensa e se produzem com impetuosidade incontrastável. [...] O governo democrático-republicano pressupõe no povo as aptidões necessárias para se governar a si mesmo [...] O sufrágio universal pressupõe a consciência, e a consciência universal pressupõe e exige a educação universal. Sem ela, a república desaparece, e a democracia se torna impossível. (*La educación del pueblo*. Montevideo: El Siglo Ilustrado, 1910, p. 55.)

A educação ao longo de toda a vida e para toda a vida: educação permanente

O homem é filho da educação. Ela não termina com a chegada da virilidade, mas continua toda a vida.

A mesma verdade pode enriquecer e enobrecer todas as inteligências ao mesmo tempo. (*La educación del pueblo*. Montevideo: El Siglo Ilustrado, 1910, p. 20.)

Seu ofício é nos dar maior poder em todos os sentidos: poder de pensar, de sentir, de querer, de praticar ações externas, de observar, de raciocinar, de julgar; de adotar fins bons e de realizá-los, de governar a nós mesmos e de influenciar os outros; poder de adquirir e conservar a felicidade. Se a inteligência foi criada, não para receber passivamente algumas palavras, datas, feitos, mas para ser ativa na aquisição da verdade, a educação deve se inspirar em um amor profundo ao verdadeiro e observar os procedimentos para pesquisá-lo; mas o homem, assim como em todas as circunstâncias, é o artífice de sua fortuna, também o é de sua própria mente. Cada homem deve educar a si mesmo; livros e professores não são mais do que seus ajudantes: o trabalho é seu. Disso depende uma regra geral [...] que as crianças sejam seus próprios professores [...]; ajudá-las para que ajudem a si mesmas. (*La educación del pueblo*. Montevideo: El Siglo Ilustrado, 1910, p. 21.)

A educação não significa só saber ler e escrever, nem a aquisição de um grau, por considerável que seja, de mera cultura intelectual. Ela é, em seu mais amplo sentido, um procedimento que se estende desde o princípio até o fim da existência. (*La educación del pueblo*. Montevideo: El Ceibo, Consejo Nacional de Enseñanza Primaria y Normal, 1947. t. I, p. 8.)

A educação como uma ciência

Sou dos que creem que a educação é uma verdadeira ciência, em cujo campo alguém só pode atuar, com proveito, depois de realizar estudos detidos e meditados. (*La educación del pueblo*. Imprenta El Siglo Ilustrado, 1910, p. 12.)

As leis sobre educação

As leis sobre educação, necessárias para corresponder às exigências de nossa época, de nossas instituições e de nosso país, deverão levar em conta as seguintes condições:

1. Destinar receitas especiais à educação, para colocá-la ao abrigo das agitações políticas e das crises financeiras;

2. Descentralizar a administração para estimular o interesse e a atividade local e dar independência às autoridades e à administração escolar [...];

3. Estabelecer um sistema gradual, que compreenda as escolas infantis, escolas primárias e secundárias, escolas normais e, se for o caso, colégios e universidades. [...] ampliando nossos programas deficientes, adotando os melhores métodos e introduzindo os

melhores textos. (*La educación del pueblo*. Montevideo: El Ceibo, Consejo Nacional de Enseñanza Primaria y Normal, 1947. tomo I, p. 19.)

[Uma boa lei] deve se ajustar a princípios e doutrinas exatas e ser praticável. (*La educación del pueblo*. Montevideo: El Ceibo, Consejo Nacional de Enseñanza Primaria y Normal, 1947. t. I, p. 19.)

A educação deve ser

Obrigatória

A liberdade do homem, e sobretudo do homem em sociedade, não é ilimitada [...] a liberdade própria tem por limite intransponível a liberdade alheia [...] Se o Estado exige certas condições para o exercício da cidadania que só podem ser adquiridas por meio da educação, o pai que priva seu filho dessa educação comete um abuso que o poder público deve reprimir [...] defendendo os direitos do menor que são desconhecidos [...] salvaguardando a sociedade que é atacada em seus fundamentos. (*La educación del pueblo*. Montevideo: Colección de Clásicos Uruguayos, 1964. v. 49, p. 83.)

Gratuita para todos

O Estado exige de todos os cidadãos a posse de certos conhecimentos, necessários para o exercício da cidadania, e, correspondendo a essa exigência, oferece gratuitamente a todos os meios de se educar. (*La educación del pueblo*. Montevideo: Colección de Clásicos Uruguayos, 1964. v. 49, p. 94.)

Os que uma vez se encontraram juntos nos bancos de uma escola em que eram iguais, a que concorriam usando o mesmo direito, acostumam-se facilmente a se considerarem iguais [...] assim, a escola gratuita é o mais poderoso instrumento para a prática da igualdade democrática. (*La educación del pueblo*. Montevideo: Colección de Clásicos Uruguayos, 1964. v. 49, p. 95.)

Pobres e ricas, as crianças que se educarem juntas nos mesmos bancos da escola não terão desprezo nem antipatia umas pelas outras. (Discurso pronunciado em 18 set. 1868.)

Leiga

[Porque] corresponde fielmente ao princípio da separação da Igreja e do Estado. (*La educación del pueblo*. Montevideo: Colección de Clásicos Uruguayos, 1964. v. 49, p. 97.)

[A escola leiga] não pertence exclusivamente a nenhuma seita e, por essa mesma razão, não é ateia, já que o ateísmo também é uma doutrina religiosa. (*La educación del pueblo*. Montevideo: Colección de Clásicos Uruguayos, 1964. v. 49, p. 97.)

A educação dada e exigida pelo Estado não tem por fim afiliar a criança nesta ou naquela comunhão religiosa, mas prepará-la convenientemente para a vida do cidadão.

(*La educación del pueblo*. Montevideo: El Siglo Ilustrado, 1910, p. 98.)

A educação, a verdadeira fortuna do homem

[...] o desenvolvimento crescente da indústria, exigindo o emprego de mais inteligências e fazendo escassear o trabalho para o operário ignorante, cria um desequilíbrio que só a maior difusão do ensino fará desaparecer. Assim, os braços que podemos chamar inteligentes recebem um salário mais alto e são mil vezes mais solicitados do que os braços ignorantes, e, em consequência, a educação aumenta a fortuna do operário, já que eleva a remuneração de seu trabalho. (*La educación del pueblo*. Montevideo: El Ceibo, Consejo Nacional de Enseñanza Primaria y Normal, 1947. t. I, p. 46.)

É por essa razão que a educação é a mais valiosa herança que os pais podem legar a seus filhos. [...] Os únicos bens que não se perdem jamais, uma vez adquiridos, são os que resultam da educação. (*La educación del pueblo*. Montevideo: El Ceibo, Consejo Nacional de Enseñanza Primaria y Normal, 1947. t. I, p. 47.)

A educação é, pois, fortuna, fortuna que não se perde, que não se gasta, que produz sempre: capital atesourado, que rende constantemente e que os pais podem, e devem, legar sempre a seus filhos.

(*La educación del pueblo*. Montevideo: El Ceibo, Consejo Nacional de Enseñanza Primaria y Normal, 1947. t. I, p. 48.)

A reforma vareliana: o Projeto de Lei de Educação Comum (nível primário)

Descentralização e autonomia do sistema

O povo é, no fim das contas, quem organiza a educação pública, quem a amplia ou a limita e quem resolve tudo o que se refere a ela. O Estado contribui com sua parte de receita e fixa, antes, certos limites [...] para a inação das localidades. Mas, além de certo limite, estas podem agir livremente; o que não podem é deixar de fazer [...] o que é necessário para dar a todas as crianças o mínimo de instrução declarado obrigatório pelo Estado. (*La legislación escolar*. Montevideo: El Siglo Ilustrado, 1910, p. 172.)

[...] a escola pública, em suas condições atuais, só serve às classes pobres da sociedade; seu programa, suas condições, seus meios são demasiadamente estreitos para que possam satisfazer as aspirações naturais das classes ricas: estas educam seus filhos na escola particular, pagando caro para receber uma educação muito deficiente, embora superior à das escolas públicas [...] Disso resulta que a escola pública se considera um estabelecimento de caridade, bom para os pobres, porém nada mais. (*La legislación escolar*. El Siglo Ilustrado, 1910, p. 173.)

O ensino religioso

É facultativo da Comissão de Distrito[8] estabelecer nas escolas do distrito o ensino da Religião Católica Apostólica Romana ou do Catecismo Católico, segundo as disposições que se seguem [...]:

a) O ensino religioso não pode acontecer em detrimento das outras matérias;

b) deve ser dado fora das horas de aula, sempre que haja um padre que o solicite por escrito à Comissão;

c) nenhuma criança poderá ser obrigada a recebê-lo contra a vontade de seus pais. [...] Nosso raciocínio foi este: a maioria dos habitantes da República professa a religião católica e crê que a escola é herege quando não ensina o catecismo [...] se se concede às Comissões de Distrito a faculdade de estabelecer na escola o ensino do catecismo com certas restrições, os católicos não terão motivos para rejeitar o sistema de educação comum. Mas, ainda que creiamos ser melhor a escola pública em que não se ensina qualquer religião positiva, cremos também que entre a escola com catecismo e a carência de escola aquela é melhor do que esta [...] Quando se legisla, quando se toca a terra, é necessário levar em consideração as sinuosidades e as asperezas do caminho. (*La legislación escolar*. Montevideo: El Siglo Ilustrado, 1910, p. 260.)

Obrigatoriedade

A intervenção do poder público é indispensável para dar ao povo os meios de se instruir. Isso é confirmado pelo fato constante de que ali onde o poder público se abstém de dar educação ao povo, este vegeta na ignorância. O esforço individual, o esforço das corporações religiosas ou filantrópicas é impotente para obter o resultado educacional que é indispensável para a vida regular das democracias. (*La educación del pueblo*. Montevideo: El Siglo Ilustrado, 1910. p. 72.)

Gratuidade[9]

Não há necessidade de discutir longamente a questão da gratuidade da educação pública, já que, entre nós, ela é um princípio geralmente reconhecido e transformado em lei. As escolas públicas, mantidas pelo Estado no Uruguai, são todas gratuitas: a esse respeito estamos, pois, em bom caminho. (*La educación del pueblo*. Montevideo: El Siglo Ilustrado, 1910, p. 72.)

---

[8] Autoridade educacional de cada localidade (N. Marcos Rocchietti).

[9] A gratuidade das escolas de primeiras letras já tinha sido estabelecida na lei de 9 de fevereiro de 1826 (N. Marcos Rocchietti).

Educação e vida social

[...] sob o ponto de vista da vida democrática, ela tem uma importância transcendental, que dá a esta condição o caráter imperativo de uma necessidade, [pois] [...] para que o sentimento de igualdade democrática se robusteça no povo não basta decretá-la nas leis; é necessário fazer com que penetre nos costumes, que viva como verdade incontestável no espírito de todos. (*La educación del pueblo*. Montevideo: El Siglo Ilustrado, 1910, p. 73.)

O Estado exige de todos os cidadãos a posse de certos conhecimentos, necessários para o exercício da cidadania, e, correspondendo a essa exigência, oferece gratuitamente a todos os meios para se educar. (*La educación del pueblo*. Montevideo: El Siglo Ilustrado, 1910, p. 74.)

Laicidade, outra vez

[A escola pública deve ser leiga, porque] corresponde fielmente ao princípio da separação da Igreja e do Estado. (*La educación del pueblo*. Montevideo: El Siglo Ilustrado, 1910, p. 75.)

[A escola] não pertence a nenhuma seita e, por essa mesma razão, não é ateia, já que o ateísmo também é uma doutrina religiosa. (*La educación del pueblo*. Montevideo: El Siglo Ilustrado, 1910, p. 82.)

Breve referência à educação clássica: elitista e centrada no ensino da língua e literatura latinas

Em muitos povos europeus e inclusive em uma parte dos Estados Unidos, a instrução clássica constitui a base da educação superior e absorve os melhores anos da juventude. Convém observar [...] se devem fazer parte do programa das escolas superiores ou se devem ser deixadas para as escolas especiais e as universidades [...] Todo conhecimento é valioso: nada há que não valha a pena se saber, mas a questão é de importância relativa. Não é o caso de censurar ou louvar este ou aquele ramo do saber, mas de pesar toda a variedade do conhecimento que a mente pode adquirir e resolver a quais se deve dar preferência. (*La educación del pueblo*. Montevideo: El Siglo Ilustrado, 1910, p. 72.)

Função do professor na Reforma Educacional

[...] não é possível organizar boas escolas sem bons professores, nem é possível ter bons professores sem escolas normais. O professor deve estar iniciado na ciência da educação: a educação oferece fatos, e eles são tão numerosos e tão profundamente interessantes como os fatos de qualquer outra ciência: esses fatos são suscetíveis de uma classificação e organização tão filosófica como os da Química e da Astronomia. (*La educación del pueblo*. Montevideo: El Siglo Ilustrado, 1910, p. 325.)

Métodos de ensino

O método se refere ao modo particular como se desenvolve e apresenta à mente aquilo que se tenta ensinar. É simplesmente a forma exterior, enquanto que a instrução é a substância; mas esta determina aquela, de modo que o método deve se amoldar à concepção que temos quanto ao que constitui a educação. (*La educación del pueblo*. Montevideo: El Siglo Ilustrado, 1910, p. 122.)

Se cremos que a educação consiste em comunicar certo número de fatos, em sobrecarregar a memória, sem cultivar outras faculdades, temos de prestar pouca atenção ao método, já que nos será fácil alcançar o resultado que nos propomos. Mas se consideramos a educação como um chamamento a um exercício ativo e harmonioso das distintas faculdades e poderes com que fomos dotados pela Natureza, se cremos que esse desenvolvimento progressivo se mostra em uma ordem determinada e de acordo com certas regras gerais e invariáveis, o método que adotarmos para favorecê-lo é da maior importância. (*La educación del pueblo*. Montevideo: El Siglo Ilustrado, 1910, p. 122.)

[...] na infância, e inclusive até na infância muito avançada, só se exercitam as faculdades perceptivas; as lógicas não se manifestam até um período muito mais tardio [...] Com as crianças deve se seguir o método analítico, mostrando os objetos e dando as definições à medida que se avança, e depois de algum tempo, quando a análise tiver aclarado o caminho, deve se fazer com que a síntese se apresente e reúna, em um todo harmônico, os elementos que flutuaram dispersos na superfície da mente. (*La educación del pueblo*. Montevideo: El Siglo Ilustrado, 1910, p. 123.)

As aulas de objetos: primeiros esboços da Escola Nova?

[...] favorecendo os hábitos de liberdade ao falar, fazendo com que sejam dadas todas as explicações possíveis acerca de um objeto qualquer, sem necessidade de que o professor os guie por meio de perguntas, com o objetivo de acostumá-los a pensarem por conta própria e sem terem quem os dirija no caminho que suas ideias devem seguir. (*La educación del pueblo*. Montevideo: El Siglo Ilustrado, 1910. p, 132.)

A educação ativa, respeito aos interesses e capacidades das crianças

Se for praticável, permita-se a elas que agarrem [o objeto], o girem e o olhem por todos os lados. [...] [ela] deve se basear principalmente na ação dos poderes próprios dos alunos para o descobrimento de fatos novos. Como regra geral, não se deve dizer aos alunos nada que eles possam descobrir por si mesmos [...] a criança só aprende bem o que aprende por esforço próprio. (*La educación del pueblo*. Montevideo: El Siglo Ilustrado, 1910. cap. XVI, p. 131.)

Este princípio também é aplicável ao ensino superior [universidade].

À medida que o jovem estuda as ciências matemáticas, físicas, químicas, naturais, sente despertar em si uma curiosidade escrutadora; acostuma-se a ver, a formar ideias próprias, a juntar os fatos que observa, a submetê-los ao controle da experiência, a buscar seu encadeamento e as leis a que estão submetidos. *(La educación del pueblo.* Montevideo: El Siglo Ilustrado, 1910. cap. XII, p. 89.)

A educação da mulher e seu papel no desenvolvimento da sociedade

[Os benefícios da educação devem alcançar igualmente] aquela que os poetas, os versificadores deram de chamar a bela metade do gênero humano. (*La educación del pueblo*. El Ceibo, Consejo de Enseñanza Primaria y Normal, 1947, t. II, p. 209.)

Quando a lei suprema da sociedade moderna é o trabalho, privando-a da educação necessária se faz da mulher um instrumento inútil, um ser incapaz de trabalhar. (Livro 84.)

[...] hoje seres passivos da sociedade no desenvolvimento da vida nacional, colocadas a serviço da educação do povo, do melhoramento de nossas escolas, do aperfeiçoamento do ensino, da dignificação das classes necessitadas e, veja-se, quantos benefícios poderiam ser obtidos, quantos milagres poderiam ser realizados! (Livro 85.)

Se lhes fosse dada a educação necessária, não poderiam as mulheres servir, tão bem quanto os homens, para cuidar dos livros de uma casa de comércio, para fazer as contas, as faturas, etc., etc.; isto é, para todos aqueles trabalhos em que só se precisa saber bem a aritmética e ter conhecimentos elementares dos negócios práticos da vida? (Livro 86.)

Balanço dos resultados dos primeiros anos de aplicação da Reforma Educacional: o poder do método

[Foram feitas melhoras na escola pública deixando] a alma do ensino tal como se encontrava, digamo-lo assim. Continuou-se a velha rotina de se preocupar só em instruir, empregando, como meio para consegui-lo, o exercício exclusivo da memória, em detrimento de todas as outras faculdades físicas e mentais da criança. (Memoria, 1º abr. 1867 – 1º ago. 1877, Montevideo, cap. XII, p. 86.)

Cada professor, e especialmente cada professor velho, tinha um núcleo de pais que o apoiavam, seu grupo de alunos e de ajudantes que o sustentavam. Assim, cada escola era uma espécie de fortaleza onde o professor respectivo estava entrincheirado; novos métodos, novas ideias, transformações, reformas que se procurava fazer, tudo morria, afundava nos poços com que a tradição rodeava a escola. [...] Era necessário, pois, dissolver a velha escola, derrubar o velho edifício, fazer desaparecer completamente a antiga organização [...] em uma só palavra, produzindo temporariamente o caos para anular a tradição e tornar fácil e possível a reforma projetada (Memoria, 1º abr. 1867 – 1º ago. 1877, Montevideo, cap. XV)

[A partir da teoria sempre há lugar para dúvidas] segundo o ponto de vista a partir do qual se encarem as gestões [...] O mesmo não acontece quando se desce para o terreno da realidade da prática: os fatos falam com uma eloquência que não pode ser contestada; estão aí, é necessário vê-los, reconhecê-los, ainda que não se queira, embora contrariem nossas opiniões, embora nos pareça absurdo que tenham acontecido. Pois bem, estamos convencidos de que os fatos, a realidade, a prática falam resoluta, decidida, eloquentemente em favor da reforma escolar. (Discurso de 2 jan. 1879.)

[...] as diferenças radicais que separam o antigo do novo sistema tornam-se evidentes; a vida, a ação, o movimento, a alegria, o entusiasmo, a emulação caracterizam a nova escola; o quietismo, o tédio, a aversão ao estudo e ao professor, a paralisia intelectual e moral, a falta de todo estímulo, de toda aspiração, de todo prazer são os traços característicos típicos da antiga escola. (Discurso de 12 jan. 1879.)

Modificar os sistemas gerais de ensino, promulgar novos programas, em harmonia com as exigências da época presente e da sociedade em que se vive, adotar os textos em que se encontre retratada a vida nova, em lugar de conservar os textos fósseis da antiga escola, mudar os procedimentos que devem ser seguidos na transmissão do saber é, sem dúvida, realizar reformas de não pequena importância. Mas tudo isso se refere à instrução, ao que é relativamente secundário, ao que só altera a fisionomia das escolas e dos povos. Se as reformas se limitam a isso, far-se-á de um povo ignorante um povo instruído, versado no conhecimento do que outras sociedades e outros homens fizeram antes ou fazem agora; porém não tereis aumentado senão em muito pequena escala a capacidade de produzir, de criar, de inventar. Substituir o velho método mecânico pelo método racional, porém, é penetrar na própria alma da escola e do povo, aspirar a que se transformem os hábitos, os costumes, as ideias e as aspirações da sociedade inteira. A reforma pode estar e está na introdução de novos sistemas, novos programas, novos textos, mas a revolução está no método. Aquela modifica a instrução, este muda a educação: a educação é o molde em que se vazam o espírito e o coração das novas gerações! (Discurso de 23 mar. 1879.)

José Martí (1853-1895)

José Martí e a formação de nossa América

Danilo R. Streck

Vida e contexto

José Martí (1853-1895) viveu num período em que se consolidavam as jovens repúblicas latino-americanas, e Cuba, sua pátria, ainda lutava pela sua emancipação da Espanha. Essa luta tornou-se para ele a grande causa de sua vida e em função dela passou a maior parte dos seus anos de vida em exílio e, quando retornou, foi para morrer no campo de batalha.

O seu envolvimento com a causa da independência começou cedo. Já aos 15 anos ele se engajou no movimento que passou a ser chamado de Guerra dos Dez Anos. É condenado e, como prisioneiro, realiza trabalhos nas pedreiras de extração de cal, em Havana. No lugar hoje conhecido como "La Frágua Martiana", literalmente se forja o seu espírito rebelde na luta pela dignidade e pela justiça do povo oprimido. A pena é comutada pelo exílio, que Martí aproveita para completar a sua formação como licenciado em Filosofia e Letras e em Direito Civil.

Após o regresso, passa períodos no México, na Guatemala e na Venezuela, mas é a partir de Nova York que realiza grande parte de sua obra como jornalista, como poeta, como pensador de seu tempo e como revolucionário político. Nessa cidade, junto com outros exilados cubanos, funda o Partido Revolucionário Cubano, em 1892, que passa a coordenar as atividades pró-independência. De dentro das "entranhas do monstro" ele vê também o surgimento de um novo poder imperial nas Américas, e a independência de Cuba, pela sua posição estratégica, passa a ser vista por ele como uma forma de preservar o equilíbrio do mundo.

Pensamento pedagógico

O pensamento pedagógico martiano, espalhado em sua vasta obra,[1] coloca os fundamentos do que pode ser chamado de uma pedagogia latino-americana. Uma de suas características é a valorização de virtudes

---

[1] A atual edição das *Obras completas* corresponde a 27 volumes. Uma equipe do Centro de Estudios Martianos, em Havana, trabalha numa nova edição que será ainda mais ampla.

éticas e cívicas, sem as quais, segundo Martí, nenhum povo poderá tornar-se grande e forte. Liberdade, honra, justiça, criatividade, dignidade e amor são, entre outras, qualidades que deverão ser cultivadas pela educação no lar, na escola, nas igrejas e em outros espaços da sociedade. "A prova de cada civilização humana está na espécie de homem e mulher que produz" (MARTÍ, 2007, p. 64). Essa preocupação pela formação moral encontra-se expressa sobretudo na revista para crianças, *La Edad de Oro*, que funda em 1889.

Outra característica do pensamento pedagógico de Martí é a sua constante preocupação de que as crianças e os jovens de *nossa América* recebessem uma educação de seu tempo. O fato de viver nesta parte do mundo "estancada" por séculos de domínio colonial não deveria levar autoridades e educadores a se contentarem com uma educação menor. Caberia, por isso, instituir escolas de eletricidades, escolas mecânicas, escolas técnicas de agricultura e de artes e ofícios capazes de mudar o panorama de uma educação classista e escolástica que não correspondia mais ao seu tempo.

Martí lutava também por uma educação enraizada em *nossa América*, inaugurando um pensamento que um século depois se torna um axioma básico da Educação Popular. A educação precisa partir da realidade cultural e social do povo e capacitá-lo a compreender e transformar essa realidade. No clássico texto *Nuestra América* (MARTÍ, 2007), ele critica veementemente o ensino de matérias que fazem com que os nossos governantes pretendam governar um povo que não conhecem. A nossa Grécia, dirá ele nesse texto, é preferível à Grécia que não é nossa. Isso, no entanto, não significa o cultivo de xenofobia ou negação dos avanços em outros povos. Poucos acompanharam, como ele, o que se passava em sua época, desde as técnicas de plantio até o pensamento filosófico e literário.

Sobre os textos escolhidos

Mestres itinerantes: O texto expressa a visão de uma pedagogia andarilha, que acompanha o movimento da sociedade e da vida. Os mestres vão ao encontro do povo e levam não apenas conhecimento científico, mas a ternura, tão necessária como os primeiros para a felicidade do povo. O texto, escrito em 1884 e publicado como artigo no jornal *La Nación*, traduz alguns princípios do que hoje conhecemos como Educação Popular e remete às escolas itinerantes do Movimento dos Trabalhadores Rurais Sem-Terra (MST), para quem Martí é uma importante referência.

Escola de eletricidade: A partir de Nova York, então já um efervescente centro cultural, Martí acompanhou o que se passava no cenário da educação mundial. Com um olhar atento e crítico procurava passar para a

Nossa América as experiências positivas que via ser desenvolvidas em outros lugares, como é o caso das escolas de eletricidade. Importante notar, porém, seu alerta no sentido de que devem ser evitadas cópias ou transplantes. Assim como acontece com as plantas transplantadas, as técnicas criadas num lugar não "vingam" em outro se não se respeitam as condições próprias do local.

Mente latina: José Martí viveu na pele a formação do sentimento de inferioridade dos "latinos". Ele insiste que os povos de *nossa América* não têm do que se envergonhar em relação aos povos do norte. Pelo contrário, nessas terras há condições para se formar um povo novo a partir do amálgama entre os povos que aqui se encontravam e os que vieram depois. Não se trata de vencer a barbárie pela civilização, como propunha Sarmiento, mas de respeitar a natureza desse povo e não lhe sobrepor ou justapor uma falsa erudição.

Às crianças que forem ler *La Edad de Oro*: "A idade de ouro" (*La Edad de Oro*) foi uma revista dirigida ao público infantil de *nossa América*. Na revista encontramos crônicas, contos e poesias que traduzem a preocupação de Martí com a formação do homem e da mulher no sul da América. Como ele explica nesse editorial, nada deveria ser estranho à inteligência das crianças. Sua curiosidade deveria ser despertada e alimentada com as melhores informações, ao mesmo tempo que sua índole deveria ser formada através dos melhores exemplos. A revista, patrocinada por um brasileiro rico radicado em Nova York, teve apenas quatro edições. O seu fim, como Martí explica em uma carta a seu amigo Manuel Mercado, se deve a divergências com seu editor: "Queria o editor que eu falasse do 'temor de Deus', e que o nome de Deus, e não a tolerância e o espírito divino, estivessem em todos os artigos e histórias" (MARTÍ, 1994, p. 153).

Referências

MARTÍ, José. *Educação em Nossa América*. Apresentação e organização de Danilo R. Streck. Ijuí: Editora Unijuí, 2007.

MARTÍ, José. *La edad de Oro*. 2. ed. Ciudad de la Habana: Editorial Pueblo y Educación, 1994.

MARTÍ, José. *Nossa América*. Apresentação e organização de Roberto Fernández Retamar. 3. ed. São Paulo: Hucitec, 2006.

MARTÍ, José. *Obras Completas*. Habana: Centro de Estúdios Martianos; Karisma Digital, 2001. (Edição Eletrônica).

RODRÍGUEZ, Pedro Pablo. *Martí e as duas Américas*. São Paulo: Expressão Popular, 2006.

STRECK, Danilo R. *Martí & a Educação*. Belo Horizonte: Autêntica, 2008.

[Textos selecionados]
Apresentação e notas: *Danilo R. Streck*
Tradução: *Marta Barichello*

Mestres itinerantes
José Martí

[MARTÍ, José. *Obras Completas*, v. 8, p. 288-292.]

"Mas como é que o senhor estabeleceria esse sistema de mestres itinerantes que não vimos mencionado em nenhum livro de educação e que aconselha em um dos números de *La América*, do ano passado, que tenho à vista?" – Isso é o que nos pergunta um entusiasmado cavalheiro de Santo Domingo.[2]

Há um acúmulo de verdades essenciais que cabem na asa de um colibri e que são, entretanto, a chave da paz pública, a elevação espiritual e a grandeza da pátria.

É necessário manter os homens no conhecimento da terra e da perdurabilidade e transcendência da vida.

Os homens devem viver no gozo pacífico, natural e inevitável da Liberdade, como vivem no desfrute do ar e da luz.

Está condenado a morrer um povo no qual não se desenvolvam por igual a propensão pela riqueza e pelo conhecimento da doçura, necessidade e prazeres da vida.

Os homens necessitam conhecer a composição, fecundação, transformações e aplicações dos elementos materiais de cujo manuseio resulta a saudável altivez daqueles que trabalham diretamente na natureza, o vigor do corpo que resulta do contato com as forças da terra e a fortuna honesta e segura que produz seu cultivo.

Os homens necessitam de alguém que periodicamente estimule a compaixão no peito e as lágrimas nos olhos e lhes faça o supremo bem de sentirem-se generosos: é que pela maravilhosa compensação da natureza aquele que se dá cresce; e o que se recolhe em si e vive de pequenos gozos e teme reparti-los com os demais e só pensa avarentamente em beneficiar seus apetites vai se transformando num homem solitário e leva no peito todas as cinzas do inverno, chegando a ser por dentro e a parecer por fora, inseto.

---

[2] Santo Domingo, capital da República Dominicana, fundada no ano de 1946 (N. Danilo Streck).

Os homens crescem, crescem fisicamente, de uma maneira visível, crescem, quando aprendem algo, quando iniciam a possuir algo e quando fizeram algum bem.

Somente os ignorantes falam de desventuras ou os egoístas. A felicidade existe sobre a terra; e se conquista essa felicidade com o exercício prudente da razão, o conhecimento da harmonia do universo e a prática constante da generosidade. Quem a busque em outro lugar não a achará: que depois de haver saboreado todas as taças da vida, somente nessas se encontra sabor. – É uma lenda das terras da Hispano-América[3] que no fundo das xícaras antigas estava pintado um Cristo; por isso quando esvaziaram uma dizem: "Até ver-te, Cristo meu!" Pois no fundo daquelas xícaras abre-se um céu sereno, perfumado, interminável, transbordante de ternura!

Ser bom é o único modo de ser venturoso.

Ser culto é o único modo de ser livre.

Porém, no comum da natureza humana, necessita-se ser próspero para ser bom.

E o único caminho aberto para a prosperidade constante e fácil é o de conhecer, cultivar e aproveitar os elementos inesgotáveis e incansáveis da natureza. A natureza não tem ciúmes, como os homens. Não tem ódio nem medo como os homens. Não impede o caminho de ninguém, porque não teme a ninguém. Os homens sempre necessitaram dos produtos da natureza. E como em cada região só dá determinados produtos, sempre se manterá sua permuta ativa, que assegura a todos os povos a comodidade e a riqueza.

Não tem, pois, que empreender agora uma cruzada para reconquistar o Santo Sepulcro. Jesus não morreu na Palestina; ele está vivo em cada homem. A maior parte dos homens passou dormindo pela terra. Comeram e beberam; porém não souberam de si. Há de se empreender agora uma cruzada para revelar aos homens sua própria natureza e para dar-lhes, com o conhecimento da ciência simples e prática, a independência pessoal que fortalece a bondade e fomenta o decoro e o orgulho de ser criatura amável e coisa vivente no grande universo.

Eis aqui, pois, o que têm de levar os mestres pelos campos. Não somente explicações agrícolas e instrumentos mecânicos; mas a ternura, que faz tanta falta e tanto bem aos homens.

O camponês não pode deixar seu trabalho para andar milhas para ver

---

[3] Hispano-América é uma referência aos povos de origem espanhola localizados na América (N. Danilo Streck).

figuras geométricas incompreensíveis e aprender os cabos e os rios das penínsulas da África e abastecer-se de termos didáticos vazios. Os filhos dos camponeses não podem distanciar-se léguas inteiras, dias e dias, da estância paterna para ir aprender declinações latinas e divisões abreviadas. Entretanto, os camponeses são a melhor massa nacional e a mais sadia e suculenta, porque recebem de perto e em cheio os eflúvios e a amável correspondência da terra, em cujo trato vivem. As cidades são a mente das nações; porém seu coração, onde se junta e de onde se distribui o sangue, está nos campos. Os homens são ainda máquinas de comer e relicários de preocupações. É necessário fazer de cada homem uma tocha.

Pois nada menos propomos que a religião nova e os sacerdotes novos! Nada menos vamos pintando que as missões com que começará a difundir em breve sua religião à época nova! O mundo está em mudança; e as púrpuras e os paramentos sacerdotais, necessários nos tempos místicos do homem, estão estendidos no leito da agonia. A religião não desapareceu, mas se transformou. Por cima do desconsolo em que desaparece aos observadores o estudo dos detalhes e envolvimento vagaroso da história humana, se vê que os homens crescem e que já têm andado a metade da escada de Jacó: que formosas poesias têm a *Bíblia*! Se aninhados no cume de uma montanha de repente se deitassem os olhos sobre a marcha humana, ver-se-ia que os povos jamais se amaram tanto como se amam agora e que apesar da dolorosa confusão e do abominável egoísmo em que a ausência momentânea de crenças finais e fé na verdade do Eterno conduzem os habitantes desta época transitória, jamais preocupou como hoje aos seres humanos a benevolência e o ímpeto de expansão que agora agita todos os homens. Puseram-se em pé, como amigos que sabem um do outro e desejam se conhecer; e marcham todos, mutuamente, para um ditoso encontro.

Andamos sobre as ondas e rebatemos e giramos com elas; pelo que não vemos nem nos detemos a examinar as forças que as movem aturdidos pelo golpe. Mas quando esse mar serenar, pode assegurar-se que as estrelas ficarão mais perto da terra! O homem finalmente embainhará, no sol, sua espada de batalha!

Isso que dissemos é o que colocaríamos como alma dos mestres itinerantes. Que grande alegria a dos camponeses, quando vissem chegar, de tempo em tempo, o homem bom que lhes ensina o que não sabem e com as efusões de um trato expansivo lhes deixa no espírito a quietude e elevação que ficam sempre quando se vê um homem amante e são! Em vez de criações e colheitas se falaria de vez em quando, até que ao fim se estivesse falando sempre, do que o mestre ensinou, da máquina que trouxe, do modo simples de cultivar a planta que eles com tanto trabalho vinham explorando, de como é grande e bom o mestre e de quando virá, porque já têm pressa para perguntar-lhe o que com esse desenvolvimento incessante da mente posta a pensar lhes foi ocorrendo desde que começaram a saber algo! Com que alegria não irão todos buscar guarida, deixando pás e enxadas, na tenda de campanha do mestre, cheia de curiosidades.

É claro que não poderiam fazer cursos extensos; porém, se bem estudadas pelos propagadores, poderiam espalhar-se e impregnar-se as ideias germinais. Poderia abrir-se o apetite do saber. Dar-se-ia o ímpeto.

E esta seria uma invasão doce, feita de acordo com o que a alma humana tem de baixo e interessado; porque como o mestre lhes ensinaria de modo suave coisas práticas e proveitosas, lhes iria infiltrando por próprio gosto e sem esforço uma ciência que começa por agradar e servir a seus interesses; – que quem tente melhorar o homem não há de prescindir de suas más paixões, mas sim contá-las como fator importantíssimo e procurar não trabalhar contra elas, mas sim com elas.

Não enviaríamos pedagogos pelos campos, mas conversadores. Não enviaríamos pedantes, mas gente instruída que fosse respondendo as dúvidas que os ignorantes lhes apresentassem ou as perguntas que tivessem preparado para quando viessem e observando onde se cometiam erros de cultivo ou se desconheciam riquezas exploráveis, para que revelassem estas e demonstrassem aqueles, tendo como recurso a demonstração.

Em suma, necessita-se abrir uma campanha de ternura e de ciência e criar um corpo, que não existe, de mestres missionários.

A escola itinerante é a única que pode remediar a ignorância camponesa.

Nos campos como nas cidades urge substituir o conhecimento indireto e estéril dos livros pelo conhecimento direto e fecundo da natureza.

Urge abrir escolas normais de mestres práticos, para espalhá-los logo pelos vales, montanhas e lugarejos, como contam os índios do Amazonas que para criar os homens e as mulheres, o Pai Amalivaca espalhou por toda a terra as sementes da palmeira *moriche*.[4]

Perde-se tempo no ensino da literatura elementar e se criam povos de aspirações perniciosas e vazias. O sol não é mais necessário que o estabelecimento do ensino científico elementar.

La América, Nova York, maio de 1884.

---

[4] Palmeira semelhante à tamareira (N. Danilo Streck).

Escola de eletricidade
José Martí

[MARTÍ, José. *Obras Completas*, v. 8, p. 281-284.]

Ao mundo novo corresponde a universidade nova.

A novas ciências que tudo invadem, reformam e minam novas cátedras.

É criminoso o divórcio entre a educação que se recebe em uma época e a época.

Educar é depositar em cada homem toda a obra humana que lhe antecedeu: é fazer de cada homem o resumo do mundo vivente, até o dia em que vive: é pô-lo em nível de seu tempo para que flutue sobre ele e não deixá-lo debaixo de seu tempo, com o que não poderá sair a flutuar; é preparar o homem para a vida.

Em tempos teológicos, universidade teológica. Em tempos científicos, universidade científica. Pois o que é ver uma coisa e não saber o que é? Com agrupar silogismos "Baralipton" e declamar "Quosque tandem" os homens não ficam habilitados para marchar, mundo acima, ao lado destes cavalheiros de uso novo, que montam em máquinas a vapor e levam como hastes de suas lanças um feixe de luz elétrica.

Para tais campanhas necessitam-se escolas de luz elétrica.

Quando os pensadores pensam na capacidade do avanço permanente e real – que é coisa distinta do brilhante, postiço e passageiro – de cada povo e na relativa solidez e força medular das nações da terra, a Inglaterra causa assombro. Ela domina os mares. Ela verte pelo mundo, a partir de suas rochas carboníferas semiesgotadas, cargas colossais de produtos úteis e baratos transportados em barcos. Ela vai do mundo velho ao novo com passo mais seguro do que qualquer outro povo vivo. Ela fabrica facas e recita clássicos. Com o fazer da arte industrial e a indústria artística, difunde o amor pela beleza, que é de melhorar homens. Assim como uma habitação espaçosa convida à majestade, assim um objeto belo convida à cultura. A alma tem seu: e o exalam de si os objetos belos.

Inglaterra, prudente e ativa, que não grita, anda.

E, ao pé de cada descobrimento, funda uma escola.

Londres, Cambridge, Liverpool, Bristol, Nottingham, Glasgow têm há tempo em suas universidades cursos especiais para o ensino minucioso e prático dos novos agentes físicos e os aparatos que os utilizam. Viena, Munich, Berlin, San Petersburgo, todas já estabeleceram cursos semelhantes. Nem todos se ocupam em fechar suas portas à luz que vem!

Existem povos de morcegos e boa quantidade de morcegos em todo povo, que vivem da sombra e são reis dela; mas, para essa formosa luz que transpassa muros, é em vão fechar as portas!

E a reforma não está completa ao acrescentar cursos isolados de ensino científico às universidade literárias; mas em criar universidades científicas, sem jamais derrubar as literárias; em levar o amor ao útil e a abominação do inútil às escola de letras; em ensinar todos os aspectos do pensamento humano em cada problema e não – com o que se comete aleivosa traição – somente um aspecto; em levar a solidez científica, solenidade artística, majestade e precisão arquiteturais à Literatura. Somente tais letras foram dignas de tais homens!

A literatura de nosso tempo é ineficaz porque não é a expressão de nossos tempos. Já não é Velleda que guia às batalhas; mas espécie de Aspásia![5]

Tem que levar sangue novo à Literatura.

Estas que temos chamado universidades científicas começam a ser chamadas na Europa de "escolas técnicas".[6]

Darmstadt[7] tem uma perfeita, da qual se sai graduado em toda ciência nova – não a levar, como de tantas universidades nossas, existência de advogados picaretas ou de trovadores inacessíveis, mísero destino de grandíssimas almas!, mas a ocupar com natural direito de produtores úteis um assento em nossa idade criadora.

Para ser recompensado, se necessita ser útil.

E a esta boa escola técnica de Darmstadt se tem agregado agora uma subescola eletrotécnica. O que se ensina nela? O que vai dizendo o nome: ciências elétricas. Em quatro anos se sairá dela como professor. Os alunos empregarão os dois primeiros anos em estudar na escola matriz ciências naturais e matemáticas. E nos dois anos restantes, que passarão entre quanto de aparelho e máquina elétrica existe e vá existindo, aprenderão, em doutrina e em aplicação, tanto quanto importa saber sobre o novo agente.

Queres ler o programa da nova escola? Os próprios nomes serão

---

[5] Aspásia (século V a.C.), amante de Péricles, condenada sob acusação de sacrilégio (N. Danilo Streck).

[6] As escolas técnicas que então se formavam na Europa eram divididas em duas partes. A primeira era obrigatória, todos os alunos tendo aulas de religião, línguas, história, geografia, matemática e física. A segunda parte era escolhida de acordo com o interesse e a área em que cada um iria atuar após seu período de estudos, como: química, ciências naturais, contabilidade, comércio, cálculo de pesos e medidas ou operações comerciais (N. Danilo Streck).

[7] A cidade de Darmstadt, capital da província alemã de Hesse, destaca-se pelo desenvolvimento da indústria química. Uma universidade técnica foi fundada em 1836 (N. Danilo Streck).

desconhecidos para homens que gozam alegre fama de ilustrados: nem sabemos os nomes das forças que atuam em nosso mundo!

Eis aqui o programa:

"Magnetismo e eletrodinâmica.

Máquinas magneto e dinamoelétricas: transporte da força.

Iluminação elétrica.

Princípios de telegrafia e de telefonia.

Teoria do potencial com aplicação especial à ciência da eletricidade.

Sinais elétricos para trilhos de ferro.

Trilhos de ferro elétricos aéreos.Prática eletrotécnica; trabalhos galvânicos, determinações de diferenças de potencial; de forças de correntes e de resistências.

Lâmpadas de arco e incandescentes.

Investigações sobre os cabos.

Determinações do trabalho transmitido pelos motores às máquinas elétricas.

Investigações fotométricas."

E estas não são mais que as matérias do primeiro exercício do programa.

– Parecemos viajantes perdidos em um bosque imenso – habitado por tantos outros homens!

La América. Nova York, novembro de 1883.

Mente latina
José Martí

[MARTÍ, José. *Obras Completas*, v. 6, p. 24-26.]

Entre os muitos livros que vieram a contribuir naquilo que mensalmente se divulga em *La America*, há um que causa regozijo e que não é mais do que um catálogo de colégio.

O catálogo não nos agrada porque nos dá assunto para celebrações ocas e fáceis das novas conquistas, que se celebram melhor com trabalhos árduos do que com palavras sem miolo, que por mera repetição vão tirando o valor e a força das ideias que envolvem; mas porque nas páginas do pequeno livro se destaca gloriosa, em uma prova humilde e eloquente, a inteligência latina.

A Natureza não nos deu em vão as palmeiras para nossos bosques e Amazonas e Orinocos para regar nossas províncias; da abundância desses rios e da eminência dessas palmeiras, a mente hispano-americana, pelo que o índio conserva, rigorosa; pelo que lhe vem da terra, faustosa e vulcânica; pelo que de árabe lhe traz o espanhol, prazerosa e artística. Oh! O dia em que começar a brilhar, brilhará perto do Sol; o dia em que dermos por finada a nossa atual existência de aldeia. Academias de índios; expedições de cultivadores aos países agrícolas; viagens periódicas e constantes com propósitos sérios às terras mais avançadas; ímpeto e ciências nas plantações; adequada apresentação de nossos frutos aos povos estrangeiros; abundante rede de vias de transporte dentro de cada país e de cada país a outros; absoluta e indispensável consagração do respeito ao pensamento alheio; aí está o que já vem, embora em alguns países apenas se vê de longe; aí já está posto em forma o espírito novo.

Não nos faltam brios. Veja-se o catálogo do colégio. É um colégio norte-americano, onde apenas uma sexta parte dos educandos é de raça espanhola. Mas não em prêmios: aí a parte cresce e de cada aluno de fala espanhola há seis que fala a inglesa, de cada seis americanos do Norte premiados há outros seis americanos do Sul.

Nessa simples lista de classe e nomes, pela qual o olho comum passa descuidado, *La America* dilata seus olhares. Nessa imensa soma de analogias que compõem o sistema universal, em cada pequeno feito está um resumo, já futuro ou passado; um feito grande.

Não deve alegrar-nos ver que onde entra em disputa um menino de nossas terras, pobre de carnes e de sangue aguado, contra carnudos e sanguíneos rivais, vence?

Os alunos de raça espanhola apenas vão a mais classes elementares e de comércio do que às classes desse colégio de que falamos. Pois, no conjunto de classes de comércio, de cada três alunos favorecidos dois são de nossas terras. O melhor guarda-livros é um Vicente de Haoz. O que mais conhece leis comerciais é um Estaban Viña. O que abocanhou todos os prêmios de sua classe, sem deixar migalhas para os ianquizinhos, é um Luciano Malabert; e todos os três prêmios de composição em inglês não são para um Smith, um O'Brien e um Sullivan, mas para um Gusmán, um Arellano e um Villa!

Oh! Se essas nossas inteligências fossem postas em nível de seu tempo; se não fossem educadas para usar gola e para doutos de barrete dos tempos das audiências e governadores; se não se permitisse que, em seu anelo de saber, se nutrissem de literatura vaga e galvânica de povos estrangeiros meio mortos; se se fizesse a associação venturosa da inteligência que há de ser aplicada; se os sul-americanos fossem preparados não para viver na França quando não são franceses nem nos Estados Unidos, que é a mais fecunda dessas más modas, quando não são norte-americanos, nem nos tempos coloniais quando já estão vivendo fora da colônia, em concorrência com povos ativos, criadores, vivos, livres, mas para viver na América do Sul!... Mata seu filho na América do Sul aquele que lhe dá mera educação universitária.[8]

---

[8] Martí refere-se a uma educação universitária escolástica e descontextualizada. Veja o artigo "Nossa América" (N. Danilo Streck).

Abrem-se campanhas pela liberdade política; deveriam abrir-se com maior vigor pela liberdade espiritual; pela adaptação do homem à terra em que há de viver.

La *América*, Nova York, novembro de 1984.

Às crianças que forem ler *La edad de oro*
José Martí

[MARTÍ, José. La Edad de Oro, Primer Número. *Obras Completas*, v. 18, p. 301-303.]

Para os meninos é este jornal e para as meninas, é claro. Sem as meninas não se pode viver, como a terra não pode viver sem luz. O menino tem de trabalhar, de andar, de estudar, de ser forte, de ser formoso: o menino pode fazer-se formoso ainda que seja feio; um menino bom, inteligente e asseado é sempre formoso. Mas nunca um menino é mais belo que quando traz em suas pequenas mãos de homem forte uma flor para sua amiga ou quando leva pelo braço a sua irmã, para que ninguém a ofenda: então o menino cresce e parece um gigante: o menino nasce para cavalheiro e a menina nasce para mãe. Este jornal se publica para conversar uma vez ao mês, como bons amigos, com os cavalheiros de amanhã e com as mães de amanhã; para contar às meninas contos lindos com que entreter suas visitas e brincar com suas bonecas; e para dizer aos meninos o que devem saber para ser homens de verdade. Tudo o que queiram saber lhes vamos dizer e de maneira que o entendam bem, com palavras claras e com finas imagens. Vamos dizer-lhes como é feito o mundo: vamos lhes contar tudo o que fizeram os homens até agora.

Para isso se publica *La Edad de Oro*: para que os meninos americanos saibam como se vivia antes e se vive hoje, na América e nas demais terras: e como se fazem tantas coisas de cristal e de ferro, e as máquinas de vapor, e as pontes pênseis, e a luz elétrica; para que quando o menino veja uma pedra de cor saiba porque a pedra tem cores e o que quer dizer cada cor; para que o menino conheça os livros famosos onde se contam as batalhas e as religiões dos povos antigos. Falaremos de tudo o que se faz nas oficinas, onde acontecem coisas mais raras e interessantes que nos contos de magia e são magia de verdade, mais linda do que a outra: e diremos a eles o que se sabe do céu e do fundo do mar e da terra: e lhes contaremos contos de humor e novelas de meninos, para quando tenham estudado muito ou brincado muito e queiram descansar. Para os meninos trabalhamos, porque os meninos são os que sabem querer, porque os meninos são a esperança do mundo. E queremos que nos queiram e nos vejam como coisa de seu coração.

Quando um menino queira saber algo que não esteja em *La Edad de Oro*, escreva-nos como se nos tivesse conhecido desde sempre, que nós lhe responderemos. Não importa que a carta venha com falhas de ortografia. O que importa é que o menino queira saber. E se a carta está bem escrita a publicaremos em nosso correio com a assinatura embaixo, para que se saiba que é menino de valor. Os meninos sabem mais do que parece e se lhes dissessem que escrevessem o que sabem, muito boas coisas escreveriam. Por isso *La Edad de Oro* vai ter a cada seis meses um concurso, e o menino que mande o melhor trabalho, que se conheça que é verdadeiramente seu, receberá um bom prêmio de livros e dez exemplares do número de *La Edad de Oro* em que se publique sua composição, que será sobre coisas de sua idade, para que possam escrevê-la bem, porque para escrever bem de uma coisa é necessário saber muito dela. Assim queremos que sejam os meninos da América: homens que digam o que pensam e o digam bem: homens eloquentes e sinceros.

As meninas devem saber o mesmo que os meninos para poder falar com eles como amigos quando vão crescendo; é uma pena que o homem tenha que sair de sua casa para procurar com quem falar, porque as mulheres da casa não saibam contar-lhe mais do que de diversões e de modas. Mas há coisas muito delicadas e ternas que as meninas entendem melhor e para elas as escreveremos de maneira que lhes agradem; porque *La Edad de Oro* tem seu mago na casa que diz que nas almas das meninas sucede algo parecido ao que veem os colibris quando andam *curioseando*[9] por entre as flores. Lhes diremos coisas assim, como para que as lessem os colibris, se soubessem ler. E lhes diremos como se faz uma fibra de fio, como nasce uma violeta, como se fabrica uma agulha, como as velhinhas da Itália tecem os encaixes. As meninas também podem escrever-nos suas cartas e perguntar-nos quanto queiram saber e mandar-nos suas composições para o concurso de cada seis meses. Garanto que as meninas vão ganhar!

O que queremos é que as crianças sejam felizes, como os irmãos de nossa gravura; e que se alguma vez nos encontra uma criança da América pelo mundo nos aperte muito a mão, como a um velho amigo e diga onde todo mundo o ouça: "Este homem de *La Edad de Oro* foi meu amigo!".

---

[9] Expressão mantida do original (N. Danilo Streck).

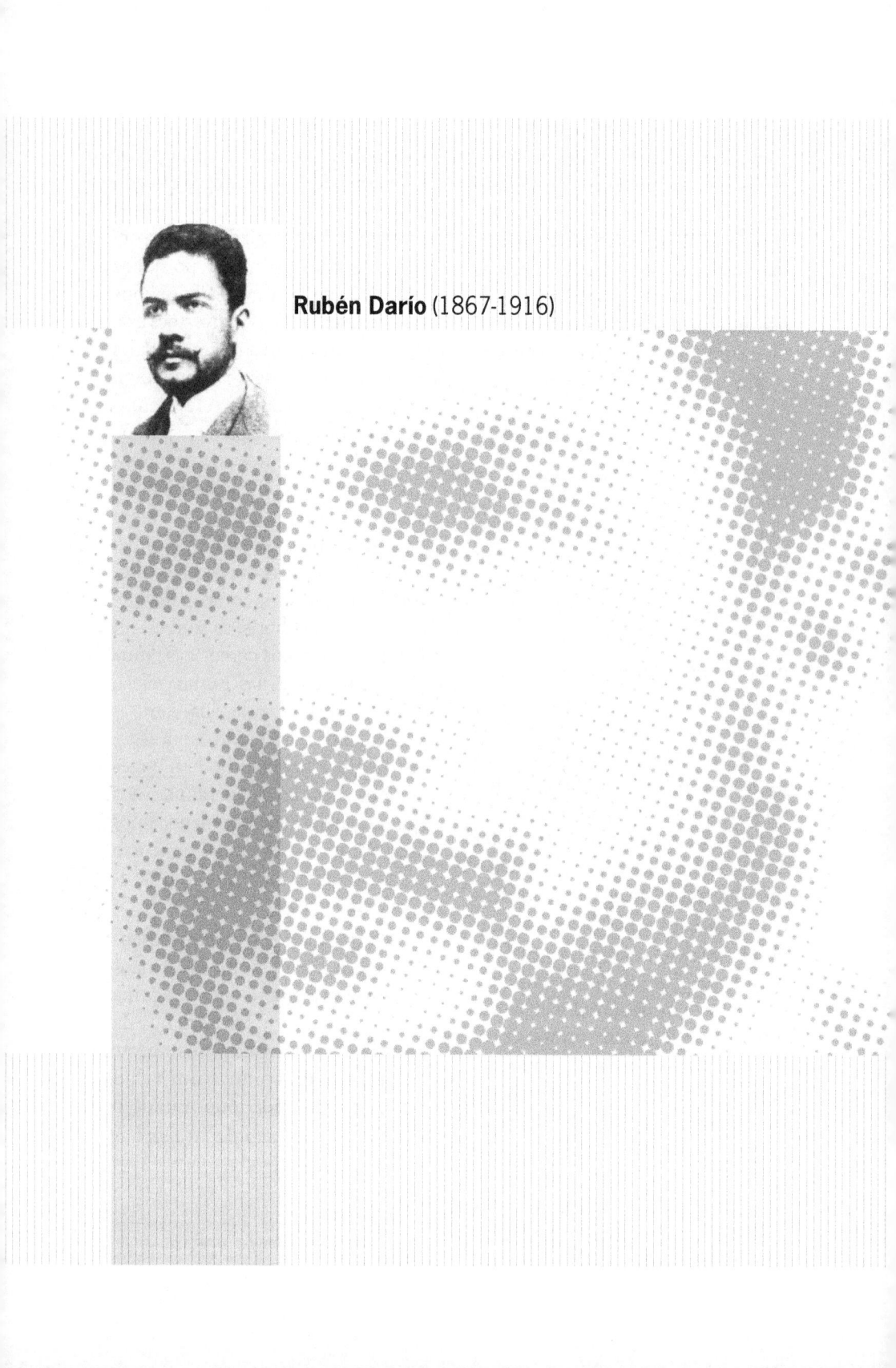

Rubén Darío (1867-1916)

Rubén Darío: a emoção singular das Américas!

Paulo P. Albuquerque

Breve biografia

Felíx Rubén Garcia-Sarmiento (1867-1916), mais conhecido como Rubén Darío, poeta, escritor e diplomata nicaraguense, nasceu em Metapa, mais tarde Ciudad Darío. É considerado o criador do modernismo literário em língua espanhola. Descendente de uma família tradicional, recebeu sólida formação religiosa e, ainda jovem, começou a trabalhar na Biblioteca Nacional, onde leu e assimilou os pressupostos do texto literário, principalmente aqueles da literatura francesa e espanhola.

É importante destacar esse fato porque a Nicarágua de então se caracterizava por um âmbito cultural e social arcaico. A partir da literatura o poeta se distanciou das práticas provincianas de um contexto social, econômico, político e cultural se não limitado, pelo menos compreendido de forma estereotipada da América Central. Sua trajetória foi se constituindo primeiro nas cidades centro-americanas vizinhas e, logo em seguida, nas hispanoamericanas mais modernas (Santiago e Buenos Aires), sempre em busca de um espaço propício para transcender o regional.

Em 1886 mudou-se para o Chile, onde publicou *Azul* (1888), um conjunto de textos poéticos em prosa e verso, com forte influência do parnasianismo francês. Nomeado cônsul da Colômbia em Buenos Aires (1893), iniciou sua atividade diplomática. Tornou-se correspondente do jornal argentino *La Nación* e mudou-se posteriormente para Madri (1898). Depois fixou residência em Paris (1899) e continuou viajando com frequência. Voltou alguns anos depois como diplomata para a Espanha (1908). Doente e com graves dificuldades financeiras, iniciou uma viagem pelos Estados Unidos (1914), onde fez uma série de conferências e, com a debilidade crescente da saúde, decidiu voltar para sua terra natal e morreu em León, Nicarágua.

O contexto da poesia dariana

O trabalho poético de Rubén Darío aponta para uma singularidade: as relações entre a cultura e seu meio natural e social. O desenvolvimento da sua poesia está na interrelação entre o humano e o natural e no reconhecimento de que está nas urgências da sua época a tensão maior – a modernidade latino-americana.

Sua poesia reafirma uma perspectiva moderna que permite observar dois movimentos paradoxais: o primeiro, o não rechaço explícito às temáticas formais da poesia europeia e segundo, a afirmação de uma posição *criolla* latino-americana contraposta ao que é percebido como o caráter civilizatório dos países europeus (Espanha e França).

Sua trajetória poética aponta para duas condições: a primeira é o próprio reconhecimento da América como um conjunto de nações que partilham vários traços comuns, principalmente uma história marcada pela colonização e pela situação de dependência que continuou vigente mesmo após a emancipação política. A segunda, decorrente da primeira, é o reconhecimento da possibilidade e da necessidade de conectar e ao mesmo tempo expressar as diversas manifestações do pensamento.

A obra de Darío (prosa e poesia) realiza uma operação estética que confere a lugares-comuns uma verdade e profundidade novas. Sua intuição de poeta lhe dá acesso a uma compreensão privilegiada do processo histórico. Denuncia em nome de uma Hispano-América índia e latina, as instituições e a educação, a quase ausência de profissionalização e de um mercado moderno.

O modernismo dariano está pautado pela confluência de três movimentos europeus: romantismo, simbolismo e parnasianismo. Estas ideias expressam paixão, arte visual, harmonias e ritmos.

Azul (1888), considerado o livro inaugural do modernismo hispano-americano, recolhe tanto relatos em prosa como poemas, cuja variedade métrica chamou a atenção da crítica. Apresenta já algumas preocupações características de Darío, como a insatisfação ante a sociedade burguesa.

A etapa da plenitude do modernismo e da obra poética dariana é o livro *Prosas profanas y otros poemas*, coleção de poemas em que a presença do erótico se torna mais importante e em que não está ausente a preocupação por temas esotéricos. Nesse livro já está toda a imaginação exótica própria da poética dariana: a França do século XVIII, a Itália e a Espanha medievais, a mitologia grega, etc.

Em 1905, Darío publicou *Canto de vida e esperança*, que anuncia uma linha mais intimista e reflexiva dentro de sua produção, sem renunciar aos temas que se haviam convertido em senhas de identidade do modernismo. Ao mesmo tempo, aparece em sua obra a poesia cívica, com poemas como "A Roosevelt", uma linha que se acentuará em *El canto errante* (1907) e em *Canto a Argentina e outros poemas* (1914). Já o viés intimista de sua obra se acentua em *Poema de outono e outros poemas* (1910), em que se mostra uma simplicidade formal.

Entre seus grandes momentos ditam-se as obras *Epístolas y poemas* (1885) e *Prosas profanas* (1896). Essa coletânea de poemas assinala o triunfo da nova sensibilidade poética, estando nela presentes os principais elementos do modernismo: o exotismo, os ritmos franceses, a sensualidade, a ornamentação e o colorido. *Cantos de vida y esperanza* (1905) contém poemas mais íntimos e de uma maior simplicidade expressiva. *El canto errante* (1907), *Poema del otoño y otros poemas* (1908) e *El viaje a Nicaragua* (1909). Provavelmente o seu poema mais famoso é "Canção de outono na primavera".

Paralelamente ao trabalho poético, escreveu contos, artigos jornalísticos e críticas literárias.

A dimensão pedagógica

Na obra dos poetas encontramos uma constante preocupação para com a situação do homem no que se refere à profunda dimensão de um ser social que expressa o seu momento histórico. O poeta é aquele que expressa de outra forma os dilemas do seu tempo em temáticas que permitem visualizar como surgem uma nova moral e novos valores.

A obra de Darío, ao usar alusões e simbologias clássicas, apresenta a *polêmica* como estratégia para postular o *éthos da modernidade* ou um modo de proceder que fundamenta o individualimo/protagonismo do homem em sua história concreta (práxis).

Na obra percebe-se que o fundamento ou a raiz que brota a sua inspiração está na ideia de *unidade cultural latino-americana*, pensada como a afirmação dos laços com a Espanha e com as nações que se consideravam herdeiras da cultura latina, mas *em estrita relação de igualdade, sem tutelas*.

A ênfase no "nosso" ou no "local" faz um giro inovador ao se transformar em uma variante que expressa valores de identidade cultural latino-americana que estão vinculados singularmente à sua expressão literária e artística.

Tal fato envolve sua poesia ao valor estético do padrão moderno que busca dar conta da diversidade cultural mais ampla e vivenciada pelo coletivo e pelo outro; traduz percepções sensoriais e a expressão de emoções que parecem emanar da intimidade mais secreta do sujeito.

Darío reiterava aí a definição de sua estética – e do modernismo –, baseada na *liberdade e na crítica*. A crítica como método é pressuposto pedagógico que pode ser percebido nas intervenções irônicas e humorísticas de Darío no mundo das ideias; usando a crônica ou o comentário na imprensa, o poeta tematizava não só a arte ou literatura, mas o mundo em que vivia, embora sua perspectiva privilegiasse os elementos de caráter estético.

Assim como em educação não existe inocência ou ingenuidade, o refinamento da sensibilidade depurado pelo trabalho poético permite criar a partir de temáticas (prazer e erotismo) não só novos espaços para o imaginário social, mas um princípio de dissidência (temática e poética) com discursos provenientes de outras perspectivas ideológicas ou estéticas.

Assim como um educador aponta para uma nova perspectiva de discussão, cujo caráter político permite ao aluno desenvolver a audácia e delinear uma crítica consciente, Darío defendia as possibilidades que a palavra contém quando não é submetida a estatutos alheios a ela, significados que fazem do poeta um protagonista do conhecimento.

Sua poesia se sustenta na relação com o mundo e colore esta mesma realidade; não provém de um simbolismo desvinculado. Ela é social e culturalmente modelada. Os sentimentos e as emoções, em vez de estados absolutos, constituem-se instrumentos para, na materialização do verso, expressar relações, repertórios culturais latino-americanos que, por mais que se assemelhem, não são idênticos.

Cada poema substancia o amor, o ciúme, a alegria, o medo, a dor que precisam ser percebidos como modos de materializar as emoções que animam as sociedades em determinado espaço, tempo, sob o prisma de um vocabulário redutor, mas que permite a compreensão do outro. Ele (poema/prosa) é pensamento em ação, um sistema de sentido, valores que, enraizados numa cultura afetiva reconhecida, permitem e oferecem esquemas de experiência sobre os quais o indivíduo se reconhece e tece a sua conduta.

Em outras palavras, os sentimentos e as emoções fazem parte de um sistema de valores próprios de um grupo humano que confirmam o elo social.

Sobre os textos selecionados

Darío se diferencia de outros poetas amorosos à medida que sua poesia carece da personagem literária, da amada ideal. Não há uma só amada ideal, e sim muitas amadas. Estritamente relacionado com o tema do erotismo está o recurso a cenários exóticos, longínquos no espaço e no tempo. A busca do exótico nos poetas modernistas se apresenta como uma atitude de rejeição à pacata realidade em que vivem. Apesar de seu apego ao sensorial, a poesia de Rubén Darío faz uma significativa reflexão existencial sobre o sentido da vida. É conhecido seu poema "Lo fatal" de *Cantos de vida y esperanza*, onde afirma que: "no hay dolor más grande que el dolor de ser vivo".

A religiosidade de Darío é sincrética, algo próprio do fim do século XIX, em que se mesclam influências orientais, e bem diversa da ortodoxia cristã.

Rubén Darío teve nos trabalhos de engajamento uma faceta bastante menos conhecida, de poeta social e cívico. Algumas vezes por encargo, e outras por desejo próprio, compôs poemas para exaltar heróis e nacionalidades, assim como para criticar ou denunciar os males sociais e políticos. Um de seus mais destacados poemas nessa linha é "Canto a la Argentina".

Referências

MEJÍA SANCHEZ, Ernesto (Org.). Rubén Darío. Poesia. La Habana: Editorial Arte y Literatura, 1989.

LOPEZ, A. M. H. El Mundial Magazine de Rubén Darío. Madrid: Ediciones Beramar, 1988.

GOMEZ BRENES, Guillermo. Puntos y comas en la biografia de Rubén Darío Autores Editores, 2009.

RAMA, Ángel. La modernización literaria latinoamericana. In: La crítica de la cultura en America Latina. Venezuela: Biblioteca Ayacucho, v. 119, 1985, p. 82-96.

ZANETTI, Susana. O intelectual modernista como artista: Rubén Darío. In: Tempo Social, Revista de Sociologia da USP, v. 19, n. 1, p. 19-31. Disponível em: <http://www.fflch.usp.br/sociologia/temposocial/site>. Acesso em: 6 jul. 2010.

[Poemas selecionados]

Tradução: *Luis Marcos Sander*

Rubén Darío

Margarita[1]

[Poemas del otoño y otros poemas (marzo de 1908). Intermezzo tropical VIII. In: MEJÍA SANCHEZ, Ernesto (Org.). Rubén Darío. Poesia La Habana: Editorial Arte y Literatura, 1989, p. 465.]

---

[1] No poema que segue, em cada palavra (verso), a partir de uma visão dinâmica da história infantil, o poeta apresenta as bases para conceber o "estado ideal", essa esquecida dimensão de querer o impossível que caracteriza o melhor da condição humana (N. Paulo Albuquerque).

Para Margarita Debayle

Margarita, está lindo o mar,
e o vento
leva essência sutil de flor de laranjeira;
eu sinto
na alma uma calhandra cantar:
teu sotaque.
Margarita, vou te contar
um conto.

Este era um rei que tinha
um palácio de diamantes,
uma tenda feita do dia
e um rebanho de elefantes,

um quiosque de malaquita,
um grande manto de tisso,
e uma gentil princesinha,
tão bonita,
Margarita,
tão bonita como tu.

Uma tarde a princesa
viu uma estrela aparecer;
a princesa era travessa
e a quis ir pegar.

Ela a queria para fazê-la
decorar um prendedor,
com um verso e uma pérola,
e uma pena e uma flor.

As princesas primorosas
se parecem muito contigo:
cortam lírios, cortam rosas,
cortam astros. São assim.

Pois se foi a bela menina,
sob o céu e sobre o mar,
a cortar a branca estrela
que a fazia suspirar.

E seguiu caminho acima,
pela lua e mais além;
mas o ruim é que ela ia
sem permissão do papai.

Quando esteve já de volta
dos parques do Senhor,
se via toda envolta
em um doce resplendor.

E o rei disse: "Onde te meteste?
Eu te procurei e não te achei;
e que tens no peito,
que aceso se te vê?"

A princesa não mentia.
E, assim, disse a verdade:
"Fui cortar a minha estrela
da azul imensidão".

E o rei clama: "Não te disse
que o azul não se deve tocar?
Que loucura! Que capricho!
O Senhor vai se aborrecer".

E ela diz: "Não houve intenção;
eu fui não sei por quê;
pelas ondas e no vento
fui à estrela e a cortei".

E o papai diz aborrecido:
"Um castigo hás de ter:
volta ao céu e o roubado
vais agora devolver".

A princesa se entristece
por sua doce flor de luz,
quando então aparece
sorrindo o Bom Jesus.

E assim diz: "Em minhas campinas
essa rosa lhe ofereci:
são minhas flores das meninas
que ao sonhar pensam em mim".

Veste o rei roupas brilhantes,
e depois faz desfilar
quatrocentos elefantes
para a praia do mar.

A princesinha está bela,
pois já tem o prendedor
em que brilham, com a estrela,
verso, pérola, pena e flor.

Margarita, está lindo o mar,
e o vento
leva essência sutil de flor de laranjeira:
teu hálito.

Já que longe de mim vais estar,
guarda, menina, um gentil pensamento
de quem um dia te quis contar
um conto.

A Margarita Debayle

Margarita, está linda la mar,
y el viento
lleva esencia sutil de azahar;
yo siento
en el alma una alondra cantar:
tu acento.
Margarita, te voy a contar
un cuento.

Éste era un rey que tenía
un palacio de diamantes,
una tienda hecha del día
y un rebaño de elefantes,

un kiosko de malaquita,
un gran manto de tisú,
y una gentil princesita,
tan bonita,
Margarita,
tan bonita como tú.

Una tarde la princesa
vió una estrella aparecer;
la princesa era traviesa
y la quiso ir a coger.

La quería para hacerla
decorar un prendedor,
con un verso y una perla,
y una pluma y una flor.

Las princesas primorosas
se parecen mucho a ti:
cortan lirios, cortan rosas,
cortan astros. Son así.

Pues se fué la niña bella,
bajo el cielo y sobre el mar,
a cortar la blanca estrella
que la hacía suspirar.

Y siguió camino arriba,
por la luna y más allá;
mas lo malo es que ella iba
sin permiso del papá.

Cuando estuvo ya de vuelta
de los parques del Señor,
se miraba toda envuelta
en un dulce resplandor.

Y el rey dijo: "¿Qué te has hecho?
Te he buscado y no te hallé;
y ¿qué tienes en el pecho,
que encendido se te ve?"

La princesa no mentía.
Y así, dijo la verdad:
"Fuí a cortar la estrella mía
a la azul inmensidad".

Y el rey clama: "¿No te he dicho
que el azul no hay que tocar?
¡Qué locura! ¡Qué capricho!
El Señor se va a enojar".

Y dice ella: "No hubo intento;
yo me fuí no sé por qué;
por las olas y en el viento
fuí a la estrella y la corté".

Y el papá dice enojado:
"Un castigo has de tener:
vuelve al cielo, y lo robado
vas ahora a devolver."

La princesa se entristece
por su dulce flor de luz,
cuando entonces aparece
sonriendo el Buen Jesús.

Y así dice: "En mis campiñas
esa rosa le ofrecí:
son mis flores de las niñas
que al soñar piensan en mí."

Viste el rey ropas brillantes,
y luego hace desfilar
cuatrocientos elefantes
a la orilla de la mar.

La princesita está bella,
pues ya tiene el prendedor
en que lucen, con la estrella,
verso, perla, pluma y flor.

Margarita, está linda la mar,
y el viento
lleva esencia sutil de azahar:
tu aliento.

Ya que lejos de mí vas a estar,
guarda, niña, un gentil
pensamiento
al que un día te quiso contar
un cuento.

Eu persigo uma forma[2]

[Las ánforas de Epicuro. In: MEJÍA SANCHEZ, Ernesto (Org.). Rubén Darío. Poesia. La Habana: Editorial Arte y Literatura, 1989, p. 315.]

Eu persigo uma forma que não
[encontra meu estilo,
botão de pensamento que busca
[ser a rosa;
anuncia-se com um beijo que em
[meus lábios pousa
ao abraço impossível da Vênus de
[Milo.

Adornam verdes palmas o branco
[peristilo;
os astros me predisseram a visão
[da Deusa;
e em minha alma repousa a luz
[como repousa
a ave da lua sobre um lago tranquilo.

E não acho senão a palavra que
[foge,
a iniciação melódica que da flauta
[flui
e a barca do sonho que no espaço
[voga;
e debaixo da janela de minha Bela
[Adormecida,
o soluço contínuo do jorro da fonte
e o pescoço do grande cisne
[branco que me interroga.

Yo persigo una forma

Yo persigo una forma que no
[encuentra mi estilo,
botón de pensamiento que busca ser
[la rosa;
se anuncia con un beso que en mis
[labios se posa
al abrazo imposible de la Venus de
[Milo.

Adornan verdes palmas el blanco
[peristilo;
los astros me han predicho la visión
[de la Diosa;
y en mi alma reposa la luz como
[reposa
el ave de la luna sobre un lago
[tranquilo.

Y no hallo sino la palabra que huye,
la iniciación melódica que de la
[flauta fluye
y la barca del sueño que en el espacio
[boga;
y bajo la ventana de mi Bella-
[Durmiente,
el sollozo continuo del chorro de la
[fuente
y el cuello del gran cisne blanco que
[me interroga.

---

[2] No poema que segue, cada palavra (verso) demarca com agudeza a fronteira do intransponível que separa o real do imaginado. A poesia decifra intimidades, narra a versão dariana sobre reflexividade sem ser hermética (N. Paulo Albuquerque).

Os cisnes[3]

[In: MEJÍA SANCHEZ, Ernesto (Org.). Rubén Darío. Poesia. La Habana: Editorial Arte y Literatura, 1989, p. 340.]

Para Juan R(amón) Jiménez
Que sinal fazes, oh Cisne, com teu
  [encurvado pescoço
à passagem dos tristes e errantes
  [sonhadores?
Por que tão silencioso de ser
  [branco e ser belo,
tirânico às águas e impassível às
  [flores?

Eu te saúdo agora como em versos
  [latinos
te saudaria antanho Públio Ovídio
  [Naso.
Os mesmos rouxinóis cantam os
  [mesmos gorjeios,
e em línguas diferentes é a mesma
  [canção.

A vós minha língua não deve ser
  [estranha.
A Garcilaso vistes, acaso, alguma
  [vez...
Sou um filho da América, sou um
  [neto da Espanha...
Quevedo pôde vos falar em verso
  [em Aranjuez...

Cisnes, os leques de vossas asas
  [frescas

deem às frontes pálidas suas carícias
  [mais puras
e afastem vossas brancas figuras
  [pintorescas
de nossas mentes tristes as ideias
  [obscuras.

Brumas setentrionais nos enchem
  [de tristezas,
morrem nossas rosas, murcham
  [nossas palmas,
quase não há ilusões para nossas
  [cabeças,
e somos os mendigos de nossas
  [pobres almas.

Pregam-nos a guerra com águias
  [ferozes,
gerifaltes de antanho retornam
  [aos punhos,
mas não brilham as glórias das
  [antigas foices,
nem há Rodrigos nem Jaimes,
  [nem há Alfonsos nem Nunhos.

Faltos do alimento que dão as
  [grandes coisas,
que faremos os poetas senão
  [buscar teus lagos?

---

[3] Nos poemas que seguem é interessante descobrir o artifício estético do poeta em apresentar e insinuar no "canto" a política; de toda maneira se percebe na escrita o protesto que se inscreve nas asas imaculadas dos cisnes ou na ação nada gratuita do inconformado cavaleiro andante: Dom Quixote (N. Paulo Albuquerque).

À falta de lauréis são muito doces
    [as rosas,
e à falta de vitórias busquemos os
    [afagos.

A América Espanhola como a
    [Espanha inteira
fixa está no Oriente de seu fatal
    [destino;
eu pergunto à Esfinge que o
    [futuro espera
com a interrogação de teu pescoço
    [divino.

Seremos entregues aos bárbaros
    [ferozes?
Tantos milhões de homens falaremos
    [inglês?
Já não há nobres fidalgos nem
    [bravos cavaleiros?
Calaremos agora para chorar
    [depois?

Lancei meu grito, Cisnes, entre vós
que fostes os fiéis na desilusão,
enquanto sinto uma fuga de
    [americanos potros
e o estertor derradeiro de um
    velho leão...

... E um Cisne negro disse: "A
    [noite anuncia o dia".
E um branco: "A aurora é imortal,
    [a aurora
é imortal!" Oh terras de sol e de
    [harmonia,
ainda guarda a Esperança a caixa
    [de Pandora!

Los cisnes

a Juan R(amón) Jiménez

¿Qué signo haces, oh Cisne, con tu
    [encorvado cuello
al paso de los tristes y errantes
    [soñadores?
¿Por qué tan silencioso de ser blanco
    [y ser bello,
tiránico a las aguas e impasible a
    [las flores?

Yo te saludo ahora como en versos
    [latinos
te saludara antaño Publio Ovidio
    [Nasón.
Los mismos ruiseñores cantan los
    [mismos trinos,
y en diferentes lenguas es la misma
    [canción.

A vosotros mi lengua no debe ser
    [extraña.
A Garcilaso visteis, acaso, alguna vez...
Soy un hijo de América, soy un
    [nieto de España...
Quevedo pudo hablaros en verso en
    [Aranjuez....

Cisnes, los abanicos de vuestras alas
    [frescas
den a las frentes pálidas sus caricias
    [más puras
y alejen vuestras blancas figuras
    [pintorescas
de nuestras mentes tristes las ideas
    [obscuras.

Brumas septentrionales nos llenan
    [de tristezas,
se mueren nuestras rosas, se agostan
    [nuestras palmas,
casi no hay ilusiones para nuestras
    [cabezas,
y somos los mendigos de nuestras
    [pobres almas.

Nos predican la guerra con águilas
[feroces,
gerifaltes de antaño revienen a los puños,
mas no brillan las glorias de las
[antiguas hoces,
ni hay Rodrigos ni Jaimes, ni han
[Alfonsos ni Nuños.

Faltos del alimento que dan las
[grandes cosas,
¿qué haremos los poetas sino buscar
[tus lagos?
A falta de laureles son muy dulces
[las rosas,
y a falta de victorias busquemos los
[halagos.

La América Española como la
[España entera
fija está en el Oriente de su fatal
[destino;
yo interrogo a la Esfinge que el
[porvenir espera
con la interrogación de tu cuello
[divino.

¿Seremos entregados a los bárbaros
[fieros?
¿Tantos millones de hombres
[hablaremos inglés?
¿Ya no hay nobles hidalgos ni
[bravos caballeros?
¿Callaremos ahora para llorar después?

He lanzado mi grito, Cisnes, entre
[vosotros,
que habéis sido los fieles en la
[desilusión,
mientras siento una fuga de
[americanos potros
y el estertor postrero de un caduco
[león...

...Y un Cisne negro dijo: "La noche
[anuncia el día".
Y uno blanco: "¡La aurora es
[inmortal, la aurora
es inmortal!" ¡Oh tierras de sol y
[de armonía,
aun guarda la Esperanza la caja de
[Pandora

Litanias de nosso senhor Dom Quixote

[Outros poemas – XXXIX. In: MEJÍA SANCHEZ, Ernesto (Org.). Rubén Darío. Poesia. La Habana: Editorial Arte y Literatura, 1989, p. 375.]

Para (Francisco) Navarro Ledesma

Rei dos fidalgos, senhor dos tristes,
que de força alimentas e de
[sonhos vestes,
coroado de áureo elmo de ilusão;
que ninguém ainda pôde vencer
pela adarga ao braço, toda fantasia,
e a lança em riste, toda coração.

Nobre peregrino dos peregrinos,
que santificaste todos os caminhos
com a passagem augusta de tua
[heroicidade,
contra as certezas, contra as
[consciências,
e contra as leis e contra as ciências,
contra a mentira, contra a verdade...

Cavaleiro errante dos cavaleiros,

barão de varões, príncipe de feros,
par entre os pares, mestre, saúde!
Saúde, porque julgo que hoje
    [muito pouca tens,
entre os aplausos ou entre os desdéns,
e entre as coroas e os parabéns
    [e as tolices da multidão!

Tu, para quem poucas foram as
    [vitórias
antigas, e para quem clássicas glórias
seriam apenas de lei e razão,
suportas elogios, memórias, discursos,
resistes certames, cartões, concursos,
e, tendo arfada, tens orfeão!

Escuta, divino Rolando do sonho,
a um enamorado de teu Clavilenho,
e cujo Pégaso relincha para ti;
escuta os versos destas litanias,
feitas com as coisas de todos os dias
e com outras que no misterioso vi.

Roga por nós, famintos de vida,
com a alma às apalpadelas, com a
    [fé perdida,
cheios de aflições e faltos de sol;
por adventícias almas de manga larga,
que ridicularizam o ser da Mancha,
o ser generoso e o ser espanhol!
Roga por nós, que necessitamos
as mágicas rosas, os sublimes ramos
de loureiro! Pro nobis ora, grande
    [senhor.
(Tremem as florestas de loureiro
    [do mundo,
e antes que teu irmão preguiçoso,
    [Segismundo,
o pálido Hamlet te oferece uma flor.)

Roga generoso, piedoso, orgulhoso;
roga, casto, puro, celeste, corajoso;
por nós intercede, suplica por nós,
pois quase já estamos sem energia,
    [sem broto,
sem alma, sem vida, sem luz, sem
    [Quixote,
sem pés e sem asas, sem Sancho e
    [sem Deus.

De tantas tristezas, de dores tantas,
dos super-homens de Nietzsche,
    [de cantos
áfonos, receitas que assina um doutor,
das epidemias de horríveis blasfêmias
    [das Academias,
livra-nos, senhor!

De rudes caluniadores,
falsos paladinos,
e espíritos finos e brandos e ruins,
da ladroagem que sacia
sua canalhacracia
ludibriando a glória, a vida, a honra,
do punhal com graça,
livra-nos, senhor!

Nobre peregrino dos peregrinos,
que santificaste todos os caminhos
com a passagem augusta de tua
    [heroicidade,
contra as certezas,
    [contra as consciências
e contra as leis e contra as ciências,
contra a mentira, contra a verdade...

Ora por nós, senhor dos tristes,
que de força alentas e de sonhos
    [vestes,
coroado de áureo elmo de ilusão;
que ninguém ainda pôde vencer,
pela adarga ao braço, toda fantasia,
e a lança em riste, toda coração!

Letanias de nuestro señor Don Quijote

A (Francisco) Navarro Ledesma

Rey de los hidalgos, señor de los tristes,
que de fuerza alimentas y de
 [ensueños vistes,
coronado de áureo y yelmo de ilusión;
que nadie ha podido vencer todavía,
por la adarga al brazo, toda fantasía,
y la lanza en ristre, toda corazón.

Noble peregrino de los peregrinos,
que santificaste todos los caminos
con el paso augusto de tu heroicidad,
contra las certezas, contra las
 [conciencias,
y contra las leyes y contra las ciencias,
contra la mentira, contra la verdad...

Caballero errante de los caballeros,
barón de varones, príncipe de fieros,
par entre los pares, maestro, ¡salud!
¡Salud, porque juzgo que hoy muy
 [poca tienes,
entre los aplausos o entre los desdenes,
y entre las coronas y los parabienes
y las tonterías de la multitud!

¡Tú, para quien pocas fueron las
 [victorias
antiguas, y para quien clásicas glorias
serían apenas de ley y razón,
soportas elogios, memorias, discursos,
resistes certámenes, tarjetas, concursos,
y, teniendo a arfeo, tienes a orfeón!

Escucha, divino Rolando del sueño,
a un enamorado de tu Clavileño,
y cuyo Pegas o relincha hacia ti;
escucha los versos de estas letanías,
hechas con las cosas de todos los días
y con otras que en lo misterioso vi.

¡Ruega por nosotros, hambrientos
 [de vida,
con el alma a tientas, con la fe perdida,
llenos de congojas y faltos de sol;
por advenedizas almas de manga ancha,
que ridiculizan el ser de la Mancha,
el ser generoso y el ser español!

¡Ruega por nosotros, que necesitamos
las mágicas rosas, los sublimes ramos
de laurel! Pro nobis ora, gran señor.
(Tiemblan las florestas de laurel del
 [mundo,
y antes que tu hermano vago,
 [Segismundo,
el pálido Hámlet te ofrece una flor.)

Ruega generoso, piadoso, orgulloso;
ruega, casto, puro, celeste, animoso;
por nos intercede, suplica por nos,
pues casi ya estamos sin savia, sin brote,
sin alma, sin vida, sin luz, sin Quijote,
sin pies y sin alas, sin Sancho y sin Dios.

De tantas tristezas, de dolores tantos,
de los superhombres de Nietzsche,
 [de cantos
áfonos, recetas que firma un doctor,
de las epidemias de horribles blasfemias
de las Academias,
¡líbranos, señor!

De rudos malsines,
falsos paladines,
y espíritus finos y blandos y ruines,
del hampa que sacia
su canallocracia
con burlar la gloria, la vida, el honor,
del puñal con gracia,
¡líbranos, señor!

Noble peregrino de los peregrinos,
que santificaste todos los caminos
con el paso augusto de tu heroicidad,
contra las certezas, contra las conciencias
y contra las leyes y contra las ciencias,
contra la mentira, contra la verdad...

¡Ora por nosotros, señor de los tristes,
que de fuerza alientas y de sueños vistes,
coronado de áureo yelmo de ilusión;
que nadie ha podido vencer todavía,
por la adarga al brazo, toda fantasía,
y la lanza en ristre, toda corazón!

O fatal[4]

[Otros poemas, LXI. In: MEJÍA SANCHEZ, Ernesto (Org.). Rubén Darío Poesia. La Habana: Editorial Arte y Literatura, 1989, p. 378.]

Para René Pérez
Ditosa a árvore que é apenas
[sensitiva,
e mais a pedra dura, porque esta
[já não sente,
pois não há dor maior que a dor
[de ser vivo,
nem maior pesadume do que a
[vida consciente.

Ser, e não saber nada, e ser sem
[rumo certo,
e o temor de ter sido e um futuro
[terror...
e o espanto seguro de estar
[amanhã morto,
e sofrer pela vida e pela sombra e por
o que não conhecemos e apenas
[suspeitamos,

e a carne que tenta com seus
[frescos racimos
e a tumba que aguarda com seus
[fúnebres ramos,
e não saber aonde vamos,
nem de onde viemos...!

Lo fatal
A René Pérez

*Dichoso el árbol que es apenas
[sensitivo,
y más la piedra dura, porque ésta
[ya no siente,
pues no hay dolor más grande que
[el dolor de ser vivo,
ni mayor pesadumbre que la vida
[consciente.*

*Ser, y no saber nada, y ser sin
[rumbo cierto,
y el temor de haber sido y un futuro
[terror...
Y el espanto seguro de estar
[mañana muerto,
y sufrir por la vida y por la sombra
[y por*

*lo que no conocemos y apenas
[sospechamos,
y la carne que tienta con sus frescos
[racimos
y la tumba que aguarda con sus
[fúnebres ramos,
¡y no saber adónde vamos,
[ni de dónde venimos...!*

Canto de esperança

[In: MEJÍA SANCHEZ, Ernesto (Org.). Rubén Darío. Poesia. La Habana: Editorial Arte y Literatura, 1989, p. 334.]

---

[4] O poema propõe, a partir de uma visão aberta e dinâmica, a fragilidade das relações interpessoais que tem levado pensadores e escritores a debruçarem-se nas reflexões existenciais. Uma ressignificação do pressuposto pedagógico socratiano: os atos são nossas criações, mas a consciência das possibilidades e da liberdade de escolha instaura o conflito (N. Paulo Albuquerque).

Um grande voo de corvos mancha
           [o azul celeste.
Um sopro milenar traz indícios de
           [peste.
Assassinam-se os homens no
           [extremo Oriente.

Nasceu o apocalíptico Anticristo?
Soube-se de presságios e viram-se
           [prodígios
e parece iminente o retorno do
           [Cristo.

A terra está cheia de dor tão profunda
que o sonhador, imperial medita
           [bundo,
sofre com as angústias do coração
           [do mundo.

Verdugos de ideais afligiram a terra,
em um poço de sombras a huma-
           [nidade se encerra
com os rudes molossos do ódio e
           [da guerra.

Oh Senhor Jesus Cristo, por que
           [tardas, o que esperas
para estender tua mão de luz
           [sobre as feras
e fazer brilhar ao sol tuas divinas
           [bandeiras?

Aparece de repente e derrama a
           [essência da vida
sobre tanta alma louca, triste ou
           [empedernida,
que, amante de trevas, tua doce
           [aurora esquece.

Vem, Senhor, para fazer a glória
           [de ti mesmo,
vem com tremor de estrelas e
           [horror de cataclismo,
vem trazer amor e paz sobre o
           [abismo.

E teu cavalo branco, que olhou
           [para o visionário,
passe. E soe o divino clarim extra
           [ordinário.
Meu coração será brasa de teu
           [incensário.

Canto de esperanza

Un gran vuelo de cuervos mancha
           [el azul celeste.
Un soplo milenario trae amagos de peste.
Se asesinan los hombres en el
           [extremo Este.

¿Ha nacido el apocalíptico Anticristo?
Se han sabido presagios, y prodigios
           [se han visto
y parece inminente el retorno del Cristo.

La tierra está preñada de dolor tan
           [profundo
que el soñador, imperial meditabundo,
sufre con las angustias del corazón
           [del mundo.

Verdugos de ideales afligieron la tierra,
en un pozo de sombras la humanidad
           [se encierra
con los rudos molosos del odio y de
           [la guerra.

¡Oh, Señor Jesucristo!, ¿por qué
           [tardas, qué esperas
para tender tu mano de luz sobre
           [las fieras
y hacer brillar al sol tus divinas
           [banderas?

Surge de pronto y vierte la esencia
           [de la vida
sobre tanta alma loca, triste o
           [empedernida,
que, amante de tinieblas, tu dulce
           [aurora olvida

Ven, Señor, para hacer la gloria de
           [ti mismo,
ven con temblor de estrellas y
           [horror de cataclismo,
ven a traer amor y paz sobre el abismo.

Y tu caballo blanco, que miró al
           [visionario,
pase. Y suene el divino clarín
           [extraordinario.
Mi corazón será brasa de tu incensario.

Manoel Bomfim (1868-1932)

Manoel Bomfim: instrução popular como remédio contra a ignorância, servilismo e parasitismo

Janilson Pinheiro Barbosa

Vida e contexto

Manoel José Bomfim nasceu em 8 de agosto de 1868, em Aracaju, Nordeste brasileiro. Seu pai, Paulino José, mestiço, sertanejo, aprendeu tudo o que sabia no trabalho duro do sertão e na caatinga. Era analfabeto, assim como a maioria da população brasileira da época. Acalentando o sonho de possuir um engenho de açúcar, após se casar com a viúva Maria Joaquina, filha de comerciantes portugueses, mudou-se de Carira, sertão sergipano, e com sua mulher foi para a promissora Aracaju. O casal teve ao todo 13 filhos. Manoel é o sexto da linhagem de filhos do casal, o primeiro do sexo masculino. Na infância viveu a experiência dolorosa de perder muitos de seus irmãos, geralmente vítimas de cólera.

Em Aracaju o casal montou um comércio, a casa "Bomfim e CIA". Após o sucesso do empreendimento, Paulino José ampliou as propriedades na cidade e conseguiu realizar seu sonho de possuir um engenho de açúcar. Foi nesse engenho que Manoel Bomfim se estabeleceu a partir dos 12 anos de idade. Nesse ambiente teve oportunidade de conviver com a realidade da escravidão de negros africanos.

Manoel Bomfim viveu no período de final do Império; acompanhou o momento da assinatura da lei que pôs fim a escravidão de negros no Brasil. Viveu em um momento de grande efervescência cultural ao lado de nomes como Olavo Bilac, Machado de Assis, José do Patrocínio, Pardal Mallet, Raul Pompéia e outros.

Teimosamente, em 1885, Bomfim transmitiu à família sua decisão de ir estudar e, contrariando seu pai, iniciou os estudos preparatórios à faculdade. Em 1886, acompanhado por seu pai, desembarcou em Salvador para estudar na Faculdade de Medicina. Após dois anos estudando em Salvador, Manoel

Bomfim decidiu avançar nos estudos de medicina e transferiu-se para o Rio de Janeiro, onde ele deu continuidade a seus estudos na Faculdade de Medicina do Rio de Janeiro. No mesmo ano a princesa Isabel assinava a lei que pôs fim à escravidão de negros no Brasil.

No Rio de Janeiro Manoel Bomfim fez muitas amizades com intelectuais da época. Com Olavo Bilac estabeleceu uma relação de amizade que se estendeu pelo resto da vida. Nesse período Bomfim, juntamente com os estudos, começou a trabalhar como redator de artigos em diferentes jornais da cidade.

Após se formar, em 1890, foi trabalhar como médico na Secretaria de Polícia. Através deste trabalho, em 1892, passou a integrar uma expedição militar pela qual teve seu primeiro contato com povos indígenas. Organizada por diversos ministérios – do Interior, da Guerra, da Agricultura, do Comércio e Obras Públicas –, a expedição buscava verificar a situação de conflitos entre fazendeiros e índios a fim de estabelecer o apaziguamento entre os dois povos. A expedição se dirigiu ao baixo rio Doce onde viviam os índios Botocudos. A defesa dos povos indígenas e o reconhecimento de que o índio brasileiro não foi tão passivo em sua situação de exploração são traços marcantes na obra de Manoel Bomfim.

Sua vida no Rio de Janeiro se deu no ambiente intelectual da época, com envolvimentos políticos intensos. Bomfim teve sempre posições muito fortes em relação à política e sobre como o poder vinha sendo exercido. Tais questões eram abordadas em seus discursos e artigos publicados. Assim, em 1893, temendo ser preso como muitos de seus amigos – Olavo Bilac, José do Patrocínio, entre outros –, transferiu-se com sua esposa e filha mais velha para a cidade de Mococa, interior de São Paulo. Em seu exílio deu atenção à clínica médica, não se envolvendo, momentaneamente, nas discussões políticas da cidade.

Perdas irreparáveis marcam sua vida dali para frente. Em 1894 faleceu seu pai, homem ao qual admirava e amava profundamente. Meses depois perdeu sua filha de um ano. Desiludido e se achando impotente, Bomfim decidiu abandonar de vez a carreira médica, atividade que nunca mais voltou a desenvolver. A partir de então passou a dedicar-se ao ensino de questões relacionadas à educação e sociologia brasileira.

Ao voltar para o Rio de Janeiro, assumiu, em 1897, a direção do Pedagogium, uma espécie de museu pedagógico. Este fora criado a partir do Parecer de Rui Barbosa, em 1882, ao analisar o projeto de ensino de Rodolfo Dantas.

Como centro educativo nacional, o Pedagogium teve vida curta, passando, em 1892, da esfera nacional para a municipal, uma tentativa para não ser extinto. Convidado pelo então prefeito do Rio de Janeiro, Francisco Furquin Werneck, Manoel Bomfim tomou a firme convicção de transformar o museu em um centro de cultura superior aberto ao público. Nesse mesmo ano fundou e dirigiu a revista *Educação e Ensino*, publicação mensal e oficial da Diretoria de Instrução Pública, e a *Revista Pedagógica*. Mais tarde, convidado por Machado de Assis para compor a recém-criada Academia Brasileira de Letras, Bomfim não aceitou o convite.

Assumiu a direção do Pedagogium de 1896 a 1905. Tendo sido eleito deputado para um mandato, reassumiu o cargo de diretor do museu de 1911 a 1919, quando a instituição foi extinta. Além de professor de Moral e Cívica da Escola Normal e diretor do Pedagogium, mesmo com os poucos recursos financeiros, Bomfim conseguiu realizar muitas atividades relacionadas à educação. Em seu mandato, a instituição configurava-se como um centro de cultura, assim como ele queria. Ali ele fundou o primeiro laboratório de psicologia experimental no Brasil.

Sua vida profissional desenvolveu-se desde esse período, com o retorno ao Rio de Janeiro depois da morte da filha, na área da educação, da política e escrita de artigos, livros e revistas. Passou um período na Europa, na Universidade de Sorbonne, onde estudou psicologia experimental. Nesse período começou elaborar sua mais importante obra: *América Latina: males de origem*. A educação foi o campo em que Bomfim mais transitou, inclusive em nível superior, quando trabalhou na Universidade Popular de Ensino Livre (UPEL), ou Universidade Popular, como era conhecida.

Após muito lutar contra um câncer na próstata, Manuel Bomfim faleceu no dia 21 de abril de 1932. O intelectual sergipano deixou uma volumosa obra sobre diversos assuntos que compreende uma vastíssima composição de livros, manuais didáticos e artigos de jornais. Muitas destas resultaram de sua atuação profissional em variadas redações de jornais, assim como de estudos acadêmicos e de interesse próprio. Entre as temáticas tratadas, destacam-se História do Brasil e da América Latina, Sociologia, Zoologia, Medicina e Botânica.

Seus primeiros escritos foram publicados, ainda quando estudante de Medicina, em jornais e revistas. Entre os livros destacam-se as seguintes obras: *Livro de Composição para o Curso Complementar da Escola Primária* (1899); *A América Latina: males de origem* (1905); *Obra do germanismo* (1915); *Lições de Pedagogia: teoria e prática da educação* (1915); *Noções de Psicologia* (1917); *Primeiras saudades* (1920); *A cartilha* (1922); *Lições e leituras* (1922); *Crianças e homens* (1922); *Livro dos mestres* (1922); *Pensar e dizer: estudo do símbolo no pensamento e na linguagem* (1923); *O método dos testes: com aplicações à linguagem do ensino primário* (1928); *O Brasil na América: caracterização e formação brasileira* (1929); *O Brasil na História: deturpação dos trabalhos e degradação política* (1930); *O Brasil nação: realidade da soberania brasileira* (1931); *Cultura e educação do povo brasileiro* (1932); *O respeito à criança* (1933); *Plástica na poesia brasileira* (obra inacabada); *Moral de Darwin* (obra inacabada). Entre os artigos de jornais e revistas sobre educação destacam-se: "Dos sistemas de ensino" (1897); "Instrução popular" (1897); "Nacionalização da escola" (1897); "Pobre instrução pública" (1915); "Cultura progressiva da ignorância" (1919); "Valor positivo da educação" (1919); "O dever de educar" (1921).

Pensamento pedagógico

O pensamento de Manoel Bomfim se constitui em um contradiscurso às ideias produzidas pelos intelectuais da época sobre a realidade da América do Sul. Ao construir a *tese de parasitismo social* contrapõe-se frontalmente à teoria da desigualdade inata das raças comumente aceita na época. Bomfim desenvolveu uma linha de reflexão buscando entender a problemática do atraso brasileiro em um conjunto maior de causas. Para ele, as causas dos problemas que afetavam o Brasil eram as mesmas que afetavam todos os povos da América do Sul. As causas estavam diretamente ligadas aos processos de colonização e formação desses povos.

A crítica que os europeus faziam dos povos sul-americanos como atrasados e sem cultura, de certa forma, não eram falsas. Mas a razão, segundo Bomfim, desse atraso estava no processo de formação dos povos realizados pelos próprios europeus. Ao desenvolver sua reflexão, considerava que o parasitismo causava muitos sofrimentos aos povos sul-americanos. Porém, amplia sua reflexão considerando que este se dava em dois movimentos. O primeiro movimento era o do sofrimento do povo colonizado, que tem suas forças sugadas e sua autoestima abalada. E, um segundo movimento, o sofrimento do próprio colonizador, que não se sabe sem o explorado, que se sente sempre ameaçado por aqueles que faz sofrer.

Ao formular a tese de parasitismo social, ele a desenvolveu tendo o organismo vivo como analogia da sociedade. Assim como os organismos biológicos e, como estes, outros seres, está a sociedade sujeita a leis categóricas. "As sociedades obedecem a leis de uma biologia, diversa da individual nos aspectos, mas em essência idêntica" (BOMFIM, 1993, p. 52).

Salientou, nesse sentido, que, para se estudar um grupo social, buscando compreender suas condições de vida e realidade atual, é preciso analisar não só os meios em que ele se acha, mas seus antecedentes, seu passado. Para ele, uma nacionalidade é produto de uma evolução, resultado da ação do seu passado, combinada com a ação do meio. Assim como nos organismos, há nas sociedades uma herança adaptada, uma certa hereditariedade adaptada.

Bomfim acreditava que a instrução pública era o único "remédio" para se tirar o povo brasileiro do atraso no qual ele estava inserido. Para ele, a educação pública era a única forma de educação que preparava o povo para a democracia porque uma nação é, quase sempre, a imagem do seu povo. Um povo ignorante e não instruído, consequentemente, formará uma sociedade atrasada e ignorante. Um povo culto, segundo ele, formará uma sociedade adiantada e próspera. Nessa perspectiva, a educação está ligada diretamente à ideia de progresso na medida em que não há possibilidade de progresso na ignorância.

Para Bomfim, a ignorância nulifica o povo. A liberdade e a democracia eram as duas condições primordiais para o progresso. Mas o povo tinha que ser preparado para ambas as condições. Os ideais da República falharam, segundo ele, porque falharam diretamente em seu dever primordial que era a educação e o preparo do povo. Nesse sentido os educadores, mais que uma profissão, possuem uma função social.

A educação proposta por Bomfim teria que ser pública, partir da própria realidade do povo. Condenava as receitas prontas e teses importadas da Europa e dos Estados Unidos. Para tanto, se fazia necessário uma profunda mudança na maneira de pensar, bem como resolver as condições estruturais que impediam uma nova tomada de consciência.

Para ele não era na ignorância que as pessoas se constituíam como seres humanos, mas no exercício da liberdade. A liberdade é o esforço constante e consciente para progredir não individualmente, mas em sociedade, pois a verdadeira liberdade, segundo ele, não é uma "fantasia sem regras". Ela só é possível com o exercício pleno da inteligência. Nesse sentido, a instrução, a ciência tem sua razão de ser na promoção humana que ela pode possibilitar. A verdadeira ciência, segundo ele, está em transformar a natureza animal do homem em natureza social. O objetivo da educação é mais que a instrução. Seu sentido é o progresso do homem como ser social, político e humano, pois "viver é progredir, e progredir é agir eficazmente, dirigindo o esforço no sentido de um plano determinado, harmonizando os atos e as aspirações, dando a existência essa unidade que é a própria beleza moral" (Bomfim, 1993, p. 349).

Buscar e aceitar a vida deveriam ser um exercício humano não só como resposta às exigências materiais, mas procurando atender às necessidades intelectuais, afetivas e estéticas. A difusão da instrução e a preparação do espírito dos povos são os principais instrumentos para que o homem, por mais miserável que esteja, saindo desta condição de miséria, contemple a beleza da vida. "Como o pão material, é preciso ao indivíduo, para que sua harmonia moral seja completa, o alimento de verdade e beleza" (BOMFIM, 1993, p. 350). A educação mais do que preparar o indivíduo para a técnica, deve prepará-lo para a vida. Deve responsabilizá-lo, também, em deixar uma nação mais confortável e fraterna. Para Bomfim, assim é que se realizava o verdadeiro patriotismo. Um patriotismo humano capaz e preocupado em melhorar as condições de existência, solidarizando os indivíduos na luta pela vida. Bomfim perguntava se esse projeto de educação era uma utopia. "Utopia sim, sejamos utopistas, bem utopistas; contanto que não esterilizemos o nosso ideal, esperando a sua realização de qualquer força iminente à própria utopia; sejamos utopistas, contanto que trabalhemos" (BOMFIM, 1993, p. 351) – respondia ele.

Apresentação dos textos escolhidos

Na sua vasta obra, Bomfim sempre escreveu a respeito da Educação. Em *América Latina: males de origem*, obra publicada em 1905, ele fez uma profunda análise da situação em que se encontravam os países da América do Sul. Ao apresentar a obra o próprio autor afirma que ela é resultado do amor de um brasileiro pelo Brasil e da solicitude de um americano pela América. Exprime seu desejo de ver a pátria feliz, próspera, adiantada e livre. É resultado de nove anos de reflexão sobre as notas reunidas e discursos proferidos sobre o assunto.

Nessa obra Bomfim objetiva mostrar que o atraso econômico e político da América Latina não se dava pela incapacidade do povo ao progresso nem por sua inferioridade em relação aos povos europeus. Mas, sim pelas condições de formação do povo e das violências que ele tinha sofrido. A obra nasceu do desejo de contrapor-se à opinião e visão que tinham os povos europeus sobre os povos da América do Sul, que para Bomfim eram perniciosas, violentas e excludentes.

O livro dedicado a Sergipe, terra natal do autor, é dividido em cinco partes: I - A Europa e a América Latina; II - Parasitismo e degeneração; III - As nações coloniais da América do Sul; IV - Efeitos do parasitismo sobre as novas sociedades; V - As novas sociedades. A leitura da obra na época gerou profundas discussões de intelectuais que concordavam com a reflexão, mas, também, de muitos que não aceitavam as ideias de Bomfim. Aqui estão transcritos trechos do resumo que ele fez do livro ao concluí-lo.

Nos excertos aqui apresentados, Manoel Bomfim faz uma análise profunda sobre a situação em que se encontrava o povo da América Latina. Em toda obra, *América Latina: males de origem*, o autor busca entender como o povo latino-americano chegou a um estado tão grande de ignorância e servidão. Ele encontra no processo de formação colonial as raízes de tais problemas. A saída para a situação de ignorância do povo ele atribui à instrução popular, que para ele serve como remédio para a doença da ignorância. Sem a instrução das massas, para ele, não só a pobreza será uma constante, mas a própria qualidade de vida das pessoas em seus aspectos materiais, culturais e espirituais. Respondendo às críticas de que tal proposta educativa se configura em uma utopia, ele assegura que se trata de uma utopia em ação.

Referências

AGUIAR, Ronaldo Conde. *O rebelde esquecido: tempo, vida e obra de Manoel Bomfim*. Rio de Janeiro: Topbooks; ANPOCS, 2000.

BOMFIM, Manoel. *A América Latina: males de origem*. Rio de Janeiro: Topbooks, 1993.

[Textos escolhidos]

A América Latina: males de origem

Manoel Bomfim

Resumo e conclusão (trechos)

[BOMFIM, Manoel. *A América Latina: males de origem*. Rio de Janeiro: Topbooks, 1993.]

A massa geral da população, formada e nutrida por essa cultura intensiva da ignorância e da servidão, não tem estímulos, nem desejos, nem necessidades definidas, acima dos apetites da baixa animalidade; ignora tudo, não sabe trabalhar, não vê beleza, nem interesse no trabalho, nada convida a isto; inteiramente nula para o progresso, é facilmente aproveitada pela caudilhagem nas más aventuras e assaltos políticos. As classes dirigentes, herdeiras diretas, continuadoras indefectíveis das tradições governamentais, políticas e sociais do

Estado-metrópole, parecem incapazes de vencer o peso dessa herança; e tudo que o parasitismo peninsular incrustou no caráter e na inteligência dos governantes de então, aqui se encontra nas novas classes dirigentes; qualquer que seja o indivíduo, qualquer que seja o seu ponto de partida e o seu programa, o traço ibérico lá está – o conservantismo, o formalismo, a ausência de vida, o tradicionalismo, a sensatez conselheiral, um horror instintivo ao progresso, ao novo, ao desconhecido, horror bem instintivo e inconsciente, pois que é herdado. De longe em longe, surge um espírito capaz de ação eficaz – é uma miragem perdida no deserto; e a sociedade continua a arrastar-se ao sabor dos que a dirigem. Assistidos, reconfortados por estes, os elementos refratários, remanescentes do passado parasitário, revivem, proliferam, doutrinam, orientam; e a nova pátria não chega nunca a ser uma pátria, senão a ex-colônia, que se prolonga pelo Estado independente, contra todas as leis da evolução, sufocando o progresso, presa a mil preconceitos, peada pela ignorância sobre o conservantismo.

O resultado desse passado recalcitrante é esta sociedade que aí está: pobre, esgotada, ignara, embrutecida, apática, sem noção do próprio valor, esperando dos céus remédio à sua miséria, pedindo fortuna ao azar – loterias, jogo de bichos, romarias, "ex-votos"; analfabetismo, incompetência, falta de preparo para a vida, superstições e crendices, teias de aranha sobre inteligências abandonadas... Ou a putrefação passiva, ou o agitar de interesses baixos, conflitos de grupos, dominados por um utilitarismo estreito e sórdido, onde os mais astutos não sabem pensar nem querer, incapazes de um esforço contínuo, correndo de empresa a empresa, gemendo quando têm fome, grunhindo como bácoro quando estão fartos.

[...]

Parecerá anacrônico, neste momento da história ocidental, vir fazer a apologia da instrução. Será anacrônico, mas é indispensável; não há propaganda mais urgente. Apesar de que nas classes dominantes, entre os inteligentes e cultos, todos se digam convencidos da excelência e das vantagens da instrução; apesar de que pretendam considerar essa excelência e vantagem como verdades banais; apesar disso, e por isso mesmo, a propaganda se impõe porque o assunto é tido hoje como indiscutível e banal, é que ninguém dele se ocupa, nem para impugná-lo, nem para executar o programa que daí se deriva. Para o progresso e para a civilização, desde que a massa popular continua ignorante, e que ninguém cogita em instruí-la, é como se não houvesse tal convicção. É mister retomar a propaganda, e não cessar enquanto a idéia não tiver realização.

Aí está o remédio contra o nosso atraso, contra a miséria geral; e os que têm o coração bem no seu lugar não se podem negar a essa obra de redenção social. A própria apatia geral abate os entusiasmos; mas, depois de refletir sobre o grau de abjeção a que está reduzida a massa da população nestes países americanos, e de pensar no futuro que a espera, o coração se revolta. A vista do sofrimento é talvez mais dolorosa que o próprio sofrimento; por isso, a alegria, o riso, só é puro nos lábios da criança, que ainda não viu, nem compreendeu a dor. O coração se constringe e se revolta, e o homem "que pensa, compreende quanto é indigno ouvir dizer a esses abandonados de hoje, e infelizes de amanhã, que o seu sofrimento é uma conseqüência inelutável das leis que regem o universo"; que a injustiça, a desigualdade, é um fato social como outros, que a miséria exprime, na ordem moral, um dos aspectos da seleção natural; que se consolem, talvez, em verificar o admirável encadeamento de causas e efeitos. A dignidade humana está em não aceitar, nem resignar-se a esta necessidade do mal; está em revoltar-se, e lutar contra ele. A indignação e a luta contra o mal são também fatos sociais, e funções legitimamente humanas, mais nobres que a pura contemplação, se elas se completam pelo estudo das causas da miséria e do atraso social, e se buscam o meio de combatê-las e suprimi-las.

A grandeza e a extensão do infortúnio não são razões para cruzar os braços. Façamos a campanha contra a ignorância; não há outro meio de salvar esta América. Os paliativos, expedientes, empirismos e sagacidades políticas já deram o que podiam dar. Esse progresso, que uns resumem nas cifras dos orçamentos, e outros no número de navios, e outros na extensão das minas em exploração, não é só mal definido, é fugaz e ilusório. O progresso há de ser da própria sociedade, no seu todo; e isto só se obtém pela educação e cultura de cada elemento social. Não se eleva o meio, sem melhorar os indivíduos; não há progresso para quem seja incapaz de compreendê-lo e desejá-lo, prevê-lo e buscá-lo. O progresso é um triunfo – a vitória crescente sobre a natureza; e na batalha que a ele conduz, a primeira condição é estar desembaraçado da ignorância, dos preconceitos, e dos desalentos que nela se geram, *conhecer* os inimigos a vencer, *conhecer* os obstáculos a suprimir ou transpor, *conhecer* os recursos que podem servir, *conhecer* o alcance de cada tentativa, *conhecer, conhecer... conhecer* de mais em mais.

Nesta hora de mercantilismo universal, a América do Sul não vê do progresso humano senão a prosperidade material, as riquezas e o poder; e cada político acreditaria ter levado a sua pátria à extrema avançada da civilização, se os milhões soassem nos cofres dos felizes, engrandecidos pelo quadro aparatoso de uma nação *poderosa*. Sim, essa riqueza virá; é, porventura, fatal; mas, para que ela venha, é mister, justamente, que alguns pensem em outro progresso, que não seja a pura riqueza material. Antes que os infelizes adquiram os cabedais sonhados, é preciso que adquiramos o cabedal do espírito, mais fácil, mais importante ao progresso, é indispensável para preparar qualquer outro.

Sem isto, sem a instrução da massa popular, sem o seu realçamento, não é só a riqueza que nos faltará – é a própria qualidade de *gentes* entre as gentes modernas. Pouco importa o que está inscrito nas Constituições, que as camadas políticas vão depositando nos armários oficiais. Como estamos, não somos nem nações, nem repúblicas, nem democracias. A democracia moderna é um produto do progresso; e nós somos, ainda, uma presa do passado, recalcitrante em tradições e preconceitos, que não soubemos vencer ainda. Querer um regime moderno, com as almas cristalizadas nos costumes de três séculos atrás, não é uma utopia – é uma monstruosidade. Proclamar democracia e liberdade, e manter e defender as condições sociais e políticas das eras de absolutismo, é mais que insensato – é funesto, mais funesto que o próprio absolutismo formal. Este é criminoso, mas é pelo menos lógico; o crime pode ser lógico sem deixar de ser crime; o regime de democracia sem povo é absurdo, sem deixar de ser igualmente pernicioso.

[...]

Reclamando a difusão da instrução, a prática da ciência, como o meio de curar os nossos males essenciais, e de avançar para o progresso, não queremos atribuir à cultura intelectual nenhuma virtude miraculosa, se não a importância que ela teve e tem na história da civilização. Demos que a instrução não seja o objetivo único do progresso; não se poderá negar, porém, que é um de seus objetivos, um dos *fins* e, ao mesmo tempo, um meio – o meio principal. A primeira condição para conquistar a civilização, é *conhecê-la*, conhecer a vida, as suas necessidades, os recursos possíveis; e nenhum outro processo existe de trazer indivíduos ao nível do século, de os pôr de acordo com o momento.

Quem diz difusão de instrução, diz progresso intelectual, porque é o meio social que estimula e provoca a alta cultura científica, que alimenta os pensadores originais, os criadores, em arte ou em filosofia. A época, as condições propícias fazem florescer os gênios e os talentos, que, num mundo de ignorantes, morrem abafados, sem inspiração, ou não compreendidos.

O progresso material, esse deriva diretamente da ciência, das suas descobertas e aplicações. É certo que a riqueza e a prosperidade material exigem atividade, trabalho; isto até os políticos o percebem; é mesmo sintomático das classes dirigentes, na América do Sul, o clamar contra a "inatividade das populações". Calemos queixas e condenações vãs; na hora atual, só há um meio seguro de convidar os indivíduos à atividade – é instruí-los; não se compreende, hoje, trabalho que não seja inteligente. É mister fazer-lhes a educação, adaptá-los à atividade; e temos que principiar por ativar-lhes a inteligência. Instruir é fazer pensar. Pensar já é atividade. *Pensar é criar*, agitar o mundo das imagens, alargá-lo. Levar os homens a ter idéias novas, é fazê-los ativos, de uma atividade superior, porque a idéia é o ato pelo qual o espírito, mercê de impressões várias e diferentes, cria uma entidade nova – o elemento mental, que representa uma síntese: a harmonia última que, no seu espírito, se faz com o resíduo de sensações passadas, observações e ensinamentos. "Esta harmonia – a idéia – é obra essencial do espírito, um desdobramento dele mesmo, no caminho da verdade, do bem, da cultura ou da justiça; a idéia que assim se gera não é uma fórmula; não restringe; é um ser vivo, cresce, produz, anima; reage por seu turno sobre o organismo e o impele a novas atividades." Eis a noção superior e social da inteligência. Criar as aspirações, sugerir o bem e o belo, fazer das idéias o princípio da ação, eis o papel da instrução.

A atividade pressupõe método, ordem no trabalho; e o espírito é a ordem por excelência. É no esforço natural para bem pensar que o indivíduo adquire esta disciplina voluntária – que não é a ordem passiva, sufocante, mas a harmonia na ação. Método e autonomia fazem de cada personalidade uma unidade original. Esclarecida a inteligência, compreende o indivíduo a necessidade de dar um sentido e um fim à vida, e ei-lo, naturalmente, ativo para realizá-lo; a cultura do espírito deu-lhe as forças positivas para a conquista, e o método para dirigi-la. Não há esforços fecundos sem o saber, e o verdadeiro mérito da ciência está na ação que ela facilita e provoca. A ignorância, quando não é a inércia, é a covardia do espírito; gera o fatalismo supersticioso e místico, onde adormece toda iniciativa, mutila a vontade, e enraíza as almas nessa resignação ao mal e à miséria – invencível obstáculo a todo progresso. Qual outro meio – se não a instrução – de fazer compreender aos homens que eles não devem esperar o bem-estar e a prosperidade da força dos decretos, nem da *fatalidade das leis econômicas*, e sim do próprio esforço – do trabalho inteligente?...

Quando se pensa nos liames complicados e infinitos que prendem o indivíduo e o tornam dependente do meio, compreende-se facilmente que ele – e portanto a sociedade – não possa prosperar sem conhecer esse meio, sem estudá-lo, sem recorrer ao que a ciência ensina, para achar o processo de apropriá-lo às suas necessidades, realizando, assim, a indispensável adaptação recíproca, entre o organismo e a natureza. Para o homem moderno, é esta a primeira necessidade; e é pela instrução que isto se obtém, preparando o indivíduo de modo a bastar-se a si mesmo, compensando as deficiências naturais pelos recursos da ciência. A natureza é inesgotável, com a condição, porém, de que a estudemos, para bem compreendê-la, e que alcancemos aproveitá-la e explorá-la, sem que a inutilizemos.

[...]

Pretender atividade da parte do ignorante, é pretender o impossível; a atividade está na medida das necessidades, dos desejos e apetites a satisfazer. Um ignorante, fora do mundo e da civilização, é uma alma nula, pura unanimidade; come e ama qual a besta primitiva; está satisfeito, por que agitar-se e labutar?... Não lhe trabalha o espírito nenhuma aspiração superior, ou sequer de mero conforto. Desconhece o bem-estar, e quando a miséria é profunda sente-se infeliz; mas não sabe achar, nem a verdadeira causa, nem mesmo a expressão do sofrimento; na consciência obtusa, a dor e o mal se desenham com a fatalidade do dia e da noite... Abram-lhe a inteligência, revelem-lhe o mundo; e a cada recanto dos novos horizontes que se rasgarem ao seu espírito, corresponderá fatalmente uma necessidade nova. O desejo a espicaçar-lhe a mente, a sacudir-lhe a vontade e a desenvolvê-la: ei-lo rodeado de estímulos, no caminho da atividade espontânea e fecunda.

Não serve a instrução somente para fazer surgir necessidades novas; serve também para definir necessidades normais; e serve principalmente para indicar o meio de atender a umas e outras, e de satisfazer a todos esses desejos adiados, oprimidos pela ignorância dos recursos comuns.

Esta expansão do pensamento se acompanha de uma complicação crescente de desejos e estímulos; a própria inteligência cria para si necessidades, formula exigências: o desejo de saber, jamais saciado, de indagar, descobrir, estudar, explicar, conhecer, criar, aplicar, imaginar, compor um ideal, um sistema. E as necessidades estéticas que a cultura desenvolve?... Este desdobramento de necessidades faz-se ao mesmo tempo que se faz uma multiplicação e diferenciação de aptidões mentais, que permitem atender à "diferenciação de funções e à divisão do trabalho", essenciais no progresso. É a instrução, a cultura intelectual, que provoca o aparecimento de variações individuais superiores, de curiosidades novas. Não há dúvida de que o progresso é obra de um pequeno número de inteligências; faz-se preciso, todavia, que haja milhões de cérebros trabalhados, explorados para que se revelem essas poucas inteligências de elite; sem isto, lá ficariam elas perdidas, esquecidas, na ignorância primitiva. Revela-se o talento e define-se ao mesmo tempo a sua utilidade, porque, em suma, um cérebro vale pelo uso que dele se faz.

É a instrução que, na complexidade da vida, cria essa infinidade de aptidões, onde toda função acha órgão adaptado; quanto mais se revolvem as inteligências, mais probabilidades há de as estimular para caminhos novos. Todas essas exigências da economia social, traduzidas pela sabedoria inglesa no *The right man in its right place*, só encontram satisfação possível se cada inteligência se conhece, se não lhe faltam os meios de aperfeiçoar-se.

[...]

Não há regime livre na ignorância; para libertar os homens, o primeiro passo é desembaraçá-los dessa ignorância e entregá-los à posse da própria inteligência: "Uma democracia não tem razão de ser senão para dar a todos liberdade e consciência de si". São verdades velhas, bem o sabemos. O mais humano dos Andradas – Martim Francisco – já escrevia, em 1824: "O homem embrutecido não compreende em política outra idéia além das de escravo e de senhor. Nós temos a prova disto nos portugueses e nos brasileiros, que deles descendem".

[...]

A liberdade não é nem o arbítrio, nem o capricho; a liberdade é o direito ao indivíduo de achar ele mesmo o modo de conduzir-se e de entrar em acordo com os seus semelhantes. É por isso que não pode haver liberdade sem instrução, onde o indivíduo aprenda a conhecer-se a si próprio e ao meio dentro do qual vive, e conhecer também os recursos de que pode dispor. Salvo casos mórbidos, o homem é um animal sociável, e sem dificuldade se acomoda à vida normal, se o prepararam, e se o educam convenientemente. Guizot, um conservador, reconhecia que: "Il est plus difficile de connaître son devoir que de l'accomplir". Isto não será, talvez, bem exato; mas é certo que o indivíduo não pode chegar a esse estado de verdadeira educação social – que consiste em saber governar-se a si mesmo, e a dominar os maus instintos – sem um preparo intelectual perfeito. E é só quando o homem alcança este domínio sobre si que ele é efetivamente livre. Só então, conseguirá ele pôr o seu microcosmo em harmonia com a sociedade, porque pode penetrar as relações íntimas e necessárias que o prendem ao todo, e não lhe permitem isolar-se.

Eis a razão por que o homem pretende apurar a vida social: porque reconhece que é este o meio de libertar-se dos obstáculos naturais, desenvolver a sua personalidade, firmar a sua autonomia e iniciativa. A liberdade passa a ser o esforço constante e consciente para progredir, a vontade sempre alerta, com o concurso espontâneo de todas as inteligências; ou, por outra, concurso de todas as vontades, cooperação de todas as inteligências numa reciprocidade perfeita. Assim, estaria definida a verdadeira democracia. Obtida deste modo – a liberdade na harmonia – está o homem no caminho da felicidade, porque a felicidade, coisa difícil de definir-se, é impossível de conquistar-se por um só caminho. É mister aos indivíduos a livre escolha dos meios de buscá-la, desabrocham as esperanças, desenham-se as aspirações, e isto já é o antegozo da felicidade. A vida se faz suave, e dá gosto viver; a disciplina é toda voluntária, pois que têm todos inteira consciência dos seus direitos e deveres; e a ordem sai do livre concurso das vontades; é a ordem vivificante, que identifica a paz com a evolução, atividade com a liberdade.

[...]

A liberdade não é vaidade, nem o isolamento. Ser livre é, antes de tudo, escapar da escravidão que a ignorância impõe, da escravidão que em nós mesmos reside, e trazer a inteligência a iluminar os atos e a vida; ser livre é compreender que a injustiça é o mal, e que a ordem social não deve ser a ordem exterior, prepotente, instável, resultando de uma imposição tirânica, mas sim o acordo normal de todas as aspirações. "Ser livre é elevar-se à idéia do bem superior, geral, humano", que só pode ser realizado pelo concurso de todos, pela solidarização de todos os esforços; é fazer-se obreiro deste ideal, querê-lo, buscá-lo. Assim, o indivíduo é verdadeiramente autônomo, sem, no entanto, entrar em conflito com as atividades estranhas e bem dirigidas; lutará, apenas, contra o mal. A verdadeira liberdade não é a fantasia sem regras; ela não existe sem o exercício pleno da inteligência; consiste em dar um fim à vida, em conformar-se com ele.

Fora a mais louca das pretensões o querer levar estas sociedades para a felicidade e o progresso, conservando-as na ignorância como até agora. A história dos povos contemporâneos aí está para que aprendamos: são as nações mais cultas e instruídas as mais adiantadas e prósperas. Examinem-se, uma por uma, e achar-se-á uma relação direta entre a difusão do ensino, a generalização da instrução, e o progresso social e econômico; aprofunde-se mais o exame, e verificar-se-á que esse progresso é precisamente um *efeito* imediato. Ele se traduz como uma conseqüência natural e necessária da extensão do ensino e do apuro das inteligências. Nem do outro recurso se valem os inovadores e progressistas, nas posições de governo, empenhados em engrandecer os povos e em conduzi-los ao sucesso. Na economia social da nossa época, dizer país de analfabetismo, é dizer país da miséria, pobreza e degradação. É verdade que, dos fundos sedimentários do reacionarismo, político ou místico, alguns subapóstolos se têm levantado para acentuar o fato, naturalíssimo aliás – de que, não obstante a difusão da instrução, ainda não desapareceram da face da Terra todos os crimes... Daí, pretendem eles inferir a não eficácia da cultura intelectual para o aperfeiçoamento moral do indivíduo. Formulado o sofisma, já não hesitam, distendem o raciocínio até onde lhes convém, para concluir que "a instrução é, talvez, um instrumento de perversão moral..." "Rien de ce qu'ennoblit, instruit et relève l'homme ne saurait lui nuire", – responde-lhes a lógica e a verdade. "É uma mentira" – tal é a expressão veemente de Ibsen – "uma mentira, dizer que a cultura intelectual desmoraliza o povo; não, o que o desmoraliza são os esforços que se fazem para embrutecê-los, são as misérias da vida". E a razão está com o grande norueguês. Dessas misérias e desses esforços maléficos é que procedem os crimes e vícios que ainda degradam uma parte da humanidade; contra uns e outros só há um recurso eficaz: fortalecer o espírito, abrir a inteligência, enriquecê-la, dilatá-la.

[...]

Forcemos a nota, numa campanha generalizada; chamemos à atividade quantas inteligências possam acudir ao nosso apelo; milhares de leitores virão estimular a produção literária e a cultura científica, que, uma e outra, se refletirão por seu turno sobre o público, alargando-o cada vez mais, educando-o. Imprensa, revistas, círculos de estudos, bibliotecas, universidades populares – verdadeiramente *populares*, e não arremedos de academias, de onde o povo foge, e com razão. Para tudo isto devemos recorrer, e o êxito será infalível, contanto que não nos abandone, nem a convicção na excelência da nossa campanha, nem a tenacidade no esforço. Depois, a própria obra virá auxiliar aqueles que a conduzem; da cooperação das idéias nascerá a cooperação das vontades – é este um resultado incontestado da instrução. É um movimento que de si mesmo se acelera; da pura instrução intelectual, se desprenderão os princípios de educação técnica e moral, que tornam viáveis as democracias, formando-lhes cidadãos moralmente livres e úteis.

[...]

A ciência não é um regime, nem prevalece pela imposição; mas, por si mesma, ela conquista os espíritos e vence rebeldias; e nada mais salutar, porventura, do que ouvir, no desconcerto dos egoísmos estonteados, a sua palavra serena – luz pura e natural, sobre as inteligências que se perdem nesta agitação triste. Se o verdadeiro progresso consiste em transformar a natureza animal do homem em natureza social, nada tem concorrido mais para este progresso que a ciência, mesmo quando reconhece e demonstra a nossa verdadeira filiação na linhagem animal; porque, descobrindo esta verdade, ela descobre ao mesmo tempo que a perfectibilidade é inerente à própria vida, e que esses maravilhosos atributos de espírito, cuja cultura e apuro tanto almejamos, não são mais que a expansão de faculdades ainda embrionárias em outros tipos da série a que pertencemos, e onde representamos o grau de evolução mais elevado.

[...]

Viver é progredir, declinar já é morrer; a moral, o aperfeiçoamento, é a vida que se desenvolve. Mas, não esqueçamos, a vida não se deixa mutilar; quem não queira declinar tem de aceitá-la e vivê-la integralmente, ativamente. Viver é progredir, e progredir é agir eficazmente, dirigindo o esforço no sentido de um plano determinado, harmonizando os atos e as aspirações, dando à existência essa unidade que é a própria beleza moral.

Aceitemos a vida integralmente; busquemo-la em todas as suas fontes de energia, que resumem, não só as exigências materiais, como as necessidades intelectuais, afetivas e estéticas; restituamos estes grandes estímulos na proeminência do progresso. A necessidade de beleza – como o desinteresse na dedicação, e a curiosidade de saber – é bem mais geral do que se pensa; mas não se pode exigir do miserável ignorante que sinta a harmonia de linhas do Partenon ou se extasie ao ouvir uma fuga de Bach; há belezas que só um preparo preliminar torna sensíveis. Não há nenhuma razão, porém, para que o gozo estético se faça o privilégio de um pequeno número; difunda-se a instrução, preparem-se os espíritos, e que a arte venha constituir uma função normal na vida, tal como compreendem os seus grandes apóstolos modernos, os Ruskin e os Morris. A arte tem sido, e será, uma força na evolução humana, força prodigiosa, que alcança por igual, o coração e a inteligência, desperta entusiasmos, e cria admirações. Como o pão material, é preciso ao indivíduo, para que sua harmonia moral seja completa, o alimento de verdade e beleza.

[...]

Atiremo-nos à ação; não esperemos que uma corrente fatal nos leve ao progresso; atiremo-nos à ação, como quem está convencido de que o progresso e a felicidade se conquistam, e que só os alcançam os que sabem conquistar. Busquemos da ciência os seus recursos eficazes, infalíveis; e, emancipados pela crítica, iluminados pelo saber, voltemo-nos à vida, confiantes e fortes, preparando para nós mesmos o conforto, a fraternidade, os gozos elevados, morais e estéticos; esforçando-nos por transmitir às gerações futuras o esboço de uma felicidade mais perfeita. Será este o mais digno tributo que podemos oferecer à nossa pátria; destarte seríamos patriotas sendo ao mesmo tempo essencialmente humanos, que o único patriotismo compreensível e nobre é o que se traduz em melhorar as condições de existência dentro de cada país, solidarizando os indivíduos na luta pela vida, solidarizando as pátrias no sentido da civilização e da humanidade. Consagremos numa expressão superior essa necessidade de amar os horizontes e as paisagens que nos revelaram a natureza; demos uma significação moral a esse interesse natural pelas gentes que nos ensinaram a vida, pelas gerações que trouxeram o indispensável afago aos nossos afetos renascentes.

Nestes sentimentos, toda aspiração é nobre, e o coração, já ardente e vigoroso, mais se fortalece e se exalta na evocação do próprio sonho: por todo este continente, a liberdade e o progresso fraternizando os povos, na justiça e na beleza; a democracia excelsa sobre o futuro, serena, alegre e sã, olhando a vida e servindo-a, marchando para uma glória verdadeiramente humana, no concertante triunfal dos esforços felizes e fecundos, à luz de horizontes largos e puros, como esses que se desdobram pelas nossas cordilheiras.

Utopia... Utopia... repetirá a sensatez rasteira. Utopia, sim; sejamos utopistas, bem utopistas; contanto que não esterelizemos o nosso ideal, esperando a sua realização de qualquer força imanente à própria utopia; sejamos utopistas, contanto que trabalhemos. "Sem os utopistas de outrora os homens viveriam, ainda hoje, nas cavernas, miseráveis e nus. São os utopistas que traçaram as linhas da primeira cidade. Dos sonhos generosos saem realidades benfazejas. A utopia é o princípio de todos os progressos e o esboço de um futuro melhor."[1]

Deixemos às gentes *conservadoras* e *refletidas* o condenar e desprezar a utopia – Marthas, absorvidas na banalidade comum, que o uso já mecanizou; queiramos o que será a glória de amanhã: uma América feliz, na clemência do seu clima, no esplendor deste céu, inteligente, laboriosa e pacífica na comunhão social, meiga e fraternal na expansão natural da instintiva cordialidade, apartada dos egoísmos ferozes que aviltam outras civilizações. Que "os mortos enterrem seus mortos"; voltemo-nos para a ação fecunda, demos à vida toda a nossa atividade, e ela nos levará para o progresso e para a vitória, como leva a árvore para o alto e para a luz.

---

[1] Anatole France (nota do autor).

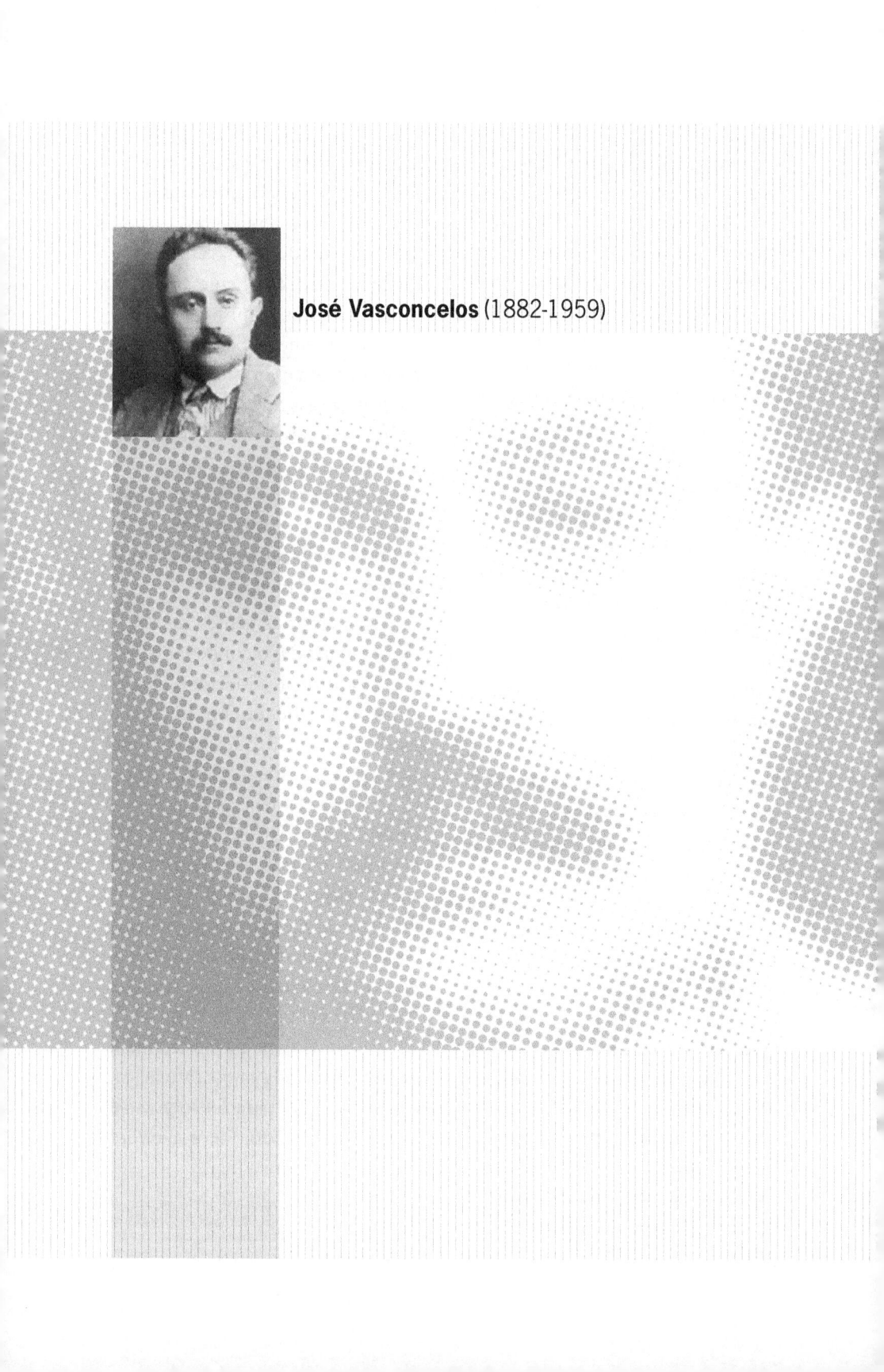

José Vasconcelos (1882-1959)

José Vasconcelos, promotor de cultura e criador do sistema educacional mexicano

Eulálio Velásquez Licea

O México que José Vasconcelos conheceu

O México foi ao encontro do século XX em meio a uma ditadura que duraria 30 anos. Em 1910, ao se iniciar o processo da luta armada conhecida como Revolução Mexicana, o país se arrastava em um enorme atraso educacional. Mais de 80% da população era analfabeta, apesar do impulso que o Porfiriato[1] deu para a formação docente com a criação, na década de 1880, das escolas normais para rapazes e moças, que não eram suficientes para cobrir a demanda de educação de todo o país. Venustiano Carranza, durante seu mandato presidencial (1915-1920), ordenou que as escolas passassem a ser dirigidas pelos conselhos municipais, mas essa época, caracterizada por violência e caos, também foi um período de avanços no aspecto educacional, principalmente na declaração de laicidade da educação. O Congresso Pedagógico realizado no estado de Veracruz, em 1915, propôs a diversificação da educação e a criação de uma Direção Geral da Educação.

Este é o contexto, *grosso modo*, em que José Vasconcelos (1882-1959) nasceu, se formou e participou ativamente da vida acadêmica e política do México. Teve uma infância única: estudou os primeiros anos da educação primária em uma escola de Eagle Pass, Texas; as experiências ali vividas lhe dariam uma convicção profundamente antinorte-americana. Em 1907, formou-se em Direito; deve-se levar em conta que, durante o Porfiriato, não existiam cursos humanísticos. Ao se formar, ele se viu envolvido em atividades acadêmicas, além das próprias de sua profissão, rodeado dos mais seletos jovens de sua época.

---

[1] Chamado assim porque, desde 1876 até 1911, o general Porfírio Díaz (1830-1915) governou o país, tornando-se o governante que mais tempo deteve o poder no México.

Em 1908, fundou junto com Antonio Caso, Alfonso Reyes, Pedro Henríquez Ureña, Alfonso Cravioto e outros jovens profissionais não menos relevantes o Ateneu da Juventude, que pode ser considerado o primeiro grupo de intelectuais mexicanos do século XX interessados nas letras, na cultura e, sobretudo, em uma mudança que levasse o México por novos caminhos de progresso.

Quando iniciou o movimento armado da Revolução Mexicana, Vasconcelos se uniu ao grupo liderado por Francisco I. Madero.[2] Em 1912, por sugestão sua, o Ateneu da Juventude mudou de nome para Ateneu do México, que, como primeira atividade, fundou uma Universidade Popular, onde Vasconcelos trabalhou como educador. Posteriormente, de 1914 a 1915, seria nomeado ministro de Instrução Pública pelo presidente interino Eulálio Gutiérrez. A partir desse momento, apesar de todos os altos e baixos a que o país esteve submetido de 1913 a 1920, José Vasconcelos nunca deixaria o trabalho educacional, estando sempre em lugar destacado.

Filósofo, jurista, ensaísta, educador, poeta e político, foi desenvolvendo uma concepção da educação no México que amadureceu nesses anos de luta revolucionária. Uma de suas primeiras obras filosóficas foi *Pitágoras, una teoría del ritmo*; ele a publicou em Havana, Cuba, em 1916, devido a um exílio forçado, e se situou, com esse livro, no campo da Estética.

Vasconcelos, educador

Em 1920, de volta ao México, o presidente interino Adolfo de la Huerta o nomeou reitor da Universidade Nacional do México[3] e, deste lugar, atuou como um verdadeiro ministro da Educação, pois uma de suas primeiras ações consistiu em chamar para uma cruzada que ele chamou de "desanalfabetização"; outra de suas ações foi procurar por todos os meios que se conseguisse a criação de uma Secretaria de Educação Pública, já que, sendo o México um país federal, era necessário que a educação tivesse uma norma nacional.

Em 1921, depois de ele atuar como ministro sem pasta e a partir da reitoria da Universidade Nacional, finalmente se criou, graças ao apoio do presidente Álvaro Obregón, a Secretaria de Educação Pública, tendo José Vasconcelos à frente. Esse ministério integrou, pela primeira vez, as instituições educacionais do país sob uma única direção, de tipo federalizado,

---

[2] Presidente da República de 1911 a 1913.

[3] Que, em 1929, se tornou Universidade Nacional Autônoma do México, depois de uma forte luta pela autonomia.

já que, em 1917, o artigo referente à educação havia sido modificado, mas havia uma incongruência: não existia uma instância que a regulasse.

A obra de Vasconcelos não se limitou a essas conquistas; durante seu exercício como secretário de Educação Pública, impulsionou a criação das "Missões Culturais", instituições *sui generis* que levavam a educação, a ciência e a cultura às comunidades mais afastadas do México. Impulsionou, assim, um modelo de educação que estava de acordo com seu pensamento, o qual se reflete de maneira extraordinária em um dos seus principais livros, *La raza cósmica*, obra em que destacou a criação de uma nova raça, a raça mestiça, que algum dia brilharia no mundo. A integração dos grupos indígenas, segundo seu modelo educacional, permitiria então resgatar o mais valioso de ambas as culturas, e isso foi reafirmado no grande movimento pictórico que ele impulsionou, o movimento da Pintura Mural; Roberto Montenegro, Diego Rivera, David Alfaro Siqueiros, José Clemente Orozco, entre outros, levaram ao mundo a cultura mestiça do México em uma expressão artística inovadora.

Com a influência de Anatoli Lunatcharski,[4] mas criando seu próprio esquema, Vasconcelos projetou a Secretaria de Educação Pública com três grandes áreas: Escolas, Bibliotecas e Belas Artes. A primeira para cobrir desde a "desanalfabetização" até o ensino superior, a segunda para tornar os habitantes do país pessoas cultas, e a terceira para tomar consciência de nossa identidade nacional, de nossa pertença a esta quinta raça, a raça cósmica.

Reconhecido, em sua época, como o Mestre da América pelos estudantes do Peru, Colômbia, Panamá e outros países da região, ele fica como um exemplo do intelectual latino-americano do qual há ainda muito a aprender, sobretudo agora que estamos novamente procurando as fontes das quais haverá de surgir, com força e determinação, o novo pensamento pedagógico da América Latina.

O pensamento de Vasconcelos

Sua filosofia bebeu das fontes inesgotáveis da filosofia grega e helenística, através da escola de Mileto, de Heráclito, de Plotino. Também tiveram importante influência em seu pensamento a filosofia idealista alemã, com Kant, Schopenhauer, Nietzsche, e a francesa, com Bergson.

Influenciado pelo pensamento do idealismo alemão e em não pouca medida pelas teorias da teosofia vigentes, Vasconcelos tem uma posição contrária ao positivismo comtiano e às suas interpretações mexicanas através de

---

[4] Comissário de Instrução da União das Repúblicas Socialistas Soviéticas (URSS) de 1917 a 1929.

Gabino Barreda.[5] É em seu livro *De Robinson a Odiseo* que ele faz as maiores críticas ao positivismo.

Sua teoria educacional é marcada por uma concepção de espiritualidade que se contrapõe à visão pragmática dos norte-americanos. O objetivo de educar não é, para ele, só adquirir competências técnicas nem as destrezas que isso acarreta, mas também transcender o mundo empírico e chegar a uma visão mais integral do mundo. Alcança-se o conhecimento quando se atinge uma visão estética do objeto, posto que, através dos sentidos, do intelecto, da imaginação e das emoções, é possível alcançar a totalidade.

Outro aspecto de seu pensamento se encontra na ética, nos valores, que se baseiam no que atualmente conhecemos como os direitos humanos, o reconhecimento do outro, a tolerância e o respeito, que permitem ao ser humano transcender à medida que alcança a conquista do Absoluto.

Sua filosofia educacional apresenta cinco valores: 1) Impulsionar a cultura mestiça como base da mexicanidade; 2) reconhecer o elemento mexicano através de seus produtos culturais e seu meio natural; 3) projetar a América Latina como o novo crisol da humanidade; 4) apoiar os desprotegidos a partir do espírito de serviço e da solidariedade; e 5) desenvolver a indústria para o progresso material do país.

Sua contribuição para a filosofia é tão importante que não poucos colegas europeus o reconheceram em sua época como um dos mais originais filósofos latino-americanos, se não o único.

Sua proposta política foi sempre consequente com sua filosofia, visto que buscou uma proposta que permitisse ao México sair do subdesenvolvimento e procurar uma ordem social e econômica mais justa e democrática. Nessa mesma medida, resgatou o ideal bolivariano de uma América Latina unida não só pela história, mas por todas as características que nos fazem ser uma só nação, uma só raça: a raça cósmica. Sua proposta implica a necessidade de que todo latino-americano deve ter formado um plano de vida individual que impacte no plano de vida social de nossos povos e reconhece que o detonador desse progresso é, sem dúvida, uma educação em que reconheçamos nossa própria identidade.

Talvez o lema da Universidade Nacional do México, hoje UNAM, que ele mesmo cunhou, seja paradigmático: "Por minha raça falará o espírito", síntese de seu pensamento filosófico que hoje adquire força no acontecer desta nossa América.

---

[5] Médico mexicano que introduziu no México o pensamento de Augusto Comte, o qual se impôs como filosofia oficial do porfiriato.

Sobre os textos selecionados

Os textos selecionados são fragmentos da terceira parte de sua obra autobiográfica, denominada *El desastre*, e documentam dois momentos relevantes na vida deste personagem: o primeiro texto, intitulado "Os missionários modernos", que relata a maneira como surge a ideia do que mais adiante será conhecido com o nome de "Missões Culturais", que ele resgata da experiência colonizadora dos espanhóis no México e, em especial, da obra dos missionários católicos que desenvolveram uma atividade evangélica e educacional com os povoadores originários destas latitudes; a explicação que esse texto contém é fundamental para entender a obra posterior de alguns dos maiores educadores latino-americanos.

O segundo texto, "A lei de educação", descreve o processo em que ele obteve, em 1921, o decreto de formação da Secretaria de Educação Pública: comentado, às vezes, de maneira anedótica e, outras vezes, fazendo uma descrição do processo que permitiu ao México finalmente estruturar seu Sistema Educacional e contar, assim, com uma instância reguladora da educação em nosso país.

Este é também um exemplo de como seu pensamento filosófico e político vai se concretizando nos programas educacionais e nas instâncias administrativas que permitiram, em sua época, levar a educação a uma boa parte de nossa população.

Bibliografia do autor

VASCONCELOS, J. *Bolivarismo y monroísmo: temas iberoamericanos*. Santiago de Chile: Ercilla, 1934.

VASCONCELOS, J. *De Robinsón a Odiseo: pedagogía estructurativa*. México: Constancia, 1952.

VASCONCELOS, J. *El desastre, El proconsulado. Tercera parte*. México: Fondo de Cultura Económica, 1983b.

VASCONCELOS, J. *El monismo estético*. México: Cultura, 1918.

VASCONCELOS, J. *El Prometeo vencedor*. Madrid: América, 1916.

VASCONCELOS, J. *Estética*. México: Botas, 1945a.

VASCONCELOS, J. *Indología: una interpretación de la cultura iberoamericana*. Paris: Agencia Mundial de Librería, 1926.

VASCONCELOS, J. *La raza cósmica*. México: Espasa-Calpe, 1944. (Colección Austral.)

VASCONCELOS, J. *Memorias I: Ulises Criollo, La tormenta. Primera y segunda partes*. México: Fondo de Cultura Económica, 1983a.

VASCONCELOS, J. *Pitágoras, una teoría del ritmo*. México: Cultura, 1921.

Bibliografia sobre o autor

BASAVE FERNÁNDEZ DEL VALLE, A. *La filosofía de José Vasconcelos*. Madrid: Ediciones de Cultura Hispánica, 1958.

BLANCO, J. *Se llamaba Vasconcelos: una evocación crítica*. México: Fondo de Cultura Económica, 1980.

FELL, C. *José Vasconcelos: los años del águila*. México: UNAM, 1989.

FERNÁNDEZ MCGREGOR, G. *Vasconcelos*. México: Secretaría de Educación Pública, 1942.

RAMOS, S. *Historia de la filosofía en México*. México: Secretaría de Educación Pública, 1993. (Colección Cien de México.)

SAMETZ DE WALERSTEIN, L. *Vasconcelos el hombre del libro*. México: UNAM, 1991.

TARACENA, A. *José Vasconcelos*. México: Porrúa, 1990.

VILLEGAS, A. *La filosofía de lo mexicano*. México: UNAM, 1979.

[Textos selecionados]
Tradução: *Luis Marcos Sander*

Os missionários modernos
José Vasconcelos

[VASCONCELOS, José. *El desastre*. 6. ed. expurgada. México: Editorial JUS, 1958.]

A inspiração para o ensino dos índios nos veio, como era natural, da tradição espanhola. Por tê-la negado, esquecido, a República nada conseguiu em seu século de vida independente. Também nos serviu de apoio à tradição contra a doutrina que permeou os professores do México, levando-os à imitação do sistema norte-americano de abordar o problema indígena. Esse sistema se baseava na etnografia positivista que exagera a diferença de raças e faz do selvagem um ser à parte, uma espécie de degrau entre o macaco e o ser humano. Já antes de aparecer a etnologia, os educadores espanhóis, por intuição genial e também por experiência, tinham abandonado, depois de ensaiá-lo, o sistema de aplicar aos índios métodos especiais e posição escolar separada. E, em lugar da separação escolar, estabeleceram a fusão das castas na escola e no culto. Dessa fusão resultou a homogeneidade de nossa raça nacional, a relativa coesão das castas, enquanto que do protestantismo cientificizante que, antes de minha gestão e depois dela, criou colégios especiais para indígenas, não pode resultar senão um arremedo da situação norte-americana exasperadamente dividida por motivos de cor e de raça. Adotar o sistema norte-americano equivale, por isso, a desfazer a obra social mais profunda e eficaz da Colônia, o enlace de índios e brancos.

Desenvolvi mais tarde, em meu livro *La raza cósmica*,[6] a tese etnológica implícita no sistema de ensino em comum de índios e brancos, mas a ideia central da tese era já a essência do programa que impusemos e, em realidade, não consistia senão em um desenvolvimento da velha tese católica espanhola da igualdade dos homens diante do Espírito.

Não desconhecemos que, em caso algum, poderíamos realizar um trabalho tão eficaz quanto o dos missionários espanhóis porque, para isso, nos faltava o pessoal adequado. Por mais competentes que sejam os professores normalistas modernos, cada um deles tem sobre si o peso enorme de uma família. Este é o obstáculo maior de todo apostolado. A força do missionário consistiu em que, livre de mulher, filhos e parentes, formava para si a família espiritual entre as próprias pessoas que civilizava e salvava. Além disso, quem, entre os professores leigos, poderia reviver o fervor dos missionários que acreditavam salvar não só o corpo, mas também e principalmente a alma de seus educandos? Se o missionário ensinou tão bem os trabalhos do campo e os ofícios é porque via todo trabalho manual como secundário frente ao interesse máximo do ensino espiritual que redime as consciências. O professor leigo, acorrentado a uma filosofia tosca que, no melhor dos casos, com Voltaire e com Rousseau, não nega a alma, mas tampouco a leva muito a sério, não pode falar do espírito; talvez por isso mesmo é deficiente para ensinar as artes do trabalho produtivo que asseguram o sustento. E a instrução caiu na verbologia de textos que simplificam e resumem a teoria científica e a tornam inútil por estar desligada da prática.

Mas não tendo outro material a que recorrer, pensamos que o melhor era combinar o pessoal, e, à falta de um professor completo como o frade, que sabia cultivar o campo e serrar, ensamblar a madeira de uma mesa, começamos a mandar grupos de professores: um de artesanato, que ensinasse a lavrar a terra e a forjar o ferro; outro que fosse artista e pudesse inspirar na população o gosto da beleza, único caminho que resta ao leigo para se aproximar das coisas de Deus; outro ainda para que incitasse à ação social e à colaboração na obra patriótica; outro finalmente para as primeiras letras e as matemáticas.

E assim nasceu o missionário de tipo moderno, geralmente um professor normalista que era o chefe do grupo de educadores e convivia

---

[6] Obra mais conhecida do autor e publicada em sua primeira edição no ano de 1925, foi, em sua época, um texto indispensável para a inteligência latino-americana (N. Eulálio Velásquez).

com os índios, ajudando-os a erguer a escola com os recursos locais e ensinando os rudimentos da pedagogia a jovens de cada localidade que, em seguida, ficavam encarregados do ensino incipiente. Depois desse iniciador chegava a missão escolar com seus peritos em agricultura e em ofícios e artes. Também percorria os lugares o leitor, que, na praça pública, divulgava capítulos de história e de geografia, lia os jornais e projetava fitas cinematográficas e culturais. Ao seu lado costumava caminhar o músico encarregado de despertar o interesse local pela arte sonora, e assim sucessivamente, segundo as possibilidades pecuniárias e o pessoal a que, em cada caso, se podia recorrer.

Uma tarefa tão distinta exigia talento de primeira capacidade. Para obtê-lo, fizemos dos missionários os mais bem pagos entre todos os professores da Secretaria. E, não contentes com usar o melhor das escolas normais, lançamos uma convocatória, que qualquer pessoa pode ler nas publicações do ramo, convidando os jovens poetas, os artistas, os homens de letras e de talento de todo o país para que nos dessem sua colaboração, como quem presta um serviço militar da cultura. Nós lhes pedíamos que dedicassem um ou dois anos a visitar as zonas indígenas e a conviver nelas com os índios.

Professores dessa índole foram, por tempo mais ou menos curto, alguns de nossos melhores poetas e artistas jovens. Entre os estrangeiros, uma pessoa eminente como Gabriela Mistral desempenhou esse serviço mais de uma vez.

A lei da educação

José Vasconcelos

[VASCONCELOS, José *El desastre*. 6. ed. expurgada. México: Editorial JUS, 1958.]

Além da reforma constitucional, urgia apresentar ao Congresso a lei que serviria de norma ao novo Ministério. Para formulá-la, era necessário o aval do Conselho Universitário.[7] Nunca levei fé na ação de assembleias e corpos colegiados; pelo contrário, impacienta-me tratar com eles. No máximo, servem para dar alguma sugestão, mas, em essência, para ratificar, legalizar a obra de um cérebro que, na hora de criar, necessita sentir-se só, saber-se individualmente responsável. Porém, quanto ao trâmite, convoquei o Conselho e o pus a discutir. Alguns conselheiros

---

[7] Ele se refere ao Conselho Universitário da Universidade Nacional do México, da qual era reitor nesse momento (N. Eulálio Velásquez).

exibiram projetos sábios. Don Ezequiel Chávez escreveu um livro impecável. Mas eu já tinha minha lei na imaginação. Eu a tinha em minha cabeça desde meu desterro em Los Angeles antes de sonhar em me tornar de novo ministro da Educação e enquanto lia o que Lunatcharski estava fazendo na Rússia.[8] Devo meu plano a ele mais do que a qualquer outro estrangeiro. Mas creio que o meu ficou mais simples e mais orgânico, simples na estrutura, vasto e complicadíssimo na realização, que não deixou nenhum tema sem ser abrangido. Eu o redigi em algumas horas e o corrigi várias vezes, mas o esquema completo me apareceu em um único instante, como um relâmpago que descobre toda uma arquitetura já feita.

Em resumo, meu plano estabeleceu um Ministério com atribuições em todo o país e dividido, para seu funcionamento, em três grandes Departamentos que abrangiam todos os institutos de cultura, a saber: Escolas, Bibliotecas e Belas Artes. Sob a rubrica de Escolas, compreende-se todo o ensino científico e técnico em seus diferentes ramos, tanto teóricos como práticos. A criação de um Departamento especial de Bibliotecas era uma necessidade permanente, porque o país vive sem serviços de leitura, e só o Estado pode criá-los e mantê-los, como um complemento da escola, da escola do adulto e também do jovem que não pode se inscrever na secundária e na profissional. O Departamento de Belas Artes se encarregou, partindo do ensino do canto, do desenho e da ginástica nas escolas, de todos os institutos de cultura artística superior, como a antiga Academia de Belas Artes, o Museu Nacional e os Conservatórios de Música. Os três Departamentos também operavam juntos a partir da escola primária, cada um encarregado de sua função; as ciências eram ensinadas pela escola propriamente dita; a ginástica, o canto e o desenho estavam a cargo de especialistas e não do próprio professor com curso normal, e a Biblioteca estava a serviço de todos, em seus diversos departamentos: infantil, técnico, literário, etc. Tão coerente, tão simples e vasto era o plano contido nas poucas páginas de uma lei, que em seguida foi ao Congresso, que me contaram que D'Annunzio[9] disse a respeito dele, quando um amigo lho apresentou na Itália, que era uma *bela ópera de ação social*. E a opinião dos poetas sempre me preocupou.

Como departamentos auxiliares e provisórios estabeleci também o de Ensino Indígena, a cargo de professores que imitariam a ação dos missionários católicos da Colônia entre os índios que ainda não conhecem o idioma espanhol, e um Departamento de Desanalfabetização, que

---

[8] Comissário de Instrução da URSS de 1917 a 1929 (N. Eulálio Velásquez).

[9] Gabriele D'Annunzio (1863-1938), romancista, poeta e dramaturgo italiano (N. Eulálio Velásquez).

devia atuar nos lugares de população densa de fala espanhola. Insisti de propósito em que o Departamento Indígena não tivesse outra finalidade senão preparar o índio para o ingresso nas escolas comuns, dando-lhe primeiramente noções do idioma espanhol, pois me propunha contrariar a prática norte-americana e protestante que aborda o problema do ensino indígena como algo especial e separado do resto da população. Eu disse a um grupo de antropólogos estadunidenses que me visitou naqueles dias e me ofereceu os serviços de não sei que Instituto que acabava de concluir pesquisas entre os índios da Bolívia: Aqui já pesquisamos tudo isso e o resolvemos há quatro séculos. E, de fato, os educadores espanhóis no século XVI, depois de tentar a criação de institutos para índios, resolveram que era melhor educar índios e espanhóis juntos. E isso evitou que entre nós aparecessem problemas terríveis como o do negro nos Estados Unidos. Por outro lado, eu lhes disse: "Se criarmos reservas como nos Estados Unidos, quem vai distinguir o índio do não índio? Todos nós teríamos que nos meter nas reservas. Felizmente, aqui deixamos de ser índios no momento em que nos batizam. O batismo deu a nossos ancestrais a categoria de pessoas de razão, e basta". Portanto, sem a vênia da Smithsonian,[10] organizamos nossa campanha de educação indígena à espanhola, com a incorporação do índio, ainda isolado, à sua família maior, que é a dos mexicanos. Mal saí do Ministério, inaugurou-se o notório Instituto de Educação Indígena, que é um arremedo dos Estados Unidos em matéria de política indígena, e a política da Smithsonian triunfou; assim o elemento ianquizante se impôs em todo o restante. E o merecem, pois ninguém foi capaz de defender minha obra; pelo contrário, somaram-se todos, uns inconscientemente, outros conscientemente, ao coro dos que a negavam. Na época que refiro e enquanto ocupei o posto oficial, tudo era acatamento e louvor, com exceção de um e outro artigo de grande jornal que costuma bater no funcionário que não se ocupa com eles nem para subvencioná-los nem para encarcerá-los. Mas, em geral, a grande imprensa amordaçou seu rancor e sua inveja, porque era enorme o sentimento de aprovação para tudo o que começávamos a realizar.

O problema da posição das escolas federais novas frente às que os estados e os municípios sustentam foi resolvido pelo meu estatuto, evitando a competição e assegurando a colaboração mediante convênios periódicos. Aos estados deixamos, em geral, a atenção das escolas urbanas. Nos municípios

---

[10] Associação científica norte-americana fundada no ano 1846 e cujo objetivo é incrementar o conhecimento do mundo natural e das ciências (N. Eulálio Velásquez).

que já tinham escola, não abríamos outra, mas fomentávamos a existente. E, geralmente, a Federação assumiu a carga mais pesada da educação rural. Aos particulares se deixou a liberdade de manter escolas que, em muitos casos, fomentamos. E para o reconhecimento dos diplomas só exigíamos que a escola particular adotasse um mínimo do programa oficial.

E aquilo que o Ministério gastava era administrado também por ele mesmo. No próprio orçamento do Ministério procurei eliminar o uso de contas globais que se prestam ao abuso, e especifiquei, em cada caso, não só o número de escolas, mas o custo, a qualidade e a localização de cada uma.

E quanto às escolas do Distrito Federal que o carrancismo[11] tinha entregue ao Conselho da capital, foi necessária uma luta renhida para resgatá-las. Estavam em ruínas, e o corpo de conselheiros cedeu, por fim, por pressão pública e para se livrar do compromisso e depois de assinar um convênio, nunca cumprido, de que repassariam anualmente ao Ministério 2 ou 3 milhões de pesos de tributo escolar.

A mais ou menos três meses de nossa mudança, reuniu-se o quórum do Legislativo necessário para a aprovação da reforma constitucional, mas não antes que o presidente De la Huerta terminasse seu interinado. De la Huerta, porém, deixou a nossa Universidade com um orçamento de cerca de 18 milhões e com faculdades e ação como se fosse Ministério.

No dia da posse presidencial do general Obregón, eu me encontrava no Palácio entre os grupos quando me chamaram para que, da sacada, dirigisse a palavra à multidão. E prometi que a obra da educação continuaria. Ao término da cerimônia de juramento dos ministros, Obregón me chamou à parte e disse:

– Lamento que o Sr., que mais trabalha e menos ganha em todo o governo, não tenha podido fazer o juramento como secretário de Estado.

Eu lhe agradeci e respondi:

– A existência do Ministério será agora uma questão de dois ou três meses se o Sr. nos apoiar na Universidade.

Obregón prestou esse apoio sem reservas. Espontaneamente me autorizou a pedir às Câmaras um orçamento alto para o primeiro ano de trabalhos, dotação que, se não me falha a memória, foi de 25 milhões de pesos: uma soma ridícula para uma tarefa séria, mas o dobro da que o governo de Madero tinha destinado à Educação, o triplo da que Justo Sierra tinha colocado à disposição na época porfiriana. Também foi uma circunstância

---

[11] Termo com que se identificavam aqueles funcionários seguidores do presidente Venustiano Carranza (1859-1920) e que se caracterizavam por sua conduta pouco honesta (N. Eulálio Velásquez).

favorável que, no Ministério da Fazenda, entrasse com o novo governo o ex-presidente interino De la Huerta, administrador irrepreensivelmente honrado e amigo da secretaria em formação.

Eu não podia receber salário de ministro antes que o Ministério existisse por lei, mas os eternos e desastrosos poderes extraordinários que nossos presidentes se fazem dar, na maior parte das vezes por incapacidade para prever as necessidades da administração, foram muito úteis em nosso caso, pois, sem esperar formalidades da lei, comecei a dispor dos 25 milhões de pesos que nossa iniciativa solicitava. Nomeei o pessoal indispensável para os diferentes Departamentos que começaram a funcionar como dependências da Universidade e abordei o problema do prédio para o Ministério como se ele já existisse, embora ainda se achasse sem batismo legal.

E começaram as ofertas dos ricos da cidade. Ao que me indicou o prédio maior eu disse:

– Não me é suficiente nem para uma das 20 Direções que vão ser criadas. Além disso – comentei –, não sou carrancista.

Estes costumavam inventar todo tipo de dependências por decreto, que depois se estabeleciam de qualquer jeito em prédio alugado ou comprado. Essa questão das compras costumava ser um negócio rendoso de agentes e funcionários. Alguns aconselhavam resgatar o antigo edifício do Ministério de Justo Sierra, uma construção nobre da Calle del Reloj; porém, à parte de que ali o carrancismo tinha instalado outra dependência oficial, para meus planos não teria bastado a pobre sobreloja que Baranda e Sierra ocuparam.[12] O edifício todo era muito pequeno para o enorme trabalho que já estava em andamento. Resumindo, sem comunicá-lo a ninguém, para não suscitar ciúmes de uns e alarma de um oficialismo que regateia o que se gasta com serviços educacionais e não percebe os esbanjamentos do Departamento de Guerra, pus-me a estudar plantas para construir um grande edifício próprio sobre as ruínas de um velho projeto da Escola Normal. Atrás dos escombros da antiga Normal de moças, havia um belo pátio de arcadas do antigo convento de Santa Teresa, o mesmo que em meu tempo de estudante tinha abrigado a Escola de Leis. A decisão adotada foi aproveitar esse pátio, antepondo-lhe um antepátio e um palácio novo. E, para colocá-la em prática, convoquei engenheiros. A primeira coisa que me levaram foi o projeto velho da Escola Normal. Eu o descartei por ser feio. No lugar do atual antepátio colocava um pavilhão ou Salão de Atos de estilo porfirista,

---

[12] Ambos em sua época à frente do Ministério da Instrução Pública durante a presidência de Porfírio Díaz (N. Eulálio Velásquez).

ou seja, com mansarda francesa do século XVIII. O pátio do fundo era um dos mais belos exemplares do renascimento espanhol da colônia. Seguir esse mesmo estilo em toda a obra era o indicado. E, antes que se terminassem as plantas, começou-se a desentulhar e a cavar. Entreguei a obra a quem primeiro se pôs a trabalhar nela, o engenheiro Méndez Rivas. Seu irmão Joaquim, o poeta, o tinha apresentado a mim, mas a amizade não influiu em sua designação para a obra, e sim só o descobrimento de seus talentos. Vi nele desde o início a decisão de começar e a constância para concluir. Sua formação militar, adquirida no antigo Colégio de Chapultepec, o tinha acostumado à pontualidade, à precisão e ao método para a tarefa. Antes que se terminassem as plantas, já tínhamos acabado de remover as montanhas de escombros que estavam amontoadas há aproximadamente oito anos. O caminho ordinário para construir um prédio governamental era encomendá-lo à Secretaria de Obras Públicas. Ali levavam um ano ou dois discutindo fachadas e custos. Em seguida, a obra era dada a favoritos, e a construção ficava sem ser terminada ou caía poucos anos depois de concluída. Exemplo disso são as pobres escolas tão feias feitas pelo porfirismo. Decidi, portanto, fazer todas as construções por nossa conta e risco. E, para não suscitar receios, lhes demos a aparência de consertos e reformas. Tivemos um auxiliar importante, que foi De la Huerta. Era obra fácil obter a aprovação de um gasto regular; bastava obter a assinatura do presidente, e com grande liberalidade Obregón me assinava tudo que colocava na frente dele. Mas tornar efetiva a ordem de pagamento, mesmo estando dentro do orçamento aprovado, já era outra questão, que exigia gestões especiais. Informei De la Huerta do que estava fazendo; fiz-lhe ver a urgência de que não me faltassem 30 ou 40 mil pesos para o pagamento semanal dos operários, e o levei para ver o campo de desolação que existia no centro da cidade, um desmoronamento há muito tempo suspenso. Expliquei a De la Huerta que o total da obra requeria 700 mil pesos, talvez mais. Ele me objetou inicialmente que não estávamos em condições de construir; era de opinião que seria melhor alugar um prédio ou comprar um já pronto.

– Pelo contrário, eu lhe disse.
– Fazer uma obra material é dever de cada época, e esta será a glória do novo governo.

– O que vale tudo o que se gastar aqui, Pepe, se na Secretaria da Guerra uma mobilização de tropas nos custa, muitas vezes, 400 mil pesos...

– Que nada deixam para o país – comentei.

Mas não nos bastava um palácio para o Ministério; faziam falta muitos palácios, muitos prédios; pela primeira vez na história do México iria existir um

Departamento de Educação. E voltei os olhos para a Colônia. Sob a Colônia se tinham consumado edificações faustosas; ali estava a Escola Preparatória para demonstrá-lo, e a de Mineração, e a de Medicina, etc., etc. Durante a Reforma, os melhores conventos foram transformados em quartéis. Naves tão belas como a de São Pedro e São Paulo serviam de privadas para a tropa. E nem sequer tinham sido instaladas com higiene. O ministro da Guerra era o general Enrique Estrada. Era um general improvisado, general da Revolução, mas não era um homem inculto; pelo contrário, tinha feito estudos quase completos para a carreira de engenheiro civil. Era impossível que não simpatizasse com nossos planos. Eu falei com ele e em menos de 24 horas tinha as ordens necessárias para ocupar todo o edifício de São Pedro e São Paulo e outro quartel enorme em Peralvillo. Em São Pedro e São Paulo, instalamos na igreja restaurada uma sala de Conferências ou de Discussões Livres; nos velhos pátios que estavam meio arruinados e obstruídos por escombros, erguemos o atual anexo da Preparatória. Foi necessário tirar toneladas de terra para pôr à luz as belas colunas de pedra do primeiro pátio; no segundo pátio havia uma única linha de arcadas de estilo italiano impecável. Imediatamente construímos as outras três, segundo o mesmo estilo; assim, fechou-se o pátio que é hoje um dos mais belos da capital. No centro, levantamos um monumento a Las Casas. Se eu soubesse então um pouco mais de história pátria, teria dedicado o monumento a Pedro de Gante ou a Vasco de Quiroga,[13] os exímios educadores. No de Las Casas já houve demasiada influência antiespanhola, ou seja, antimexicana. No quartel de Peralvillo, colocamos pedreiros e artistas e lentamente, reconstruindo sala por sala, o fomos ocupando com as dependências de uma Escola Industrial de Moças. A escassez fez com que a obra demorasse, e só quatro anos depois, ao sair do Ministério, pude inaugurar o que é hoje a Escola de Indústrias Gabriela Mistral.

A aquisição desses dois campos de escombros nos deu uma pista. Vasculhamos no Departamento de Bens de Raiz da Secretaria da Fazenda. Ali estão registrados os prédios, os terrenos procedentes da amortização da Igreja e todas as propriedades do governo. Tinha sido costume desfazer-se de tudo que era propriedade imóvel. Às administrações derivadas da Reforma de 1857 estorvavam terrenos e prédios que, em muitos

---

[13] Bartolomeu de las Casas foi um missionário espanhol durante a conquista do México que defendeu os direitos dos índios. Pedro de Gante e Vasco de Quiroga são reconhecidos como educadores nessa mesma etapa histórica (N. Eulálio Velásquez).

casos, eram vendidos, em vez de utilizados, apesar de que, muitas vezes, no dia seguinte à venda era necessário alugar propriedades particulares para os diferentes serviços da administração; tudo por causa do preconceito implícito na doutrina da Reforma de que as pessoas jurídicas não deviam ter bens nem eles deviam existir. O governo só tinha direito às rendas dos imóveis. O Palácio dos Vice-Reis só não foi vendido em certas ocasiões porque não houve quem o comprasse, pois, além da tola teoria econômica, o estímulo das vendas foi o negócio. Considerando que De la Huerta era incapaz de sancionar algum negócio de tal natureza, comecei a resgatar para a Educação Pública o que restava, as sobras da Amortização. E nos apropriamos de terrenos sem construção que pareciam sem serventia e ocupamos antigos cemitérios já fechados e que tinham caído no esquecimento. A essa legítima voracidade se deve, por exemplo, a existência do Estádio Nacional, de cujos terrenos me apropriei justamente na véspera de uma venda combinada por certo ministro que já era a mácula da administração. Esses terrenos ocupam várias quadras, na extremidade de um loteamento moderno de luxo. Neles conseguimos construir o Estádio e a Escola Primária Benito Juárez, orgulho da cidade. E ali mesmo estaria hoje a Escola de Medicina, com um luxuoso edifício moderno, se nossos planos não tivessem sido truncados e postos de lado pela iniquidade que veio depois.

Logo o Departamento de Engenheiros da Universidade teve mais trabalho do que o Ministério de Obras Públicas. E, como era de esperar, surgiu a reclamação. Fui acusado nos jornais de usurpação de funções. O Conselho de Salubridade também reclamou de mim, porque, sem avisá-lo nem obter permissão, eu tinha tirado as privadas da nave de São Pedro e São Paulo e as havia substituído por uma suntuosa decoração de azulejo artístico elaborado em Aguascalientes. Respondi à Salubridade que lamentava por sua queixa e que, ao abrir o envelope que a continha, pensei que estivessem me enviando uma felicitação por ter suprimido um foco de contágio, no centro da cidade.

Na abside dessa ex-igreja, Montenegro[14] iniciou o movimento de pintura mural que depois ultrapassou as fronteiras da nação e é hoje prática estadunidense.

Esse primeiro mural, contudo, sofre de pobreza do assunto. Não encontrávamos o que representar; dei ao pintor como tema uma bobagem goethiana: "A ação supera o destino: vence!"

---

[14] Roberto Montenegro (1887-1968), pioneiro do muralismo mexicano (N. Eulálio Velásquez).

Maria Lacerda de Moura (1887-1945)

Maria Lacerda de Moura e a educação libertária para mulheres

Edla Eggert
Joice Oliveira Pacheco

Vida e contexto

Nascida em Minas Gerais a 16 de maio de 1887, desde jovem Maria Lacerda se interessou pelo pensamento social e pelas ideias anticlericais. Formou-se na Escola Normal de Barbacena e em 1904 começou a lecionar na mesma escola.

Em 1918 publicou *Em torno da educação*, e em 1919, *Renovação*, estabelecendo contato com jornalistas em Minas Gerais, São Paulo e Rio de Janeiro. Sua pedagogia foi baseada em Francisco Ferrer, anarquista catalão que contribuiu no projeto libertário. Em 1920 fez sua primeira conferência fora de Barbacena, e daí até sua morte, em 1945, uma longa lista de conferências e uma intensa produção intelectual materializada em livros e artigos publicados em jornais evidenciam a militância dessa professora-autora. Segundo Miranda (2006), ela foi atuante no cenário político de seu tempo ao debater por escrito com comunistas, anarquistas, feministas, educadores, democratas, jornalistas, enfim, vários segmentos importantes no Brasil do início do século XX.

Em 1921 mudou-se para São Paulo e junto com algumas militantes anarquistas fundou a Federação Internacional Feminina, cuja proposta era discutir questões relativas à mulher e à criança de modo a transformar as relações sociais capitalistas, lutando pelo direito ao voto entre outras lutas. Por um tempo fez parceria com Bertha Lutz nessa Federação, mas depois cada uma seguiu caminhos distintos, pois Maria Lacerda de Moura entendia que o voto, na verdade, era um processo inadequado de luta pelo poder, pois beneficiava poucas mulheres sem pensar de fato na multidão feminina que era explorada e oprimida pela organização social injusta.

Antecipou-se às feministas norte-americanas, que na década de 1960 trouxeram, como uma das suas plataformas de luta, incluir o tema *mulher* nos trabalhos acadêmicos.

Entre 1928 e 1937, viveu numa comunidade em Guararema, São Paulo. Este foi o período mais intenso da sua atividade intelectual, tendo o descrito como uma época em que esteve "livre de escolas, livre de igrejas, livre de dogmas, livre de academias, livre de muletas, livre de prejuízos governamentais, religiosos e sociais". Maria Lacerda de Moura pode ser considerada uma das pioneiras do feminismo no Brasil e uma das poucas ativistas que se envolveu diretamente com o movimento operário e sindical. Seu pai era membro da Maçonaria em Barbacena, livre-pensador e espírita convicto. Muito cedo a levou ao estudo da filosofia.

Publicou ativamente no jornal *O Combate*, a partir de 1928; realizou conferências para a Internacional do Magistério Americano em 1929, em Rosário, Buenos Aires e publicou diversos livros. Além dos livros *Em torno da Educação* (1918) e *Renovação* (1919) ainda, publicou *A mulher é degenerada?* (1924), *Lições de pedagogia* (1925), *Religião do amor e da beleza* (1926), *Clero e Estado* (1921), *Amai e não vos multipliqueis* (1937), *Han Ryner e o amor no plural: a pobreza do amor único* (1933), *Serviço militar obrigatório para mulher? Recuso-me! Denuncio!* (1933).

Pensamento pedagógico

É possível identificar a compreensão que Maria Lacerda de Moura tinha em relação à produção intelectual por meio da educação. A professora em 1904 trabalhou intensamente com a questão da educação, colaborando, em 1912, para fundar a *Liga contra o analfabetismo*, em Barbacena. Nesse mesmo período começou a escrever e enviar crônicas para o jornal local.

Os meios de intervir na sociedade proviriam da Pedagogia, como preocupação primeira e contínua. Como uma "educadora convencida de que a educação é uma força revolucionária e de que sua missão seria exercê-la" (LEITE, 2005, p.15), ainda que tenha renegado a escola oficial, Maria Lacerda continuou o seu papel por meio de conferências e jornais alternativos. Conferencista ativa, tratava de temas como educação, direitos da mulher, amor livre, combate ao fascismo e antimilitarismo, tornando-se conhecida não só no Brasil, mas também no Uruguai e na Argentina, onde foi convidada por grupos anarquistas e sindicatos locais.

A autora ganhou destaque em sua luta contra o fascismo, mas, conforme Miranda (2006), a imprensa considerou seus artigos um conjunto de blasfêmias, o que já era de se esperar tendo em vista o contexto social, político e a condição das mulheres à época.

Maria Lacerda de Moura ainda se posicionou contra o movimento feminista sufragista. Embora tenha inicialmente lutado ao lado de Bertha Lutz pelo direito da mulher ao voto, passou a compreender que a conquista dos direitos políticos serviriam a uma elite feminina, e que, portanto, tanto as mulheres ricas quantos as pobres permaneceriam como "escravas seculares".

Para Miriam Leite (2005, p. 17), a singularidade de Maria Lacerda provém da articulação que a autora faz entre o problema da emancipação feminina, "como ativação da emancipação do indivíduo, no sistema capitalista industrial". Maria Lacerda compreendia que as desigualdades sociais existentes entre os gêneros e a condição em que se encontravam as mulheres resultavam da diferente educação a que tinham acesso, tanto escolar como não escolar. Para Miriam Leite (2005), a autora estava convencida de que a educação era uma força revolucionária, fundamental para as mulheres, que deveriam ser educadas tendo em vista o bem-estar individual e coletivo.

A autora defendia ainda, que, assim como o homem, a mulher, "socialmente falando, nasceu mulher antes de ser esposa ou mãe" (LEITE, 2005, p. 59) e, sem filhos, poderia entregar-se melhor aos deveres sociais. Afirmava que a educação, portanto, deveria ter como objetivo educar o pai de família para os deveres do lar, e para ser útil à coletividade, e, da mesma forma, educar a mulher para esposa e mãe, e para colaborar na vida social. No entender de Maria Lacerda, a obra da educação científica, racional para ambos os sexos, seria o mais perfeito instrumento de liberdade (LEITE, 2005).

> O pioneirismo de Maria Lacerda foi na área de estudos sobre a condição feminina. A tônica de seus escritos iniciais era a existência de padrões ideais e reais contraditórios na vida das mulheres, levando a uma hipocrisia social constante em suas relações interpessoais. Divulgou luta empreendida pelo direito à cidadania e à educação, a necessidade de resistência ao papel exclusivo para a mulher de procriadora e o esclarecimento de seu direito ao amor e ao casamento de livre escolha, a necessidade de uma maternidade consciente e aos problemas da solteirona e da prostituta, provocados pela família burguesa (LEITE, 2005, p. 16-17).

Suas ideias sobre educação, especialmente sobre a educação feminina, eram consideradas revolucionárias. Defendia o controle da natalidade pelas mulheres, através da *maternidade consciente*, a sua independência financeira, e era contrária ao *amor único*, entendendo este como fator importante da dependência das mulheres, da sua submissão aos homens e da desigualdade de direitos e oportunidades. A compreensão de autonomia que passava invariavelmente pela independência econômica tinha a suspeita do que muito tempo depois Marcela Lagarde (2005) diria sobre a "servidão voluntária" na qual as mulheres se colocam. Maria Lacerda identificava no casamento a coroação da servidão por meio do amor único, um "assassino inexorável da tranqüilidade feminina" (MOURA *apud* LEITE, 2005, p. 57). A clareza de que o amor no casamento redundava em serviço voluntário e total anulação da capacidade criadora era, para essa mulher, um anúncio da tragédia feminina.

Ela conseguia elaborar afirmações bombásticas, pois era liberta de preconceitos religiosos e sociais, chegando à conclusão de que só era possível educar a si mesma. Compreendia que a educação era fundamental para as mulheres, mas não era qualquer educação. Entendia que estas deveriam ser educadas tendo em vista o bem-estar individual e coletivo. As desigualdades sociais entre os gêneros e a condição em que as mulheres se encontravam, para Maria Lacerda de Moura, eram decorrentes da educação que recebiam, tanto escolar, como não escolar. Ou seja, hoje em dia podemos dizer que ela percebia que, muito embora as mulheres já houvessem iniciado a conquista do acesso à educação, elas eram capturadas por uma lógica sexista que as transformava em um paradoxal reforço a uma educação aprisionadora.

Segundo Moura, o que era força vibrante para a mudança era o desejo de que houvesse a igualdade de deveres e de direitos. Para ela, as mulheres estavam atrasadas na aprendizagem pedagógica, pois ficaram relegadas ao ostracismo que as tornava ignorantes e infantis. Pelo fato de não terem acesso ao conhecimento, desenvolveram ao extremo a capacidade sensível, fazendo com que ficassem expostas mais facilmente à falta de controle de si mesmas. Para Moura (*apud* Leite, 2005, p. 62) "[...] tudo nela é rudimentar ou desviado porque seu cérebro pouco tem trabalhado ou se extraviou para um ponto de vista inferior".

Acreditava que a mulher educada seria força de resistência contra a exploração do homem pelo homem, e que a inclusão das mulheres no mercado de trabalho não era uma conquista das lutas feministas, mas um consentimento social resultante da necessidade da mão de obra feminina e, por isso, não operava grandes mudanças nas relações sociais. Para Moura (*apud* Leite, 2005, p. 75), "criticam-se a mulher médica, advogada, a escritora, a concorrente afinal. Entretanto, a *ordem moral* da atualidade, obriga a mulher a se empregar nas estradas de ferro, como carregadoras em docas [...]", ao que, ironicamente, questiona: "Será por gosto, por prazer que uma mulher faz o carregamento dos navios ou trabalha em fábrica de explosivos ou em laboratórios de gases venenosos?" .

Para a autora, "a mulher, ignorante, contribui para perpetuar a mentira no lar, na escola, como mãe, educadora, como mundana", "não tem espírito combativo, não discute conscientemente, não se revolta. É pouco mais que a escrava antiga, dócil, meiga, submissa" (Moura *apud* Leite, 2005, p. 76), e por isso entende que a educação das mulheres, entre outras coisas, precisa fazer com que estas cheguem à clarividência moral.

Maria Lacerda de Moura defendia que a mulher deve ser educada ao lado do homem, como companheira (que ela denominava de coeducação) e denunciava a educação que se dava às mulheres, afirmando que "a educação feminina entre nós é tudo quanto quiserem, menos educação" (Moura *apud* Leite, 2005, p. 90). Para a autora, a ignorância e a infantilidade da mulher eram cultivadas pela sociedade, e a docência ao ser exercida por essa mulher ignorante e infantil não resultaria em uma educação transformadora da realidade social, sendo mesmo "prejudicial à civilização" (p. 103). Acreditando que a educação popular resvalava dia a dia para as mãos da mulher, assim como a escola primária, propunha uma reforma radical do ensino, e educar a mulher, "emancipá-la do sectarismo mesquinho das limitações, alargar as suas concepções acerca da vida e fazê-la ver os vastos horizontes da inteligência humana [...]" (p. 113).

As leituras dos textos dessa professora demonstram uma noção determinante das condições educacionais em que as mulheres viviam no início até a metade do século XX. A visão crítica inclusive de parceira como Bertha Lutz demonstram a sutileza da leitura da realidade e conjunturas da época. A denúncia de uma educação medíocre para as mulheres segue atual. Basta observarmos os currículos dos cursos de formação docente para constatar o quanto ainda estamos entranhadas numa lógica androcêntrica sem a mínima perspectiva de autonomia e rigor científico. A partir das trajetórias no campo da formação, o que podemos ainda constatar é um direcionamento para uma profissão docente com poucos recursos para a ação autônoma.

Talvez o que Maria Lacerda de Moura indicava na década de 1920, direcionado em especial para as mulheres, era o que o movimento modernista tentava dizer de modo mais dirigido à classe artística como movimento político da época. Entendemos que não foi por acaso que ela aparece nesse tempo. O que não entendemos é como essa mulher segue na invisibilidade dos livros de história da educação brasileira...

> Só a mulher consciente compreenderá porque se afirma: *as liberdades não se pedem – conquistam-se.*
>
> Sua submissão, docilidade, a resignação passiva, com que se reveste na luta material pela existência, serão substituídas pela energia e independência, uma vez compreendido o valor próprio, equivalente a uma unidade. Saberá que não é objeto de exploração ou de gozo. Reivindicará o direito: *a trabalho igual, salário igual* (Moura apud Leite, 2005, p. 74).

Moura acreditava que as mulheres ao exercitarem o pensamento a partir dos seus argumentos e dos seus corpos produziriam uma outra forma de se relacionar com o mundo. Uma relação livre das amarras da dogmática religiosa que, para ela, soava como a grande pedra de entrave na consciência da própria potência. E por isso entendemos que o seu desejo segue a passos lentos, mas segue. Não para. Às vezes alça voos, às vezes torna-se quase lento demais... Mas este é o movimento da história. É preciso cuidado, tempo e persistência quando temos desejos de mudança.

O texto escolhido

Escolhemos um texto escrito no ano de 1932 contido no livro *A mulher é uma degenerada?*. Esse texto possui a concepção heterossexual e dentro do seu contexto apresenta o homem e a mulher por meio de representações um tanto quanto sexistas, diríamos do nosso lugar e no século XXI, mas também por isso o escolhemos. Queremos disponibilizar essa reflexão para que outras análises aconteçam. Nesse livro ela identifica que a educação das mulheres segue sendo frívola e que os homens perderam a oportunidade da aprendizagem de serem pais e serem família. Um ano depois (1933), no livro *Han Ryner e o amor plural: a pobreza do amor único*, a autora argumenta a complexidade da trama do amor romântico. Ou seja, as questões que, aparentemente, estão relacionadas com o mundo privado, Maria Lacerda de Moura propõe como um mal-estar para pensar essas temáticas no âmbito pedagógico. A compreensão moderna da época acompanha essa mulher que acredita na educação científica das mulheres a caminho da "clarividência moral". E nesse aspecto ela parece estar antecipando as feministas das décadas de 1960 e 1970. Se, no livro, da pergunta sobre ser a mulher uma degenerada estão construídas ambivalências e matrizes patriarcais também estão plantadas razões para um processo de ensino e aprendizagem na busca por autonomia para as mulheres. Assim somos levadas a ler toda a sua obra e a desafiar ao estudo hermenêutico de seus textos, pois temos em mãos a densidade que precisamos para seguirmos na ampliação das teorias pedagógicas capazes de desidentificar as posturas marcadoras de preconceitos que seguem naturalizadas nos processos educativos de homens e mulheres.

Referências

LAGARDE Y DE LOS RIOS, Marcela. *Los cautiveros de las mujeres: madresposas, monjas, putas, presas y locas*. 4. ed. México: UNAM, 2005.

LEITE, Miriam Lifchitz Moreira. *Maria Lacerda de Moura, uma feminista utópica*. Florianópolis: Mulheres; Santa Cruz do Sul: EDUNISC, 2005. 370 p. (Série Feministas.)

MIRANDA, Jussara Valéria de. *"Recuso-me"! Ditos e escritos de Maria Lacerda de Moura*. Dissertação (Mestrado), Universidade Federal de Uberlândia (UFU), Uberlândia, 2006.

MOURA, Maria Lacerda de. *Amai e não vos multipliqueis*. Rio de Janeiro: Civilização Brasileira, 1932.

MOURA, Maria Lacerda de. *A mulher é uma degenerada?* São Paulo: Typografia. Paulista, 1924, 1. ed.; Rio de Janeiro: Civilização Brasileira, 1932, 3. ed.

MOURA, Maria Lacerda de. *Clero e fascismo: horda de embrutecedores*. São Paulo: Paulista, 1934.

MOURA, Maria Lacerda de. *Civilização: tronco de escravos*. Rio de janeiro: Civilização Brasileira, 1931.

MOURA, Maria Lacerda de. *Em torno da Educação*. São Paulo: Teixeira, 1918.

MOURA, Maria Lacerda de. *Fascismo: filho dileto da Igreja e do Capital*. São Paulo: Paulista, [s.d.]

MOURA, Maria Lacerda de. *Ferrer, o clero romano e a educação laica*. São Paulo: [s.n], 1934.

MOURA, Maria Lacerda de. *Han Ryner e o amor plural*. São Paulo: Unitas, 1928.

MOURA, Maria Lacerda de. Prefácio. BARCOS, Júlio. *Liberdade sexual das mulheres*. 4. ed. Tradução de Maria Lacerda de Moura. [S.l.: s.n.] 1929.

MOURA, Maria Lacerda de. *Religião do amor e da beleza*. São Paulo: Condor, 1926.

MOURA, Maria Lacerda de. *Serviço militar obrigatório para a mulher? Recuso-me! Denuncio!* São Paulo: A Sementeira, 1933.

SCHPUN, Mônica Raisa. Maria Lacerda de Moura: trajetória de uma rebelde. *Cadernos Pagu*. Campinas: UNICAMP, 2004, n. 22, p. 329-342.

[Textos selecionados]

A mulher é uma degenerada?

Das vantagens da educação intelectual e profissional da mulher na vida prática das sociedades

Maria Lacerda de Moura

[LEITE, Miriam Lifchitz Moreira. *Maria Lacerda de Moura, uma feminista utópica*. Florianópolis: Mulheres; Santa Cruz do Sul: EDUNISC, 2005, p. 58-64; p. 83-86. (Série Feministas.)]

A vida social exige no homem e na mulher características especiais, atributos definidos a fim de assegurar o bem estar coletivo.

O homem nasce com qualidades indispensáveis aos feitos de homem.

A mulher tem em si o gérmen hereditário para preencher as suas funções.

Pondo de parte, porém a questão dos sexos, a multiplicação da espécie, pergunta-se, uma humanidade só de homens seria completa?

Da mesma maneira raciocinaremos com relação à mulher: fariam elas mundo harmonioso no seu conjunto?

Não faltaria a essa humanidade algo de viril para completá-la?

O homem é homem antes de ser pai.

É sábio ou generoso, filósofo ou operário, político ou guerreiro, inventor ou andarilho, independente das funções de pai.

E por que razão nos dizem com arrogância axiomática: a *mulher nasceu para esposa e mãe, para o lar?*

Se o homem, socialmente falando, tem fins a preencher independente do sexo, a mulher não menos, é claro.

A enfermeira, a operária, a cientista, a escritora, a professora, a médica, a farmacêutica, a diplomata, a filantropa, a diretora de hospitais e *creches*, etc. etc., entregar-se-á mais bem aos deveres sociais, se não tiver filhos.

Assim também a mulher, socialmente falando, nasceu mulher antes de ser esposa ou mãe.

Não há dúvida: o homem não foi à plenitude do seu desenvolvimento quando não agiu senão em benefício social – esquecendo-se da missão de pai de família.

A mulher falhou na vida se não teve ocasião de derramar em volta do lar os tesouros de amor e carinhos reservados para um homem e para os filhos.

Os dois se completam. São diferentes e indispensáveis um ao outro.

A educação tem portanto dois ramos:

- Educar o pai de família para os deveres do lar.

- Educar o homem para ser útil à coletividade.

- Educar a mulher para esposa e mãe.

- Educar a mulher para colaborar na vida social

A educação pode então ser definida: o aperfeiçoamento de todas as qualidades e faculdades tendentes a um fim social sempre melhor em vista do futuro; o complexo desenvolvido da individualidade para a expansão, para a plenitude de toda a nossa vocação.

A obra da educação científica, racional para ambos os sexos, é o mais perfeito instrumento de liberdade. É a extinção da miséria universal, é o acúmulo de riquezas, é a contribuição para a solidariedade – a moral do futuro.

Na arte, na literatura, na filosofia é propulsora do desenvolvimento de aptidões.

Faz desaparecer o preconceito de classes, elevando o respeito à verdade, o benefício coletivo.

A educação moderna deve ser científica, racional.

Desde a escola primária o objetivo da educação, como dizia Diderot – é *a utilidade*.

Utilidade na educação é fazer do indivíduo membro efetivo da energia social, capaz do próprio desenvolvimento, de acréscimo material, moral e estético da sociedade. Aos poucos, um criador de Beleza, de Perfeição...

Não poderá existir nunca a igualdade natural – é lógico, e ninguém tem a pretensão de ir contra as leis naturais: é a harmonia numa aparente desarmonia.

Igualdade na inteligência, na vontade, na iniciativa? – absurdo.

O que se quer, com energia indomável, é a igualdade de deveres e direitos.

Essa, virá um dia.

A análise das questões sócias *é* complexa porquanto, na sociedade, tudo se interpenetra.

Falar na educação intelectual da mulher sem tocar na higiene nervosa, se dizer algo a respeito da solução econômica, com relação aos direitos de igualdade dos sexos, sem encarar face a face o problema do amor, dos filhos, a educação religiosa e tantos outros ramos da questão – *é* apenas olhar tudo de relance sem nada aprofundar.

Vejamos por partes:

EDUCAÇÃO INTELECTUAL DA MULHER

A mulher é um atrasado pedagógico. Não é mentalmente anormal: seu cérebro não foi desenvolvido, não teve exercício.

A mulher não é inferior, é ignorante, é infantil.

Sua sensibilidade exagerada é o resultado da falta de adaptação, do pouco domínio sobre si mesma, falta de *self-control* muscular talvez.

Se tudo vem do cérebro, tudo nela é rudimentar ou desviado porque seu cérebro pouco tem trabalhado ou se extraviou para um ponto de vista inferior.

A histeria prova-o. Conquanto seja moléstia de ambos sexos, é sinal de predomínio medular, e, na mulher, seu "número é legião".

Sendo paralisia cerebral e hiperkinesia medular ou seja a decadência do cérebro pela falta de exercício e predomínio espinal, parece bem claro que – se procuramos desenvolver, pela educação racional, científica, o cérebro feminino, a histeria diminuirá progressivamente.

Esse exercício, o modo de o regular, deve merecer cuidados especialíssimos.

A fadiga, a estafa cerebral, na mulher, será de conseqüências desastrosíssimas para a prole.

Sempre escrava, o cérebro abandonado nela como inútil, objetivo de serviços ou de gozo, procurou armas como a astúcia e a mentira, fazendo das lágrimas, dos sentimentos, motivos de sedução; e, por esse meio conservou o predomínio medular e não soube regular as emoções.

Deu largas à irritabilidade nervosa; se o exercício cerebral agora for repentinamente além do que é possível – novas diáteses nervosas se sucederão, quiçá provocando maiores desarranjos.

Se "a mulher tem um cérebro e uma psicose infantil, *porque e só porque* foi submetida a uma seleção que procurou esse resultado" na opinião insuspeita de Tito Lívio de Castro, claro está: terá desenvolvimento cerebral e psicose superior quando a seleção for operada nesse sentido.

A mulher é fisiologicamente diferente do homem – não inferior.

Sua inferioridade é apenas econômico-social, inferioridade de preconceito.

Os séculos de escravidão fizeram dela ente mais fraco física e mentalmente.

A educação feminina ou melhor a deseducação da mulher tem retardado a civilização.

A objeção de que a larga instrução feminina é contra a fecundidade, não tem fundamento, provam-no a hotentote e a alemã.

A mulher alemã, bem mais desenvolvida mentalmente, é também prolífera. A hotentote não é intelectual (!) e não é prolífera.

Se assim sucedesse, era para não desejar muito o desenvolvimento mental máximo do homem: a fecundidade não seria prejudicada?

A instrução superior para a mulher certo não vai ser causa do niilismo de Hartmann...

Se é verdade que se ganha em quantidade o que se perde em qualidade, que "uma modificação nas condições de existência influi em maior ou menor desenvolvimento da faculdade de reprodução, se o homem procura dirigir e aproveitar as forças da natureza – a população há de ser regulada segundo os interesses sociais".

Os fracos, os doentes, são prolíferos. Os fortes, os inteligentes, são menos fecundos. É a lei da compensação.

Tudo se equilibrará mesmo sem as práticas neomalthusianistas.

À medida que descemos na escala econômico-social, mais notamos a fecundidade das mulheres, fecundidade motivada pela ignorância, tendo como causa a esterilidade cerebral e pelo cálculo burguês-capitalista com tendência a acumular heranças para poucos descendentes e a fazer braços que peçam trabalho...

Que ponto de vista limitado e egoísta!

Se a inteligência feminina se desenvolver pela educação – a espantosa faculdade de reprodução (da brasileira por exemplo), se regulará para dar lugar ao desenvolvimento do cérebro.

E haverá mais higiene, mais saúde, menos mortalidade infantil, mais amor de mãe, menos "*amor de macaca*", acréscimo de produção, sem paradoxo. A Holanda o prova.

A escola está longe de sua missão.

A educação feminina é lastimável.

A mulher precisa sentir a verdadeira vida, viver pelo pensamento, ter *clarividência moral*.

[...]

Conclusões

1. O homem preenche dois fins durante a existência: nasce com características especiais para pai de família e para membro da sociedade.

 Sendo a mulher sua companheira indispensável na multiplicação de espécie e na vida social – é lógico: também a mulher tem duas funções a preencher durante a existência – a de mãe e a de colaboradora na coletividade humana.

2. Aí temos o indivíduo e a sociedade. Nem o indivíduo tem o direito de visar o próprio eu egoisticamente, sem olhar o interesse coletivo, nem a sociedade tem o direito de absorver o indivíduo.

3. Nascendo a mulher para a missão de mãe e para a ordem social, deve ser genitora, sobrando-lhe tempo suficiente para os deveres de colaborar com o homem em benefício.

4. A mulher inconsciente é incapaz de sentir a sua missão.

 Considerando que a mulher, de qualquer condição, ao lado do homem representa a fascinação, o amor, a força para o bem ou para o mal, – é indispensável educá-la, instruí-la até aonde puder voar a sua inteligência, a fim de que seja o poder consciente, a clarividência moral para benefício da sociedade humana em busca do bem-estar para todos.

5. Considerando a escravidão secular feminina o atraso de seu cérebro submetido a uma seleção cujo resultado desastroso fez dela o *bibelot*, a melindrosa, a mundana, conservou-lhe a medula, a *psiché* infantil:

   a) Considerando que a educação atual, incapaz de lhe desenvolver aptidões e faculdades latentes – deseduca, continua o prejuízo tradicional;

   b) Considerando que o progresso depende das duas facções humanas, – o homem só poderá atingir ao apogeu da sua grandeza intelectual e moral quando a mulher tiver clarividência moral.

   Assim, é indispensável revolução na educação, a fim de ruir todo o edifício antigo e reconstruir novos alicerces mais sólidos, racionais, científicos.

6. A verdadeira educação feminina não é empecilho à fecundidade, porém, equilibra as funções genitoras: evita a fecundidade absorvente que mata a mãe de fraqueza, inanição e trabalho, prejudicada pelo excesso de filhos, e faz nascer o desejo da maternidade na razão das que se furtam a esse belo sacrifício.

7. Quando todas as mulheres souberem ser mães a humanidade será redimida pelo amor materno.

8. Considerando a experiência a única mestra da vida, considerando a educação profissional como tendo base científica – toda escola deve ser laboratório, oficina.

   A iniciativa, a vontade, o ideal só é atingindo pelo esforço, pela ambição de se realizar, pelo estímulo nascido das faculdades latentes, na escola da vida.

9. Considerando impossível no regime atual o trabalho profissional obrigatório, considerando a educação intelectual-profissional o único meio de educar para a vida completa, considerando que a ociosidade vive do sacrifício de outrem. É preciso que a elite intelectual se convença da grande renovação para novos ciclos em busca de outras civilizações.

10. Considerando a necessidade do esforço em conjunto para o desenvolvimento mútuo, para evitar a estafa, as diáteses nervosas, e para tornar o ensino atraente e salutar, para o preparo à vida útil para a melhor compreensão da existência, – a co-educação se impõe: a mulher deve ser educada ao lado do homem, como companheira.

11. Finalmente, se a mulher nasceu para perpetuar a espécie, deve elevar-se à altura da beleza interior a que possa atingir.

    Deve instruir-se até poder conceber a finalidade da vida, realizando o seu mundo interior, *conhecer-se – "para aprender a amar"*.

    Socialmente falando é fator da civilização moral: deve caminhar e fazer caminhar a Humanidade em busca da Beleza e da Verdade, que o seu cérebro ainda lhe não deixou entrever.

Gabriela Mistral (1889-1957)

Gabriela Mistral e a educação das nossas crianças

Telmo Adams

> *Ensinar sempre, no pátio e na rua, como na sala de aula!*
> GABRIELA MISTRAL

Vida e contexto

Gabriela Mistral[1] (1889-1957) nasceu na pequena localidade de Vicuña, Vale de Elqui, Chile. Seu pai era professor, e a mãe, modelista e bordadeira. Aprendeu a escrita e a leitura com sua irmã, formando-se, mais tarde, no magistério. Desde os 15 anos de idade atuou como professora em escolas rurais nos arredores da província de La Serena, onde vivia; e, em seguida, lecionou em diversas escolas, em todo território nacional. Sem assumir a autoria, seus primeiros poemas e artigos em prosa, um deles "A instrução da mulher", revelaram suas preocupações em relação às questões das mulheres. Apenas em 1914 seu nome literário foi consagrado com medalha de ouro, ocasião em que obteve o prêmio da mais alta distinção nos Jogos Florais de Santiago, concurso poético organizado pela Sociedade de Artistas e Escritores do Chile.

Sua trajetória como educadora e poeta foi influenciada pelas obras pedagógicas do colombiano José Maria Vargas Vila e poemas do modernista Rubén Darío, o qual considerava o primeiro poeta de língua castelhana. Além disso, teve contatos inspiradores com Pablo Neruda, visitas a diversas reduções indígenas, conhecendo de perto a realidade da população mapuche. Depois ampliou seus horizontes na convivência com realidades dos inúmeros países por onde passou sua vida itinerante, a partir dos 33 anos de idade. Seu lema pedagógico passou a ser: *ensinar sempre, no pátio e na rua, como na sala de aula*.

Por iniciativa do governo do México, através do seu ministro de Educação Pública, o filósofo e educador José Vasconcelos, foi convidada para

---

[1] Seu nome original era Lucila María del Perpetuo Socorro. Assumiu o nome de Gabriela Mistral em homenagem a Gabriele D'Annunzio e Federico Mistral.

colaborar nos planos de ensino nas missões rurais e indígenas, bem como contribuir na elaboração de programas de reforma educacional. No mesmo país contribuiu efetivamente na campanha para fundação de bibliotecas populares. A partir de 1930 iniciou suas atividades consulares na Espanha, em Portugal, no Brasil, no México, na Itália e nos Estados Unidos.

Sua mais alta condecoração aconteceu em 1945, quando foi homenageada com o Prêmio Nobel de Literatura, que reconhecia nela um símbolo das aspirações idealistas de todo o mundo latino-americano. Foi a primeira vez que tal homenagem foi prestada a um(a) escritor(a) latino-americano(a). Seis anos depois (1951), recebeu o Prêmio Nacional de Literatura, igualmente, no Chile.

A convite do governo Cubano, em 1953, foi participar de atos comemorativos ao centenário do nascimento de José Martí. Em relação a ele, Gabriela Mistral afirmou: "Gratidão ao escritor que é o mestre americano mais ostensivo de minha obra".

Traços do seu pensamento pedagógico

Gabriela Mistral destacou-se por sua obra carregada de intensidade e sentido humano. Mulher chilena, sobretudo, poetisa educadora latino-americana que, com suas "andanças educacionais" e intercâmbios culturais entre a América Hispânica e o Brasil, marcou o século XX, projetando-se para dentro do século XXI. Em todo lugar foi sempre fiel às suas motivações: seu país, sua América e seus habitantes, tendo presentes os costumes de suas vidas e trabalhos, as questões sociais e cidadãs; e, sobretudo, mostrou-se fidelíssima em relação ao compromisso com o desafio da alfabetização. Assumiu a meta de lutar por uma América melhor, buscando construir pontes entre os povos.

Seus escritos aproximaram-na do próximo, de modo especial das crianças. Foi educadora no cotidiano da vida, sobretudo pela arte poética que caracteriza seus escritos. A sua obra trata de temas vitais como: a vida, a escola e o ensino, a criação literária, o religioso, o social, a mulher de seu tempo e de todo tempo, o indígena, a natureza, o geográfico, o mito, os costumes, as artes, as questões chilenas e da América toda. Num ambiente em que a literatura para crianças era depreciada, optou por dedicar a elas grande parte da sua "pequena obra", como costumava dizer.

Apresentação dos textos selecionados

"La maestra rural" {A professora rural} (MISTRAL, 2007, p. 27). Trata-se de versos da obra {*Desolación*} *Desolação* – publicada nos Estados Unidos da América, em 1922. Inspiram-se na imagem humana e lírica da irmã, sua verdadeira educadora e guia com quem aprendeu a ler e escrever. Seus versos a caracterizam como professora pura, pobre, alegre, um ser "doce". *Desolación* {Desolação} reúne mais de 20 poesias carregadas de ardente paixão e fervor, de amor-dor, de balada e canto.

"La oración de la maestra"[2] {A oração da professora} (MISTRAL, 2007, p. 301). Da obra *Desolação*, Mistral traduz os sentimentos e sentidos de ser professora, em um diálogo com Deus, expressando sua profunda religiosidade. Pede o amor único à sua escola para poder ser mais mãe do que as mães, para amar e defender, semelhante a elas, seus filhos que não são carne de sua carne; para que possa ter sensibilidade e profundidade para cumprir com a lição cotidiana de forma simples, mas efetiva. Uma escola feita de espírito, de entusiasmo: "porque ensinar é amar"!

"Palabras a los maestros"[3] {Palavras aos professores} (MISTRAL, 2007, p. 303). Eis um roteiro orientador para uma postura metodológica do professor, afirmando que o básico é saber que se trata de um ofício de ternura onde é vedado ser "seco de coração" e também de linguagem. "Palavras aos professores" está embasado na sua experiência e testemunho de vida.

"Pensamientos pedagógicos"[4] {Pensamentos pedagógicos} (MISTRAL, 2007, p. 305). Expressa os sentidos cotidianos da atividade educadora dos professores e ao mesmo tempo apresenta orientações atualizadas para o ofício de mestre que deve acontecer dentro e fora da escola. Daí o seu lema "ensinar sempre, no pátio e na rua, como na sala de aula".

"Llamada por el niño"[5] {Chamamento pela criança} (MISTRAL, 2007, p. 309). Muitas coisas podem esperar, mas a criança não. A ela não se pode responder: amanhã. Ela se chama "agora". Após os sete anos, somente se poderá remendar, corrigir, sem curar. Defendendo os direitos essenciais das crianças com prioridade absoluta dizia: "Queremos salvar-nos, salvando as crianças".

"Pasión de leer"[6] {Paixão de ler} (MISTRAL, 2007, p. 314). O exercício da leitura todos os dias é tão importante como comer. Ler até que a leitura se torne um hábito como o olhar, um exercício natural, mas prazeroso sempre. E lembra Mistral que o hábito não se adquire se não realizado com prazer.

---

[2] Escrita em 1919, durante sua permanência em Punta Arenas.

[3] Texto escrito por volta de 1918 e publicado em *Magistério y Niño*.

[4] Publicado originalmente em 1923, na *Revista de Educación*, número 1, ano II, Santiago.

[5] Publicado inicialmente na *Revista de Educación*, número 48, Santiago.

[6] Escrito em Madri, em 1935, enquanto representava seu país no consulado.

Como passo primeiro, alerta os pais e professores para que não despertem nas crianças a resistência aos livros, dando-lhes leituras difíceis antes do tempo.

"Contar"[7] (MISTRAL, 2007, p. 321). Contar é a arte de encantar com magia. A autora sugere evitar o formalismo fazendo um veemente alerta que o título de professor é para quem sabe contar histórias com alegria e fascinação.

Referências

LLANOS, Fidel Sepúlveda. Gabriela Mistral: una ecologia estética. *Revista Aisthesis – Revista Chilena de Investigação Estética*, Pontifícia Universidad Católica de Chile. n. 28, p. 60-71, 1995.

MISTRAL, Gabriela. *Antologia de poesia y prosa*. Selección y prólogo: Jaime Quezada. Santiago, Chile: Fondo de Cultura Econômica, 2007.

MISTRAL, Gabriela; OCAMPO, Victoria. *Esta América nuestra. Correspondência 1926-1956*. Introducción y notas de Elizabeth Horan y Dóris Meyer. Buenos Aires: El Cuenco de Plata, 2007.

RUDD, Margaret T. Diálogos entre Neruda e Mistral. *Revista Américas*, v. 24, n. 5-9, p. 14-17, 1972.

SOARES, Gabriela Pellegrino. Gabriela Mistral e a formação do leitor. In: *Semear Horizontes: Uma história da formação de leitores na Argentina e no Brasil, 1915-1954*. Belo Horizonte: Editora UFMG, 2007. p. 244-258.

[Textos selecionados][8]

Tradução: *Luis Marcos Sander*

A professora rural

Gabriela Mistral

Para Federico de Onís

[MISTRAL, Gabriela. *Antologia de Poesia y Prosa*. Selección y Prólogo: Jaime Quezada. Santiago, Chile: Fondo de Cultura Econômica Chile S.A., 2007.]

A professora era pura. "Os suaves
 [hortelãos",

dizia, "deste prédio, que é prédio
 [de Jesus,

---

[7] Texto publicado inicialmente no *Repertório Americano*, São José, Costa Rica, em 1929.

[8] A Ordem Franciscana no Chile autoriza a utilização da obra de Gabriela Mistral. O equivalente dos direitos de autor é dado à Ordem Franciscana no Chile, para crianças Montegrande e Chile, de acordo com a vontade e testamento de Gabriela Mistral.

hão de conservar puros os olhos e
[as mãos,
guardar claros seus óleos, para dar
[clara luz".

A professora era pobre. Seu reino
[não é humano.
(Assim no doloroso semeador de
[Israel).
Vestia saias pardas, não enjoiava
[sua mão
e todo o seu espírito era uma
[imensa joia!

A professora era alegre. Pobre
[mulher ferida!
Seu sorriso foi um modo de
[chorar com bondade.
Por sobre a sandália rota e
[avermelhada,
este sorriso, a insigne flor de sua
[santidade.

Doce ser! Em seu rio de méis,
[caudaloso,
longamente dava de beber a seus
[tigres a dor.
Os ferros que lhe abriram o peito
[generoso
mais largas lhe deixaram as bacias
[do amor!

Oh lavrador, cujo filho de seu lábio
[aprendia
o hino e a prece, viste o fulgor
do luzeiro cativo que em suas carnes
[ardia:
passaste sem beijar seu coração em
[flor!

Camponesa, lembras que alguma
[vez prendeste
seu nome a um comentário brutal
[ou fútil?
Cem vezes a olhaste, nenhuma vez
[a viste
e no solar de teu filho dela há mais
[do que de ti!

Passou por ele sua fina, sua delicada
[esteva,
abrindo sulcos onde alojar perfeição.
A alvorada de virtudes de que
[lentamente se neva
é sua. Camponesa, não lhe pedes
[perdão?

Dava sombra por uma selva seu
[carvalho fendido
no dia em que a morte a convidou
[para partir.
Pensando em que sua mãe a esperava
[adormecida,
À dos Olhos Profundos se entregou
[sem resistir.

E em seu Deus adormeceu, como
[em coxim de lua;
travesseiro de suas fontes, uma
[constelação;
canta o Pai para ela suas canções
[de berço
e a paz chove longamente sobre seu
[coração!

Como um repleto vaso, trazia a
[alma feita
para derramar aljôfares sobre a
[humanidade;
e era sua vida humana a dilatada
[fenda
que costuma abrir o Pai para lançar
[a claridade.

Por isso ainda pó de seus ossos
[sustenta

púrpura de roseiras de violento
[chamejar.

E o cuidador de túmulos, como
[aroma, me conta,

os mapas daquele que marca seus
[ossos, ao passar!

La maestra rural

A Federico de Onís

La maestra era pura. "Los suaves
[hortelanos",

decía, "de este predio, que es predio
[de Jesús,

han de conservar puros los ojos y las
[manos,

guardar claros sus oleos, para dar
[clara luz".

La maestra era pobre. Su reino no
[es humano.

(Así en el doloroso sembrador de
[Israel).

Vestía sayas pardas, no enjoyaba su
[mano

¡y era todo su espíritu um inmenso
[joyel!

La maestra era alegre. ¡Pobre mujer
[herida!

Su sonrisa fue un modo de llorar
[con bondad.

Por sobre la sandalia rota y enrojecida,
[tal sonrisa, la insigne flor
[de su santidad.

¡Dulce ser! En su río de mieles,
[caudaloso,

Largamente abrevaba sus tigres el
[dolor

Los hierros que le abrieron el pecho
[generoso

¡más anchas le dejaron las cuencas
[del amor!

¡Oh labriego, cuyo hijo de su labio
[aprendía

el himno y la plegaria, viste el
[fulgor

del lucero cautivo que en sus carnes
[ardía:

pasaste sin besar su corazón en flor!

Campesina, ¿recuerdas que alguna
[vez prendiste

su nombre a un comentario brutal
[o baladí?

Cien veces la miraste, ninguna vez
[la viste

¡y en el solar de tu hijo, de ella hay
[más que de ti!

Pasó por él su fina, su delicada
[esteva,

abriendo surcos donde alojar
[perfección.

La albada de virtudes de que lento
[se nieva

es suya. Campesina, ¿no le pides
[perdón?

Daba sombra por una selva su
[encina hendida

el día en que la muerte la convidó
[a partir.

*Pensando en que su madre la
　[esperaba dormida,
a La de Ojos Profundos se dio sin
　[resistir.*

*Y en su Dios se ha dormido, como
　[em cojín de luna;
almohada de sus sienes, una
　[constelación;
canta el Padre para ella sus canciones
　[de cuna
¡y la paz llueve largo sobre su
　[corazón!*

*Como un henchido vaso, traía el
　[alma hecha
para volcar aljófares sobre la
　[humanidad;
y era su vida humana la dilatada
　[brecha
que suele abrirse el Padre para
　[echar claridad.*

*Por eso aún polvo de sus huesos
　[sustenta
púrpura de rosales de violento
　[llamear.
¡y el cuidador de tumbas, como
　[aroma, me cuenta,
las plantas del que huella sus
　[huesos, al pasar!*

A oração da professora

Senhor, Tu que ensinaste, perdoa que eu ensine, que leve o nome de professora, que Tu levaste pela Terra!

Dá-me o amor único de minha escola; que nem a queimadura da beleza seja capaz de lhe roubar minha ternura de todos os instantes.

Mestre, torna-me perdurável o fervor e passageiro o desencanto. Arranca de mim este impuro desejo de justiça que ainda me perturba, a mesquinha insinuação de protesto que sobe de mim quando me ferem. Não me doa a incompreensão nem me entristeça o esquecimento das que ensinei.

Dá-me ser mais mãe do que as mães, para poder amar e defender semelhante a elas o que não é *carne de minhas carnes*. Dá-me que eu consiga fazer de uma de minhas meninas meu verso perfeito e deixar cravada nela minha mais penetrante melodia, para quando meus lábios não cantem mais.

Mostra-me possível teu Evangelho em meu tempo, para que não renuncie à batalha de cada dia e cada hora por ele.

Põe em minha escola democrática o resplendor que pairava sobre teu círculo de crianças descalças.

Torna-me forte, inclusive em meu desvalimento de mulher, e de mulher pobre; torna-me desprezadora de todo poder que não seja puro, de toda pressão que não seja a de tua vontade ardente sobre minha vida.

Amigo, acompanha-me! Sustém-me! Muitas vezes só terei a Ti ao meu lado. Quando minha doutrina for mais casta e mais queimante minha verdade, ficarei sem os mundanos, mas Tu me apertarás então contra teu coração, o que soube farto de solidão e desamparo. Só procurarei em teu olhar a doçura das aprovações.

Dá-me simplicidade e dá-me profundidade; livra-me de ser complicada ou banal em minha lição cotidiana.

Dá-me levantar os olhos de meu peito com feridas ao entrar cada manhã em minha escola. Que eu não leve para minha mesa de trabalho meus pequenos afãs materiais, minhas mesquinhas dores de cada hora.

Torna-me leve a mão no castigo e a torna mais suave na carícia. Que eu repreenda com dor, para saber que corrigi amando!

Faz com que eu faça de espírito minha escola de tijolos. A labareda de meu entusiasmo lhe envolva seu átrio pobre, sua sala desnuda. Meu coração lhe seja mais coluna e minha boa vontade mais ouro do que as colunas e o ouro das escolas ricas.

E, por fim, lembra-me, a partir da palidez do quadro de Velásquez,[9] que ensinar e amar intensamente sobre a Terra é chegar ao último dia com a lançada de Longino no costado ardente de amor.

Palavras aos professores

Professor, ensina com graça, como pedia Rodó. Sem te tornares um retórico, procura dar um pouco de beleza em tua lição de todos os dias (observa que Cristo não separou a bela intenção de verdade do desejo de beleza e graça verbal).

Narra com donaire; sabes que teu ofício, que é de ternura, te proíbe ser seco de coração; também te proíbe sê-lo de linguagem.

Aprende no livro moderno e no antigo de graciosidades do idioma e adquire-as pelo menos em parte.

Em San Martín, teu Abraão, Bello, teu Carrera; suas biografias inflamarão mais se conheces o adjetivo formoso que pinta o caráter, a expressão hábil que dá movimento ao relato, o substantivo transparente que nomeia a virtude exata (a verdadeira excelência).

Não te conformes em ser claro; sê, se puderes, elegante em tua palavra.

A sobriedade, que tu sabes que é condição pedagógica de tua explicação, é dom literário; a naturalidade, que teu Manual também recomenda, é refinamento artístico; a viveza do relato te é dada não só por teu entusiasmo, mas também por tua habilidade científica (consciente, com intenção artística).

Aprende essa sobriedade, essa naturalidade, essa viveza em Pascal, em Heine, no Dante, não desterres nem os galãs escolares de tua grave biblioteca. Um sorriso faz bem.

---

[9] Mistral refere-se a um dos quadros mais conhecidos mundialmente, *Las meninas*, de Diego Rodríguez de Silva y Velázquez (1599-1660), em exposição no Museo Del Prado.

Ninguém se separa impunemente da beleza, nem o sacerdote nem o propagandista, nem sequer o comerciante.

O descuido de tua linguagem envolve certo desprezo dos que te ouvem.

Quando descuidas tua linguagem, roubas algo da verdade que ensinas: rouba-te o atrativo sobre as crianças, rouba-lhe dignidade.

Equivoca-te ao pensar que elas não sabem disso. Como o camponês, como o trovador, como o pedreiro que canta ares formosos sobre a pedreira, a criança entende; ambos têm o instinto, não a ciência por certo, do divino.

Faz o teste e ficarás maravilhado.

Lê para ela um dos muitos contos insulsos da pedagogia ordinária que correm por aí e, depois, lê para ela o "Cuento a Margarita", de Rubén.[10]

A arte cabe dentro de tua escola. Se decoras tua sala de aula com Millet, alegras os teus pequenos; eles sentem a doçura da Balada de Mignon em sua aula de canto.

Não desprezes a criança, que o é toda a sua vida, porque desprezarás a ti e torna tua escola capaz de toda a grandeza que passa ou passou pelo mundo. Farás, assim, pedagogia augusta, não pedagogia cinzenta, pobre, infeliz.

---

[10] Esse poema de Rubén Darío está contemplado nesta obra, no espaço dedicado ao autor.

Pensamentos pedagógicos

Para as que ensinamos

1. Tudo para a escola; muito pouco para nós mesmas.
2. Ensinar sempre: no pátio e na rua, como na sala de aula. Ensinar com a atitude, o gesto e a palavra.
3. Viver as teorias formosas. Viver a bondade, a atividade e a honradez profissional.
4. Amenizar o ensino com a palavra bonita, com a anedota oportuna e a relação de cada conhecimento com a vida.
5. Tornar desnecessária a vigilância da chefa. Em quem não se vigia, se confia.
6. Fazer-se necessária, tornar-se indispensável: essa é a maneira de conseguir a estabilidade em um emprego.
7. Comecemos, as que ensinamos, por não acudir aos meios espúrios para ascender. A carta de recomendação, oficial ou não oficial, quase sempre é a muleta para quem não caminha bem.
8. Se não realizamos a igualdade e a cultura dentro da escola, onde se poderão exigir essas coisas?
9. A professora que não lê tem de ser má professora: rebaixou sua profissão ao mecanismo de ofício, ao não se renovar espiritualmente.
10. Cada repetição da ordem de um chefe, por mais bondosa que seja,

é a admoestação e a constância de uma falta.

11. Mais pode ensinar um analfabeto do que um ser sem honradez, sem equidade.

12. Deve-se merecer o emprego cada dia. Não bastam os acertos nem a atividade ocasionais.

13. Todos os vícios e a mesquinhez de um povo são vícios de seus professores.

14. Não há mais aristocracia nas pessoas do que a aristocracia da cultura, ou seja, dos capazes.

15. Para corrigir não se deve temer. O pior professor é o professor com medo.

16. Pode-se dizer tudo, mas é necessário encontrar a forma. A mais dura reprimenda pode ser feita sem humilhar ou envenenar uma alma.

17. O ensino das crianças talvez seja a forma mais alta de buscar a Deus; no entanto, também é a mais terrível no sentido de tremenda responsabilidade.

18. O grotesco proporciona uma alegria ignóbil. Deve-se evitá-lo entre as crianças.

19. É necessário eliminar tudo que é vulgar das festas escolares.

20. É uma vergonha que o cuplé e a dança grotesca tenham entrado na escola.

21. A nobreza do ensino começa na classe atenta e compreende o canto exaltador no sentido espiritual, a dança antiga – graça e decoro –, a conversa sem crueldade e o traje simples e correto.

22. Tão perigoso é que a professora superficial tagarele com a aluna quanto é belo que esteja sempre a seu lado a professora que tem algo a ensinar fora da aula.

23. As parábolas de Jesus são o eterno modelo de ensino: usar a imagem, ser simples e dar sob a aparência simples o pensamento mais profundo.

24. É intolerável o vazio da instrução que, antes de dar conhecimentos, não ensina métodos para estudar.

25. Como não é possível reter tudo, é necessário fazer com que a aluna selecione e saiba distinguir entre a medula de algo e o detalhe útil, mas não indispensável.

26. Como as crianças não são mercadorias, é vergonhoso regatear o tempo na escola. Mandam-nos instruir por horas e educar sempre. Logo, pertencemos à escola em todo o momento em que ela nos necessitar.

27. O amor às crianças ensina mais caminhos a quem ensina do que a pedagogia.

28. Estudamos sem amor e aplicamos sem amor as máximas e aforismos de Pestalozzi e Froebel, a essas almas tão ternas, e por isso não alcançamos o que eles alcançaram.

29. Não é nocivo comentar a vida com as alunas quando o comentário critica sem envenenar, louva sem paixão e tem intenção edificadora.
30. A vaidade é o pior vício de uma professora, porque aquela que se crê perfeita fechou, na verdade, todos os caminhos para a perfeição.
31. Nada é mais difícil do que medir em uma sala de aula até onde chegam a amenidade e a alegria e onde começam a tagarelice e a desordem.
32. Todos temos parte no progresso ou no desprestígio de um colégio.
33. Quantas almas uma professora envenenou ou deixou confusas ou empequenecidas para sempre durante sua vida?
34. Os dedos do modelador devem ser, ao mesmo tempo, firmes, suaves e amorosos.
35. Todo esforço que não é persistente se perde.
36. A professora que não respeita seu próprio horário e o altera só para sua comodidade pessoal ensina com isso a desordem e a falta de seriedade.
37. A escola não pode tolerar as modas sem decência.
38. O dever mais elementar da mulher que ensina é o decoro em sua roupa. Tão vergonhosa quanto a falta de asseio é a falta de seriedade em seu exterior.
39. Não há no mundo nada tão belo como a conquista de almas.
40. Existem doçuras que não passam de debilidades.
41. O bom semeador semeia cantando.
42. Toda lição é suscetível de beleza.
43. É preciso não considerar a escola como casa de uma, mas de todas.
44. Há direito à crítica, mas depois de ter feito com êxito o que se critica.
45. Todo mérito se salva. A humanidade não é feita de cegos e nenhuma injustiça persiste.
46. Nada é mais triste do que a aluna comprovar que sua aula equivale a seu texto.

Chamamento pela criança

Este é um dia de unidade e, além disso, de reconciliação de todos nós na Criança.

Nossas discussões partidárias fazem uma parada hoje; folgam, sobram. Porque muitas coisas não podemos discutir, muito menos esse grande embaraço que se chama Criança desnuda e faminta.

Ele não pediu para nascer e ele não pede, sem mais alegações que seu pobre corpo, que nos declara o sustento pela metade, o quarto insalubre, o mal viver.

Pela primeira vez vamos dar para uma criatura sem raça expressa, sem pátria declarada, pequena, de qualquer parte do mundo: sul-americano, chinês, italiano, polonês, judeu, etc. E saberemos, com surpresa de nós próprios, que, apesar dos chauvinismos raivosos, o conceito da humanidade, como o corpo indivisível de Cristo, está latente na metade de nosso espírito, e que esse "chamamento" o faz subir à flor do peito.

Muitas das coisas de que temos necessidade podem esperar: a Criança, não. Ela está formando agora mesmo seus ossos, criando seu sangue e ensaiando seus sentidos. A ela não se pode responder: "Amanhã". Ela se chama "Agora". Passados os sete anos, o que se fizer será um mero remendar e corrigir sem curar.

Estamos doentes de muitos erros e outras tantas culpas, mas nosso pior delito se chama abandono da infância. Descuido da fonte. Em alguns ofícios ocorre que a peça estragada no início não pode mais ser refeita. E, no caso da Criança, acontece o mesmo: a emenda tardia não salva. Deste modo, nós deformamos o desenho divino que ela trazia.

Hoje é o dia de dar para uma multidão, mas, ao mesmo tempo, para cada um, de dar para todos, sem despojar os nossos: a probidade das Nações Unidas nessa distribuição será irrepreensível.

Na coleta de hoje começa uma aprendizagem audaz que nunca fizemos: a de dar para o próximo e o distante, para o nacional e o forasteiro. E este ensaio não tem nada de absurdo: é a primeira e última letra do alfabeto cristão. Nunca ensaiamos isso, e alguma vez teriam de nos conduzir para uma operação espiritual postergada, mas inevitável, dura, mas possível.

Queremos nos salvar salvando a Criança; sempre cremos que a salvação podia vir da ajuda ao parente, ao de rosto conhecido. Mas Aquele a quem chamamos o Salvador não veio para o judeu apenas; Ele veio para o planeta e escandalizou os centuriões e rabinos com sua adoção do Mundo.

Poderia ser que a fraqueza do cristianismo decorra de nossa caridade caseira e regional e da indolência com que olhamos a fome oriental e a fome africana e as demais.

A mão estendida de hoje, a caixa de esmolas ambulante que vai pelas ruas não pede, *mas cobra*. Todos somos devedores do vulto pequenino que se esconde em nossa montanha, que vive nos vales sem outro alimento do que o ar e a luz e que vaga por cidades ao mesmo tempo suntuosas e puídas pela miséria.

Hoje os coletores não cobram quanto se deve à Criança, o que é muito. Demos sem cenho franzido;

demos por decoro coletivo e individual, cristão ou pagão, mas demos todos. E, ao soltar as moedas, procuremos ver o pedinte invisível, para que de sua imagem nasça em nós a consciência do Mundo unitário, que foi ensaiado em vão pela Liga das Nações e que agora a ONU volta a tentar, como quem faz uma segunda semeadura sobre a terra gelada e dura.

As Nações Unidas são mais do que uma assembleia e uma realização política: elas são a gema de uma consciência universal. E o melhor de suas criações e de sua inspiração talvez seja este "Chamamento pela Criança", que também é o desagravo à mãe em falência.

Todos fomos crianças, e dar hoje será trazer aos olhos a própria infância. Despejar o salário inteiro será recuperar a mão infantil na qual nada apodrece porque nada se acumula e que ela leva aberta porque a Criança é um esbanjador para o divino.

Paixão de ler

O trabalho em favor do livro que professores e pais devem fazer é o de despertar o desejo pelo livro, passar dali ao prazer com este e rematar a empresa deixando um simples agrado promovido a paixão. O que não se torna paixão na adolescência desmorona na madurez relaxada.

Tornar a leitura algo cotidiano ou, segundo diz Alfonso Reyes, "coisa impossível de esquecer, como lavar as mãos". Deixar para trás o hábito de pais ou avós que contavam os livros que tinham lido por ocasião das catástrofes nacionais ou dos lutos da família. Fazer ler como se come, todos os dias, até que a leitura seja, como o olhar, um exercício natural, mas sempre prazeroso. Não se adquire o hábito se ele não promete e dá prazer.

A primeira leitura das crianças seja aquela que se aproxima o máximo possível do relato oral, do que vem saindo, ou seja, dos contos de velhas senhoras e dos acontecimentos locais. Folclore, muito folclore, todo o que se puder, que será o que se quer. Trata-se do momento em que a criança passa dos joelhos femininos para o seco banco escolar, e qualquer alimento que se achegar a ela deve ter a cor e o odor daqueles leites de anteontem. Esses leites folclóricos são mirrados em várias raças; na espanhola conservam uma abundância e um ímpeto de aluvião. Eles não são coisas que os professores procurem penosamente: feitos conto ou romance, correm da aldeia para a cidade pelo lombo peninsular; chegam a parecer o solo e o ar espanhóis, e não há mais trabalho de colhê-las, como as codornizes na chuva de Moisés, estendendo a mão e metendo no saco as melhores: quase não há melhores e piores;

o folclore espanhol possui uma admirável uniformidade de qualidade para nosso deleite.

Erram os professores que, zelando muito pela qualidade da leitura, a matam ao impor o melhor aos puxões e antes do tempo.

Devemos condescender um pouco ou muito com a criança, aceitando certas leituras bobas ou laterais. Tenho visto crianças bocejar por causa de umas Ilíadas em versão chamada infantil e que despertavam em seguida por qualquer Júlio Verne.

Aceitemos ladinamente o gosto equivocado da criança pela aventura mal escrita, pois, uma vez feito seu "estômago de leitor", a aventura tola irá subir para Kipling e Jack London, e destes para outros, até chegar à *Divina comédia* (tremenda aventura por dentro da alma), a *Quixote* ou ao mundo de Calderón.

Dizem que o melhor costuma ser inimigo do bom; também o solene antecipado pode causar fastio do sério e por toda a vida. O fastio leva direto para a repugnância.

A paixão de ler, uma linda febre que quase alcança a do amor, a da amizade, a dos campeonatos. Que os olhos se voltem ao papel impresso como o cachorro a seu amo; que o livro, à semelhança de um rosto, chame na vitrine e faça a pessoa voltar-se e colocar-se diante dela em encantamento real; que a leitura se torne um ímpeto quase carnal; que se sinta o amor próprio de ter lido livros maiores de sempre e o bom de ontem; que a nobre indústria do livro exista para nós pelo gasto que fazemos nela, como existem os tecidos e alimentos, e que o escritor se torne criatura presente na vida de todos, pelos menos tanto quanto o político ou o industrial.

Então, e não antes, a leitura estará em seu ponto, como o almíbar; não pedirá mais, que seria mania, nem aceitaria menos, que seria negligência.

Paixão de ler, seguro contra a solidão morta dos hortos de vida interna, ou seja, das mais mortas. Se a leitura servisse somente para encher este poço de fastio, já teria cumprido sua incumbência.

Paixão preciosa de folhear o mundo por mão mais hábil que a própria; paixão de percorrer o não percorrido em sentimento ou ação; chegada a pousadas onde se pode dormir sonhando sonhos, se não melhores, diferentes dos próprios. E paixão do idioma, falado por alguém mais elegante, ou mais ágil, ou mais rico que nós. Quer-se como a entranha à língua, e não se sabe senão lendo em escritura feliz uma conquista do próximo, que nos dá mais prazer do que a nossa, que chega a nos produzir uma alegria quase corporal, de tão viva.

O cinema está habituando os jovens a um tipo de façanha mais rápida, mais vertical. Será bom que os romancistas morosos se deem conta desse ritmo da geração leitora vindoura. O mesmo cinema está levando-os de volta para a imaginação pura, descartada e desprezada por nossos pais, que foram educados na Razão nua.

Agora começa, e também pelo cinema vilipendiado, o amor da leitura incompleta de ciências naturais. É preciso aproveitar o sucesso e tirar dele o benefício possível. Vi operários lendo, em uma sala, uma *História do céu*, bem ilustrada, e sei que é corrente seu gosto pela aventura animal, por vidas de abelhas, de elefantes e de bichos estupendos.

Por esses caminhos de criancices, é possível levar qualquer um à paixão de ler, até o lerdo e o surdo, e sem mais do que alimentando esta avidez infantil.

A única coisa que importa é cuidar do começo: não enfastiar o recém-chegado, não lhe causar bocejos ou não desalentá-lo com a peça árdua. Ciência de editor. Ou de bibliotecário, ou de professor: astúcia da boa, capacidade de lidar com pessoa difícil, habilidade de treinador.

Fiquem para depois a limpeza do material, os cuidados acérrimos do repertório, a organização dos temas, segundo a ideologia A ou B.

Este postergar é cuidar, um acomodamento racional do hóspede, antes de lhe contar a heráldica da casa dos livros.

"A leitura distrai." Ela nem sempre nos distrai, ou seja, nos aparta e nos põe à deriva, porque muitas vezes nos finca melhor no nosso elemento. Dá o sabor do vivido e é ruminação de coisas pessoais que fazemos sobre a peça alheia; egoístas não deixamos de ser nunca, e no romance mexemos com percalço ou bem-aventurança próprios.

Os programas de leitura escolar ou operária não devem deixar de lado a poesia, ou ficarão muito plebeus. A poesia grande de qualquer escola ou tempo. Se ela o é, terá garra como o animal prócero ou lançará a rede em nós qual barco de pesca.

Mais ainda do que no caso da poesia, devemos desdenhar do tolo desdém das leituras religiosas. As Escrituras sacras, todas, uma por uma, e nossa *Bíblia* por primeiro valem pelo mais amplo poema épico, em alento heroico e em impulso zenital ao sacrifício. Elas contêm, ademais, uma frágua tal de fogo absoluto, que sai dali, quando são tratadas de boa vontade, um metal humano duro de ser rompido na azáfama do viver e muitas vezes apto para refazer as vidas do mundo, quando elas rangem avariadas. Os livros que realizaram esse trabalho, sem etiqueta de criatura religiosa, levavam, às avessas, a velha marca da mística que foi despedida e que regressa sempre.

Contar

Poucos a levam em conta nas Escolas Normais para a valorização de um professor, poucos a estimam se a têm e menos ainda a exigem dele se lhe falta esta virtude de bem contar, que é coisa primordial na escola. O mesmo se passa com as condições felizes do professor para fazer as crianças brincar, que constitui uma vocação rara e simplesmente preciosa. O mesmo acontece com o lote inteiro da graça, dentro do negócio pedagógico. (O filisteísmo vive cômodo em todas as partes, mas se sentou muito especialmente como patrono no grêmio pedagógico dirigente).

No entanto, contar é a metade das lições; contar é meio horário e meia forma de lidar com as crianças, quando, como em adágio, contar é encantar, e com isso se entra na magia.

Estou falando da escola primária, naturalmente, sem que isso deixe de cobrir também os três primeiros anos da secundária.

A zoologia é um bom contar da criatura-leão, da criatura-ave e da criatura-serpente, até que elas, uma por uma, caminhem, voem ou trepem diante dos olhos da criança, gesticulem e se introduzam em sua alma até este, como que núcleo em que ela sentou os demais seres com quem entabula a linda familiaridade animal que é a mera infância.

Primeiro se devem dar as estampas, todas as possíveis, abundantes, numerosas estampas, sem as quais não haverá na sala objeto verdadeiro sobre o qual a criança construa conhecimento algum. Sobre a gravura eu colocaria a aventura ou o relato – muito colorido – do costume animal, seja dando o trecho escolhido de uma boa antologia zoófila ou o conto de animais que o professor saiba. Só depois desta dupla estampa do animalzinho, a estampa gravada e a oral, já entraria na descrição técnica tornando-a vigorosamente enxuta, como o traço do água-fortista, porque ela sempre é molesta para a criança; dela passaria, finalmente, à questão da ordem e da família, que como trabalho de generalização é bastante ingrato para a criança.

Aquecida a criança com o relato, lançada assim de bruços no tema, com o gosto do nadador, que mergulha, ela encontra na criatura abelha, ou na criatura-leão, como um elemento que lhe dá a alegria, e dará dentro do tema os passos que se queira ou, ao menos, os que permitam o máximo interesse levantado pela narrativa em confluência com a imagem.

A botânica não consiste menos em contar do que a zoologia, ao contrário do que alguns pensam. Conta-se com a mesma arquitetura bela de relato, a colheita e elaboração do linho; contam-se muitas árvores americanas prodigiosas, dando à criança encantamento de uma fábula animal. Assim se dá com a árvore do pão, com as palmeiras – que fazem tribo vegetal –, com o taguá equatoriano ou o lariço chileno.

A geografia é sempre um contar no grande geógrafo e um puro enumerar ósseo e um fazer cubos de cifras no medíocre. Reclus, o admirável, contou longa e suculentamente; Sven Hedin e Humboldt contaram. A multidão de autores de textos de geografia não sabe contar por boca própria nem tem a fidalguia de citar com liberalidade as páginas magistrais dos clássicos com que conta seu ramo. Disso vem esse povo feio e monótono que forma os textos de uma ciência que é genuinamente bela, como é a própria dona do panorama.

A paisagem americana é uma fonte ainda intacta do belo descrever e do belo narrar. Há alguns anos, Alfonso Reyes começou a tarefa com *La visión de Anáhuac*, e esse longo trecho de uma maestria de laca chinesa na descrição deve servir como modelo para cada escritor indo-americano. Nossa obrigação primogênita de escritores é entregar aos estrangeiros a paisagem nativa de forma íntegra e, ademais, digna.

A química também é contar. As propriedades – e não digamos os usos – de cada matéria servem para relatos do melhor "maravilhoso". Em uma escola de operárias, fiz um relato com o iodo – produto precioso que somente nosso país oferece – e outro com as principais resinas, razão pela qual bem sei o que digo.

Há anos eu dividia os temas em temas com auréola e temas sem auréola, ou seja, os que se prestam a uma transfiguração do assunto graças a um comentário hábil e os que não permitem ou rejeitam sua dignificação a criatura gloriosa. Agora creio que só existem temas aureolados, ou sobrenaturais, e que minha preguiça para punçá-los até lhes tirar o esplendor era o que me ditava aquela tola classificação. Li um artigo alheio sobre os cristais para essas mesmas alunas operárias e as mantive duas horas como que sob um feitiço. Sei que depois dessa leitura seu olhar para um simples vidro, e não apenas para o cristal de rocha, será um olhar novo.

Resta dizer que a história é um contar, embora não seja supérfluo o truísmo para os professores que reduzem esse ramo a datas, lugares e nomes.

Ficamos, pois, nisto: quem sabe contar elegantemente aproveita-se de um útil e seguro recurso.

Agora se esclarecerá o que é uma boa maneira de contar.

Creio que não se descobre isso perguntando-o a um técnico em fábulas, ou seja, a um escritor, mas lembrando quem nos contou em nossa infância os "acontecidos" prodigiosos que nos flutuam na memória há 30 anos.

Minha mãe não sabia contar ou não gostava de fazê-lo. Meu pai sabia contar, mas ele sabia coisas demais, desde seu bom latim até seu nobre desenho decorativo; era um homem extraordinário, e eu prefiro lembrar-me dos contadores comuns. Dois ou três velhos de aldeia me transmitiram o folclore de Elqui – minha região –, e esses relatos, junto com a história bíblica que me foi ensinada por minha irmã professora em vez do cura, foram toda, toda a minha literatura infantil. Depois li todas as obras-primas do gênero infantil que andam pelo mundo. Quero dizer que as narrações folclóricas de meus cinco anos e as demais que me vieram com minha paixão folclórica depois são as melhores para mim, são isso que os professores de estética chamam "a beleza pura", as mais embriagantes, como fábula, e as que eu chamo clássicas acima de todos os clássicos.

O narrador no folclore não usa o floridismo, não borda floreios pedantes, nem floreios fastidiosos; não força o interesse com o adjetivo habilidoso; este brota honrado e límpido do próprio núcleo da fábula. O narrador folclórico é vivo por causa da sobriedade, que conta quase sempre alguma coisa mágica, ou ao menos extraordinária, que está bem carregada de eletricidade criadora. Com a repetição milenar, o relato, como o bom ginasta, perdeu a gordura dos detalhes supérfluos e se tornou puro músculo. Desse modo, o relato folclórico não é longo nem se encontra atolado nas digressões, caminha reto como a flecha para seu centro e não cansa o olho da criança nem do homem. Estas são, creio, as qualidades principais do relato popular.

E as do contador? Algumas delas se depreendem do que foi dito anteriormente.

O contador deve ser simples e até humilde para repetir sem acréscimo fábula-mestra que não necessita de adubo; deverá ser elegante, sulcado de graça na palavra, reluzente de donaire, pois a criança é mais sensível à graça do que Goethe ou Ronsard; deverá reduzir tudo a imagens, quando descreve, além de contar, e também quando só conta, deixando sem auxílio de estampa só aquilo que não pode se transmutar nela; deverá renunciar ao relato extenso, que na narração é mais alegria de adulto do que de criança; deverá tirar do cacho de fábulas que foi se formando as de relação imediata com seu meio: fruta, árvore, animal ou paisagem cotidianos, procurará fazer com que seu rosto e seu gesto o ajudem fraternalmente no belo relato, porque a criança gosta de ver o rosto de quem conta comovido e muito vivo. Se sua voz for feia, há meios para que a eduque, mesmo que seja um pouco, até lhe extrair alguma doçura, pois é presente pelo qual agradece quem escuta uma voz agradável e que se ajusta como uma seda ao assunto.

Se eu fosse diretora de Normal, abriria uma cadeira de folclore geral e regional na escola. Além disso – insisto –, não daria diploma de professor a quem não contasse com agilidade, com alegria, com frescor e até com alguma fascinação.

Elizardo Pérez (1892-1980)

Elizardo Pérez: Warisata – a escola *ayllu*

Danilo R. Streck
Daiane Almeida de Azevedo
Mirele Alberton
Dênis Wagner Machado

Vida e contexto

A conhecida diversidade étnica e cultural da Bolívia mostrou seu vigor com a vitória eleitoral para a presidência da República de Evo Morales,[1] indígena e líder sindical, rompendo a secular hegemonia dos descendentes europeus no poder daquele país. Essa conquista de 2005 coloca-se no contexto da longa luta dos povos indígenas por aquilo que hoje se define como um *estado plurinacional e pluricultural*, no qual tenham espaço todas as culturas e identidades que existem na Bolívia. Além disso, é também a expressão da luta pela soberania nacional que se travou em movimentos sociais, como a "guerra da água"[2] e a "guerra do gás".[3]

O povo boliviano possui antecedentes históricos de lutas populares. Uma das mais antigas é a insurreição aimara (1780), que buscava a reconstituição

---

[1] Indígena da etnia aimara, nasceu no município de Orinoca, departamento (estado) de Oruro, no dia 26 de outubro de 1959. Sua família, como muitas, sofreu com as precárias condições de vida da época. Após terminar sua educação secundária, Evo Morales ingressou no serviço militar. Mais tarde, como ativista, destacou-se na política, foi líder dos cocaleros e do Movimento para o Socialismo (MAS). Em dezembro de 2005, Evo Morales tornou-se o primeiro indígena a chegar à presidência da Bolívia. Sua campanha primava pela refundação do país, o combate ao neocolonialismo e a inclusão total dos indígenas na sociedade boliviana.

[2] Manifestação de cunho popular (2000) que uniu campo e cidade pelo mesmo intento: contra a privatização da água e o aumento das tarifas de comercialização. Nessa expressão popular ocorreram discussões sobre o significado do Patrimônio Público e dos recursos sociocoletivos frente às privatizações que estavam acontecendo no país naquele momento.

[3] Em 2005, a população boliviana protestou na intenção de renacionalizar os hidrocarbonetos bolivianos ativos. Essa medida obrigou várias nações, entre elas o Brasil, a rever seus contratos para a exploração dos recursos naturais da Bolívia.

da sociedade, como esta era antes da chegada dos colonizadores espanhóis. Outra de conhecimento internacional ocorreu entre os anos 1899 e 1900, sendo liderada pelo cacique Pablo Zárate Wilka. Essas duas insurreições servem como uma das referências da memória do movimento indígena contemporâneo. Contudo, nas relações internacionais, a Bolívia já amargou vários conflitos com outras nações latino-americanas, a maioria por questões de limites territoriais, como ocorreu com o Brasil, que em 1903 anexou parte de seu território, que hoje corresponde ao estado do Acre.

Em 1952 ocorreu na Bolívia a Revolução Nacional. Víctor Paz Estenssoro (1907-2001) foi eleito presidente, e, sob seu governo, um amplo programa de reformas teve início. No plano econômico, ocorreu a nacionalização das minas e o monopólio da exportação de estanho. No plano educacional, a instrução tornou-se gratuita e obrigatória por lei. Em 1953 foi abolido o regime de servidão indígena. A reforma eleitoral concedeu a estes o direito de participação política (voto universal), e, após a reforma agrária de 1954, os indígenas passam a receber lotes de terras provenientes da fragmentação dos latifúndios.

Em 1964, uma junta militar liderada por René Barrientos tomaria o poder. A partir daí ocorreriam novas reformas, todas com amplo interesse nos investimentos privados estrangeiros. Dois anos depois, Barrientos, então como civil, foi eleito presidente, mas se viu dependente dos militares para conter os movimentos guerrilheiros que se manifestavam no país. Em outubro de 1967, o exército boliviano anunciava a captura e a execução de Ernesto Che Guevara de la Serna. Após a morte de Barrientos, em 1969, sucedeu-se no poder uma série de governos de curta duração, na maioria militares. Somente a partir dos anos 1970 surgiriam novas lideranças indígenas, muitas questionando o novo Estado-Nação, denunciando a estrutura de reprodução do processo de exclusão dos indígenas e a constituição de uma sociedade hierarquizada em função da raça.

Percebe-se que a população indígena teve grande participação cidadã no país, mesmo sendo multiétnica e amplamente vulnerável. Segundo o senso populacional do Instituto Nacional de Estatística (INE), realizado em 2001, cerca de dois terços da população boliviana era composta por indivíduos de origem indígena, mas divididos em 35 povos diferentes. Duas etnias, os Quíchua e os Aimara, habitantes da zona rural do altiplano andino, onde se encontram as cidades de La Paz, Potosí, Oruro, Chuquisaca e Cochabamba, correspondem a cerca de 56% desse total. Dispersos pelo país, ou habitando as chamadas terras baixas bolivianas, cidades como Santa Cruz, Beni, Pando e Tarija, encontram-se outras etnias como os Guarani e os Mojeño.

No campo da educação, a Bolívia se destaca por levar adiante o Programa de Reforma Educativa (PRE), que desde 1994 confere à educação um novo caráter democrático. Recentemente, a Bolívia comemora um feito notável na América Latina – ter sido declarada livre do analfabetismo. Segundo padrões elaborados pela Organização das Nações Unidas (ONU), quando um país apresenta cifras menores a 4%, considera-se que este tenha alcançado um patamar de livre do analfabetismo.

Elizardo Pérez (1892-1980) nasceu em Ayata, província de Muñecas do departamento (estado) de La Paz. Cursou as séries primárias nas escolas de La Paz e os graus superiores na recém-criada Normal de Maestros de Sucre. Após a conclusão dos seus estudos, ganhou um cargo entre os primeiros docentes e passou a prestar serviços em escolas urbanas. Mais tarde exerceu o cargo de inspetor de escolas provinciais. Em 1931 recebeu o cargo de diretor de uma "Escola Rural" em Miraflores. No entanto, aproximadamente 15 dias depois de sua nomeação, renunciou ao cargo por incompatibilidade com seus princípios pedagógicos.

Pérez sustentava a ideia de que a escola indígena deveria estar localizada no coração das comunidades campesinas. Compreendendo o significado dessa proposta, o ministro da Educação lhe conferiu poder para alocar a nova escola no lugar que julgasse mais adequado, e, para tanto, Pérez se dirigiu às povoações próximas ao lago Titicaca. Foi em Warisata que encontrou a predisposição ideal para levar seus planos adiante. A 2 de agosto de 1931, ao pé do Monte Illampu, foi fundada a primeira escola indígena do país. Sua entrega total à causa dos índios despertou entusiasmos de libertação nos homens andinos. Um dos mais caros aliados nessa missão foi Avelino Sinãni,[4] um aimara entusiasta da educação.

Criando um sistema com base no *ayllu* aimara (*aymar aru*) e quíchua (*qhichwa*), Pérez estava convencido que a escola indígena não podia simplesmente ensinar a ler e escrever, ela deveria ser uma escola de ação pela vida e para a vida, uma escola comprometida com a libertação. A irradiação desse sistema alcançou todo o território nacional, e seus princípios pedagógicos se incorporaram aos sistemas escolares da Guatemala, do Peru e do Equador, entre outros países da América Latina. Todavia, em La Paz,

---

[4] Avelino Sinãni (1881-1941): educador aimara, nascido em 6 de fevereiro de 1881, em Warisata, província Omasuyos do departamento (estado) de La Paz. Realizou seus primeiros estudos de forma clandestina, já que na época não era permitido aos indígenas ingressarem na escola formal. Viajava constantemente a Huarina, para aprender a ler e a escrever, e completou seus estudos ainda bastante jovem. Entre 1904 e 1909, assumiu a tarefa de ensinar aos demais indígenas de sua comunidade a ler e a escrever, o que lhe custou muita perseguição e duas prisões temporárias por parte das autoridades. Conheceu Elizardo Pérez e com este fundou, em 2 de agosto de 1931, a Escola Ayllu de Warisata.

os ataques as suas obras eram constantes e, não tardou, seus opositores conseguiram sua destituição.

Em 1947, Pérez foi convidado pelos cidadãos de Licca a candidatar-se a deputado. Nas eleições, o povo levou-o ao Congresso. Trabalhou por seus eleitores criando a província Daniel Campos, no departamento de Potosí, fazendo com que, finalmente, chegasse a ajuda do Estado nas regiões da fronteira do país. Na nova província foram instalados moinhos, suprimento de água potável, escolas com materiais e ferramentas necessárias. Também se tornou ministro da Educação por um curto período, em parte devido a uma crise política. Em 1954 foi contratado pela UNESCO para fundar núcleos escolares na região do Titicaca. Em 1962, Pérez retornou a Licca e se convenceu de que ali estava funcionando a Escola Ayllu que sonhava. Também foi onde fez a primeira apresentação do seu livro *Warisata: la escuela ayllu*, que é considerado por muitos como uma obra magna da pedagogia e da sociologia boliviana.

O pensamento pedagógico de Elizardo Pérez

Em *Warisata: la escuela ayllu*, o livro no qual Elizardo Pérez relata e analisa a sua experiência pedagógica, há referência a uma outra obra de máximo valor na pedagogia boliviana e latino-americana. Trata-se do livro *Creación de la Pedagogía Nacional*, de Franz Tamayo, publicado em 1910. Nesse livro Franz Tamayo denuncia a ineficácia de uma pedagogia baseada em cópias e transplantes da Europa, e defende a criação de uma pedagogia nacional. Ele usa a expressão "bovarismo pedagógico"[5] para designar aquele vício da inteligência que se encontraria em todas as partes, mas sobretudo no sul da América e que "consiste em aparentar, a respeito de si e dos demais, talvez sinceramente – não se sabe –, uma coisa que não é realmente, e é a simulação de tudo: do talento, da ciência, da energia, sem possuir naturalmente nada disso" (TAMAYO, 1975, p. 25). Faz-se necessário, segundo ele, criar uma pedagogia que corresponda às forças do país, seus costumes, suas tendências naturais, seus gostos e que esteja de acordo com as condições físicas e morais do povo.

Antecipando o feito que um século depois se tornaria realidade na Bolívia com a vitória sobre o analfabetismo, Tamayo (1975, p. 83) dizia que "instrução primária é concretamente sinônimo de destruição do analfabetismo nacional". Ele tinha uma apreciação positiva do indígena e denunciava o discurso das

---

[5] Refere-se a Madame Bovary, cujo comportamento deu lugar a uma descrição de um quadro psicológico (o bovarismo) segundo o qual a pessoa é incapaz de avaliar o seu valor próprio e por isso sofre de uma insatisfação patológica que a lança num profundo sentimento de infelicidade.

raças como uma invenção que não tinha sustentação científica. Criticava, da mesma forma, a pedagogia inspirada em Rousseau por criar um aluno abstrato, que não era encontrado em lugar algum. Cabia desenvolver uma ideia mestra para a educação na Bolívia, e esta seria encontrada na resposta à pergunta: "O que se deve fazer do boliviano?". Isso seria conseguido ao despertar e organizar as energias do povo. A educação geralmente vê o aluno como selvagem e primitivo e faz um trabalho de abafamento dessas energias. Eis o que deveriam fazer as escolas: "O que tem que fazer é justamente um trabalho contrário; tem que despertar a vontade adormecida e a energia latente; tem que incitar a personalidade como a um felino hipnotizado e já agonizante" (p. 222). O fato de que o homem faz história leva a outra pergunta que tem um caráter igualmente político e pedagógico: "Quem faz o homem?" (p. 42).

Elizardo Pérez aprofunda a discussão proposta por Franz Tamayo e, mais do que isso, realiza uma experiência de escola que marcou um novo momento na educação dos povos indígenas na Bolívia e em outros países. Trata-se do projeto conhecido como Warisata, nome de um pequeno povoado nas proximidades do Lago Titicaca. A escola foi fundada sobre o princípio de que a educação indígena deve acontecer no contexto social e cultural onde vive o povo e, a partir da sua forma de vida e organização social, buscar as mudanças que possibilitem uma vida digna como parte do mundo de seu tempo, mas sem perder as suas raízes. Elizardo Pérez (1992, p. 56) define assim essa tarefa da escola:

> O espírito do índio sobreviveu; a missão da escola indígena é dar-lhe nova vitalidade, modernizar sem abandonar a sua tradição, civilizá-lo sem destruir sua velha cultura nem suas instituições. Só assim cumprirá um papel histórico, salvando um dos povos mais admiráveis do passado, essência e medula do futuro da América.

No livro *Warisata: la escuela ayllu*, Elizardo Pérez dedica os primeiros capítulos a descrever a cultura e a forma de organização desses povos descendentes dos Incas. Analisa a religião, o trabalho e a forma do império incaico, cuja capital foi a cidade de Cuzco (Peru), palavra que significa "centro" ou "umbigo" (*Khosko*) e bem caracteriza a expansão do império por toda a região. Em sua análise merece destaque o papel dos Amauta, saídos das castas privilegiadas e que deram forte impulso ao desenvolvimento de conhecimentos nas áreas da medicina, da geometria, da estética, da música, da agropecuária e outros campos do saber. A escola de Warisata seria governada por um Parlamento de Amautas. Outro conceito importante e que Elizardo Pérez destaca em sua análise é o *ayllu*, "a célula social dos povos andinos" e que é demarcado não apenas por laços de parentesco, mas também pela religião, a cooperação familiar, o coletivismo, as formas de aproveitamento da terra, a organização da indústria e o idioma. Note-se que no título do livro a palavra *ayllu* serve para definir o tipo de escola *(escuela ayllu)*.[6]

O sociólogo boliviano Felix Patzi Paco (2007) vê na escola de Warisata uma expressão de resistência frente ao avanço da ideologia liberal, até a década de 1920, que culpava o povo indígena pelo atraso do país. A regeneração nacional passaria inclusive pela mudança no físico, através dos exercícios copiados da Suécia. A escola de Warisata, colocando-se na contramão da ideologia hegemônica, valorizava a cultura local e ensaiou uma forma de controle direto da comunidade através da instituição do Parlamento de Amautas, a quem cabia a decisão sobre a política educativa da escola.

O ensino era feito com base em métodos ativos, com várias possibilidades de inserção em práticas como agricultura, criação de gado, avicultura e tecelagem. Houve, segundo Pérez, uma influência decisiva da escola para a transformação dos lares e da economia local, através do sistema de trabalho, higiene, moral, civismo e solidariedade. O plano educacional compreendia as seguintes etapas: a) a seção de *kindergarden* ou pré-escola, para crianças de quatro a seis anos; b) a seção elementar, para crianças de sete a dez anos, com especial atenção ao ensino do castelhano e baseado nos interesses imediatos das crianças; c) a seção média ou de orientação profissional, dos 11 aos 14 anos, voltada aos interesses profissionais; d) a seção profissional, para alunos de 15 ou mais anos, destinada aos "interesses abstratos complexos" e à formação profissional.

A escola *ayllu*, fundada em 2 de agosto de 1931, por Elizardo Pérez e Avelino Siñali, durou apenas dez anos, mas teve uma enorme repercussão na Bolívia e em outros países da América Latina. Por exemplo, a experiência de Warisata esteve na origem da Primeiro Congresso Interamericano de Indigenistas. Na Conferência na Universidade, em 1940, Elizardo Pérez faz duras críticas às autoridades pela destruição da escola e à consequente injustiça cometida contra o povo indígena. Com suas palavras: "Batemos à porta da pátria com a pedra de toque da angústia e a porta se encontrava fechada; impossível que os detrás dela pudessem ouvir-nos. Dois milhões de índios agora clamam por justiça" (PÉREZ, 1992, p. 349).

Os textos escolhidos

Os textos selecionados são extraídos do livro *Warisata: la escuela ayllu*. O primeiro deles constitui a parte inicial do Capítulo II (p. 69-71), no qual Elizardo Pérez relata a gênese de Warisata. O extrato mostra o momento de decisão pela criação de uma escola que pudesse ser chamada de escola

---

[6] Elizardo Pérez define o que seria o princípio moral da escola com os três *ama* dos incas: *ama súa, ama llula, ama kela* (não seja ladrão, não seja mentiroso, não seja preguiçoso).

indígena. Não obstante essa decisão de cunho pessoal, o próprio Elizardo Pérez sempre enfatiza o caráter coletivo do trabalho realizado.

O segundo texto é a *Declaração de princípios da escola campesina*, aprovado na primeira Assembleia de Professores Indigenistas, em outubro de 1936. Trata-se de um documento que deveria orientar e facilitar a ação das escolas indígenas e que Elizardo Pérez (1992, p. 168) considera um "aporte substanial ao esclarecimento do problema do índio". A declaração está integralmente transcrita no livro de Pérez (p. 168-172).

Referências

CENPROTAC. *Tareas de la Educación Popular em la Revolución Democrática y Cultural.* La Paz: CENPROTC, [s.d.].

MIGUEL, Bruno Siqueira Abe Saber. A inserção dos movimentos indígenas na arena política boliviana: novos e velhos dilemas. *Espaço Ameríndio,* Porto Alegre, v. 2, n. 1, p. 68-84, jun./jul. 2008.

PATZI PACO, Félix. *Etnofagia Estatal: modernas formas de violência simbólica. Análisis de la Reforma Educativa em Bolívia.* 3. ed. La Paz: DRIVA, 2007.

PÉREZ, Elizardo. *Warisata: la escuela ayllu.* 2. ed. La Paz: HISBOL/CERES, 1992.

ROMERO, Carlos Corte. Movimentos Sociais na Bolívia. Grito dos Excluídos Continental. Publicado em: 4 jul. 2007. Disponível em: <http://www.gritodosexcluidos.com.br/artigossemanais. Acesso em: 21 jul. 2009.

TAMAYO, Franz.*Creacion de la Pedagogia Nacional.* 3. ed. La Paz: Biblioteca del Sesquicentenário da República, 1975.

[Texto selecionado]

Tradução: *Luis Marcos Sander*

Warisata: la escuela-ayllu

Elizardo Pérez

A gênese de warisata (capítulo II)

[PÉREZ, Elizardo. *Warisata: la escuela ayllu.* La Paz: HISBOL/CERES, 1992, p. 69-71.]

1. Bailón Mercado e uma frase histórica

Em abril de 1931, fui nomeado diretor da Escola Normal Indígena de Miraflores. Minha tarefa consistia em preparar professores para o campo.

O caso é que não pude ocupar o cargo por mais de 15 dias, pois descobri o engano que a escola significava para o país. Em meu conceito, ela era tão somente uma obra de simulação, porque estava localizada em uma zona residencial, completamente alheia ao índio, e porque, entre seus alunos, não havia um único rapaz camponês.

O ensino que se oferecia aos futuros professores para consagrá-los ao magistério indígena era absolutamente teórico, livresco e intelectualista, e os alunos recrutados nas aldeias seguramente sairiam dispostos a qualquer empresa menos ao ensino no campo. Assim, desde seu começo, ficavam defraudados os propósitos, talvez sinceros, de dom Daniel Sánchez Bustamante, e já então se manifestava, nas escolas destinadas ao índio, a monstruosa farsa do "normalismo", enfermidade que corrompeu toda uma geração de professores bolivianos.

Quando percebi que o que, em realidade, se montava era um seminário de burocratas, e nada disposto a me envolver em tão grosseira comédia, dirigi-me ao ministro Mercado, dizendo-lhe com toda a clareza e franqueza que renunciava ao cargo, porque aquela não era uma escola indígena nem nada parecido, constituindo um engano para o qual eu não iria contribuir.

Perdoem-me as referências pessoais. Não tenho outro remédio senão fazer isso, porque a história de Warisata é, também, a autobiografia de minha vida. Por isso, sem falsa modéstia, assinalarei quanto tive de fazer e dizer no processo da escola camponesa da Bolívia.

Pois bem, Bailón Mercado, surpreendido com minha atitude, respondeu:

– O que é então que você pensa, Pérez?

– Eu penso – disse-lhe – que a escola do índio deve estar localizada no ambiente índio, ali onde ele luta para não desaparecer; que não deve restringir unicamente ao alfabeto, mas que sua função deve ser eminentemente ativa e estar dotada de um evidente conteúdo social e econômico; que os pais de família devem cooperar para sua construção com seu próprio trabalho e cedendo terras como um tributo à obra de sua cultura; que a escola deve irradiar sua ação para a vida da comunidade e atender ao desenvolvimento harmônico e simultâneo de todas as aptidões da criança em seu processo educacional.

Veja-se como, há 30 anos,[7] já estavam colocados os pontos principais daquilo que se passou a chamar de "educação fundamental", que agora é aplicada na Bolívia como uma importação do exterior em cuja gênese não tivéssemos tido parte...

Provavelmente impressionado pelo ardor que pus em minha resposta, Bailón Mercado respondeu apontando-me o dedo:

---

[7] Antes de 1962, data da primeira edição deste livro. (N. E.).

— Isso, isso que você está pensando, isso você vai fazer.

Nesta época de minha vida, rememoro essas palavras e vejo como uma simples frase pode ter um conteúdo histórico, porque o fato é que foi nesse instante que se criou a escola camponesa da Bolívia. Recebi a resposta do ministro com estranha unção e respeito, e algo se comoveu em meu espírito ao sentir-me, por fim, destinado a cumprir um mandato talvez ancestral que dormia em meu sangue.

Imediatamente parti para o altiplano andino em busca da região mais apropriada para erguer a escola. Embarquei em um caminhão rumo a Santiago de Huata e, em meio a índios e mestiços, meditava nas palavras de Mercado, que a cada instante voltavam à minha memória: "Isso, isso que você está pensando, isso você vai fazer...". Isso queria dizer que agora eu era o responsável por uma altíssima missão histórica e que era o depositário da confiança de um homem em quem, a 30 anos de distância, devo reconhecer uma excepcional ponderação de espírito. Agora, tudo dependia de mim, de minha aptidão criadora, de minha capacidade de trabalho. Contudo, eu ainda não tinha projeto algum "em mente", e o que me guiava era unicamente o afã de situar as escolas de índios em pleno ambiente índio; o que mais tarde foi uma doutrina, uma contribuição original à educação do indígena americano, foi se edificando paulatinamente, à medida que íamos captando ensinamentos da própria vida do índio, de suas tradições e de sua cultura.

Cheguei a Santiago de Huata, às margens do Lago Titicaca, onde, ao saberem de meu propósito, muitos personagens da região me procuraram para me pedir que situasse a escola justamente nessa localidade, fazendo-me ver as condições favoráveis do clima e a beleza da paisagem. Informados de que o projeto não dispunha de fundos, ofereceram gratuitamente um hectare de terra na aldeia, materiais da região e trabalho gratuito.

Realmente, toda a zona de Santiago de Huata tinha grandes atrativos; porém, tive de descartar a oferta, porque eu não procurava a aldeia, hereditária dos vícios coloniais e republicanos, mas o *ayllu* [uma forma de comunidade familiar extensa], onde teria palpitante a realidade indígena. Além disso, eu sabia que, fundando a escola na aldeia, seriam os índios que a ergueriam com seu esforço e suor, para que em seguida só os filhos da localidade e outros povos mestiços a aproveitassem. Isso teria sido cair no mesmo pecado de Miraflores, onde os usufrutuários da Escola Normal eram os filhos dos chefes da província, que, uma vez formados, se transformariam em novos exploradores do índio agregados à já numerosa fauna que vivia do *pongueaje* [serviço doméstico que os índios eram obrigados a prestar gratuitamente] e da servidão. Eu queria uma escola erguida em meio aos índios, a que o autóctone prestasse sua desinteressada cooperação, que efetivamente pudesse ser chamada de escola indígena e cuja missão fosse beneficiar diretamente os índios e seus filhos.

[...]

Declaração de princípios da escola camponesa

[PÉREZ, Elizardo. *Warisata: la escuela ayllu*. La Paz: HISBOL/CERES, 1992, p. 168-172.]

1. Definição do problema educacional indígena. Se se considera que a situação do índio boliviano é semelhante e até mesmo inferior à do mujique russo, o qual vegetou centenas de anos sob o regime oprobrioso do senhor feudal, compreender-se-á que seu atual atraso não tem outra razão de ser do que sua miserável economia. Definir o problema indígena implica, portanto, definir o estado econômico e social dos grupos humanos agrários denominados índios, estabelecendo as zonas de sua permanência e os recursos com que contam para subsistir.

Desta maneira, temos quatro estamentos sociais diferenciados: comunidade, grupo social cujo conjunto de *ayllus* possui terras, regadios, pastagens, ribeiras e praias em comum, organização na qual subsiste o regime arcaico do patriarcado simbolizado pelo *mallcu*, *achachi* ou ancião do grupo. Latifúndio, unidade de grande propriedade agrária ou de criação de gado que, muitas vezes, e quase em geral, está constituída pela agrupação baseada na captura violenta de vários *ayllus*. Esta é a forma colonial da propriedade da terra e representa seu mais poderoso contraforte. No altiplano, não existe latifúndio do tipo europeu. O nosso é do tipo americano, repetimos, porque é constituído pela agrupação de *ayllus*. No entanto, em algumas regiões do país, sobretudo em regiões tropicais e semitropicais, é possível encontrar fazendas do tipo europeu, isto é, propriedades onde está estabelecido o tipo de salário, existindo, portanto, a personalidade do proletariado dos campos. A terceira zona estaria constituída pela floresta, na qual se diferenciam dois aspectos principais: o campo de redução, ou seja, os grupos indígenas em estado selvagem, e com os quais se deve desenvolver uma política de atração, e os já reduzidos pelas missões religiosas, nos quais, sem subtraí-los subitamente da intervenção que as missões exercem, se deve tomar o governo por meio do núcleo escolar indigenista e, consequentemente, laico. Em consequência, o problema da educação do índio é um problema socioeconômico.

2. Doutrina biológica da escola indígena tipo Warisata. A pedagogia da escola indígena deve estar fundamentada na experiência social da vida indígena, e suas leis devem ser fruto dessa experiência. A escola tende para a formação de homens práticos capazes de bastarem a si mesmos, sobretudo, dentro e para o raio econômico em que devem desenvolver sua existência. Isso quer dizer que o índio será educado para viver no campo, cultivá-lo, impulsioná-lo, enriquecê-lo, levá-lo à expressão máxima de riqueza. Continua-se, desta maneira, uma tradição socialista que começa a partir dos Incas.

A criança deve aprender conhecimentos e explicar-se o fenômeno da vida através de um ensino em que sua própria iniciativa e seu próprio esforço intervenham de maneira principal. É assim que os instrumentos de estudo: regras, formas geométricas, livretos, modelados, inclusive sua roupa, suas mesas, catres, chapéus, sapatos, até sua casa particular e sua escola devem ser construídos e fabricados por suas próprias mãos e sua própria iniciativa, apenas estimulada e conduzida pelo professor. A natureza procedeu com ele dessa maneira. O índio se basta a si mesmo; trabalha quando necessita e produz outro tanto. Desde a infância, enquanto pastoreia os rebanhos da herdade, por meio dessa pedagogia em que não intervém outro técnico que a natureza, aprende a fazer com suas mãos o fio de lã para seus tecidos, o tijolo para sua *uta* [casa] e, algo ainda mais fundamental, aprende a amar a terra e a cuidar dela até fazê-la produzir como poucos lavradores do mundo sabem fazer. Só quem se detiver para estudar o processo de aperfeiçoamento que a *sara* [milho] necessitou compreenderá quão vasto, lento e carinhoso teve de ser o tratamento que o índio lhe deu para levá-lo ao atual estado de riqueza cereal. O mesmo diríamos da batata, da *quinua* [arroz miúdo] e da lhama, esse dócil animal que compartilhou com o homem a conquista da natureza americana.

Suscitar-se-á, pois, a formação de um homem cujas condições especiais o tornem inconfundível; sóbrio, esforçado, alegre, idôneo, limpo, são de corpo e de espírito, dono de sua personalidade e senso de responsabilidade, livre do egoísmo que o homem acumulou para se defender das invasões sufocantes da escravidão feudal. Homem de multidão, destinado a constituir no tempo distante a unidade do estado coletivista que apague todos os limites da ambição punível dos homens.

3. Governo coletivista e Parlamento Amauta. Uma *ulaka* ou comitê governa a escola, constituída por representantes dos *ayllus* e das fazendas, escolhendo-se para isso os anciãos e homens de comprovada importância. A *ulaka* é, ao mesmo tempo, presidida pelo diretor da escola ou pelo professor de plantão a fim de manter sempre o princípio de autoridade, base de toda disciplina. A *ulaka* distribui as obrigações semanais de seus membros na conservação e trabalho da escola. Assim, nomeiam-se o amauta de disciplina; amauta de edificações, amauta de irrigação; amauta de agricultura, amauta de internato, etc. Distribuído desse modo o trabalho, falta apenas imprimir movimento, e a escola funciona automaticamente. Observe-se que a distribuição de funções está inspirada em necessidades econômicas. Desta maneira, denominamos *parlamento amauta* a reunião semanal de comissionados, mas a instituição deve se denominar *Ulaka da Escola*, isto é, o comitê administrativo da escola, ante o qual todas as filiais prestarão conta de todo movimento econômico, agrário, social, escolar, etc.

4. Autonomia econômica do núcleo escolar e sua função industrial. Todo núcleo escolar deve ter uma economia isolada, própria, emergente de seu sistema educativo; portanto, a escola indígena é uma escola industrial, de organização econômica autônoma. Ela deve ser implantada em centros que possuam possibilidades de desenvolvimento nesse sentido. As indústrias do tijolo, telha, ferro, olaria, chapéus, sapatos, madeira, lã, algodão, açúcar, sementeiras, gado, etc., segundo a zona econômica que se tenha, devem ser objeto primordial da atenção escolar, porque a indústria escolar só é o desenvolvimento prático e utilitário dos métodos biológicos do ensino. Por esse procedimento, os alunos da escola são, ao mesmo tempo, assalariados, recebem o fruto de seu trabalho, ou seja, fundamentam a economia individual e coletiva ao mesmo tempo que se educam. Nosso ideal é que os núcleos escolares, apoiados na colaboração de suas filiais, se transformem em grandes centros fabris, que substituam a pequena indústria indígena e subvertam deste modo o primitivismo da vida aborígine pela introdução de meios modernos de comodidade e estética.

Convém destacar que a determinação dos centros filiais ou escolas elementares correspondentes aos núcleos não se fará com critério demográfico exclusivamente, mas antes com critério industrial e econômico. Assim, um centro essencialmente madeireiro procurará fundar suas filiais em lugares que favoreçam o desenvolvimento da indústria da madeira; um centro lanar, da mesma forma, estabelecerá suas filiais nos contrafortes andinos ou procurará a puna brava, certo de que ali onde está a economia está também o índio.

É preciso definir o campo educacional por zonas de índole econômica. Uma zona vitivinícola corresponderá a uma organização técnica capacitada para enfrentar os problemas econômicos vitivinícolas.

Uma zona argilosa será uma zona essencialmente oleira, e então a escola encaminhará para essas atividades todo, todo o ritmo de seu ímpeto organizativo e criador. Assim poderemos, com o passar do tempo, chamar, um dia, nossas escolas: não a escola de Caiza ou de Vacas, mas: o núcleo escolar da madeira, ou o núcleo escolar das batatas, fécula, ocas, cevada, *quinua*, trigo, etc.

5. Aspecto social indígena da escola. Quando se concebe uma obra como Warisata e a realiza em troca de desafiar as iras de todos os sobreviventes reacionários, e até sem isso, quando se compreende que a humanidade padece desses periódicos acessos de loucura coletiva que são as guerras, um fundo e severo anelo humanista nos inspira o desejo de contribuir para salvar o homem. Salvar o homem em termos práticos é a mesma coisa que organizar o homem. Todos os nossos males vêm de nossa incapacidade para organizar. Quem sabe o segredo final de cada história com homens seja este: organizar. A escola deve organizar o setor em que lhe cabe atuar, e, se não o organiza, não é escola. Sua ação, portanto, não acaba na porta do prédio, ou melhor, só começa nela. A escola está além da escola. O vasto mundo de nosso *ayllu* é o verdadeiro claustro da escola; o índio nos ensina isso. A *uta* [casa] é só o refúgio contra o frio, o refúgio de umas horas contra o cansaço em favor da assepsia do sono. Todo o dia do índio é um dia do mundo, de pampa, de ar, de céu e de oxigênio. Se observardes uma choça indígena, não digais que se trata de uma raça inferior, que não soube construir essa coisa elementar que todo povo construiu como expressão vital. O índio vive na natureza e não conhece a fruição do conforto doméstico; porém, é necessário lhe dar essa nova dimensão desconhecida para ele, mas que lhe servirá para o desenvolvimento de sua mentalidade.

Assim, a escola, saindo de si mesma para fazer sua ação gravitar nos planos vivos da economia, religião, lar, arte, política do índio, cumpre uma missão social que toda escola moderna deve possuir, já que educar não é ensinar, mas despertar, suscitar, alentar, impulsionar...

6. Warisata, Instituto de Indologia e experimentação pedagógica. O panorama que o problema do índio e suas derivações abre à nossa vista nos impõe uma séria consideração provisional: não pode haver ação fecunda sem um estudo prévio das condições étnicas e teleológicas do índio, como ser individual, como indivíduo social. Para isso, buscamos o refúgio dos claustros de Warisata e organizamos neles o Instituto de Pesquisas Indológicas para o estudo sobre a realidade, o idioma, a religião, a economia, a arte, etc. de nossos antecessores como indivíduos históricos. Mas isso ficaria incompleto se, ao mesmo tempo, não fizéssemos dessa escola nosso campo de experimentação pedagógica que todos os diretores destinados a dedicar suas atividades ao ensino e à educação de índios devem frequentar antes de sair para realizar sua ação individual. Em Warisata, aprenderão os métodos a serem colocados em prática; compreenderão plenamente o ambiente indígena, conhecerão e aprenderão a conhecer sua psicologia, os métodos de trabalho e, capacitados desta maneira, poderão sair depois para o trabalho nos campos.

7. A escola como defesa social.

Da vastidão e multiplicidade de aspectos que o problema indígena implica, deve-se destacar um principal: o índio explorado secularmente pelos encomendeiros da colônia é hoje explorado por seus herdeiros e, mais ainda, por uma casta de caciques de aldeia, da mesma forma ou pior do que foi há quatro séculos. Portanto, uma das principais atitudes da escola deve ser colocar-se do lado dos índios e constituir o baluarte de sua defesa. Ordinariamente, deve existir o comissionado indígena, amauta, encarregado de ver e escutar as queixas dos índios, para transmiti-las à direção, depois à *ulaka* administrativa e, posteriormente, ao veredito do governo.

Naturalmente se torna imperativo deixar estabelecido que, se não fosse por outras razões de ordem técnica e educacional, bastaria este para determinar como assunto essencial e prévio: a escola para os índios deve se fundar no campo e não nas aldeias, nunca nas aldeias, porque as aldeias são os contrafortes do *gamonalismo* [caciquismo], redutos de todas as heranças da colônia, e o índio vê nelas a animação urbana de sua escravidão. As escolas devem se estabelecer no campo, nunca a menos de duas léguas de todo núcleo urbano.

8. Função social da escola.

Resolvido o caráter social da escola, resta armá-la de todos os elementos necessários para que sua ação signifique um novo episódio da vida indígena: corpo médico escolar, com atribuições para organizar cruzadas pela assepsia, a boa alimentação, qualitativa e integral, asseio, salubridade; campos de experimentação pecuária e agrícola, etc.; para isso, todos os terrenos do Estado devem pertencer à escola e suas filiais, inclusive os vastos latifúndios das missões entregues a religiosos conversores em diferentes zonas da República; estas passarão imediatamente à administração laica das escolas, sem que isso queira dizer que, conforme as necessidades, não se possam utilizar os serviços de religiosos adestrados no trato com os índios da floresta.

9. Filosofia da escola indígena. Quando um movimento educacional tende a se organizar para produzir reações essenciais na alma de um povo, deve possuir como questão prévia uma filosofia nacional, ou seja, uma série de pontos de vista concretos que se inspirem nas necessidades específicas da nação. Para a Bolívia, nenhuma filosofia é mais evidente que a filosofia otimista do esforço como mola do êxito. O esforço metódico e constante nos levará a resultados imprevistos, cujo maior triunfo estará representado pela exaltação do trabalho como único caminho para a prosperidade. As escolas indígenas se denominarão "Escolas do Esforço"; nossa pedagogia será uma pedagogia baseada no trabalho e no propósito de fazer de cada obstáculo um objetivo de triunfo. Esforço nas aulas, nas oficinas, esforço nos campos de cultivo, esforço na vida doméstica, voltamos a repetir, no ideal de superação progressiva e constante.

Esse sistema aplicado na escola social nos permitirá, em pouco tempo, renovar o meio indígena e levá-lo a seus máximos desenvolvimentos.

Até aqui a Declaração de Princípios Warisata já tinha seu instrumento ideológico para propalá-lo a todos os ventos. Muitos diretores captaram admiravelmente esses propósitos e os puseram em prática; outros, menos capacitados ou menos dados ao sacrifício, esqueceram seus ensinamentos e fracassaram; porém, inquestionavelmente, comprovou-se que esse tipo de escola era o tipo de que o país necessitava, e sua importância foi tanta que também foi adotado por outras nações onde o problema indígena é latente, como o Peru, o Equador e a Guatemala, sem contar o México, que assumiu muitos de nossos princípios.

Aqui as coisas andaram às avessas. Não só se destroçou a educação indígena, mas as escolas foram entregues a pessoas retrógradas e incapazes, infligindo à Bolívia um dano irreparável porquanto se perderam, junto com o colapso dessas instituições de cultura, muitíssimas virtudes índias para serem substituídas pela acomodação mais fácil oferecida pelo vaivém político. É visível que vão desaparecendo as antigas instituições incaicas e *kollas* que com tanta vitalidade estavam ressurgindo na primeira época de Warisata, e não apenas em Warisata, mas em todas as partes aonde a escola indígena tinha chegado.

José Carlos Mariátegui (1894-1930)

José Carlos Mariátegui: educação e cultura na construção do socialismo

Luiz Bernardo Pericás

Vida e contexto

Nascido em 14 de junho de 1894, em Moquegua, capital da província de mesmo nome, uma pequena cidade ao sul de Lima, José Carlos Mariátegui teve de enfrentar grandes dificuldades desde a infância. Filho de Francisco Javier Mariátegui y Requejo, um *criollo* da aristocrática elite limenha, funcionário do *Tribunal Mayor de Cuentas*, e de Amalia La Chira Ballejos, uma mestiça católica de origem humilde, que trabalhava como costureira para sustentar o lar, o menino José Carlos – que desde cedo sofrera de inanição e formação física defeituosa, com cansaço, febres e dores constantes – teve pouco acesso a uma educação formal. Foi basicamente um autodidata por toda a vida. Aos oito anos de idade, quando brincava com um colega, recebeu um forte golpe no joelho esquerdo, que provocou um grande hematoma e dores agudas na perna. Seu tratamento na clínica de freiras Maison de Santé durou quatro meses e, pelos dois anos seguintes (alguns autores aumentam esse período para quatro anos), convalesceu em casa aos cuidados da mãe. Ficaria manco durante a maior parte de sua existência. Já adulto, teria uma de suas pernas amputada. Ou seja, praticamente não frequentou a escola, conseguindo apenas completar o primeiro ano do ensino fundamental. Em outras palavras, não teve *nenhuma* formação escolar.

O jovem Mariátegui lerá os livros de forma errática e assistemática. Entre os autores favoritos daquela época estão Charles Baudelaire, Rufino Blanco Fombona, Luís Benjamín Cisneros, Anatole France, Enrique Gómez Carrillo, Rubén Darío e o escritor mexicano Amado Nervo. Estuda o francês e se aprofunda em textos bíblicos, nos clássicos da literatura – como a *Divina Comédia*, de Dante Alighieri, por exemplo – e em biografias de grandes personalidades políticas, como Garibaldi e Mazzini, estas narradas por um *bodeguero* italiano que vivia próximo de sua casa. Já se percebia nessa fase um nítido interesse por figuras "heroicas", que, a seu ver, lutavam contra as injustiças do mundo, como o bandoleiro romântico Luís Pardo e, mais tarde, o socialista espanhol Pablo Iglesias.

Ainda garoto, acompanhava a mãe em suas visitas a residências particulares, onde ela prestava serviços de costureira. Enquanto ela trabalhava, o menino José Carlos lia as revistas e livros que pedia emprestado dos patrões. Ele não conseguia sequer participar dos mais simples jogos e brincadeiras com outras crianças. Seu estado físico, *possivelmente* resultante de uma tuberculose articular ou de uma osteomelite crônica (ainda há controvérsias sobre o assunto), certamente contribuiu para que se dedicasse cada vez mais aos livros *em geral*, desde os folhetins até os clássicos.

Nunca chegou a conhecer o pai, um de seus traumas de juventude. Em sua busca constante e sem sucesso pelo progenitor, que havia abandonado a família, se aproximará mais do lado materno e reforçará sua religiosidade. E escreverá poemas repletos de misticismo.

Na adolescência começa a trabalhar no jornal *La Prensa* como entregador, assistente gráfico e linotipista, com uma jornada fatigante de 14 horas por dia, enquanto nas horas de folga, apesar do esgotamento físico, encontra-se com amigos e discute as ideias de Bakunin, Proudhon, Ferrer e Kropotkin. Também participa de reuniões de clubes anarquistas e conhece pessoalmente a Manuel González Prada, um de seus "mestres" daquela época.

Começou a publicar artigos jornalísticos a partir de 1911, utilizando o pseudônimo de Juan Croniqueur. Nesse período, designado pelo próprio Mariátegui de "a idade da pedra", colaborará com diversas revistas e jornais, como *El Tiempo* – publicação acusada de "bolchevique" por alguns –, *Mundo Limeño*, *El Túrf* e *Lulú*. Também ajudará a fundar, juntamente com Abraham Valdelomar, Percy Gibson e José María Eguren, entre outros, a revista modernista *Colónida* – na qual publicará poemas –, escreverá peças de teatro e contos, e será considerado basicamente um cronista do cotidiano, com textos leves que iam de crônicas policiais ao colunismo social em revistas femininas.

Em realidade, a partir *principalmente* de 1918, pode-se perceber uma gradual tendência do jovem periodista em direção ao socialismo. Ele ainda tateava seu caminho, mas lentamente ia se aproximando de ideias marxistas, ainda que não tivesse o instrumental teórico nem a formação política necessárias para elaborações mais sofisticadas da realidade. Publicará artigos sobre temas políticos e sociais, como aqueles contra o militarismo ou criticando o Partido Civilista e o governo Pardo; será eleito vice-presidente do "Círculo de Periodistas"; participará da formação de um Comitê de Propaganda Socialista; e apoiará o movimento operário em greve na capital.

Mariátegui era um crítico implacável do governo Leguía, o que fez com que o ditador decidisse tirar de cena seu popular opositor. Convencido por Enrique Piedra e Foción Mariátegui, o presidente ofereceu a José Carlos Mariátegui a possibilidade de ir viver na Europa, onde trabalharia como "agente de propaganda jornalística" do governo, recebendo uma "bolsa" mensal do Ministério das Relações Exteriores. Seria, na prática, uma forma de "exílio" dissimulado. Entre a possibilidade de ir para a prisão ou morar no Velho Continente, José Carlos, mesmo criticado por alguns setores da esquerda, preferiu conhecer de perto a realidade europeia.

Assim, no final de 1919, chegou à França, onde ficou apenas 40 dias, seguindo então para a Itália, onde viveria por dois anos e meio. Naquele país, se casou com uma jovem italiana, teve um filho, acompanhou pela imprensa as greves nas fábricas, assistiu ao XVII Congresso do Partido Socialista em Livorno e à ascensão do fascismo. Naquela época, também tentou fundar um núcleo socialista, sem sucesso. Ainda morou por alguns meses na Alemanha, retornando para o Peru em fevereiro de 1923 e chegando à capital em março daquele mesmo ano. Foi na Europa que de fato o preparo intelectual de Mariátegui deu um salto: ele se aprofundou nas teorias em voga na época, leu revistas, jornais e livros de autores importantes, como Croce, Tilgher, Keynes, Lenin, Gobetti e Sorel, conheceu personalidades literárias e políticas da época, e continuou a publicar artigos jornalísticos para o *El Tiempo*, diário para o qual era correspondente.

Depois de retornar ao Peru, foi convidado por Haya de la Torre para dar aulas na Universidade Popular González Prada de Lima e prontamente concordou. Proferiu ao todo 18 conferências sobre atualidades políticas internacionais, com sua classe repleta de alunos, em sua maioria, operários.

Haya, mais tarde, ainda iria designar Mariátegui como diretor interino da revista *Claridad* – publicada por ele –, na prática o órgão oficial das Universidades Populares. Com Mariátegui na direção dessa publicação, a revista se radicaliza e começa a ser considerada o "órgão da Federação Operária Local de Lima e da Juventude Livre do Peru". Ele ainda fundará a Sociedade Operária *Claridad*, representante das federações de trabalhadores e indígenas, das Universidades Populares González Prada e dos intelectuais de vanguarda, e que tinha como objetivo a publicação de um jornal classista, para disseminar os anseios do proletariado, assim como o de abrir livrarias operárias e editar livros, folhetos e revistas de propaganda que difundissem a cultura das classes menos privilegiadas. Ou seja, um trabalho de divulgação e conscientização dos trabalhadores. A partir daí, Mariátegui se torna provavelmente a figura de esquerda mais conhecida e importante do país. Ao longo dos anos, sua casa se transformaria no principal local de encontro de intelectuais, artistas, operários e estudantes.

Em janeiro de 1924 dá seu último curso na Universidade Popular. Teve sua perna amputada poucos meses depois.

Em 1925, a Federação decide propor o nome de Mariátegui para ocupar uma das cátedras da Universidade de San Marcos, sem êxito. A má vontade do reitor, a falta de titulação acadêmica de Mariátegui, assim como seu frágil estado de saúde, o impediram de dar aulas naquela instituição.

Aquela foi uma época intensa para Mariátegui. Ainda em 1925, funda com seu irmão Julio César, a editora Minerva. Publicou seu primeiro livro, *La escena contemporánea*, naquele mesmo ano, e, em 1928, os *Sete ensaios de interpretação da realidade peruana*, sua obra mais importante.

Desde o seu retorno ao país até o final de sua vida, tornou-se diretor da revista *Mundial* (cuidando da seção *Peruanicemos al Perú*), teve mais três filhos com sua esposa italiana, fundou a revista mensal *Amauta* e o quinzenário *Labor*, continuou publicando artigos em outros jornais da capital e fundou o Partido Socialista e a Central Geral dos Trabalhadores do Peru (CGTP). Foi o principal dirigente daquelas duas organizações.

Seu pensamento pedagógico

Ainda que só tenha publicado dois livros em vida, a obra completa de Mariátegui (a maior parte editada postumamente em coletâneas de textos de imprensa) tem em torno de 30 volumes. O autor de *La escena contemporánea*, em realidade, escreveu sobre temas diversos, que iam da política e literatura até a questão indígena e a questão da educação. Seu principal objetivo, neste caso, era participar ativamente dos grandes debates que ocorriam no Peru de sua época.

Em relação às Universidades Populares, por exemplo, seu intuito era a conscientização ideológica. Na ocasião, tentará mostrar aos trabalhadores as limitações das concepções anarquistas, criticará os anticlericalismo, a imprensa do país e a falta de bons professores de nível superior e de grupos socialistas e sindicalistas que fossem "donos de instrumentos próprios de cultura popular e aptos, portanto, para criar no povo interesse no estudo da crise". Tentará também "ganhar" seu público para uma interpretação marxista da história do Peru e para a causa socialista: será quase um trabalho de "conversão" política. Nesse sentido, considerará como missão das Universidades Populares a constituição de uma cultura revolucionária. Para Mariátegui, as Universidades Populares não deveriam ser vistas como institutos de "extensão universitária" agnósticos e incolores, nem tampouco apenas escolas noturnas para trabalhadores. De acordo com ele eram escolas de *renovação*, já que não dependiam de academias oficiais nem de esmolas do governo, mas sim, do calor das massas populares. Não haveria, portanto, uma simples "digestão" rudimentar das ideias e valores burgueses, mas a criação de uma nova experiência intelectual dentro do proletariado. Por isso, ele discutirá a importância da construção de espaços específicos onde se pudesse elaborar e consolidar uma "cultura operária" de fato, já que essa tarefa faria parte da luta política geral dos trabalhadores contra a burguesia.

Mariátegui sabia claramente também das limitações políticas dos estudantes e da própria Reforma Universitária no Peru (inspirada na Reforma Universitária argentina), mostrando certo ceticismo em relação à agitação estudantil do momento, que tinha, em grande medida, horizontes estreitos. Só através da colaboração dos estudantes universitários com os sindicatos operários, da experiência do combate contra as forças conservadoras e da crítica concreta dos interesses e princípios em que se apoiava a ordem vigente é que as vanguardas universitárias poderiam alcançar uma orientação ideológica definida.

A problemática agrária e indigenista foi um tema importante na obra do jornalista. Para o autor de *La escena contemporánea*, seria muito difícil manter escolas e professores "progressistas" em colégios indígenas enquanto a nação ainda estivesse marcada pela égide do ambiente "feudal". Seria uma ilusão, portanto, acreditar que haveria solução para esse problema a curto prazo. A dificuldade em construir um número suficiente de colégios para uma massa gigantesca de cidadãos necessitados de estudo, a miséria do orçamento, a falta de professores e toda a estrutura política, social e econômica atrasada, elitista e preconceituosa, criavam essas dificuldades. Em outras palavras, a questão mais importante seria democratizar e socializar o acesso à terra, a *única* condição para que o índio pudesse melhorar sua situação *como um todo*, tanto no Peru como no continente de forma geral.

Mariátegui irá propor, sem se aprofundar muito no tema, novas "fórmulas" escolares, baseadas basicamente na "autoformação" e no controle dos métodos e conteúdos do ensino pelas próprias massas populares, e, com isso, possibilitar o surgimento de uma consciência revolucionária, a partir de uma progressiva educação "ideológica" do campesinato, realizada por docentes que fossem *também* indígenas. Esta seria uma forma de contrapor a difusão e reprodução da ideologia dominante das elites e do governo. Ou seja, uma educação que não seria imposta pelos brancos ou mestiços, mas sim *promovida pelos próprios índios*, o que representaria um esforço de longo prazo para mudar as estruturas sociais e educativas do país. Mariátegui, portanto, também era contra a contratação de "especialistas" estrangeiros para realizar essa "renovação" educativa. Para ele estava claro que o problema do ensino não podia ser compreendido se não fosse considerado como *essencialmente* um problema econômico e social. Por isso, a ingenuidade de alguns "reformadores" em tratar o tema como algo abstratamente "idealista" e a partir de uma doutrina "exclusivamente" pedagógica. A educação só poderia ser "reformada" quando as leis econômicas e sociais assim o permitissem.

Em relação ao debate entre os defensores do sistema "clássico" das humanidades e dos que apoiavam uma linha mais técnica e "científica", mostrará como, em geral, os advogados e literatos perpetuavam um esquema reacionário, elitista e conservador, no qual se cultuavam a retórica e os privilégios, enquanto que a atividade prática dos formados pelas faculdades e institutos de ciências seguia os caminhos da economia e da civilização. E que a "civilização", nesse caso, devia muito mais à ciência do que às humanidades. Defenderá a "escola do trabalho", onde se incorporaria no curso primário o "trabalho manual educativo". Seu maior exemplo será o novo sistema educacional revolucionário promovido por Anatoli Lunatcharski, na Rússia.

O fato de essas reformas serem feitas especificamente no ensino fundamental mostra o distanciamento e o elitismo dominantes nos cursos secundários e superiores. Para Mariátegui, portanto, um conceito "moderno" de escola uniria, assim, trabalho manual e trabalho intelectual em um mesmo ambiente. A América Latina, em sua concepção, precisaria mais de técnicos do que de reitores. Também propunha que se incorporasse nos programas escolares o ensino "único", uma ideia para ele de origens absolutamente sociais. De acordo com Mariátegui, a educação no regime "burguês" se caracterizaria por um ensino classista, que separaria as crianças de famílias ricas das crianças de origem camponesa ou operária. Desde a infância haveria uma separação por classes, facilitando a ascensão dos alunos das elites e impedindo o desenvolvimento intelectual e, posteriormente profissional, dos estudantes pobres. Isso representaria uma enorme injustiça. Novamente recorrerá a Lunatcharski e ao modelo de ensino soviético sendo desenvolvido na época. Seria fundamental a implementação do ensino único em "nossa América", já que a cultura era um privilégio absoluto da burguesia do continente.

Em relação ao problema das universidades, Mariátegui dirá que a crise no setor seria estrutural, espiritual e ideológica. Não se limitaria a alguns maus professores, mas à falta de *verdadeiros* docentes. Seria preciso um tipo de professor com características de "condutor", com "voz profética", de "líder" e "apóstolo". A influência religiosa, o estilo d'annunziano, as ideias de Sorel e a necessidade de indivíduos com traços "heroicos" para "purificar" e "renovar" o ambiente universitário são claras nesse caso. Ou seja, alguns "indivíduos" fariam a diferença. A Universidade de San Marcos, a maior do país, seria uma instituição estática: não tinha interesse nas inquietações, nas paixões, nos problemas e nas preocupações que comoveriam outros centros de ensino superior no mundo. Vivia à margem dos novos tempos, como se não se desse conta de seus teóricos, pensadores e críticos. Seus catedráticos conservadores, reacionários e civilistas, de temperamento burocrático e acomodado, só se importavam com a literatura do curso que ministravam e apenas se interessavam por altos cargos públicos ou em dar assessorias a empresas privadas capitalistas. Não seriam homens panorâmicos, mas sim intelectuais sem filiação ideológica, de traços aristocráticos, apoiadores e comensais do civilismo e da plutocracia nacional, com medo do povo e da multidão, demasiadamente preocupados com questões estéticas. Entre eles não se encontraria nenhum revolucionário ou renovador. O estudante de mentalidade estreita, com pouca capacidade de discernimento, veria um mau professor como exemplo. Assim, seriam formados profissionais de mente e caráter limitados, que se esforçariam apenas por conseguir um título acadêmico e, posteriormente, comprar um carro, ganhar muito dinheiro e conquistar uma cátedra em alguma universidade. Um dos sinais para a resolução desse problema estaria nas Universidades Populares. A crise da universidade seria, portanto, uma crise de professores e de ideias. Um reforma limitada não seria suficiente. Tocaria apenas na superfície da questão.

O texto escolhido

Publicado originalmente no *Mundial*, de Lima, em 22 de maio de 1925, o artigo "Os professores e as novas correntes" é um bom exemplo das ideias defendidas por Mariátegui na época. Nesse texto ele dará importância fundamental aos professores de ensino primário, para ele, mais próximos do povo por sua origem popular. Ao contrário dos docentes de secundário ou das universidades, mais elitistas e diletantes, com outras profissões ou atividades além da docência – como advogados, parlamentares ou latifundiários –, os professores primários se dedicariam exclusivamente ao ensino e compreenderiam *de facto* os setores mais humildes da população, justamente por fazer parte deles, tendo, por isso, mais interesse em melhorar suas condições. Trabalhariam com a maior dedicação, mesmo que isolados em algum vilarejo, dependendo de algum caudilho local, segregados do movimento cultural, mal remunerados pelo governo e com poucas possibilidades de se desenvolver intelectual ou profissionalmente, pela falta de acesso a outros elementos de estudo. Os intelectuais e estudantes de vanguarda, por isso, teriam de se dirigir a essa categoria na luta por câmbios políticos mais profundos dentro do Peru.

Uma das mudanças essenciais, portanto, seria abrir os estudos de nível superior aos egressos das Escolas Normais, não para "aburguesar" os normalistas, mas para "revolucionar" as aulas nas universidades. Por isso, a importância de não diferenciar o problema do ensino fundamental do superior. Não haveria um "problema" universitário independente da escola primária e secundária. O que existiria seria um problema da educação pública *em geral*, que compreenderia *todos os níveis do ensino*. E que o professor primário, filho de operário ou camponês, teria de compreender e sentir sua responsabilidade na constituição de uma nova ordem.

Referências

MARIÁTEGUI, José Carlos. *Defensa del marxismo:* Lima: Biblioteca Amauta, 1988.

MARIÁTEGUI, José Carlos. *El alma matinal y otras estaciones del hombre de hoy.* Lima: Biblioteca Amauta, 1987.

MARIÁTEGUI, José Carlos. *La escena contemporánea.* Lima: Biblioteca Amauta, 1987.

MARIÁTEGUI, José Carlos. *Siete ensayos de interpretación de la realidad peruana.* México: Era, 1988.

MARIÁTEGUI, José Carlos. *Temas de educación.* Lima: Biblioteca Amauta, 2003.

PERICÁS, Luiz Bernardo (Org.). *José Carlos Mariátegui: do sonho às coisas, retratos subversivos.* São Paulo: Boitempo, 2005.

PERICÁS, Luiz Bernardo. José Carlos Mariátegui e o marxismo. In: PERICÁS, Luiz Bernardo (Org.). *José Carlos Mariátegui: do sonho às coisas, retratos subversivos.* São Paulo: Boitempo, 2005. p. 7-28.

PERICÁS, Luiz Bernardo. Mariátegui e a questão da educação no Peru. In: PERICÁS, Luiz Bernardo (Org.). *Mariátegui sobre educação:* São Paulo: Xamã, 2007. p. 9-38.

PERICÁS, Luiz Bernardo. *Mariátegui sobre educação.* São Paulo: Xamã, 2007.

PERICÁS, Luiz Bernardo. Sete ensaios de Mariátegui: 80 anos. *Fórum*, São Paulo, a. 7, n. 65, ago. 2008. p. 34-36.

[Texto Selecionado]

Os professores e as novas correntes[1]
José Carlos Mariátegui

[PERICÁS, Luiz Bernardo. *Mariátegui sobre educação.* (Seleção de textos e tradução Luiz Bernardo Pericás). São Paulo: Xamã, 2007, p. 59-63.]

I

Nenhuma categoria de trabalhadores intelectuais aparece tão naturalmente destinada a dar sua adesão às novas idéias como a dos professores de ensino fundamental. Em meus artigos anteriores, me referi, mais de uma vez, ao espírito de classe que distingue e separa o ensino primário do ensino secundário e superior. A escola, por causa desse espírito, não só diferencia à classe burguesa das classes pobres na cultura e na vida. Diferencia, igualmente, os professores de uma classe dos professores da outra. O professor primário se sente próximo ao povo. O professor do Liceu ou da Universidade se sente dentro da burguesia. É, além do mais, no ensino fundamental onde

---

[1] Publicado originalmente em *Mundial*, Lima, 22 de maio de 1925 (N. Luiz B. Pericás).

se produz, geralmente, o tipo puro, o tipo profissional de educador. O professor primário é apenas professor, é apenas quem ensina, enquanto que o professor do Liceu ou da Universidade é, ao mesmo tempo, literato e político. A docência secundária e universitária, tanto por sua função como por sua estrutura, tende a criar uma burocracia conservadora.

Nos países hispano-americanos, especialmente nos menos evoluídos, esta diferença se acentua e se aprofunda. Na docência secundária e universitária domina o diletantismo. O professor universitário, sobretudo, é simultaneamente advogado, parlamentar, latifundiário. A cátedra constitui uma mera etapa de sua vida. O ensino é um suplemento ou um complemento intelectual de sua atividade prática, política, forense ou mercantil. O professor primário, no entanto, ainda que não seja senão modesta e imperfeitamente, tem sempre uma vida de profissional. Sua formação e seu ambiente o desconectam, por outro lado, dos interesses egoístas da classe conservadora.

O professor primário hispano-americano vem do povo, mais especificamente, da pequena burguesia. A Escola Normal o prepara e o educa para uma função abnegada, sem ambições de bem-estar econômico. Destinado a dar às crianças pobres a instrução elementar – gratuita e obrigatória – do Estado, o normalista sabe, de antemão, que o Estado remunerará mal seu esforço. O ensino fundamental – ensino para o proletariado – proletariza seus funcionários. O Estado condena seus professores a uma perene estreiteza pecuniária. Nega-lhes quase completamente todo meio de elevação econômica ou cultural e lhes fecha toda perspectiva de acesso a uma categoria superior. De um lado, os professores carecem de possibilidades de bem-estar econômico; de outro lado, carecem de possibilidades de progresso científico. Seus estudos da Escola Normal não lhes abrem as portas da Universidade. Sua sina pode lhes confinar num vilarejo primitivo onde vegetarão obscuramente, à mercê de um caudilho local ou de um deputado, sem livros nem revistas, segregados do movimento cultural, desprovidos de elementos de estudo.

No espírito destes trabalhadores intelectuais, estranho a toda concupiscência comercial, todo arrivismo econômico, se prendem facilmente os ideais dos forjadores de um novo estado social. Nada os mancomuna aos interesses do regime capitalista. Sua vida, sua pobreza, seu trabalho, os confunde com a massa proletária.

A estes trabalhadores, sensíveis à emoção revolucionária, permeáveis às ideias renovadoras, devem se dirigir, por conseguinte, os intelectuais e os estudantes de vanguarda.

Em suas fileiras a vanguarda recrutará mais e melhores elementos do que entre os professores pedantes e os literatos egoístas que detêm a representação oficial da Inteligência e da Cultura.

II

Da sensibilidade dos educadores aos anseios de renovação social temos muitas provas cabais. As escolas normais abasteceram o socialismo de um conspícuo número de organizadores e condutores de ambos os sexos. Ramsay MacDonald, por exemplo, foi um preceptor. Na Itália encontrei nas primeiras fileiras do proletariado inumeráveis professores e professoras. Na França constatei o mesmo fenômeno. Colaboram na *Clarté* vários educadores de filiação revolucionária. A mesma filiação tem a revista *L'École Emancipée,* um órgão da Federação de Ensino, dirigida por um grupo de professores jovens. Os estudantes da Escola Normal Superior de Paris foram, recentemente, os primeiros em responder aos históricos alardes fascistas dos estudantes da reacionária faculdade de Direito de Sorbonne, discípulos dos escritores monarquistas da *L'Action Française.*

O próprio movimento dos Companheiros da Universidade Nova acusa no corpo de educadores franceses um estado de ânimo cheio de inquietação. Esse movimento foi indeciso em seus meios, difuso em proposições, mas categórico em sua vontade de renovação. Não soube romper com a tradição e, em particular, com os interesses conservadores. Não conseguiu se libertar das superstições burguesas aninhadas na psicologia e na mentalidade de seus animadores. Mas declarou claramente sua adesão à idéia de uma democracia social, de uma democracia verdadeira, ainda que não tenha acertado como definir o modo de realizá-la.

A doutrina e o método pedagógico de Pestalozzi e Froebel – nutridos dos sentimentos e inspirados nas necessidades de uma civilização de produtores – tiveram, como se assinala à luz da experiência contemporânea, uma profunda significação revolucionária.

E os reformadores da educação na Alemanha saíram também das fileiras dos educadores.

III

A idéia sustentada pelos *compagnons* da *L'Université Nouvelle* de que uma nova organização do ensino deve ser, ao menos tecnicamente, a obra de um sindicato, no qual se agrupem todas as categorias de professores, não é em si uma idéia errônea. O é quando supõe que uma revolução no ensino pode se operar dentro do marco da velha ordem social. O é quando coloca o sindicato dos professores ou a corporação de ensino num plano superior e distinto dos demais sindicatos de trabalhadores. Para que os educadores possam reorganizar o ensino sobre novas bases é necessário que saibam antes ser um sindicato, mover-se como um sindicato, funcionar como um sindicato. É necessário que saibam entender a solidariedade histórica de sua corporação com as outras corporações que trabalham para reorganizar, sobre novas bases também, toda a ordem social.

Esta questão deve ser o tema do diálogo dos intelectuais de vanguarda com os educadores de vanguarda. Na corporação de professores a existência de uma vanguarda é evidente, é indubitável. O programa de uma reforma universitária integral seria incompleto se não compreendesse as reivindicações desta corporação. Há que abrir os estudos universitários aos diplomados da Escola Normal. Há que se transpor os obstáculos que impedem a comunicação do professorado primário com a Universidade, bloqueando-o dentro dos rígidos limites do ensino fundamental. Que os normalistas entrem na Universidade. Mas não para aburguesar-se em suas aulas, mas sim para revolucioná-las. Eis aí um belo programa para a juventude da América Hispânica, para a União Latino-Americana. Diferenciar o problema da Universidade do problema da escola é cair num velho preconceito de classe. Não existe um problema da universidade independente de um problema da escola fundamental e secundária. Existe um problema da educação pública que abarca todos seus compartimentos e compreende todos seus graus.

IV

O modesto preceptor, o obscuro professor do filho do operário e do camponês necessita compreender e sentir sua responsabilidade na criação de uma nova ordem. Seu trabalho, dependendo do seu rumo, pode apressá-la e facilitá-la ou pode retardá-la. Essa nova ordem enobrecerá e dignificará o professor de amanhã. Tem, consequentemente, direito à adesão do professor de hoje. De todas as vitórias humanas, se deve aos professores, em grande parte, o mérito. Por outro lado, de todas as derrotas humanas, se deve a eles, em grande medida, a responsabilidade. A servidão da escola a um caudilho de província não pesa unicamente sobre a dignidade dos que aprendem: pesa, antes de tudo, sobre a dignidade dos que ensinam. Nenhum professor honrado, nenhum professor jovem que medite esta verdade pode ficar indiferente a suas sugestões. Não pode ser indiferente tampouco à sorte dos ideais e dos homens que queiram dar à sociedade uma forma mais justa e à civilização um sentido mais humano.

Anísio Teixeira (1900-1971)

Anísio Teixeira: democracia, educação e reconstrução nacional

Berenice Corsetti

> Só existirá uma democracia no Brasil no dia em que se montar a máquina que prepara as democracias. Essa máquina é a escola pública. Não a escola sem prédios, sem asseio, sem higiene e sem mestres devidamente preparados, e, por conseguinte, sem eficiência e sem resultados. E sim a escola pública rica e eficiente, destinada a preparar o brasileiro para vencer e servir com eficiência dentro do país.
> ANÍSIO TEIXEIRA, *Educação para a democracia*.

Vida e contexto

Há pouco mais de um século nascia o educador que nos deixou uma contribuição que extrapolou os limites temporais de sua ação. Como um filósofo da educação, propagou o papel transformador da escola e da educação, para a constituição de uma sociedade moderna e democrática. Anísio Spínola Teixeira afirmava, de forma inequívoca, a relação entre educação e democracia e o papel central da educação num projeto sociopolítico que tivesse em vista a concretização de uma sociedade mais justa. Educação como direito e não como privilégio foi um princípio basilar de sua atuação política e educacional.

O contexto de seu período de vida, de 1900 a 1971, foi marcado por momentos significativos da vida nacional. Desde o ingresso na República, em fins do século XIX, colocava-se o desafio que marcou o projeto político republicano de modernização de país, para o que se fazia necessário o desenvolvimento da industrialização, da urbanização e, sobretudo, da educação. A discussão do projeto nacional é ingrediente fundamental desse momento histórico, ou seja, a construção do Brasil moderno, nos marcos do modelo capitalista, necessitava do desenvolvimento da educação. A expansão da escola pública foi ingrediente marcante desse período que também caracterizou a história dos demais países da América Latina, no processo de constituição de seus projetos e de sua identidade nacional.

Nascido em Catité, no sertão baiano, teve uma sólida formação educacional, com bases jesuíticas, que se estendeu para além das fronteiras brasileiras. Ao longo de sua vida, promoveu e participou de projetos e reformas educacionais, que podem ser colocadas entre as mais importantes dentre as realizadas ao longo da história da educação brasileira, tendo formulado, também, o ideário de instituições educacionais de relevância indiscutível, que mantém sua atualidade até o momento presente.

Como administrador, Anísio ocupou os cargos de inspetor-geral do Ensino da Bahia (1924-1928), de diretor-geral de Instrução Pública da cidade do Rio de Janeiro (1931-1935), de secretário da Educação e Saúde em Salvador (em meados dos anos 1940 e início dos anos 1950), diretor do Instituto Nacional de Estudos e Pesquisas Educacionais Anísio Teixeira (INEP) e da Coordenação de Aperfeiçoamento de Pessoal de Nível Superior (CAPES) (nos anos 1950 e 1960) e criador da Universidade de Brasília (anos 1960). Em 1935 e 1964 foi afastado da administração pública, no primeiro caso pelo governo autoritário de Getúlio Vargas e, no segundo, pelo governo militar. Em todos os casos nos quais desenvolveu suas atividades, seu objetivo principal foi o de reconstruir a escola brasileira, nos seus mais diversos níveis. Foi um dos signatários do *Manifesto dos Pioneiros da Educação Nova*, em 1932.

Pensamento pedagógico

A obra de Anísio Teixeira lida com os problemas fundamentais dos homens e das mulheres do nosso tempo. Ao defender uma sociedade democrática, partia do pressuposto de que, apesar das diferenças individuais de aptidão, talento, dinheiro, ocupação, raça, religião e posição social, os indivíduos podiam se encontrar como seres humanos fundamentalmente iguais e solidários. A educação, nessa perspectiva, sempre se apresentou, para esse educador, como alternativa para a revolução e a catástrofe, mas, para isso, era necessário que ela não se constituísse num caminho para o privilégio.

Podemos perceber, através da vasta obra de Anísio Teixeira, um plano de reconstrução da educação, da escola e da nação brasileiras. Em sua proposta explicita um modelo de nação que ele defendia independente e soberana. Esse modelo estava situado no que denominava "mundo moderno", que tinha na indústria, na ciência e na democracia, os fundamentos de sua sustentação, e que era integrado pelos países capitalistas plenamente desenvolvidos. Tendo como referência esse modelo, Anísio interpretou o processo de industrialização do Brasil de maneira peculiar, já que vinculava a problemática do subdesenvolvimento à perspectiva doutrinária, em que a indústria ocupava posição de destaque e aparecia como categoria estruturante do pensamento e orientadora da ação. Por isso, podemos identificar a relação que estabelecia entre a problemática do subdesenvolvimento e as teorias educacionais dela decorrentes.

Anísio entendia que o desenvolvimento econômico, político, social e cultural da nação brasileira, fundamento da tão desejada emancipação do país, não derivaria tão somente da intervenção direta do Estado na economia nacional, mas, sobretudo, de sua atuação no campo educacional, implementando reformas de base imprescindíveis para sua adequação à nova condição socioeconômica que iniciara a se gestar no país, com o advento do processo de industrialização, particularmente a partir da Primeira Guerra Mundial.

Nesse contexto, Anísio entendia que essa nova realidade nacional, que estava marcada pelo incremento do processo de industrialização, se apresentava como uma possibilidade concreta de mudança da situação existencial vivida pela nação até aquele momento, marcada pelo subdesenvolvimento, pela marginalidade e pela indeterminação, em função das estruturas socioeconômicas, políticas e culturais irracionais e alienantes que caracterizavam o nosso país. A indústria, que representava a expressão da racionalidade, da ação inteligente e da ação tecnológica, significava, para esse educador, a possibilidade de implementação de novos hábitos mentais e morais na sociedade brasileira, alcançando o desenvolvimento que era entendido como perspectiva de progresso e como condição de consolidação do mundo moderno, o que criava as bases para o desenvolvimento da democracia, garantindo o equilíbrio do progresso material, social e moral.

No entendimento de Anísio Teixeira, a escola poderia ajudar a encontrar o equilíbrio social, devendo assumir as tarefas e funções que, até aquele momento, eram desempenhadas pela família e pela comunidade. Passava-se a exigir da escola um desempenho bem mais amplo do que o tradicional papel de transmissora e difusora de conhecimentos. A exigência que a ela era estabelecida impunha a educação intelectual e moral de todos os cidadãos, como condição necessária para a obtenção do equilíbrio social.

Para tanto, Anísio desenvolve intensa atuação no âmbito da administração e do debate público sobre a educação, bem como uma abundante produção escrita que é marcada por essa atuação, sendo a expressão dessa relação profunda entre pensamento e ação, que marcou toda a sua vida. A formação de professores esteve no centro de suas preocupações. Reconstruir a escola e a nação passava por um processo de formação de professores, para o qual empregou suas ideias renovadoras, criando, quando diretor da Instrução Pública do Rio de Janeiro, o Instituto de Educação e transformando a Escola Normal em Escola de Professores, a qual fazia parte do Instituto de Educação, juntamente com o Jardim da Infância, a Escola Primária e a Escola Secundária, que funcionavam como campo de experimentação, demonstração e prática de ensino para os cursos de formação de professores.

Em toda a sua atuação, Anísio Teixeira defendeu a elaboração de uma nova política educacional. Não era mais aceitável haver escolas para os mais capazes, era indispensável que houvesse *escolas para todos*. Mas não bastava haver escolas para todos, era indispensável que *todos aprendessem*. Podemos avaliar o quanto essa modificação passou a influir no conceito de rendimento da escola. Antes, dado o caráter seletivo, a reprovação era considerada um indicador da qualidade do ensino. Se muitos falhassem, isso significava que os critérios de julgamento eram realmente eficientes e se estava depurando, para a formação das elites intelectuais e profissionais, no dizer de Anísio, "a fina flor da população". No entanto, se a escola tinha o dever de ensinar a todos, porque todos precisavam dos elementos fundamentais da cultura para viver na sociedade moderna, o problema se inverteu. Aluno reprovado significava não mais êxito do aparelho selecionador, mas fracasso da instituição de preparo fundamental dos cidadãos, homens e mulheres, para a vida comum. A eficiência da organização escolar exigia a transformação dos métodos de sua administração, bem como dos métodos e processos de ensino.

Anísio Teixeira foi autor de um conjunto expressivo de obras escritas, dentre as quais destacamos: *Educação para a democracia* (1936); *A educação e a crise brasileira* (1956); *Educação não é privilégio* (1957); *Educação é um direito* (1967); *Pequena introdução à filosofia da educação: a escola progressiva ou a transformação da escola* (1968); *Educação no Brasil* (1969) e *Educação e o mundo moderno* (1969).

O texto selecionado

O texto que selecionamos intitula-se "A reconstrução educacional brasileira", o qual integra a primeira das três partes que compõem a obra *Educação no Brasil*, que, junto com *Educação não é privilégio* e *Educação é um direito*, constitui uma trilogia que nos possibilita uma aproximação com o pensamento a atuação pública de Anísio Teixeira. Trata-se de um artigo que foi publicado inicialmente no *Jornal do Comércio*, em 1952, tendo sido reproduzido na obra antes referida. Foi escolhido em função de que sua argumentação fundamento o livro como um todo, sendo, portanto, representativo do pensamento do autor.

O texto em questão centra a sua reflexão na temática da reconstrução nacional, que o autor concebia em contraste com a noção de reforma, assunto sempre presente no âmbito do debate pedagógico. É significativo que Anísio tenha optado pelo termo reconstrução, ao invés de reforma, parecendo indicar o caráter processual das mudanças que eram necessárias na educação brasileira. O autor trata do papel relevante da escola na construção de nosso processo civilizatório, sobretudo por ser a instituição capaz de garantir a estabilidade e a paz social e a própria sobrevivência da sociedade humana. Era, portanto, uma instituição obrigatória e necessária, sem a qual não iriam subsistir *as condições de vida social, ordenada e tranquila*. Aborda, igualmente os problemas centrais a serem superados, para a reconstrução educacional brasileira, com vistas a recolocar a educação escolar como verdadeiro fundamento do processo de vida e de transmissão da cultura.

Referências

TEIXEIRA, Anísio. *A educação e a crise brasileira*. São Paulo: Nacional, 1956.

TEIXEIRA, Anísio. *Educação e o mundo moderno*. São Paulo: Nacional, 1969.

TEIXEIRA, Anísio. *Educação é um direito*. 2. ed. Rio de Janeiro: Editora UFRJ, 1996.

TEIXEIRA, Anísio. *Educação não é privilégio*. Rio de Janeiro: J. Olympio, 1957.

TEIXEIRA, Anísio. *Educação no Brasil*. 3. ed. Rio de Janeiro: Editora UFRJ, 1999.

TEIXEIRA, Anísio. *Educação para a democracia*. Rio de Janeiro: J. Olympio,1936.

TEIXEIRA, Anísio. *Pequena introdução à filosofia da educação: a escola progressiva ou a transformação da escola*. São Paulo: Nacional, 1968.

[Texto Selecionado]

A reconstrução educacional brasileira[1]

Anísio Teixeira

[TEIXEIRA, Anísio. Educação no Brasil. 3. ed. Rio de Janeiro: Editora UFRJ, 1999, p.161-173.2]

A educação de um povo somente em parte se faz pelas suas escolas. Compreendida como o processo de transmissão da cultura, ela se opera

---

[1] Artigo publicado em 1952, no *Jornal do Commercio*. É aqui reproduzido, embora sua fundamentação seja argumentação básica de capítulos anteriores e mesmo de todo o livro, como um verdadeiro *Leitmotiv* da crise educacional brasileira (N. Berenice Corsetti).

[2] A primeira edição dessa obra de Anísio Teixeira foi lançada em 1969 (N. Berenice Corsetti).

pela vida mesma das populações e, mais especificamente, pela família, pela classe social e pela religião. A escola, como instituição voluntária e intencional, acrescenta-se a essas outras instituições fundamentais de transmissão da cultura, como um reforço, para completar, harmonizar e tornar mais consciente a cultura, em processo natural de transmissão, e, nas sociedades modernas de hoje, para habilitar o jovem à vida cívica e de trabalho, em uma comunidade altamente complexa e de meios de vida crescentemente especializados.

Quanto mais estável a vida cultural e mais regulares os seus processos de mudança, mais simples seria, assim, a função da escola. Somente com a Reforma e o Renascimento, vemo-la, em nossa civilização ocidental, ganhar certa importância, mas, ainda então, se reduzia à transmissão daqueles traços mais especializados da cultura – ler e escrever e a educação intelectual e profissional superior – a pequenos grupos aptos da sociedade, destinados a constituir o seu quadro consciente e, sob certos aspectos, dirigente.

Assim foi a escola de nossa civilização até, em rigor, os começos do século XIX, quando as duas revoluções – a industrial e a democrática – já iniciadas desde o século XVIII entraram a acelerar e diferenciar as mudanças sociais, tornando mais difícil e precário o processo de transmissão direta e natural da cultura e impondo tremenda expansão, em quantidade e em qualidade, à escola, sobre cujos ombros institucionais passam a repousar a estabilidade e a continuidade de uma sociedade em processo acelerado de mudança econômica e social.

Dos princípios do século XIX em diante, com efeito, uma nova revolução, a tecnológica, decorrente da aplicação cada vez mais crescente dos resultados da ciência à produção e à vida social, veio acrescentar-se às outras duas revoluções, a político-democrática e a industrial, para acelerar ainda mais o processo de mudança social.

Estes últimos cento e cinqüenta anos corresponderam, assim, a um período de profundas transformações, em que a transmissão da cultura se viu altamente perturbada e em grande parte impedida, não somente por se achar a própria cultura em mudança cada vez mais rápida e assim se tornar extremamente difícil a sua transmissão, como também por haverem as próprias instituições transmissoras da cultura, a família, a classe e a religião, entrado elas próprias em mudança e até em desagregação, deixando de cumprir ou não podendo mais cumprir a sua função normal de órgãos da continuidade e estabilidade sociais.

Foi esse o período em que a escola, como órgão intencional de transmissão da cultura, se viu elevada à categoria de instituição fundamental da sociedade moderna, absorvendo, em parte, funções tácitas ou tradicionais da família, da classe, da igreja e da própria vida comunitária, e passando a constituir, na medida de sua expansão e eficácia, a garantia mesma da estabilidade e da paz de uma sociedade em transformação, a segurança da relativa correção ou harmonia dos seus rumos e o empecilho de sua desagregação violenta.

Vimos, com efeito, nos últimos cinqüenta anos, somente sobreviverem às convulsões sociais da nossa época, conservando a paz social, as nações que chegaram a organizar os seus sistemas escolares com o mínimo de universalidade e de eficiência indispensáveis a uma relativa continuidade de suas culturas em mudança.

Todas as demais nações, as dependentes e coloniais inclusive, ou entraram em transformação violenta, com o comunismo, ou se mantêm em fase instável e de profunda inquietação social, assegurados certos aspectos de ordem pelo reflexo daquela parte estável, isto é, em transformação pacífica, do mundo ocidental, em cuja órbita se encontram.

A escola, pois, já não é, hoje, uma instituição para assegurar, apenas, como se pensava no século XIX, o "progresso", mas a instituição fundamental para garantir a estabilidade e a paz social e a própria sobrevivência da sociedade humana. Já não é, assim, uma instituição voluntária e benevolente, mas uma instituição obrigatória e necessária, sem a qual não subsistirão as condições de vida social, ordenada e tranqüila.

No Brasil, a escola passou pelas contingências da evolução nacional, refletindo até os meados do século passado as condições, primeiro, de nossa vida colonial e, depois, retardatariamente, com a independência, a das nações de civilização ocidental. Até aí, entretanto, não tendo a instituição a importância essencial que depois veio a ter, há um certo equilíbrio no desenvolvimento brasileiro, podendo-se falar de uma relativa equivalência de cultura entre as nossas condições, nas camadas sociais superiores, e as do resto do mundo considerado civilizado, por isto mesmo que parte de nossas elites era formada ou aperfeiçoada em universidades européias e a vida de produção econômica não entrara, ainda, em sua fase técnica e científica.

O retardamento do nosso desenvolvimento começa a evidenciar-se, exatamente, a partir do momento em que a escola se faz o instrumento necessário da marcha normal da sociedade moderna, em rápida transformação política, econômica e tecnológica.

Não nos faltou quem nos dissesse o que deveria ser feito, o que se estava fazendo em nações então de progresso mais ou menos equivalente ao nosso, sobressaindo, entre todos, o documento absolutamente ímpar, pela lucidez e caráter exaustivo, que foram os pareceres sobre o ensino primário e secundário de Rui Barbosa.

A Nação, entretanto, deixara-se habituar ao desenvolvimento reflexo, passivo, por força das circunstâncias, por isto mesmo que a vida sempre lhe fora, se não fácil, sem maiores exigências, nos desmedidos dos seus grandes espaços físicos e na rarefação de seus habitantes sem competidores.

Enquanto as demais nações, sob o impacto das novas condições, empreendiam o esforço pela educação universal, com o ímpeto e a deliberação de um movimento político, se não religioso, criando rapidamente um sistema popular de escolas mais amplo que o de suas igrejas e capelas e um professorado mais numeroso que o seu clero, para cuidar das novas exigências de transmissão de uma cultura em mudança e, acima deste sistema popular, um conjunto de escolas médias e superiores capaz não só de continuar, como de promover o desenvolvimento e a harmonização da cultura nascente, diversa e complexa, o Brasil se deixou ficar com as suas escolas tradicionais para uma diminuta e dispersa elite literária e profissional.

Data e decorre daí o nosso retardamento. Acompanhamos, de certo modo, a transformação política do mundo; vamos acompanhando, mal ou bem, a sua transformação econômica e técnica, pelo menos na utilização de seus inventos e novos instrumentos; mas, não acompanhamos a sua transformação institucional, que foi, sobretudo, uma transformação no campo educacional, a transformação escolar.

Ora, se essa transformação em nações de velhas culturas como as da Europa exigia, como exigiu, um esforço deliberado e custoso, que não se fez sem luta e sem sacrifício de toda ordem, impondo à sociedade um ônus econômico só equivalente ao da defesa e da guerra, o que não teria de ser ela no Brasil, cujas condições sociais eram as de uma sociedade apenas saída do regime patriarcal e escravocrata, em processo de reajustamento difícil e penoso às condições novas de uma sociedade igualitária e democrática?

Compreende-se como haveriam de estar em situação constrangedora de pregar no deserto os nossos educadores mais lúcidos dessa época. Um conjunto de circunstâncias dificultava que o País tomasse consciência da nova situação e sentisse a necessidade de integração, que se impunha para um esforço básico qual o de criar um novo aparelhamento institucional para a sobrevivência e a marcha normalizada.

À medida que deixávamos de cumprir a nossa obrigação nacional de viver à altura das nações congêneres, de que copiávamos as instituições políticas e sociais, fomos desenvolvendo o clássico "complexo de inferioridade", que não possuíamos antes, nem podíamos possuir, pois éramos uma nação nova, transplantada para uma região nova, cheia de orgulho das nossas facilidades.

Somente depois da Independência, com efeito, e ainda mais depois da República, é que viemos a elaborar, conscientemente, esse complexo de inferioridade que é uma conseqüência direta de não termos acompanhado as demais nações no processo de integração e de educação sistemática de toda a população para a sociedade igualitária e progressiva dos tempos modernos.

E foi isso que nos lançou no grupo de nações subdesenvolvidas do globo e criou o supremo paradoxo, que partilhamos com as demais nações latino-americanas, de sermos, simultaneamente, jovens, pois a terra é nova e a população, em grande parte, decorrente de transplantação, e velhos, pelo atraso em que nos deixamos ficar e pelo complexo de impotência e irremediabilidade, que acabamos por formar em face da nossa derrota ante o desafio das condições da época.

Depois de independentes é que viemos a fracassar cada vez mais em nossos deveres para com a nação jovem e promissora, recebida das mãos de nossos colonizadores, que, bons ou maus, nunca deixaram de crer na civilização nova e mais feliz que aqui se poderia estabelecer.

***

De um modo, porém, ou de outro, o ímpeto das convulsões e transformações sociais desse século acabou por nos atingir, promovendo algum progresso material, incerto e descompassado, mas suficientemente amplo para criar em limitados grupos um novo estado de espírito, pelo qual se vem substituindo o antigo complexo de inferioridade por um senso nascente de orgulho nacional, algo confuso, mas bastante vigoroso para permitir uma visão realista das dificuldades e uma resposta mais séria ao seu desafio.

Este é o momento brasileiro. O real divisor de águas entre as duas mentalidades que se defrontam no Brasil é o deste sentimento. De um lado, estão os que, explícita ou implicitamente, não acreditam no Brasil, considerando-o uma nação de terceira ordem, que jamais resolverá pelos seus próprios meios os seus problemas básicos – o que é essencial para se fazer uma nação organicamente civilizada –, e de outro, os que, retomando os deveres abandonados pelas gerações frustradas do Império e da República, acham que a Nação se pode constituir, que o seu elemento humano só é o que é por lhe haver faltado o que tiveram os outros, isto é, a educação e formação sistemática moderna, e que a terra, com a aplicação do desenvolvimento científico dos nossos dias, pode vir a mostrar-se tão rica e própria à civilização quanto os melhores trechos temperados do globo.

Esta mentalidade que já se manifesta de todos e por todos os modos, no País, precisa evoluir de um confuso estado sentimental e romântico, ou de um desabrido espírito de especulação e demagogia para uma sóbria e segura lucidez.

Depois da fase de introspecção, análise e crítica, que, de algum modo, caracterizou os últimos vinte e cinco a trinta anos da nossa vida intelectual, e de que resultou o que há de lúcido na mentalidade nova do Brasil, entramos agora na fase de elaboração e de plano, competindo à inteligência brasileira definir os novos deveres, os novos esforços e as novas jornadas que cumpre empreender para que o remanescente sentimento de segurança e orgulho nacional frutifique na real constituição do futuro brasileiro.

***

Nenhum outro dever é maior do que a da reconstrução educacional e nenhuma necessidade é mais urgente do que a de traçar os rumos dessa reconstrução e a de estudar os meios de promovê-la com a segurança indispensável para que a escola brasileira atinja os seus objetivos.

Os problemas que suscita essa reconstrução são de duas ordens. O primeiro problema, político e financeiro, constitui o problema da comunidade brasileira em geral e importa em se dispor esta comunidade pelas três categorias dos seus governos federal, estadual e municipal e por todas as suas forças coletivas e particulares, a empreender a educação sistemática de todo o povo brasileiro, como uma obra de extrema urgência e, verdadeiramente, de salvação nacional. É problema político, porque é de governo e importa em uma deliberação que deverá atingir toda a nação e todos os indivíduos, galvanizando as vontades e impondo os sacrifícios necessários à execução do empreendimento. É problema financeiro, e por isso mesmo mais essencialmente político, porque estará a depender de recursos e medidas de amplitude nacional, devidamente conjugados pelas diferentes órbitas de governo, para lastrear a realização do grande plano de desenvolvimento da educação nacional.

Assentadas estas bases político-financeiras, levanta-se o problema – propriamente profissional – de se saber como devemos organizar eficientemente a escola brasileira.

Só aquelas bases preliminares constituem problema de legislação, devendo ser equacionado pela chamada Lei de Diretrizes e Bases, complementar à Constituição Federal, e pelas leis suplementares dos Estados e dos Municípios. Não foi sem razão que a Constituição anterior[3] falava em plano nacional de educação e não em diretrizes e bases. Trata-se, com efeito, de indicar o planejamento fundamental de educação e, sobretudo, de assegurar flexibilidade e prover os recursos para que toda a nação se lance ao imenso esforço de vencer um atraso de quase cem anos, na obra de incorporação definitiva de todos os brasileiros à sociedade igualitária e democrática do Estado moderno.

O segundo problema é um problema profissional, a ser resolvido pelos educadores e professores brasileiros, em um ambiente de liberdade e responsabilidade, de experimentação e verificação, de flexibilidade e descentralização, para que se crie a escola brasileira, diversificada pelas regiões, ajustada às condições locais, viva, flexível e elástica, com a só unidade de se sentir brasileira na variedade e pluralidade de suas formas. Este segundo problema é o problema para sempre irresolvido do melhoramento e aperfeiçoamento indefinidos das instituições escolares brasileiras. Para que se encaminhe, entretanto, a solução gradual e progressiva, é indispensável que se organize a liberdade de experimentar, tentar, ensaiar, verificar e progredir, na escola brasileira.

A organização dessa liberdade de progredir é um dos aspectos da solução legal do problema da educação. A lei deve estabelecer as condições e os mecanismos pelos quais se irá promover o progresso escolar, isto é, prover a administração e direção da educação de órgãos capazes de elaborar as soluções ou de promover o aparecimento dessas soluções e de acompanhar-lhes a execução, verificar-lhes a eficácia e aprová-las ou modificá-las.

Tudo está em que tais órgãos não sejam apenas executores de soluções rígidas e uniformes previstas na lei, mas possuidores de real iniciativa para planejar, experimentar e executar no campo escolar tudo que seja lícito e aconselhável, nos termos da prática e da ciência educacionais existentes.

Bastará que se legisle em educação, como se legisla em saúde pública ou em agricultura, de modo que não continuemos estrangulados numa camisa-de-força legal, graças à qual alterar a posição de uma disciplina no currículo ou diminuir-lhe ou aumentar-lhe uma aula seja considerado

---

[3] Anísio Teixeira refere-se à Constituição Brasileira de 1934 (N. Berenice Corsetti).

uma "reforma de ensino, com todos os corolários que atribuímos a essa "catástrofe". É "catástrofe" exatamente porque, havendo sido até hoje toda a nossa legislação do ensino, dada a sua minúcia, uniformidade e rigidez, uma "camisa-de-força" geralmente deformadora, sabemos que se a mudarmos será para nova "camisa-de-força" e ainda pior, porque estaremos desabituados à nova prisão.

Ora, tudo isto é absurdo. A escola é uma instituição servida por uma arte complexíssima, que é a de educar e ensinar em todos os níveis da cultura humana. Essa cultura e a arte de transmitir estão a sofrer, constantemente, progressos e revisões, precisando o professor de autonomia para poder estar, constantemente, a ajustar o seu trabalho individualizadamente aos alunos e às necessidades de toda ordem do progresso social e do progresso de sua arte. Não quer dizer isto que o professor seja livre de ensinar o que quiser. Ele não tem de modo algum essa liberdade absoluta. Cumpre-lhe ensinar o que *deve* ensinar e por algum método *aprovado*. Mas nem aquele *deve* nem este *aprovado* são questões a ser resolvidas pela lei, mas pelo *consenso profissional*, porque são de prática usual e corrente entre os mestres da profissão, ou de inspiração renovadora partida de outros mestres igualmente autorizados.

Todos os problemas e aspectos da organização escolar, compreendidos neste conceito a definição dos objetivos específicos da escola e os meios de atingi-los, dentro dos objetivos gerais que poderão ser definidos pela lei, devem ficar sob a exclusiva autoridade da consciência profissional, que se manifestará por meio de planos e instruções, baixados por autoridades que possuam os requisitos necessários para serem consideradas expressões daquela consciência profissional.

Toda esta parte do problema sofrerá, é certo, as vicissitudes de nossa cultura especializada em educação e arte de ensinar; mas, não haverá outro meio de progredir senão este que é, aliás, o mesmo pelo qual progredimos em medicina, engenharia ou direito...

Não podemos é continuar sem a possibilidade de progredir, nem, na realidade, sequer de tomar conhecimento dos problemas escolares de teoria e prática de ensino, porque tudo se acha disposto na lei e não pode ser alterado. Questões de currículo, de seriação, de programa, de número de aulas, de duração da aula, de disposição da matéria, de métodos e de processos de ensino não podem ser discutidas e resolvidas, porque, ou tudo se acha disposto na lei, ou se acham ali disposições que impedem qualquer modificação de processo ou de método.

Uma das mais remotas, mas nem por isto menos grave, consequências de tal estado de coisas é o desinteresse pelo estudo dessas questões específicas de educação e ensino. Por que estudá-las, se a lei é que as resolve e uma lei, como é natural, é algo que ninguém pode pensar em mudar do dia para a noite e mesmo de ano para ano?

A imposição legal do que se deve ensinar e de como se deve ensinar vem tornando ocioso o próprio estudo da educação e do ensino, e a inacreditável deficiência de pessoas devidamente especializadas para diretores de educação, diretores de colégios, inspetores de ensino e profissionais de educação em geral provém em grande parte da inconseqüência desse preparo em face de não passarem, hoje, tais autoridades, de executores passivos de leis pseudopedagógicas.

Há, pois, dois problemas em relação à reconstrução educacional do País: um – político-financeiro – é o de nossas leis de educação que se devem limitar a prover recursos para a educação, e criar os órgão técnico-pedagógicos, autônomos, para dirigi-la; e outro – técnico-pedagógico – é o de aperfeiçoamento permanente e progressivo do nosso ensino e de nossas escolas, a ser obtido pelo constante incremento de nossa cultura especializada e pelo preparo cada vez mais eficiente do nosso magistério.

Recolocada, assim, a educação escolar nas suas verdadeiras bases de processo de vida e de transmissão de cultura, governada por teorias e práticas sempre postas em dia pelos estudos especializados na universidade e pelos estudos levados a efeito pelos próprios professores nas escolas, teremos estabelecido as condições de liberdade e de empreendimento indispensáveis para o progresso indefinido da educação.

Por outro lado, liberada a educação do minucioso disciplinamento legislativo, descentralizada administrativamente pelos Estados e, quando possível, ao menos em parte, pelos Municípios, e restituída também a liberdade ao ensino particular de competir com o público e manter cursos diversificados e ensaios renovados, teremos criado no País as condições mínimas para um intenso trabalho de reconstrução educacional e para uma possível mobilização de esforços à altura do empreendimento de edificar, pela educação, a nação brasileira.

***

Para se avaliar a grandeza da tarefa, bastará lançar um golpe de vista sobre a presente situação educacional, pelos seus diferentes níveis.

A educação elementar comum tem sido compreendida, entre nós, como um curso primário de cinco anos, com o mínimo de 200 dias letivos e o dia letivo de seis horas. Embora deva ser isto, teoricamente, na realidade consiste em um curso de dois a três anos, com o dia letivo reduzido, em geral, a quatro horas e, em muitos casos, a duas horas e meia, e o número anual de dias letivos a 150 (no próprio Distrito Federal,[4] no ano passado). Nesse ensino primário, assim reduzido e rarefeito, estudam apenas 3 milhões de crianças, de um total de 8 milhões existentes entre os 7 e 12 anos de idade, sendo aprovadas somente cerca de 2 milhões. Um milhão de matriculados perde o ano, pagando desse modo o congestionamento da escola em dois e três turnos, e 5 milhões não chegam sequer a conhecer a escola.

A educação secundária média, compreendidos aí todos os estudos pós-primários, é ministrada a cerca de 600 mil alunos, isto é, 20% da freqüência média da escola elementar, o que representa uma tremenda expansão. Mas, como o primário, é ministrado em escola de dois e três turnos e reduzido o seu programa a um ensino abstrato e livresco, sem maior capacidade formadora ou educativa.

O ensino superior é, presentemente, ministrado a cerca de 46 mil jovens, isto é, cerca de 8% do total de alunos matriculados nos cursos secundários e médios e cerca de 13% dos matriculados nos cursos secundários.

Esta é a escola existente, toda ela de pura instrução ou ilustração, desde o nível primário até o superior. Para fazê-la também capaz de formação e educação, cumpre, antes do mais, suprimir o regime de turnos, o que corresponderá à duplicação – pelo menos – de prédios e de professorado. Serve isto para medir a grandeza do esforço a ser feito. Basta lembrar que o próprio Estado de São Paulo, com o maior sistema escolar do Brasil, terá de duplicar o seu sistema escolar para atender ao mesmo número de alunos. Pode-se ver, então, como o problema é, antes de mais nada, de recursos. Mas estes recursos terão de aparecer, se realmente reconhecermos que são indispensáveis.

A extensão, profundidade e variedade do sistema escolar a ser desenvolvido no País para a educação comum de cerca de 8 milhões de crianças de 7 a 12 anos, para a educação de nível médio de, pelo menos, 20% dessa massa e para a educação em nível superior de, pelo menos, 10% da matrícula nos cursos médios exigem que o empreendimento seja tentado como imenso esforço cooperativo e livre de todos os governos, todas as organizações sociais e até de indivíduos. A disciplinação desse imenso e livre esforço se fará pela preparação do magistério, a

---

[4] Antigo Estado da Guanabara. (N.E.).

que o Estado se deverá devotar com o ímpeto e o espírito de realização que poria no recrutamento de um exército de salvação nacional.

Os estudos universitários dos métodos, problemas e técnicas de educação, como arte e como ciência social, e a formação do magistério, pelos mais eficazes processos existentes, seriam as duas grandes forças de direção do grande movimento de expansão escolar que, assim, por certo, se haveria de deflagrar em todo o País.

E o controle da eficácia do rendimento escolar, para efeitos de consagração oficial e pública, se faria, principalmente, pelo processo de exame de Estado,[5] que atuaria como um saudável preventivo contra qualquer veleidade mistificadora, tornada, assim, de todo inútil.

Direção, disciplinamento e controle seriam, deste modo, conseguidos por meios indiretos, não se constrangendo nenhuma iniciativa e se estimulando, pelo contrário, todos os esforços e empreendimentos honestos e criadores.

Decidida a Nação ao grande esforço – e esta é que é a grande decisão política –, a ação se terá de desenvolver com a liberdade que aqui recomendamos, resultando a sua organicidade do jogo daquelas influências indiretas aludidas, particularmente do preparo do magistério e do exame de Estado.

A complexidade do problema educacional é uma complexidade semelhante à da própria vida humana, mas, assim como não devemos arregimentar nem uniformizar a vida, não podemos uniformizar nem arregimentar a educação. A unidade da educação nacional, como a unidade da vida brasileira, decorrerá da conciliação que soubermos estabelecer entre os seus dois aspectos fundamentais de organização e liberdade, responsabilidade e autonomia.

A conciliação se encontra na subordinação à verdade, e verdade é o que for reconhecido pela ciência ou pelo corpo organizado dos que a servem. Essa a conciliação que propomos para o problema do livre desenvolvimento do ensino no País, a fim de que o seu sistema escolar, expandindo-se e aperfeiçoando-se, possa cumprir a grande tarefa de que depende nada menos do que a sobrevivência nacional.

---

[5] Ao tratar do exame de Estado, Anísio Teixeira constitui-se num precursor das avaliações de larga escala, oriundas de uma política educacional que marca, na atualidade, a ação do Estado avaliador. (N. Berenice Corsetti)

Leopoldo Zea (1912-2004)

Leopoldo Zea: elementos para uma filosofia da educação na América Latina

Antônio Sidekun

O autor e seu contexto

Leopoldo Zea nasceu em 1912 e faleceu em 2004, e é o principal representante do grupo de pensadores mexicanos denominados "americanistas" do século XX. Essa denominação se dá pelo fato de ele se ocupar, com base no filósofo Ortega y Gasset, do problema da América Latina e de seu lugar na história da cultura universal. O enfoque principal de sua filosofia é discutir o tema da cultura e da identidade latino-americana. Seu projeto é uma filosofia da história latino-americana. Com esse projeto ele nos ajuda para melhor entender nosso passado, e esse fato deve ser considerado como momento imprescindível para uma melhor compreensão do nosso presente e a nossa identidade cultural. A temática é perpassada pelo pensamento de filósofos como Samuel Ramos, José Vasconcelos, José Gaos e os clássicos universais da filosofia.

Zea foi discípulo de Antônio Caso e grande admirador de Samuel Ramos. Recebeu uma forte influência de José Gaos, do grupo de Ortega y Gasset, exilado no México. Em sua obra aflora nitidamente a influência de José Gaos, discípulo de Ortega y Gasset. Essa influência foi decisiva para definir sua vocação de americanista. É em Ortega y Gasset no qual se inspira para formular o enunciado: "A filosofia como compromisso [...] mas não como o entendem alguns professores de filosofia [...] porém como compromisso inevitável que todo homem, filósofo ou não, tem com suas *circunstâncias, realidade* ou *mundo*". Um outro enunciado fundamental: "O não ter querido tomar consciência da nossa *situação* explica em parte porque não poderíamos ter uma filosofia própria" se inspira em Jean-Paul Sartre. Ortega y Gasset e Sartre foram os grandes pensadores cultivados na sua juventude. A filosofia de Ortega y Gasset, que se inscrevia entre o contexto das filosofias europeias dominantes (o historicismo, o vitalismo e o existencialismo), sustentava, principalmente, a ideia do caráter "circunstancialista" ou "perspectivista" da filosofia em geral. Não existe para essa concepção uma verdade filosófica objetiva e universal, mas é necessário ponderar que cada filosofia é somente expressão de sua situação histórica e social, inclusive de sua situação pessoal, da circunstância vital na qual a filosofia é gerada. Tratando-se da atividade teórica, é José Gaos – como o próprio Zea comunicou – quem lhe traça a tarefa: de interpretar a história das ideias latino-americanas, fazer do enorme caudal de ideias, de pensamentos políticos, morais, religiosos, educativos, uma leitura que permita reconhecê-los como genuínas expressões filosóficas.

Entre as suas principais obras destacamos: *El positivismo en México* (1943); *Apogeo y decadencia del positivismo en México* (1944); *En torno a una filosofía americana* (1945); *La filosofía como compromiso y otros ensayos* (1948); *América como conciencia* (1953); *La filosofía en México* (1955); *América en la historia* (1955 – obra principal que logo foi traduzida em muitas línguas); *Dos ensayos* (1960); *El pensamiento latinoamericano* (1965); *América Latina y el mundo* (1965); *Latinoamérica en la formación de nuestro tiempo* (1965); *La filosofía americana como filosofía sin más* (1969 – obra que pode ser considerada uma síntese de seu pensamento); *Dependencia y liberación en la cultura latinoamericana* (1974); *Filosofía de la historia americana* (1978); *Filosofía latinoamericana* (1987); *Discurso desde la marginación y la barbarie* (1988).

Foi professor na Universidad Nacional Autónoma de México (UNAM), onde fundou o primeiro Centro de Estudos Latino-Americanos. Foi criador do Centro Coordinador y Difusor de Estudios Latinoamericanos, com sua sede na UNAM.

Contribuição para o pensamento pedagógico latino-americano

O pensamento e o projeto filosófico de Leopoldo Zea, como já mencionamos, foi influenciado por Ortega y Gasset através de José Gaos e de Samuel Ramos. Dessa compreensão pode-se concluir pistas para uma filosofia da educação, uma vez que não escreveu uma obra restrita com o título de filosofia da educação. Mas foi sempre um gestor de ideias educativas em toda sua trajetória filosófica. No entanto, todo o caudal filosófico serve de base para um arcabouço pedagógico para refletir a educação circunstanciada na realidade latino-americana. Do filósofo Ortega y Gasset recebe a concepção histórica da humanidade e da cultura, como sendo uma concepção que implica a capacidade pedagógica criadora do homem. Assim, a importância que ele dá à história da cultura leva-o a pesquisar a mentalidade do povo mexicano e do povo latino-americano através de sua filosofia. Isso está bem delineado na obra *O pensamento latino-americano*. Nessa linha, também se pode situar as obras sobre o positivismo no México e outras dedicadas à filosofia em geral. Tais obras são a premissa e a base de apoio que servem para pesquisar o significado e o destino da América. Por isso, o seu questionamento é sempre radical: qual deve ser o papel do filósofo frente ao mundo latino-americano que era negado pelo espírito absoluto de Hegel? E, qual é a responsabilidade do filósofo diante do mundo atual? Essas questões são facilmente transpostas para servirem de *fontes pedagógicas*, uma vez que a pedagogia também seguia uma linha de dominação e domesticação pela conquista espiritual e pela longa colonização dos povos da América Latina. Uma América Latina domesticada por uma pedagogia de dominação que impedia ao ser humano dizer a sua própria palavra. Situação da marginalização já denunciada por autores nos primeiros anos da Independência e especificamente por José Vasconcelos, nos primórdios da Revolução Mexicana, no século XX.

Na importante obra *La filosofia como compromiso de liberación* (*A filosofia como compromisso*), Zea procura as razões da atividade filosófica. Ele observa que a filosofia não é uma ocupação abstrata, meramente gratuita e acessória. De fato, quando e enquanto se sente a necessidade da filosofia, sente-se a exigência de responder aos problemas que nos são impostos pelas circunstâncias, nas perspectivas históricas e do ambiente em que vivemos. O homem está inserido no mundo e ali é forçado a agir, assumindo-se a cada instante, com a responsabilidade de enfrentar escolhas sempre novas. As circunstâncias humanas e as situações moldam sua consciência histórica. Com sua atividade, o homem envolve os outros e, por sua vez, é envolvido por eles. Na verdade, a vida humana é um entrelaçar de empenhos comprometidos historicamente e com responsabilidades recíprocas. Nessa situação, para Leopoldo Zea, o filósofo é um homem que tem maior consciência da sua condição comprometida com a realidade concreta do ser humano. Diante dessa condição, o filósofo não se limita a assumir a própria responsabilidade como indivíduo, mas procura assumi-la como se ele encarnasse a humanidade. A resposta que o filósofo pretende oferecer "para todos os problemas" e "para qualquer situação humana", de fato, é dada a partir da emergência de "seus" problemas, na realidade da "sua" situação. O filósofo deve perseguir o universal, mas através do particular. Diante disso, Zea enfrenta a questão da filosofia a partir da realidade histórica latino-americana.

A leitura da obra filosófica de Zea torna-se rica pelos novos questionamentos históricos que suscita, isso pelo fato de os textos desenrolarem-se sob um pano de fundo conturbado e de uma profunda situação revolucionária do México. E sua filosofia se ocupa em grande parte com o resto do contexto político, econômico e educativo da América Latina. Esta é a base de sua filosofia da cultura. Temos que considerar a grande Revolução Mexicana como uma situação especial e na garantia de seu triunfo com a qual se ocupa José Vasconcelos, quando este, mesmo ainda na efervescência política da Revolução, redige seu projeto educativo. Encarnação e concreção expressiva, é o espírito da raça através da educação que possibilitará modelar uma sociedade e uma nação, único meio para mestiçar-se culturalmente e alcançar o ideal. Vasconcelos recorre à figura mítica de Prometeu para inspirar-se. Igual ao personagem mitológico grego, Prometeu, ele quer recuperar para o homem a obra do espírito. A educação é o instrumento libertador do espírito que se sobrepõe à Natureza da repetição indefinida, para variar o determinismo mecanicista, melhorando-se a si mesmo até conquistar o absoluto. O projeto educativo de Vasconcelos procura o melhoramento nacional. É pela educação universal que se liberta o povo da ignorância e da miséria material e espiritual. Em 1923 Vasconcelos concebe o modelo do homem que deverá formar-se no transcurso da Revolução. Pois, segundo ele, deve-se assumir a tarefa de formar homens para logo ensaiar teorias. Para tal, os professores desempenham um papel fundamental. Isso mostra que o educador e filósofo Vasconcelos tinha um projeto não apenas de homem, mas também de sociedade. Vasconcelos terá um papel fundamental na concepção para uma filosofia da educação e para um projeto educacional dedicado ao povo. A justiça é um fator importantíssimo para alcançar a força e o poderio de uma nação, que se atinge tão somente quando todos ou quase todos seus habitante forem livres e fortes, igualmente livres e fortes, não só nos direitos teóricos, mas também nas posses materiais e na educação pessoal livres e iguais, segundo Vasconcelos.

Na obra *América como consciência*, Zea pergunta-se de que modo o filósofo latino-americano desenvolveu sua tarefa como pensador. Para responder, o autor recorda como os europeus consideraram a América. A opinião deles pode ser resumida na celebre frase de Hegel em *Filosofia da História*, afirmando que a América é o país do futuro. Pois, se é o país do futuro, diz Zea, então atualmente a América é pura potencialidade, ou seja, é "sem" história. Ora, sendo o homem um ser essencialmente histórico, ao negar a historicidade do passado ao americano, é-lhe negada também a sua a humanidade. Para Zea é grave o fato de que essa posição tenha sido assumida pelos próprios latino-americanos. Com efeito, após a independência, eles acreditaram poder projetar-se para o próprio futuro, negando e desprezando seu passado. Basta aqui, como exemplo, fazermos uma simples referência ao pensamento de emancipação e de libertação cultivado por Simón Bolívar e José Martí. Mas, negando o passado, os latino-americanos teimam em viver a ilusão europeia (e, posteriormente, norte-americana), rejeitando o que lhes era próprio, o seu "ser" latino-americano. Pois, desde o começo, mesmo com a declaração da independência política, a emancipação educativa não aconteceu. A colonização pedagógica continua tornando-se uma forma de domesticação. Deste modo, os problemas não foram resolvidos e até se agravaram mais ainda. Frente a isso, Zea conclama os latino-americanos a tomarem consciência de sua identidade, do seu ser. Somente desse modo poder-se-á criar uma cultura que não seja europeia. Zea, contudo, alerta que não se trata de um fechamento em si. O que é preciso é reagir, de modo próprio, às ideias dos outros, afirmando a própria originalidade, afirmando as diferenças e a universalidade. O europeu soube fazê-lo. Isso faltou ao latino-americano. Nessa perspectiva Zea recorre às indicações de José Gaos, que logo chamou a atenção para a universalidade de um pensamento que parecia limitado à sua circunstância: o pensamento latino-americano. Um pensamento que não tinha porquê não ser filosofia, ainda que esta não seguisse os contornos das expressões da filosofia ocidental. Mas o latino-americano apenas se esforçou por repetir e copiar servilmente os frutos da cultura europeia, em vez de copiar o espírito que os produziu. Zea procura pesquisar as circunstâncias e o conteúdo de uma filosofia mexicana e, depois, latino-americana, buscando exprimir as criações culturais autênticas da América Latina.

Em diversas obras, Zea pergunta-se pela possibilidade latino-americana de participar da cultura ocidental, sem ser puramente imitativo. Afirmando que a história é uma descoberta ocidental, inicialmente cristã, Zea entende que ela encontrou sua máxima expressão no mundo moderno. Mais ainda, o mundo moderno europeu inseriu na concepção de história a ideia de "progresso". Essa ideia parece abranger todos os homens, sem distinção de classe ou raça: todos podem progredir. Ora, na ideia de progresso, culmina-se a atividade criadora do homem. Na prática, porém, é a Europa que se projeta como a única protagonista da história. E domina o mundo e povos pela Conquista. Um dos títulos para legitimar essa situação é o sistema liberal. O liberalismo é mais uma mentalidade do que uma doutrina. É uma mentalidade na qual a ideia de liberdade, fundida com a de progresso, une-se, por sua vez, com a legitimidade da expansão e do domínio. Assim, o colonialismo encontra no liberalismo o clima adaptado ao seu desenvolvimento e, ao mesmo tempo, à sua justificação. Como no caso do progresso, também na ideia de liberalismo a igualdade é teoricamente afirmada, diz Zea, mas negada na prática. Há homens e povos colocados ao nível de subordinados, quando não, até mesmo, considerados sub-humanos, destinados a uma perpétua escravidão e negação de sua identidade. Apesar disso, Zea reconhece que esse racismo e imperialismo econômico-político e cultural não impediram que o Ocidente tenha assumido um significado de validade e alcance universal. A expansão do Ocidente pôs fim aos arquipélagos culturais. A técnica, que ele impôs junto com sua economia, torna impossível o isolamento. O Ocidente converteu-se em mestre do mundo. Os próprios representantes mais autorizados do Ocidente tomaram consciência de que a cultura não é mais exclusiva do europeu. Deste modo, o ocidental tornou-se, por um lado, um homem entre os homens e, por outro, desenvolveu um papel fundamental na história, ou seja, fez com que os outros homens tomassem consciência de sua humanidade. Esse é um lado positivo que Zea aponta, e ele destaca que a origem dessa consciência é ocidental e é dessa perspectiva que o Ocidente se universalizou. O autor, então, mostra as relações que travaram entre si a Rússia, a Espanha, a Europa, a América Latina e a América Anglo-Saxônica. O autor retoma, depois, o tema inicial: o da preocupação da originalidade dos latino-americanos, enquanto experimentam um sentimento de marginalidade histórica e cultural. Exatamente essa marginalidade começa a aparecer hoje como uma condição não de modo negativa. Pode-se sistematizar em bases histórico-culturais o conjunto de sentimentos dos latino-americanos quanto à sua posição na história do mundo. É nessa perspectiva que Zea olhava a filosofia da libertação. Esse debate é em grande parte a tese do livro *Discurso desde a marginalização e a barbárie*.

A obra filosófica de Leopoldo Zea serve como um rico manancial para criarmos uma filosofia da educação comprometida e contextualizada, pois ao refletirmos sobre nossas circunstâncias históricas numa perspectiva de um pensamento libertador já delineamos um projeto pedagógico. O pensamento filosófico de Zea atinge com grandeza as *fontes pedagógicas*, vertendo sobre elas em jorros e caudais forças renovadoras do espírito verdadeiro para situarmos a central preocupação educacional, que tem por objetivo final descrever e reconhecer o ser do humano americano e sua cultura.

Sobre o texto escolhido

O texto "Educação e cultura para a integração na liberdade" de Leopoldo Zea abarca as principais teses de Simón Bolívar destacadas na famosa *Carta da Jamaica*, que postula como tarefa fundamental os princípios políticos de uma grande pátria americana. Para tal, será necessário a compreensão do ser humano em sua plenitude. A filosofia política traçada na *Carta da Jamaica* por Bolívar inspira o humanismo de Zea e a temática da identidade. Trata-se de um humanismo com características bem definidas e de nenhuma maneira daquele humanismo abstrato e ideal próprio de tantos intelectuais latino-americanos fechados em suas torres de marfim e nas capelas dos seus próprios sistemas acadêmicos alienados. O humanismo de Zea, e assim, por um lado, a derivação de um projeto de educação implícita, trata dos seres humanos concretos, de carne e osso, de uma humanidade de milhões e milhões de rostos diferentes um dos outros, mas precisamente iguais em seu comum direito para ostentar suas próprias peculiaridades, iguais em seu comum direito para serem diferentes. Por outro, para Zea, trata-se de uma humanidade em plural, que existe somente no plural, e de um humanismo que reside basicamente no reconhecimento e no respeito ao pluralismo das manifestações humanas. O valor do ser humano como um valor universal, tal como Zea expressou: "[...] no concreto, o mais concreto, se oculta o universal". É evidente que uma elaboração de um projeto educacional nas circunstâncias e perspectivas históricas vivenciadas por Zea, no que se refere ao período das grandes transformações sociais e educacionais na sociedade mexicana do século XX, levou em consideração a vida concreta de cada ser humano como ponto de partida para toda filosofia ou para a cultura em geral. Isso quer dizer que será necessário captar-se o filosofar como obra do ser humano no meio de suas circunstâncias particulares. Zea afirma que as circunstâncias particulares são as que fazem do homem uma pessoa e lhe outorgam sua individualidade, e apresentam-lhe também como são os limites particulares no seu afã de universalidade. Trata-se de sua perspectiva a partir da sua circunstância, uma perspectiva entre outras. Cabe-nos lembrar bem quais circunstâncias e perspectivas que o México experimentou ao longo do século XX. Teríamos que trazer à memória as grandes reformas educacionais que foram feitas nesse país. Por isso, para Zea a filosofia tem como sentido a solidariedade na liberdade. Zea defende que a nossa filosofia e nossa libertação não podem ser somente uma etapa a mais na libertação do homem, mas uma etapa final. O homem para libertar não é apenas o homem desta América ou do Terceiro Mundo, mas o homem em qualquer parte que este se encontre, incluindo o próprio dominador. O objetivo da educação é alcançar todas as esferas da sociedade, especialmente os grupos populares. Pois, na *Carta,* Bolívar disse: "Eu desejo, mais do que qualquer outro, ver formar-se na América a maior nação do mundo, menos por sua extensão e riquezas do que pela liberdade e glória". Mas Zea aponta que Bolívar já considerou que mais difícil para povos como os nossos será realizar a liberdade que para os que nela foram educados. Homens educados para a servidão ou domesticados pelos sistemas terão que ser reeducados para a liberdade. Não para uma liberdade do mundo abstrato, mas para a liberdade que faça da força que a tem negado uma inabalável força a serviço de si mesma.

Como conclusão podemos apontar com Zea para o ideal de Simón Bolívar, José Vasconcelos e Samuel Ramos, entre outros, para a esperança de que nossos povos tenham um projeto educativo que sirva para viver uma ética do reconhecimento da alteridade e, assim, possam conhecer-se em plenitude na originalidade de sua cultura. E, a partir desse conhecimento, atuar em conjunto para alcançar e defender suas inegáveis liberdades, e dar voz ao clamor que se ergue da interpelação por uma justiça cultural, despertando e acalentando o desiderato de um projeto pedagógico que visa uma educação da plenitude humana.

Referências

FORNET-BETANCOURT, Raúl. *Problemas atuais da filosofia na Hispano-América*. São Leopoldo: Editora Unisinos, 1993.

MEDIN, Tzvi. *Leopoldo Zea: ideología, historia y filosofía de América Latina*. México: UNAM, 1986.

SEPÚLVEDA GARZA, Manola. *Política educativa de la revolución en México*. In: FORNET-BETANCOURT, Raúl (Org.). *Für Leopoldo Zea*. Aachen: Augustinus-Buchhandlung, 1992, p. 112-127.

ZEA, Leopoldo. *A filosofia americana como filosofia*. São Paulo: Pensieri, 1994.

ZEA, Leopoldo. *Discurso desde la marginación y la barbarie*. Barcelona: Anthropos, 1988.

ZEA, Leopoldo. *El pensamiento latinoamericano*. Barcelona: Ariel Seix Barral, 1976.

ZEA, Leopoldo. *La filosofía como compromiso de liberación*. Caracas: Biblioteca Ayacucho, 1991.

[Texto selecionado]

Tradução: *Luis Marcos Sander*

Educação e cultura para a integração na liberdade
Leopoldo Zea

[ZEA, Leopoldo. *La filosofía como compromiso de liberación*. Caracas: Biblioteca Ayacucho, 1991, p. 377-383.]

A região da América colonizada por Espanha e Portugal foi educada para servir melhor aos interesses de suas metrópoles. Era uma educação que se fazia a partir da suposta inferioridade étnica e cultural dos colonizados. Essa inferioridade abrangia todo nascido nesta região, independentemente de sua origem étnica e cultural. Todo nascido nestas terras, incluindo indígenas, crioulos e mestiços, era visto como inferior frente a seus conquistadores e colonizadores. De acordo com tal ideia, todo nativo teria de ser educado para melhor servir a metrópole, para melhor satisfazer seus interesses e melhor realizar seus projetos. Educava-se para a servidão, para a maior eficácia desta. Simón Bolívar, analisando essa situação peculiar, por não existir ao longo da terra e da história algo semelhante, dizia: "Os americanos, no sistema espanhol que está em vigor, e talvez com maior força que nunca, não ocupam outro lugar na sociedade que o de servos próprios para o trabalho e, quando mais, o de simples consumidores; e esta parte inclusive limitada por restrições chocantes". Bolívar não encontrava, dizíamos, uma situação semelhante em outros lugares da terra e da história. "Tão negativo era nosso estado que não encontro semelhante em nenhuma outra associação civilizada, por mais que eu percorra a série de eras e a política de todas as nações." Era algo fora do humano, uma concepção que partia da negação da humanidade que alguns homens faziam de outros para justificar melhor sua exploração. O homem transformado em coisa, objeto, à parte da flora e fauna com que os conquistadores e colonizadores se defrontavam. Mereciam esses homens, povos, terras tal situação? "Pretender que um país tão felizmente constituído, extenso, rico e populoso seja meramente passivo é um ultraje e uma violação dos direitos da humanidade" (*Carta da Jamaica*).

Tratava-se de um grupo humano abstraído de toda expressão de humanidade. Um grupo, por isso, peculiar. O Libertador insistiria uma que outra vez sobre esta peculiaridade. Trata-se de um gênero humano que nunca antes tinha existido na história, embora nela sempre tivessem existido a conquista e a imposição colonial. Em outro lugar, Bolívar insistiria na diferença que esse tipo de dominação guardava em relação à imposta pela Ibéria. A metrópole se preocupava em manter a maior distância possível entre esse peculiar gênero humano, moldado pela conquista e pela colonização, e aquele que lhe era próprio e se beneficiava com a mesma. "Estávamos, como acabo de expor – continua Bolívar –, abstraídos e, digamo-lo assim, ausentes do universo no que diz respeito à ciência do governo e administração de estado." Educados para obedecer; nunca para poder mandar. "Jamais éramos vice-reis ou governadores, exceto por causas muito extraordinárias; arcebispos e bispos às vezes; diplomatas nunca; militares, só na qualidade de subalternos; nobres, sem privilégios reais; não éramos, enfim, nem magistrados nem financistas e quase nem mesmo comerciantes: tudo era contravenção direta de nossas instituições" (*Carta*). Não foi assim em toda colonização? Bolívar, comparando o Império Romano com o da Espanha, encontra diferenças que explicam por que, na Europa, foi possível surgir, ao término do Império Romano, as nações que agora constituem a Europa, enquanto que na América só surgiu uma massa de povos invertebrados, já que a unidade lhes era dada, unicamente, pelos interesses da metrópole. Interesses que, ao desaparecer, só deixavam lugar para a violência, a guerra civil, encaminhando tudo a uma distribuição dos privilégios criados pela colônia. Procurar-se-ia, doravante, não mais criar nações, ou conjunto de nações que mantivessem unidas, em liberdade, a integração imposta pela metrópole, mas ocupar o vazio de poder deixado por esta. Daí a disputa e a atomização de todo um império. Homens educados para a servidão pouco podiam fazer para se organizar como nações e, menos ainda, como comunidades multinacionais tal como a sonhada por Bolívar para esta região. Falando dessa situação, escrevia Bolívar: "Quando a América se desprendeu da monarquia espanhola, encontrou-se semelhante ao Império Romano, quando aquela enorme massa caiu dispersa em meio ao mundo antigo. Cada desmembramento formou então uma nação independente conforme sua situação e seus interesses, mas com a diferença de que aqueles membros voltavam a restabelecer suas primeiras associações" (*Discurso de Angostura*). Roma tinha dado aos povos por ela dominados uma estrutura cultural e política, fazendo de seus membros cidadãos; ela os tinha preparado para governar suas sociedades ao desaparecer como império. Sem ter de se negar a si mesmos, esses povos tinham adquirido a ciência do governo, a legalidade própria de sociedades expressa no direito romano, que os tornava algo mais do que expressão de etnias desencontradas, incapazes de atuar em conjunto por um bem comum. O latim foi a língua mediante a qual o conquistador se fez entender e entendeu os conquistados, e, por sua vez, a estrutura das línguas que surgiriam nas nações livres do Império pela corrupção e queda deste. Não acontecia assim com o Império Espanhol, apesar de possuir uma língua comum, uma religião comum, costumes comuns. Os homens das colônias nada sabiam da arte de governar; nada da arte de compreender-se entre si para atuar em conjunto em seu próprio benefício. Nada que não servisse ao império que, ao desaparecer, deixava como órfãos os povos por ele dominados. Órfãos quanto a quem ter de servir, a quem ter de obedecer. "Nós – prossegue Bolívar – nem sequer conservamos os vestígios do que foi em outro tempo."

A metrópole tinha justificado seu predomínio sustentando uma suposta superioridade racial e cultural; porém, ao se retirar, deixava esse gênero peculiar à deriva. Grupos étnicos e sociais, confrontados entre si para decidir quem haveria de ocupar o vazio de poder deixado pelo império. Nenhum dos grupos da região podia voltar, como os povos sob o domínio de Roma, a estabelecer suas velhas associações enriquecidas pela experiência romana. Os indígenas não podiam voltar a seus antigos cultos e sociedades; os descendentes de espanhóis à ordem da qual provinham, menos ainda os mestiços que, tendo em si o sangue de conquistadores e conquistados, eram rejeitados por uns e se negavam a fazer parte dos outros. "Nós – continua Bolívar – nem sequer conservamos os vestígios do que fomos em outros tempos; não somos europeus, não somos índios, mas uma espécie intermediária entre os aborígines e os espanhóis. Americanos por nascimento e europeus por direitos, encontramo-nos no conflito de disputar aos naturais os títulos de posse e de nos manter no país que nos viu nascer, contra a oposição dos invasores; assim, nosso caso é o mais extraordinário e complicado" (*Discurso*). Os povos sob o Império de Roma, quando este terminou, amalgamaram-se criando nacionalidades. Os povos sob o Império Ibero, longe de se amalgamar, enfrentaram-se entre si para conseguir não uma ordem, mas a manutenção da servidão, porém a serviço de outros senhores. O crioulo se empenhou em ocupar o lugar dos metropolitanos dominando o indígena e o mestiço, e estes, por sua vez, lutaram para se livrar da nova servidão e criar as possibilidades de outra.

Por isso, acrescenta Bolívar, uma vez alcançada a independência frente ao Império Espanhol, os homens desta região, sem experiência na arte de governar, tiveram e têm de improvisar os papéis que devem desempenhar para a caminhada de uma sociedade que já não depende da ordem que lhe tinha sido imposta. Tinham que criar na liberdade uma ordem para a qual careciam de toda experiência. "Os americanos – diz Bolívar – subiram de repente e sem os conhecimentos prévios e, o que é mais lastimável, sem a prática dos negócios públicos, para representar no palco do mundo as eminentes dignidades de legisladores, magistrados, administradores do erário; diplomatas, generais e quantas autoridades supremas e subalternas formam a hierarquia de um Estado organizado com regularidade." Incapazes, por causa de sua educação, de dar ordens e já não tendo a quem obedecer, esses homens se sentiram na mais profunda orfandade. "Quando as águias francesas – prossegue Bolívar – só respeitaram os muros da cidade de Cádiz e com seu voo levaram de roldão os frágeis governos da Península, então ficamos na orfandade" (*Carta*). Para salvar essa orfandade, foi necessário improvisar, ensaiar, com os consequentes erros.

Órfãos, com dificuldade para realizar, por si sós, o que a metrópole impunha de acordo com seus interesses, os americanos desta região buscaram modelos igualmente estranhos a suas experiências. Modelos de ordem, de governo, de cuja experiência careciam ainda mais que daquela que lhes tinha sido imposta. Desprovidos de experiência para manter a mesma ordem herdada da colônia, pretenderam encontrar em experiências ainda mais alheias modelos para uma ordem que só poderia conduzir a novas subordinações. Órfãos de uma ordem própria, buscaram em outra ordem, mais estranha ainda, as bases para suprir aquela da qual tinham se desprendido. Modelos como o representado pela nova e poderosa nação que se levantava ao norte desta América, os Estados Unidos. Quis-se fazer de cada um dos países independentizados do domínio ibero uma nação semelhante à da América do Norte, outros Estados Unidos, esquecendo que essa nação tinha surgido de suas experiências próprias e peculiares. Antecipando-se aos males que se derivaram dessa imitação, à "nordomania" de que falará o uruguaio José Enrique Rodó, e à subordinação, embora livremente escolhida, a outro poder, Bolívar escreve: "Enquanto nossos compatriotas não adquirirem os talentos e virtudes políticas que distinguem nossos irmãos do norte, os sistemas inteiramente populares, longe de nos serem favoráveis, temo muito que venham a ser nossa ruína. Infelizmente estas qualidades parecem estar muito distantes de nós no grau necessário; e, pelo contrário, estamos dominados pelos vícios que se contraem sob a direção de uma nação, como a espanhola, que só sobressaiu em ferocidade, ambição, vingança e cobiça" (*Carta*).

A única experiência de governo que os americanos desta região têm foi, pura e simplesmente, a da servidão. Dela se terá de partir para sua negação. Os Estados Unidos, por seu turno, não fizeram senão levar até suas últimas consequências as expressões de uma ordem, uma educação, uma cultura própria de homens livres. Os americanos desta nossa região, pelo contrário, terão de negar a experiência de uma servidão partindo dela mesma. Não se trata de sobrepor à mesma a experiência de uma ordem que não esteve nem está ao alcance de homens formados no servilismo. Será de si mesmos, de suas entranhas, que esses homens terão de tirar o esboço de uma ordem em liberdade que não desapareça na primeira tentativa de uso. A Europa e os Estados Unidos não fizeram outra coisa, partindo, em cada caso, de si mesmos; negando, em cada caso, os impedimentos para as metas libertárias que tinham se proposto. É claro, considera Bolívar, que para povos como os nossos será mais difícil realizar a liberdade do que para os que se formaram nela. Homens educados para a servidão terão de ser reeducados para a liberdade. Contudo, não para uma liberdade em abstrato, mas para a liberdade que faça da força que a negou força a serviço da mesma. Inversão, pura e simples, de valores, fazendo da ordem imposta instrumento de liberdade e partir da conquista de uma nova ordem que seja expressão da liberdade alcançada. Citando Montesquieu, acrescenta: "É mais difícil tirar um povo da servidão do que subjugar um povo livre".

"É possível conceber que um povo recentemente liberto dos grilhões se lance à esfera da liberdade sem que, como Ícaro, suas asas se desfaçam e caia ele no abismo?", pergunta Bolívar. Esta foi a preocupação central de seu pensamento, ao passar da servidão imposta à liberdade, sem cair no abismo da anarquia e, com ela, nas formas mais brutais de servidão. Por isso, tentou fazer do Estado instrumento remodelador a serviço da reeducação moral do indivíduo. Um Estado que pusesse fim à orfandade que o Império Espanhol tinha deixado ao sair de cena. Um Estado que criasse hábitos, costumes, para o uso da liberdade e do qual se derivassem nações livres e, inclusive, nações de nações que integrassem este conjunto de povos na liberdade, como antes tinham estado integradas na servidão. Uma ordem moral que, longe de educar, como o espanhol, para a servidão, educasse os americanos para o uso da liberdade. Aí está, para Bolívar, uma vez mais, o exemplo de Roma. Roma, com suas ditaduras morais, de emergência, para aglutinar as forças de um povo ameaçado em diversas situações. Ditaduras que Bolívar sempre distinguiu das tiranias. Ditador é quem conduz, guia, ensina e prepara os povos para o uso de suas próprias faculdades. Tirano é quem impõe sua vontade e, com ela, seus interesses e caprichos, mantendo os povos sob seu domínio na ignorância do uso da liberdade. Assim tinha sido o Império Espanhol; por isso, não tinha originado nações independentes como Roma. O mesmo pretendiam fazer os caudilhos que repartiam entre si, como presa de guerra, os povos supostamente libertados; os que reclamavam coroas. Bolívar estava contra tudo isso. Para ele, o Estado que necessariamente se formaria, com a conquista da emancipação, deveria ser ponte entre a servidão e a liberdade. Ele deveria preparar homens carentes de experiências libertárias para o uso de liberdades que haveriam de surgir dentro deles como necessidade natural.

Insistindo na situação inusitada dos povos desta região americana, Bolívar diz: "A posição dos moradores do hemisfério americano foi, durante séculos, puramente passiva: sua existência política era nula. Nós estávamos em um grau ainda mais baixo do que a servidão, e, por isso, com mais dificuldade de nos elevarmos à fruição da liberdade. Esta América não só estava privada de sua liberdade, mas também da tirania ativa e dominante". O que significa isso? Que as tiranias que existiram na história, como as ditaduras, foram tiranias a serviço de seus próprios povos. Tiranias que os próprios povos aceitam para manter sua unidade e se defender; nunca para fins estranhos a eles próprios. As tiranias persas são de persas e a serviço da Pérsia; as dos tiranos turcos, turcas e a serviço da Turquia; assim como as ditaduras romanas eram romanas e a serviço de Roma. "Quão diferente era entre nós! – continua Bolívar – Éramos vexados com uma conduta que, além de nos privar dos direitos que nos cabiam, deixava-nos em uma espécie de infância permanente quanto às transações públicas. Por isso eu disse que estávamos privados até da tirania ativa, pois não nos era permitido exercer suas funções" (*Carta*). As tiranias nesta América estavam a serviço de outros interesses, da avareza da metrópole. A ordem tirânica que lhes tinha sido imposta em nada servia aos povos desta região. Eram tiranias estranhas, alheias aos interesses de nossos povos. Com o tempo, morto Bolívar, os exércitos libertadores por ele criados, longe de servir a seus povos, atuando em benefício de seus limitados interesses, não vacilariam em se pôr a serviço de interesses estranhos a seus próprios povos, e inclusive contra eles; a ordem estatal aceitando novas servidões em lugar de preparar seus povos para o uso de suas liberdades.

A ordem estatal concebida por Bolívar deveria estar a serviço de seus próprios povos, haveria de ser fiel guardião dos interesses e da liberdade destes; além disso, atuar como formador, educador destes povos para capacitá-los no uso e na defesa dessas liberdades; desta forma, nunca mais voltariam a sentir-se na orfandade ao desaparecerem tiranias que lhes tinham sido impostas contra seus interesses. O Estado como ponte entre a tirania imposta e a liberdade que haveria de negá-la definitivamente. Estado que, para melhor alcançar suas metas, teria de partir do conhecimento da realidade que deveria enfrentar para sua transformação. A partir desse conhecimento, haverão de se construir os instrumentos necessários para a mudança desejada. Voltando a lembrar Montesquieu, Bolívar pergunta: "Não diz o *Espírito das Leis* que estas devem ser próprias para o povo para o qual são feitas; que é uma grande casualidade que as de uma nação possam convir à outra; que as leis devem ser relativas ao aspecto físico do país, ao clima, à qualidade do terreno, à sua situação, à sua extensão, ao gênero de vida dos povos; referir-se ao grau de liberdade que a Constituição pode sofrer, à religião de seus habitantes, às suas inclinações, às suas riquezas, ao seu número, ao seu comércio, aos seus costumes, aos seus modos?". E, enfrentando, uma vez mais, a "nordomania" que já assoma, acrescenta: "Eis aqui o Código que deveríamos consultar, e não o de Washington!" (*Discurso*).

Será necessário, então, partir das experiências que se tenham, da própria servidão, para que esta não volte a se repetir. Partir, igualmente, da constituição étnica e cultural destes povos, mostrando o que lhes dá unidade e o que supostamente os separa. Este é um peculiar gênero humano, multirracial e diverso na própria experiência da mesma servidão; porém, unido, apesar de tudo, por essa mesma servidão que agora terá de negar fazendo dela instrumento de sua própria e ineludível destruição. Por isso, Bolívar, longe de aceitar as ideias sobre essa realidade que a colonização tinha imposto, faz delas o ponto de partida de sua própria superação. "Nós – diz – somos um pequeno gênero humano; possuímos um mundo à parte, cercado por mares dilatados, novo em quase todas as artes e ciências, embora de certo modo velho nos usos da sociedade civil" (*Cartas*).

Um gênero humano peculiar, distinto de outras experiências da humanidade; peculiar por sua história, pela experiência de situações que lhe foram impostas, como o *coloniaje* [período da história da América quando ela fez parte da nação espanhola]. O *coloniaje* fez da unidade divisão, confrontamento. Raças e interesses confrontados entre si. A mestiçagem, longe de aparecer como expressão da integração, é visto como luta de etnias, confrontadas umas às outras. Tudo isso terá de ser superado ou transformado, como o fizeram as nações que se derivaram do Império Romano, em instrumento integrador destas. Um gênero humano peculiar, distinto e, por isso, obrigado, não tanto a improvisar – isso seria imitar expressões de outras experiências –, mas a criar o sistema de governo e cultura adequado para si. "Tenhamos presente – diz Bolívar – que nosso povo não é o europeu, nem o americano do norte, sendo mais um composto da África e da América do que uma emanação da Europa, pois até a própria Espanha deixa de ser europeia por causa de seu sangue africano, suas instituições e seu caráter." "Nascidos todos do seio de uma mesma mãe, nossos pais, diferentes em origem e em sangue, são estrangeiros, e todos diferem visivelmente na epiderme; essa dessemelhança traz um desafio da maior importância" (*Discurso*). O que imagina Bolívar para este gênero humano peculiar? "É uma ideia grandiosa – diz – pretender formar de todo o mundo novo uma única nação com um só vínculo que ligue suas partes entre si e com o todo. Já que tem uma origem, uma língua, os mesmos costumes e uma religião, deveria, por conseguinte, ter um só governo que confederasse os diferentes estados que hão de se formar." Antes disse: "Eu desejo mais que qualquer outra pessoa ver formar-se na América a maior nação do mundo, menos por causa de sua existência e riquezas do que por causa de sua liberdade e glória" (*Carta*).

Difícil, muito difícil – o próprio Bolívar sabe disso – haverá de ser realizar esse sonho; porém, não impossível. Se não tivesse pensado assim, ele não teria lutado com firmeza até sua morte. Morre decepcionado, mas ainda insistindo em que esses sonhos haverão de ser realizados. Sonhos que continuam sendo um desafio para os homens desta nossa América nestes dias difíceis que está vivendo. Está vivo o desafio de fazer deste que Bolívar chamava de "pequeno gênero humano" o ponto de partida, a matéria, para a formação de nações que saibam impor e defender suas liberdades. Um desafio para os estados herdeiros daqueles cuja criação Bolívar iniciara. Estados a serviço de seus povos, preparando os mesmos para o pleno uso de suas liberdades. Fazendo da educação e da cultura instrumento desta libertação e da integração que estes mesmo povos devem manter entre si, sem menosprezo de suas formas de identidade próprias e confrontadas. Educando para a liberdade e a integração na liberdade, a partir do pleno conhecimento da realidade que deve ser transformada. A realidade nacional de cada povo e, ao mesmo tempo, a realidade continental de que estes povos são parte ineludível. Se o Império Espanhol educou os americanos para a servidão ao longo de três séculos, por que nossa América não será capaz de preparar seus povos para o uso da liberdade e para sua integração na liberdade? Nossos povos terão de se conhecer em plenitude e, a partir deste conhecimento, atuar em conjunto para a conquista e defesa de suas ineludíveis liberdades.

Monsenhor Romero (1917-1980)

Monsenhor Romero: a educação como processo libertador do povo

María del Carmen Cruz Senovilla

Monsenhor Romero, mártir pela libertação do povo salvadorenho

Monsenhor Romero continua vivo hoje em dia no povo. Como ele mesmo disse: "Se me matarem, ressuscitarei no povo salvadorenho". Acompanhou e deu esperança aos mais pobres e desprotegidos, que sofriam a repressão de operações militares, urbanas e rurais, e bombardeios do governo. Suas palavras de denúncia, nesse grande tormento, eram luz para as pessoas que sofriam a opressão e que continuaram vivendo na década de 1980 capturas, desaparecimentos e massacres. Atualmente, Monsenhor Romero nos incentiva a sermos como ele "a voz dos sem voz". Continua acompanhando o povo, que escuta as gravações de suas homilias, continua lutando e canta palavras de denúncia pela verdadeira paz e justiça social.

Óscar Arnulfo Romero y Galdámez nasceu em Ciudad Barrios, departamento de San Miguel, El Salvador, em 15 de agosto de 1917. Ele era o segundo de oito irmãos de uma família humilde. Foi ordenado sacerdote em 1942, aos 25 anos. Depois foi bispo durante dois anos e, em 1977, foi nomeado, pelo papa Paulo VI, arcebispo de San Salvador. Alguns o consideraram, inicialmente, aliado de setores conservadores oligarcas do país.

O assassinato do padre Rutilio Grande, em 1977, jesuíta muito amigo de Monsenhor Romero, junto com dois camponeses, quando se dirigia a El Paisnal, foi para Monsenhor uma revelação que desnudou a realidade. Padre Rutilio trabalhava em Aguilares na criação de comunidades cristãs de base que se entreteciam com a organização dos camponeses, constituindo a mais poderosa organização de massas na década de 1970.

Produto do sofrimento dos pobres, Monsenhor mudou sua pregação e começou a defender os direitos dos marginalizados e reprimidos. Era uma época em que as organizações populares enfrentavam a repressão militar, e ele acreditava que, para construir uma sociedade justa e solidária, eram necessárias organizações do povo a serviço do povo. A dramática situação dos camponeses, principalmente, impactou em Monsenhor, já que, desde a década de 1960, eles vinham lutando pelo direito à terra, por melhores salários e condições de vida digna. A resposta que camponeses e operários obtiveram foi serem reprimidos pela guarda nacional e por patrulhas paramilitares criadas pela ditadura.

Monsenhor celebrava todos os domingos a Eucaristia na Catedral. Suas homilias eram transmitidas da catedral pela rádio diocesana YSAX. O povo o reconheceu como um profeta. Ele mesmo dizia que aprendeu muito com o povo. Era muito sensível à dor, à injustiça e ao sofrimento dos pobres: "já me dói a alma de saber como se tortura a nossa gente". Em suas homilias, partia de textos bíblicos da semana, julgava os fatos da semana à luz da palavra de Deus e do magistério da Igreja, denunciava as injustiças e fazia um chamado à conversão e ao diálogo. Nelas, expressou o clamor do povo que sofre a opressão. Sua palavra era alento e esperança, expressão da "voz dos sem voz".

Ele denunciou em suas homilias os abusos sofridos por camponeses, operários, sacerdotes, catequistas, professores e professoras, estudantes, etc. Denunciava, nos fatos da semana, capturas, desaparecimentos forçados, torturas e assassinatos que lhe informavam as pessoas que recorriam a ele, que acreditavam nele, para que evidenciasse esses fatos atrozes vividos no contexto de submissão na miséria e repressão militar do país, exigindo o respeito e a justiça para os desprotegidos.

Monsenhor Romero foi caluniado, acusaram-no de revolucionário, de marxista, de incitar à violência, etc., e o ameaçaram de morte. Apesar disso, ele afirmou que nunca abandonaria o povo até cumprir seu próprio destino. Deixou-nos seu legado em suas homilias e em seu Diário Pastoral. Pediu que defendêssemos sempre os marginalizados e reprimidos. "Todo aquele que se preocupa com o faminto, o nu, o pobre, o desaparecido, o torturado, o prisioneiro, toda essa carne que sofre, tem Deus próximo de si" (homilia de 5 de fevereiro de 1978), porque Deus está encarnado no povo.

Um dia antes de sua morte, ele fez um enérgico chamado à população, principalmente ao governo e à força armada. Pedro Casaldáliga profetizou a respeito de "São Romero da América": "ninguém fará calar tua última homilia", e hoje ela continua ressoando com a mesma força.

> Eu gostaria de fazer um chamamento, de maneira especial, aos homens do exército. E, concretamente, às bases da Guarda Nacional, da polícia, dos quartéis... Irmãos, vocês são de nosso próprio povo. Matam seus próprios

irmãos camponeses. E diante de uma ordem de matar dada por um homem deve prevalecer a lei de Deus que diz: "Não matar". Nenhum soldado está obrigado a obedecer a uma ordem contra a Lei de Deus. Ninguém tem de cumprir uma lei imoral. Já é tempo de que recuperem sua consciência e que obedeçam antes à sua consciência do que à ordem do pecado. A Igreja, defensora dos direitos de Deus, da Lei de Deus, da dignidade humana, da pessoa, não pode ficar calada diante de tanta abominação. Queremos que o governo leve a sério que as reformas de nada servem se estão tingidas com tanto sangue. Em nome de Deus e em nome deste povo sofrido, cujos lamentos sobem até o céu cada dia mais tumultuosos, suplico-lhe, rogo-lhes, ordeno-lhes em nome de Deus: cesse a repressão! (Homilia de 23 de março de 1980).

Monsenhor Romero morreu como os profetas, como Jesus e muitos sacerdotes e vítimas do povo. Inclusive, no dia de seu enterro, a resposta foi um massacre cruel realizado na catedral. "A morte não tem poder sobre aqueles que entregam a vida pelo povo. Ninguém pode mais matar a voz da justiça" (homilia de 24 de fevereiro de 1980). Ele foi assassinado por um franco-atirador no dia 24 de março de 1980, aos 62 anos, enquanto celebrava missa às 6h15 da manhã, na capela do Hospital Divina Providência, em San Salvador, seu lar durante os últimos três anos. Monsenhor viveu e se identificou com os pobres e com os doentes de câncer renunciando seu bem-estar pessoal. O povo continua se lembrando dele e celebra seu aniversário a cada ano. Seus restos mortais descansam na cripta da Catedral de San Salvador.

Em 1993, a Comissão da Verdade, criada depois dos Acordos de Paz para investigar os crimes mais graves cometidos na guerra civil salvadorenha, concluiu que o assassinato de Monsenhor Óscar Romero tinha sido executado por um esquadrão da morte de ultradireita e dirigido pelo major Roberto d'Aubuisson, fundador do partido Alianza Republicana Nacionalista (ARENA) (partido que implantou uma ditadura durante 20 anos no país e perdeu as eleições presidenciais em março de 2009, dando passagem, pela primeira vez, a um governo da Frente Farabundo Martí para la Liberación Nacional [FMLN]).

No dia 12 de maio de 1994, a Arquidiocese de San Salvador pediu permissão à Santa Sé para iniciar o processo de canonização. Terminada a análise dos escritos e homilias de Monsenhor Romero, em 2005, monsenhor Vicenzo Paglia informa os meios de comunicação sobre as conclusões do estudo: "Romero não era um bispo revolucionário, mas um homem da Igreja, do Evangelho e dos pobres". O processo segue os trâmites, e o povo espera que, algum dia, ele seja nomeado o primeiro santo e mártir de El Salvador. Como disse padre Ignácio Ellacuría, jesuíta mártir da Universidade Centroamericana (UCA): "Com Monsenhor, Deus passou por El Salvador".

O pensamento pedagógico em suas homilias: crítico e protagonista na transformação libertadora de uma sociedade mais justa

Monsenhor Romero acreditava no diálogo, na busca através do diálogo com o povo. Ele sempre fazia visitas e recebia um grande número de pessoas, pois tinha de atender a imensidade de problemas e fatos dolorosos que vinham compartilhar com ele. Havia, então, uma grande onda de repressão contra os professores e as professoras, bem como contra catequistas, porque "abriam consciências". A seguir, aparece um trecho de uma das múltiplas denúncias que fez em suas homilias a respeito do que se estava vivendo, relacionado à repressão de estudantes, professores, professoras e escolas.

> A repressão e a violência continuam semeando espanto entre nosso povo. Encontraram o cadáver do professor Mauricio Antonio Menéndez, outro professor assassinado, vítima de estrangulamentos e lesões internas. Na escola do bairro de El Campamento, de Acajutla, em 26 de maio, quando o professor Pedro Colorado foi assassinado, vários civis mascarados chegaram a intimidar os alunos [...] Perguntaram insistentemente pela diretora [...] Depredaram a escola, invadiram a sala da diretora, roubaram o carimbo da escola [...] (homilia de 26 de agosto de 1979).

Essa repressão e violência eram geradas, na década de 1970, pela crise socioeconômica a que se viam submetidos os trabalhadores do campo, o que provocou uma forte luta social por melhores condições de vida e de trabalho travada por camponeses e jornaleiros do país, principalmente junto com operários da indústria, professores, organizações estudantis, moradores de zonas marginais urbanas, etc.

Muitas comunidades camponesas e jornaleiras formavam Comunidades Eclesiais de Base, que, além de ler os evangelhos à luz da teologia da libertação, procuravam desenvolver-se culturalmente e aprender a ler e a escrever, como um dos eixos fundamentais que poderiam ajudá-las em uma transformação socioeconômica. As raízes históricas da Educação Popular se situam no processo de conscientização que se desenvolveu a partir das Comunidades Eclesiais de Base e no trabalho organizativo das massas camponesas.

Diante dessa luta social e popular, os governos militares responderam com uma feroz repressão e perseguição. Nas zonas rurais e camponesas, isso significou uma cadeia de assassinatos, desaparecimentos e torturas, a destruição de muitos povoados, de cultivos, a matança de seus animais que estavam em cercados, assim como a fuga apressada dos habitantes de suas casas em grandes grupos da população civil que foram massacrados.

Nessas circunstâncias, estando aberta uma situação de conflito armado no país desde 1980, é que surgiu a experiência da Educação Popular, principalmente da população, que, pelo fato de estar organizada reivindicativamente, foi perseguida, atacada ou refugiada. Essa população organizada procurava mudar o estado de pobreza, injustiça, marginalização e opressão a que estava submetida durante gerações.

As massas de camponeses, em sua maioria mulheres, velhos e crianças, movimentavam-se de um lugar a outro para evitar os ataques, operações militares e bombardeios. Os grupos escolares funcionavam irregularmente debaixo de árvores, refúgios naturais, em pedras, com escassos pedaços de papel e escrevendo com tocos de carvão. Os camponeses que tinham chegado a cursar um segundo ou terceiro anos eram os principais professores e professoras que "ensinavam o pouco que sabiam" a crianças, jovens e adultos. Muitos tiveram de permanecer em campos de refugiados em Honduras, durante anos, até que retornaram ao país para repovoar os lugares que tinham ficado abandonados e destruídos. A educação popular era um elemento essencial de desenvolvimento e crescimento que surgiu como uma necessidade enquanto se levantavam ou reconstruíam casas e escolas com a ajuda da Igreja e de instituições solidárias.

Em suas homilias, Monsenhor Romero denunciava essa repressão e incentivava a transformação política e social através da educação, em um contexto latino-americano em que Freire, no Brasil, pai da educação libertadora, da educação popular, problematizadora ou dialógica, propunha a educação para a "consciência crítica", a educação para aprender a interpretar criticamente a própria realidade. Como diz Monsenhor, em sua homilia de 10 de junho de 1979, uma educação para o "despertar de uma consciência crítica, uma educação libertadora, uma educação que faça do educando um artífice, um homem e uma mulher útil para criar um futuro melhor em sua pátria".

Monsenhor nos diz que não promovamos uma educação abstrata e formalista, que uniformize e esteja orientada para a manutenção das estruturas sociais e econômicas imperantes, já que isso não é uma colaboração para a transformação de que necessitam nossos povos. A educação deve criar um espírito crítico, responsável, realista e criativo, que não engula tudo o que o jornal e os meios de comunicação social dizem, que analise, que seja crítico diante de sua realidade. Ele concebe a educação como um processo em que o indivíduo se incorpora de forma crítica, como um agente de mudança na construção de uma sociedade mais justa, já que, na América Latina, a educação em geral não corresponde à necessidade de povos que buscam seu desenvolvimento.

As ideias pedagógicas de Monsenhor lembram a crítica feira por Freire à escola que está a serviço hegemônico e ideológico dos grupos de poder, ou seja, que procura reproduzir a ideologia e manter o *status*. A função principal da escola é tornar as pessoas livres e autônomas, capazes de analisar a realidade que as rodeia, participando dela e transformando-a. Freire dizia que, ao alfabetizar, era necessário gerar uma compreensão crítica da realidade – alfabetizar não é aprender a repetir palavras, mas a "dizer sua própria palavra" –, chegar à transformação político-social por meio da educação. O sujeito aprende, através de sua ação transformadora, a ler seu mundo a fim de atuar como sujeito na criação de uma sociedade democrática.

Monsenhor Romero também faz um chamado à vocação docente para que proteste pelos que são reprimidos e sofrem, e oferece um modelo de vida e trabalho magisterial: o Divino Mestre. Não se deve promover uma educação para ser mais, para ter poder e dominar, mas para o serviço, a solidariedade e o amor, uma educação que torne as pessoas "sujeitos de seu próprio desenvolvimento", protagonistas da história, não massa passiva e conformista, mas sujeitos em busca de condições mais humanas, protagonistas nesta transformação da América.

Ele fala de uma educação personalizante, que cada sujeito tenha consciência de sua dignidade humana e de seu sentido comunitário. Uma educação aberta ao diálogo para nos enriquecer mutuamente, um diálogo disposto a buscar a verdade e a justiça, a não ser insensível ao direito e à dignidade de cada pessoa, a romper essa "cultura do silêncio" de que nos fala Freire, a ser "a voz dos sem voz" como nos sugere Monsenhor Romero.

Por outro lado, ele enfatiza uma educação que resgate os valores autóctones e as peculiaridades de cada país, de cada lugar, para integrá-las na "unidade pluralista do continente e do mundo" e contribuir para a mudança orgânica de que nosso continente necessita.

Os cristãos, além de serem cidadãos do povo latino-americano úteis à pátria da terra, têm de ser também cidadãos do reino de Deus, traduzindo as grandes esperanças nas grandes realidades do continente. Por isso, a Igreja, os professores e as professoras não podem calar. Devem ser um testemunho vivo. É necessário aproveitar a educação assistemática e chegar com a mensagem a todas as comunidades, aos movimentos juvenis, às Comunidades de Base, através dos meios de comunicação social.

Os colégios católicos realizam uma conscientização de justiça social (não socializam, como eram acusados de fazer), como um reflexo do evangelho, para formar critérios autônomos, autenticamente livres, pessoas artífices de seu próprio destino, protagonistas da história de sua pátria. Uma formação crítica é não ser povo-massa adormecida. É preciso ter cuidado com continuar formando massa, mantendo situações injustas. A juventude não deve viver de costas para os problemas, mas os enfrentar. Monsenhor propõe que tentemos resgatar a autonomia nacional, a identidade cultural, sendo críticos da dependência, da escravidão internacional.

Monsenhor Romero incentivou a participar e a contribuir no Seminário Nacional de Reforma Educacional que estava se realizando no país, como uma perspectiva de esperança para nosso povo, para que a reforma não fosse um instrumento de dominação nem de alienação, mas um processo educacional em que se formem artífices da história da pátria, educação em que os principais atores sejam o estudante e a realidade nacional. Ele sugeriu capacitar crianças e jovens a analisar a realidade de seu país, encarnar-se na realidade para serem críticos e se preparar para serem agentes de transformações nessa realidade. Uma educação para uma participação política, democrática, consciente, cultivando a ciência e a técnica a serviço do bem comum, não procurando ganhos pessoais de privilegiados. Pedia que o esforço do Ministério da Educação fosse resposta à esperança dos grandes problemas do povo.

Ele nos chama a educar para a paz se queremos alcançar a paz, não só na escola. Devemos aprender a ser instrumentos da paz. Mas, enquanto houver pobreza, torturas, desaparecimentos e assassinatos, enquanto houver insensibilidade para enfrentar e pedir justiça diante desses abusos, não haverá paz. A partir da escola, é necessário despertar a consciência cidadã do processo libertador de nosso povo. Ele nos convida a colaborar na educação política do povo mediante a organização.

A partir do enfoque da Escola Comunicativa, já não se pensa no professor que tira da ignorância os estudantes, mas em comunidades educacionais que aprendem através de um diálogo crítico e libertador, um diálogo problematizador, no qual cada pessoa que participa contribui ao se basear na diversidade de sua própria cultura, provocando reflexão e conscientização para transformar a realidade, contra as práticas tradicionais bancárias que servem à dominação, inibem o ato criador e domesticam a consciência.

Ler a palavra e o mundo, dizia Freire, para quem é necessário desenvolver uma consciência crítica, uma conscientização que permita às pessoas questionar a natureza histórica e social de sua situação real. A Educação Popular é um processo educacional intimamente relacionado com a organização e a participação dos diferentes setores sociais que buscam uma transformação política, econômica e social para o desenvolvimento das comunidades. E Monsenhor Romero continua nos convidando, hoje, a trabalhar com os oprimidos, com os que não têm voz, para que sejam educandos sujeitos de sua própria educação, de sua própria libertação. Que o sujeito oprimido se liberte, descubra, conquiste como sujeito protagonista de seu próprio desenvolvimento histórico.

Referências

BROCKMAN, James R., S. J. *La palabra queda: vida de Monseñor Óscar A. Romero*. San Salvador, El Salvador: UCA Editores, 1985. (Colección Teología Latinoamericana.)

CARDENAL, Rodolfo; BARÓ, I. Martín; SOBRINO, Jon. *La voz de los sin voz: la palabra viva de Monseñor Romero*. San Salvador, El Salvador: UCA Editores, 1987.

CAVADA, Miguel. *Monseñor Romero, su vida, su testimonio y su palabra*. 4. ed. San Salvador, El Salvador: Imprenta Criterio y Fundación Monseñor Romero, 2005.

CAVADA, M. et al. *Homilías de Monseñor Óscar A. Romero: Tomo I. Ciclo C. 14 de marzo de 1977-25 de noviembre de 1977*. San Salvador, El Salvador: UCA Editores, 2005.

CAVADA, M. et al. *Homilías de Monseñor Óscar A. Romero: Tomo II. Ciclo A. 27 de noviembre de 1977-28 de mayo de 1978*. San Salvador, El Salvador: UCA Editores, 2005.

CAVADA, M. et al. *Homilías de Monseñor Óscar A. Romero: Tomo III. Ciclo A. 4 de junio de 1978-29 de noviembre de 1978*. San Salvador, El Salvador: UCA Editores, 2006.

CAVADA, M. et al. *Homilías de Monseñor Óscar A. Romero: Tomo IV. Ciclo A. 3 de diciembre de 1978-17 de junio de 1979*. San Salvador, El Salvador: UCA Editores, 2007.

CAVADA, M. et al. *Homilías de Monseñor Óscar A. Romero: Tomo V. Ciclo B. 21 de junio de 1979-25 de noviembre de 1979*. San Salvador, El Salvador: UCA Editores, 2008.

CAVADA, M. et al. *Homilías de Monseñor Óscar A. Romero: Tomo VI. Ciclo C. 9 de diciembre de 1979-24 de marzo de 1980*. San Salvador, El Salvador: UCA Editores, 2009.

DELGADO ACEVEDO, Jesús. *Oscar A. Romero: biografía*. Madrid, España: Paulinas, 1986.

EQUIPO DE EDUCACIÓN MAÍZ. *Monseñor Romero: el pueblo es mi profeta*. San Salvador, El Salvador: Equipo Maíz, 1995.

LÓPEZ VIGIL, María. *Piezas para un retrato*. San Salvador, El Salvador: UCA Editores, 1993.

[Textos selecionados]

Tradução: *Luis Marcos Sander*

Homilias

Monsenhor Romero

[CAVADA, M. *et al. Homilías de Monseñor Óscar A. Romero: Tomo II. Ciclo A. 27 de noviembre de 1977-28 de mayo de 1978*. San Salvador, El Salvador: UCA Editores, 2005.]

A Igreja, gérmen seguríssimo de unidade para o gênero humano
Terceiro domingo do Tempo Ordinário
22 de janeiro de 1978
[p. 219-222]

[...] Quem pode descuidar, por exemplo, em um sentido bem nacional da palavra, do acontecimento pitoresco desta semana: as crianças com seus cadernos e livros caminhando para a escola. Começaram as aulas. Isso nos leva a viver esta semana também em uma reflexão sobre esse acontecimento pátrio. O que pensa a Igreja diante deste espetáculo belo de uma infância, de uma juventude, de escolas que se abrem, de professores e professoras que estão esperando, depois de suas férias, as crianças que voltam?

Em primeiro lugar, irmãos, elogiar o esforço do governo para estender a educação a todas as partes. É claro que esta é uma grande obra, e oxalá houvesse escola para todos. Mas, por outro lado, a Igreja, junto com este louvor e este aplauso, quer expor seu pensamento acerca da educação e diz com franqueza através dos documentos de Medellín [...] Quando mencionamos os documentos de Medellín, muitas pessoas se assustam, mas é porque não os sabem ler. Medellín é o pensamento da Igreja para o continente latino-americano. Naturalmente que muitos abusaram desses documentos, assim como outros também os consideram, por medo, um tabu. Medellín não é outra coisa que a inspiração cristã para os povos latino-americanos.

Um documento de Medellín se refere à educação, e dali tiro estes pensamentos para as escolas que hoje se abrem: temos de criticar que a educação, de forma geral na América Latina, não corresponde à necessidade de povos que buscam seu desenvolvimento. É uma educação que tem um conteúdo abstrato, formalista, uma didática mais preocupada com transmitir conhecimentos do que com criar um espírito crítico. A verdadeira educação deveria criar na criança e no jovem um "espírito crítico": quer dizer, que não engula tudo tão facilmente, que saiba estar desperto, que não creia na notícia do jornal só porque saiu no jornal, que analise, que critique, que saiba analisar uma lei que sai, saiba ser crítico de sua hora, de seu ambiente.

Tem de ser uma educação [...] Melhor dito, atualmente é uma educação orientada para "a manutenção das estruturas sociais e econômicas imperantes" e não é propriamente uma colaboração para a transformação de que nossos povos necessitam. É uma "educação uniforme", enquanto que, na América Latina, se está vivendo hoje a riqueza de um pluralismo humano; há tantos valores humanos nos diversos países da América que a verdadeira educação deveria descobrir o aspecto próprio, a criatividade de cada idiossincrasia e não tentar dar um padrão universal para todos os países.

Em nossos países latino-americanos, a educação está voltada, em geral, para o desejo de "ter mais", enquanto que a juventude de hoje exige, antes, "ser mais", no gozo de sua autorrealização pelo serviço e pelo amor. Não fomentemos uma educação que crie, na mente do aluno, a esperança de ficar rico, de ter poder, de dominar. Isso não corresponde a nosso momento. Formemos, no coração da criança e do jovem, o ideal sublime de amar, de preparar-se para servir, de dar-se aos demais. O restante seria uma educação para o egoísmo, e queremos sair dos egoísmos que são justamente as causas do grande mal-estar de nossas sociedades.

A Igreja tem de propor, então, uma educação que faça dos homens "sujeitos de seu próprio desenvolvimento", protagonistas da história; não massa passiva, conformista, mas homens que saibam tirar proveito de sua inteligência, sua criatividade, sua vontade para o serviço comum da pátria; o desenvolvimento do homem e dos povos é a promoção de cada homem e de todos os homens "de condições menos humanas para condições mais humanas". Fazer o sujeito da educação ver, na educação, a perspectiva de um desenvolvimento no qual ele tem de estar comprometido e não esperar que façam tudo para ele, mas ser ele mesmo um protagonista, colocar seu grãozinho de areia nesta transformação da América.

Uma educação "criadora, pois deve antecipar o novo tipo de sociedade que buscamos na América Latina". Ninguém está contente com o tipo de sociedade que temos em nossos povos. Se alguém finge estar contente, ou é para sua própria vantagem ou está tentando se enganar; porém, se formos sinceros, todos aspiramos a uma sociedade melhor, um mundo melhor. Então, a educação tem de antecipar na escola, no colégio, a figura, ainda que pequenina, de uma sociedade como a que gostaríamos de ter na América: professores, pais de família e crianças que formem uma comunidade modelo de amor, de colaboração, de correção mútua, etc.

A Igreja também quer para a América Latina uma educação personalizante, em cada criança e em cada jovem uma consciência de sua própria "dignidade humana", de seu sentido de "livre autodeterminação" e de um "sentido comunitário". Ninguém vive para si só, como um caracol, mas deve viver aberto para os outros: sentido comunitário. Uma educação "aberta ao diálogo", em que estes conflitos de gerações, de idades, de classes, em vez de serem barreiras que nos dividem, sejam elementos que nos enriqueçam mutuamente.

Um grande apreço na educação pelas peculiaridades de cada lugar, para integrá-las "na unidade pluralista do continente e do mundo". Ou seja, que o salvadorenho saiba que tem valores salvadorenhos que só El Salvador pode contribuir para o grande concerto de todos os países do mundo; e cultivar esses valores nossos, autóctones, não com um sentido de egoísmo como se não houvesse mais homens que os salvadorenhos, mas para enriquecer com nosso espírito salvadorenho, com nossas coisas tão belas, o concerto pluralista do que os diversos países são. Que formosa harmonia haveria quando todos os países, em vez de pensar só em si, pensassem no concerto daquele Deus das nações: "Cantai ao Senhor todos os povos, porque Ele é o que fez maravilhas"! E capacitar todos, irmãos, na mudança orgânica de que este continente necessita. Por isso, a Igreja sinceramente está "solidária com os esforços educacionais" dos países, mas gostaria de lhes pedir que levem em conta estas realidades de nosso continente, para que ela também sinta que sua contribuição é válida.

Por isso, a Igreja – como o Papa acaba de dizer ao nosso embaixador de El Salvador junto à Santa Sé[1] – reivindica a liberdade sem travas para que possa cumprir seu dever e seu direito de educar todos os seus cristãos no desenvolvimento de sua fé batismal. A Igreja não está pedindo aqui uma esmola. Ela tem o direito a que toda a sociedade que se comprometeu pelo batismo com

---

[1] Cf. *L'Osservatore Romano*, 18 dez. 1977 (N.E.).

Cristo saiba ser, ao mesmo tempo, cidadãos de um povo do continente latino-americano e cidadãos também do Reino de Deus, e se preparar como salvadorenhos cristãos não só para serem úteis para a pátria da terra, mas para viverem as grandes esperanças e traduzi-las, justamente como cristãos, nas grandes realidades salvadorenhas.

Por isso, a Igreja prega, reúne grupos de reflexão, dá catequese e, apesar das más interpretações, não pode calar. É seu dever ensinar o Evangelho integral, este que a Igreja está promovendo em todos os países latino-americanos. Por isso também, irmãos, a Igreja aproveita o que se chama hoje a educação assistemática, ou seja, os meios de comunicação social para chegar com sua mensagem educadora a todas as comunidades, aos movimentos juvenis, às Comunidades de Base. Que bonito, por exemplo, saber que, neste momento, sou um pobre professor levando a mensagem da educação cristã a todas essas comunidades, onde sei que alto-falantes, sintonizados com esta rádio, às vezes colocados nos campanários das igrejas, estão levando esta mensagem à imensa massa de cristãos de nossa arquidiocese para lhes dizer o que Cristo quer de cada um dos cristãos.

E, junto com este acontecimento da educação, que, como veem, se presta a profundas reflexões, eu gostaria de convidar para estas reflexões os queridos professores com os quais, graças a Deus, mantemos muitas amizades, para que saibam traduzir em suas salas de aula – sem trair seu próprio dever de súditos de um governo – sua própria consciência. Não se trata propriamente de dar catecismo nas escolas, mas que o professor, mesmo desenvolvendo o programa do Ministério da Educação, saiba ser um testemunho vivo – é sua vida que interessa! –, um cristão que conseguiu fazer de sua vida e de sua profissão uma síntese entre a fé e sua cultura, uma síntese entre a fé e sua vida.

O professor/a professora que se apresenta vivendo esta síntese é muito fiel aos programas do governo e, ao mesmo tempo, é muito fiel ao que lhe exige sua Igreja, seu Cristo, seu batismo.

A Igreja, retorno de Cristo no Espírito
Quinto domingo de Páscoa
23 de abril de 1978 [p. 435]

[...] Quero também anunciar com alegria como a Igreja se constrói na dor. As religiosas que trabalham em nossos povoados tiveram um dia de profunda reflexão – três dias, melhor dito. E um de seus propósitos concretos foi organizar uma missão de pacificação, de reconciliação, de amor cristão naquelas zonas que foram assoladas pelo conflito recente. São camponeses de coração nobre nos quais não gostaríamos que se aninhasse o ódio nem a divisão e que voltassem pelos caminhos do mandamento de Cristo: amai-vos uns aos outros.

Também quero anunciar com alegria o esforço que a Federação Arquidiocesana de Centros de Educação Católica está fazendo. Colégios católicos e escolas paroquiais estão unindo critérios e esforços para serem o que uma escola católica tem de ser: um instrumento da pastoral diocesana. Em breve terão um dia de reflexão para continuar se aprofundando nesta pastoral colegial, que muitas vezes se quis confundir dizendo uma palavra muito confusa: que os colégios católicos estão socializando. Mentira. É calúnia. O que o colégio católico está fazendo é conscientizando, fazendo ver que a verdadeira educação tem de ser um reflexo do Evangelho.

E, a propósito dessa missão educacional da escola e do colégio, é necessário estar alerta para as transformações educacionais quando essas transformações, em vez de formar critérios autônomos, indivíduos artífices de seu próprio destino, protagonistas da história de sua pátria, só quer continuar formando massa, instrumentalizando juventudes, profissões, para manter situações injustas. Uma verdadeira reforma educacional tem de procurar, sobretudo, o que a Igreja vem assinalando faz tempo: a formação de critérios autenticamente livres, cristãos para os homens e as mulheres saberem ser artífices do próprio destino de sua pátria.

Cristo vive, Cristo ressuscitou
Sexto domingo de Páscoa
30 de abril de 1978
[p. 449-451]

[...] Eu me coloquei, com compaixão de Cristo, ao lado do morto, da vítima, de quem sofre; e pedi que oremos por eles, e nos unimos em solidariedade de dor com suas famílias. Eu disse que dois policiais que morrem são duas vítimas da injustiça de nosso sistema, que, como denunciei no domingo passado, tem entre seus crimes maiores: conseguir confrontar nossos pobres. Policiais e operários ou camponeses pertencem todos à classe pobre. A maldade do sistema é conseguir o enfrentamento de pobre contra pobre. Dois policiais mortos são dois pobres que foram vítimas de outros, talvez pobres também, e que, em todo caso, são vítimas desse Deus Moloque, insaciável de poder, de dinheiro; contanto que ele mantenha suas situações, não lhe importa a vida nem do camponês nem do policial nem do guarda, mas luta pela defesa de um sistema cheio de pecado.

Talvez uma perspectiva de esperança pudesse ser a inauguração solene, ontem, da terceira fase do seminário de reforma educacional. Quero felicitar a presença dos centros católicos nesse conclave onde se tem de defender uma esperança de nosso povo. Porque se uma reforma educacional só é o solene aparato para continuar criando – na escola, no colégio, na juventude, nos professores – um instrumento de dominação, de alienação e não um processo educacional em que se formem artífices da história da pátria, isso seria uma das frustrações mais espantosas, que temos lamentado tanto na educação. Tenho o juízo de especialistas em educação que dizem que oxalá não se percam princípios muito valiosos da reforma de 1968, mas que eles sejam aperfeiçoados e levados para a realidade. Por exemplo, um processo educacional em que os principais atores sejam o aluno e a realidade nacional. Que se capacitem as crianças e os jovens a analisar a realidade de seu país; que sejam preparados para serem agentes de transformações, em vez de aliená-los com um amontoamento de textos e de técnicas que fazem com que desconheçam a realidade. Assim, há muitos técnicos, muitos sábios, muitos profissionais que sabem sua ciência, sua profissão, mas são como anjos, desencarnados da realidade em que exercem sua profissão. A primeira coisa que uma educação deve buscar é encarnar o homem na realidade, para saber analisá-la, ser crítico de sua realidade. Uma educação que seja educação para uma participação política, democrática, consciente. Quanto bem faria isso! Pois estão se perdendo tantos valores salvadorenhos porque a educação não os tornou responsáveis por essa participação no bem comum.

Os especialistas que estudaram a reforma de 1968 também me dizem que há ali um sentido de autonomia nacional que valeria a pena continuar cultivando. Descobrir em sua própria realidade as forças do crescimento, do desenvolvimento, da identidade nacional, assim como também os maus efeitos da dependência de outras nações. Estamos celebrando com grandes participações de escolares e de colegiais o 15 de setembro, mas o que estamos lhes ensinando? Festa da independência, mas somos tremendamente dependentes. Como dizia o Papa na *Populorum progressio*: um imperialismo cultural e econômico muito pior que o político. Ensinar, pois, aos alunos esse sentido de autonomia nacional, fazer deles agentes de verdadeira independência, críticos dessa dependência, dessa escravidão internacional.

Depois, outro princípio de reforma já anunciado em 1968 é o cultivo da ciência e da técnica a serviço do bem comum e não só em benefício de alguns privilegiados. Uma grande energia da técnica é empregada a serviço de alguns poucos e não do bem comum. E, muitas vezes, nossos técnicos, que custaram tanto ao país, em vez de se dedicar ao bem comum da pátria buscam seus ganhos pessoais e familiares e vão embora do país. Fuga de cérebros, fuga de capacidades que empobrece mais nosso pobre ambiente, que necessita desses técnicos para que lhe possibilitem sair de tantos problemas de que estamos sofrendo.

O fruto de uma verdadeira reforma educacional deveria ser: professores, escolas, colégios que sejam verdadeiros analisadores críticos da realidade nacional e saibam transmitir critérios sãos e eficazes para as novas gerações. Queira o Senhor, pois, abençoar este esforço do Ministério da Educação para que não se deixe manipular e cegar, mas que, pelo contrário, seja resposta a uma angústia e a uma esperança destes grandes problemas de nosso povo.

[CAVADA, M. et al. *Homilías de Monseñor Óscar A. Romero: Tomo III. Ciclo A. 4 de junio de 1978-29 de noviembre de 1978*. San Salvador, El Salvador: UCA Editores, 2006.]

O Bom Pastor
Quarto domingo de Páscoa.
Igreja de El Rosário
16 de abril de 1978
[p. 422-423]

[...] Também os colégios católicos dedicaram três dias, esta semana, para refletir sobre a realidade de nosso país. Já sei que muitos distorcem esta atividade e dizem que estão socializando as crianças e as senhoritas, que as estão "comunizando". Nada disso, irmãos. É a voz do Evangelho que quer iluminar a educação cristã desta juventude para que não viva de costas para os problemas, mas os enfrente e saiba dar sua opinião. Isso não é socializar. Perguntaram a uma diretora de colégio se estava de acordo com o arcebispo e sua linha, e ela teve que subscrever afirmativamente. Eu lhe agradeço. Em troca, outra folha dizia: "Você fomenta a socialização em seu colégio?". E ela disse: "Essa palavra é muito ambígua; não posso subscrevê-la". E assim é. Não podemos acusar os colégios de socialização, porque a palavra é muito ambígua, mas sim de uma conscientização de justiça social, de Evangelho, de caridade de irmãos. Por que não vão saber?

E, neste sentido, quero felicitar a Escola María Catalina Dimaggio. Ela me enviou uma fita com o resultado de seus três dias de reflexão. Eu lhes direi aqui em público, e não me envergonho: fizeram-me chorar quando ouvi senhoritas, meninas de nossos bairros, sentir o carinho e a gratidão para com seu pastor e sua Igreja, que tenta levantar e despertar a dignidade da pessoa humana em seu trabalho de promoção. Porque a Igreja faz isto: promover, dizer ao homem que se promova, que se distinga; que, se é certo que está marginalizado, se isso é fruto de sua preguiça, de sua ociosidade, a Igreja não pode aprovar essa pobreza.

Que conste também isto: quando dizemos "Igreja dos pobres", não dizemos Igreja dos ociosos, dos gatunos, dos ladrões, das prostitutas que ganham a vida no pecado. Isso não! Mas dizemos "a Igreja dos pobres", daqueles que devem aprender que sua pobreza, sua propriedade rural, seu campo não é um marco para se sentir diferente dos outros homens; que o Senhor nos fez todos à imagem de Deus e temos de respeitar e promover essa dignidade. Isso não é comunismo, isso não é subversão, isso é Evangelho daquele que veio dar sua vida por todos os homens, sem exceção nem acepção de pessoas.

O Espírito de Deus entre os homens
Décimo sexto domingo do Tempo Ordinário
23 de julho de 1978 [p. 124]

Com alegria vimos que o Papa já indicou o lema da jornada da paz para o 1º de janeiro próximo, e é este: "Para conseguir a paz, educar para a paz". Esta é uma educação que não termina ao terminar a escola, que chega até nossa velhice, porque sempre aprendemos a ser homens instrumentos de paz. Ninguém se sinta, portanto, fora desta escola da paz, e tratemos de nos educar para a paz.

[CAVADA, M. *et al. Homilías de Monseñor Óscar A. Romero: Tomo IV. Ciclo A. 3 de diciembre de 1978-17 de junio de 1979.* San Salvador, El Salvador: UCA Editores, 2007.]

A Igreja, vinha do Senhor
Vigésimo sétimo domingo do Tempo Ordinário
8 de outubro de 1978 [p. 320]

No Dia da Criança, chegaram algumas cartas tão comovedoras que eu gostaria, irmãos, simplesmente de mencionar uma frase de alguns meninos camponeses que me dizem: "Gostaríamos de lhe pedir que interceda pelos presos políticos. Quantos meninos choram a ausência de um pai ou mãe, preso ou desaparecido!" E outra carta de uma escolinha rural que diz: "Vamos agradecer-lhe muito se, por favor, nos fizer esta denúncia: a Guarda Nacional levou nosso professor. Nosso professor é muito bom, ele não se mete em política alguma, não sabemos por que o levaram. E não sabemos onde o mantêm. Não lhe deram nem tempo de fechar a escola. Queremos terminar o ano. Somos alunos do primeiro e segundo anos". Este é o clamor de que fala Isaías: Esperei justiça e não vem mais do que clamor... Porque, irmãos, isto me preocupa: a insensibilidade que se está semeando. Vasculham-se becos, casas, maltratam-se pessoas, desaparecem pessoas, e parece que isto se torna algo muito natural. Tomara que a sensibilidade de alguns homens de direito organizados e, portanto, com força para poder enfrentar e pedir justiça faça também despertar a consciência cidadã de liberdade de nosso povo.

As três forças cristãs que forjarão a libertação de nosso povo Trigésimo segundo domingo do Tempo Ordinário
11 de novembro de 1979 [p. 542]

Faço um chamamento fervoroso a todos que podem colaborar na educação política do povo, para a organização, não só para as que existem: sejam criativos, que haja outras coisas, outras vozes, enriqueçamos, juntos, o processo libertador de nosso povo.

A eucaristia, presença viva e vivificante de Cristo na história
O Corpo e o Sangue de Cristo 17 de junho de 1979
[p. 539-542]

Olhemos agora o campo da violência que continua arrasando: os professores já contam 22 assassinados; dois desaparecidos: Juán José Herrera e Roberto Romero; dois feridos com gravidade; muitas ameaças da UGB. Lembro com emoção um professor de um pequeno povoado que disse a seus alunos: "Despeço-me de vocês porque recebi uma ameaça de morte e não sei se poderei voltar a lhes dar aula". E assim há muitas escolas no país fechadas diante da ameaça e do temor.

A este propósito, preparei uma mensagem para os professores que vai ser publicada no Dia do Professor, 22 de junho, e na qual desenvolvo estes três pensamentos: um protesto pela repressão que estão sofrendo, um apoio à sua autêntica vocação docente e o oferecimento de um modelo para sua vida e seu trabalho magisterial, o Divino Mestre. Quero lhes antecipar que a ideia central será o apoio à sua vocação magisterial. Nessas circunstâncias tão difíceis para vocês, interessa-me também apoiá-los para que realizem com fidelidade sua vocação de docentes, seguindo as recomendações do último seminário nacional sobre a reforma educacional, ou seja, conceber a educação como "um processo pelo qual se incorpora o indivíduo de forma crítica e como agente de mudança na construção de uma sociedade mais justa, o que implica formar salvadorenhos não conformistas, trabalhadores, realistas, responsáveis e criativos dos processos sociais e econômicos".[2]

E, a este propósito, também me refiro à defesa da educação que se oferece em nossos colégios católicos e que mentes mal-intencionadas tentam difamar dizendo que, em nossos colégios católicos, alunos e alunas são doutrinados com o marxismo. Isso é falso. Só reclamamos isto que acabo de ler: uma formação crítica. Já não é tempo de ser povo-massa adormecida e que façam com ele o que querem. Queremos homens, queremos formar em nossos colégios homens e mulheres que saibam criticar o que é injusto e discernir também o que é justo, que não sigam só por seguir uma tradição que nos deu como resultado essa situação em que estamos vivendo.

Há mais vítimas da violência [...]

[...] Assim, em geral, eu gostaria de lhes dizer que tudo isso – quem não o vê? – são sintomas de uma crise e de uma injustiça estrutural em nosso país. As coisas não podem ser resolvidas com repressões e violências. É necessário se aprofundar em um diálogo que seja verdadeiramente diálogo, não monólogo em defesa de um único modo de pensar, mas diálogo ao qual se vai disposto a buscar a verdade e a depor atitudes, por mais queridas que pareçam [...]

[...] E quero dizer, irmãos, com todo o coração, porque eu também corro este perigo, o perigo de nos tornarmos insensíveis. Insensíveis ao ver que acontecem tantas e tantas coisas, "ouvir – como dizemos – como quem ouve chover". Porém, pensar que cada morto é uma tragédia que envolve tantas vidas! Que sintamos, pois, que cada morto é uma vida humana, uma violação da dignidade e do direito dos homens. E

---

[2] Mensaje de Monseñor Romero, arzobispo de San Salvador, a los maestros (22 de junio de 1979). Jornal *Orientación*, El Salvador, 24 jun. 1979 (N.E.).

nunca nos insensibilizemos. Sempre sintamos e peçamos a Deus essa sensibilidade, para não fazer com nosso silêncio pecaminoso, talvez, uma cumplicidade com o ambiente que vivemos. Quem pode falar, fale. Quem pode reclamar a partir de sua profissão, reclame.

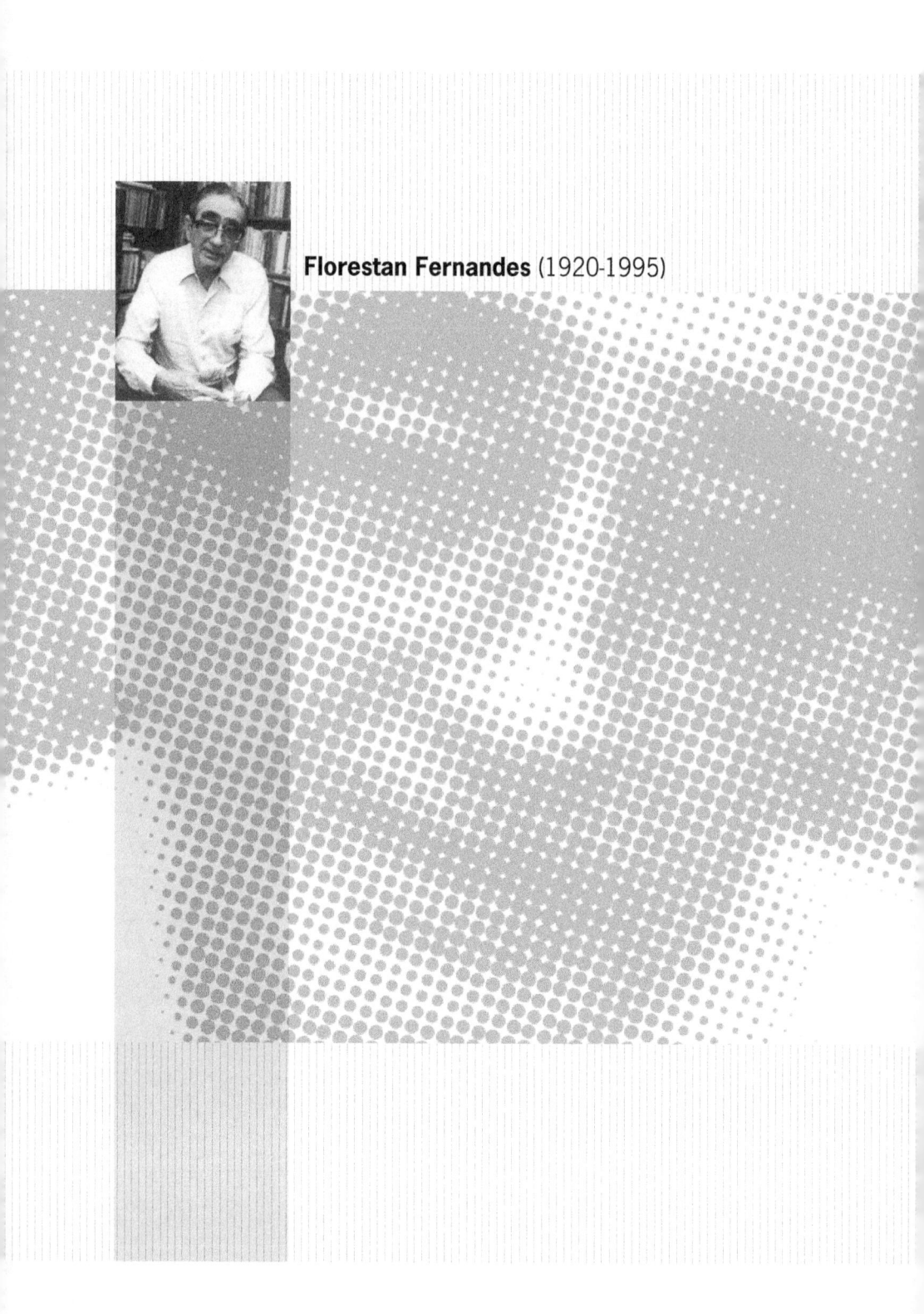

Florestan Fernandes (1920-1995)

Florestan Fernandes: a sociologia crítica aplicada à educação

Cênio Back Weyh

> *Retomar, hoje, a revolução nacional e a revolução democrática, combater, hoje, a descolonização prolongada, o desenvolvimento desigual, a dependência e o imperialismo significam ver claramente que o sistema educacional deve ser pensado e ativado, quantitativa e qualitativamente, em função das necessidades culturais das classes trabalhadoras. [...] esta é, segundo penso, a perspectiva da transformação revolucionária da educação e da sociedade.*
> FERNANDES, O desafio educacional, 1989, p. 18.

Vida e contexto

Os 75 anos de vida de Florestan Fernandes (1920-1995) marcaram profundamente o pensamento sociológico-educacional brasileiro e latino-americano tanto pela postura ética na defesa do rigor da produção científica como dos ideais de uma sociedade mais justa e democrática. Sua capacidade de indignar-se diante da situação de pobreza e ignorância vivenciada por significativa parcela da população brasileira demonstrou que o "cientista social, antropólogo, sociólogo, pensador, militante político, estudioso e tensor da causa indígena, da causa negra, e um dos pioneiros do estudo dos movimentos urbanos no País"[1] não se afastou de suas origens de menino pobre.

Desde a tenra idade Fernandes conheceu as dificuldades que a classe trabalhadora enfrentou na condição de categoria coletiva que luta por melhores condições de trabalho e também como subjetividade cidadã na concretização dos sonhos de vida mais digna. Seus primeiros anos de vida foram de extrema dificuldade. Na terceira série do ensino fundamental abandonou a escola para ajudar a sustentar a si e à mãe, retomando os estudos aos 18 anos no curso de Madureza. Entre os anos 1941 e 1953 graduou-se em Ciências

---

[1] ABREU, Maria Rosa. Florestan Fernandes. Brasília: INEP, 1991 (Memória viva da educação brasileira).

Sociais e fez mestrado, doutorado e livre-docência na Universidade de São Paulo. Suas teses abordaram temáticas que estão na base dos problemas da sociedade brasileira da época: os indígenas e os negros. Na carreira acadêmica mereceu/recebeu todos os títulos honrosos.

As turbulências do processo industrial brasileiro desenvolvimentista e tardio perpassam o horizonte intelectual de Florestan Fernandes. A partir de 1930, o governo de Getúlio Vargas inaugurara o período conhecido como *Estado Novo*, no qual implantou uma nova política trabalhista e, de forma autocrática, patrocinou o deslocamento do capital rural para o capital urbano. Como resultado desse processo, o Brasil experimentou um grande e desordenado crescimento das cidades e a evasão do campo. Junto com o poder econômico a oligarquia rural perdeu também o poder político para a nova classe burguesa. Por tudo isso, as décadas de 1930 a 1960 foram marcadas por fortes tensões políticas na medida em que o processo industrial possibilitou a emergência da classe operária, constituindo-se em movimento social capaz de promover o enfrentamento com os interesses dominantes. Os interesses dos trabalhadores mereceram as contribuições de intelectuais identificados com as causas e agendas do mundo do trabalho. Fernandes, como docente, militante, político, socialista de caráter humanista, construiu-se no cotidiano das lutas dos marginalizados da sociedade brasileira e latino-americana.

O clima de acirramento das disputas políticas internas conectadas aos interesses imperialistas, lideradas pelos Estados Unidos, favoreceu a proliferação de ditaduras militares na maioria dos países da América Latina, entre os anos 1960 e 1980. Nesse período, sob a proteção das lideranças políticas militares, a elite capitalista reorganizou seus interesses internamente e estabeleceu novas bases com o mercado externo. Na verdade, tratou-se uma nova etapa de expansão dos interesses imperialistas. Primeiro veio a face econômica e depois era necessário viabilizar a face política, se preciso com a força militar. As resistências foram punidas com todo rigor, desde a perda do mandato político, da deportação e mesmo com a morte. A repressão atingiu as universidades para não permitir o livre pensar. Apenas era permitido reproduzir o que já havia sido pensado pelos interesses dominantes. Por não se submeter ao regime militar ditatorial, Fernandes, o pai da sociologia crítica no Brasil e guru da juventude estudantil, foi denunciado e preso por pregar a subversão da ordem imposta. Na clandestinidade, persistiu na defesa dos ideais socialistas e, com a abertura política a partir de 1979, intensificou ainda mais a sua inserção nos movimentos sociais populares. Como assessor desses movimentos contribuiu para a compreensão das relações de poder instaladas e em movimento no campo político, bem como suas manifestações no processo educativo. Colocou o seu saber a serviço das classes oprimidas para viabilizar a organização do contrapoder em âmbito local e internacional. Entendia Florestan que a educação de qualidade para todos era um pressuposto fundamental para o desenvolvimento de uma sociedade democrática. Chegou ao parlamento como deputado da Assembleia Nacional Constituinte em 1987 na condição de defensor dos interesses das camadas empobrecidas no tocante à escola pública gratuita e laica. Reelegeu-se como deputado federal em 1988 e como tal demarcou a luta em defesa da educação.

Matriz do pensamento e prática político-pedagógica

Para Abreu (1991), Florestan Fernandes inscreve-se ao lado dos mais lúcidos espíritos que a humanidade já teve e que se destacaram pela trajetória longa e difícil na busca da libertação do homem da ignorância e desta ascender ao conhecimento. Entre outros destacamos Tomas More, Campanella, Babeuf, Rousseau, Condorcet, Marx, Jaurès, Lenin, Langevin, José Martí e, no Brasil, Fernando de Azevedo, Anísio Teixeira, Lourenço Filho e Paulo Freire. Os movimentos sociais, políticos e culturais, especialmente a participação na campanha em defesa da escola publica gratuita para todos, fecundaram a vida intelectual do sociólogo. Florestan Fernandes, o educador-sociólogo, procurou *repensar o pensado* a partir dos desafios de cada época inspirado em latino-americanos como José Martí, José Carlos Mariátegui e Ernesto Che Guevara.

A inauguração da Escola Nacional Florestan Fernandes (ENFF), em janeiro de 2005, localizada em Guararema, no interior de São Paulo, é uma justa homenagem do Movimento dos Trabalhadores Sem-Terra (MST) a esse educador, incentivador do trabalho coletivo e defensor da educação pública de qualidade para todos.

Provavelmente as duas obras que melhor retratam as matizes do pensamento e prática de Fernandes foram escritas em sua homenagem: *O saber militante: ensaios sobre Florestan Fernandes* (1987), publicado pela Paz e Terra e Editora da UNESP, resultado da 1ª Jornada de Ciências Sociais da UNESP, Campus de Marília, e *Memória viva da educação brasileira 1: Florestan Fernandes*, publicado em 1991, inaugurando o Projeto do Ministério da Educação (MEC) e do Instituto Nacional de Estudos e Pesquisas Educacionais Anísio Teixeira (INEP) "Memória Viva da Educação Brasileira".

Entre as obras de maior repercussão no campo educacional, segundo o próprio Florestan, destacamos: *Educação e sociedade no Brasil* (1966); *Mudanças sociais no Brasil: aspectos do desenvolvimento da sociedade brasileira* (1979); *O desafio educacional* (1989); *A sociologia numa era de revolução social* (1976); *A questão da USP* (1984); *A universidade brasileira: reforma ou revolução?* (1979); *Circuito fechado: quatro ensaios sobre o poder institucional* (1979); *Folclore e mudança social na cidade de São Paulo* (1979); *Poder e contra-poder na América Latina* (1981).

Sobre o texto selecionado

O texto "Os educadores e as exigências educacionais do presente" introduz a Parte IV, "Problemas educacionais da atualidade", do livro *Educação e sociedade no Brasil* (1966), obra que reflete o sociólogo empenhado nas diferentes lides intelectuais com destaque para a luta aberta por uma política educacional adequada aos cânones do regime republicano, no contexto da *Campanha de Defesa da Escola Pública* (1959). No Brasil ainda não está em jogo a realização de investigações sistemáticas, cuidadosas e demoradas sobre a realidade educacional brasileira. Tratava-se de estabelecer uma ligação entre o *que fazemos* e *o que deveria ser feito*, em matéria de ensino, e as condições histórico-sociais de existência. Em um período marcado pela efervescência dos debates políticos, Florestan procurou formular, em linguagem popular, a natureza social dos problemas educacionais brasileiros. No prefácio da obra, Fernandes (1966, p. 20) deixa claro que "se quisermos formar mestres-escolas e educadores militantes conscientes de suas funções e suficientemente autônomos para levá-las a cabo, torna-se imperioso alargar as fronteiras da filosofia democrática da educação" importação europeia e norte-americana.

Referências

ABREU, Maria Rosa. Florestan Fernandes. Brasília: INEP. (1991) (Memória Viva da Educação Brasileira.)

FLORESTAN, Fernandes. *O desafio educacional*. São Paulo: Cortez, 1989.

[Texto selecionado]

Os educadores e as exigências educacionais do presente
Florestan Fernandes

[FERNANDES, Florestan. *O Estado de S. Paulo*, São Paulo. "Educação e Democracia", 14 fev. 1959, p. 1-2; "Educação e Progresso Social", 07 mar. 1959, p. 1; "A Ideologia dos Educadores", 04 abr. 1959. (Suplemento Literário.)]

EM ÉPOCAS de mudança social rápida, as camadas intelectuais raramente conseguem manter-se ajustadas às condições sociais novas. Com freqüência, estabelecem-se hiatos entre os papéis sociais, desempenhados efetivamente na vida social cotidiana, e as normas ideais ou valores que orientam as atividades intelectuais na prática. Certas profissões liberais, entre as quais se incluem as dos educadores, revelam esse hiato de modo extremo em nossa civilização. Dadas as circunstâncias histórico-sociais que regularam a formação e o desenvolvimento dos papéis sociais dos educadores no mundo moderno, eles receberam tardiamente os influxos construtivos e renovadores da especialização e da profissionalização. Em conseqüência, o horizonte intelectual dos educadores opôs certa impermeabilidade, em vários pontos essenciais, às forças e às impulsões sócio-culturais que reconstruíram o nosso estilo de vida e modificaram extensamente as funções psicossociais da educação sistemática. Onde as transformações se fizeram sentir mais profundamente, elas não chegaram a ajustar seu horizonte intelectual à massa de obrigações e ao grau de responsabilidade inerentes às tarefas de educar na ordem social produzida pela economia industrial, pela democratização do poder e pela ciência. No presente trabalho, propomos algumas questões que parecem possuir certa importância em países como o Brasil, nos quais os educadores estão em condições de converter a educação sistemática em poderoso instrumento do progresso social.

Educação e democracia

O papel do elemento político no raciocínio, nas opções e nas influências dos educadores merece ser reexaminado, à luz das condições da vida social na moderna sociedade de massas, O educador do passado pôde enfrentar com sucesso suas tarefas, orientando-se por um número reduzido de convicções, baseadas em normas do consenso cívico comum. De um lado, via-se na ordem democrática um requisito fundamental da educação sistemática. De outro, entendia-se a educação sistemática como um dos verdadeiros esteios da democracia. Ambas as conexões foram exemplarmente expostas nas seguintes fórmulas de Dewey: "um governo que se funda no sufrágio popular não pode ser eficiente se aqueles que o elegem e lhe obedecem não forem convenientemente educados"; "uma vez que a sociedade democrática repudia o princípio da autoridade externa, deve dar-lhe como substitutos a aceitação e o interesse voluntários, e unicamente a educação pode criá-los".[2]

Contudo, essa dupla polarização, vista em termos objetivos, pode mostrar-nos uma realidade chocante. O desenvolvimento da democracia foi condicionado e tolhido pelas possibilidades que a organização em classes sociais oferece à expansão e à integração de uma ordem social igualitária.

---

[1] J. DEWEY, *Democracia e Educação*, trad. De G. Rangel e A. Teixeira, Companhia Editora Nacional, São Paulo, 1936 (citação extraída da pág. 118).

Por isso, o que assistimos, de fato, foi à formação de um sistema escolar que se funda, formalmente, em valores democráticos, mas funciona, na prática, segundo interesses e/ou acomodações variavelmente pré ou antidemocráticos. Idealmente, tal sistema escolar deveria garantir igualdade de oportunidades para todos os indivíduos em condição de receber determinado tipo de instrução. Na verdade, porém, ele atende, apenas, aos segmentos da população escolar que conseguem anular (ou não são afetados) pelas barreiras invisíveis à educação democrática.

Essa situação configura o que os etnólogos e os sociólogos chamam de "inconsistência cultural". Um valor, reconhecido explicitamente como parte da base axiológica da ordem social, não encontra correspondência adequada nem nas ações ou relações dos indivíduos nem no funcionamento das instituições. Não obstante, as avaliações expressas mantêm a normalidade da situação, como se houvesse equilíbrio efetivo entre os fundamentos ideais e as manifestações concretas dos comportamentos inconsistentes. Alguns especialistas preferem designar as inconsistências que subsistem no regime democrático com o termo "dilema"; que ressalta melhor o drama moral imanente às contradições apontadas. Assim, Myrdal qualificou como "dilema americano" a persistência de atitudes discriminatórias e segregativas contra o negro na "consciência americana".[3] No terreno que nos preocupa, Hollingshead indica com clareza, fundando-se em dados objetivos de uma pesquisa modelar, de que natureza são os "dilemas" da democracia na esfera da educação. Enquanto a ordem legal imperante nos Estados Unidos impõe a igualdade de oportunidades educacionais, a ordem social existente ajusta a participação dessas oportunidades à estrutura das classes sociais: o sucesso na competição educacional, em vez de ser regulado pelas aptidões pessoais, exprime de modo direto a posição de indivíduos e de grupos na hierarquia ocupacional, econômica e do poder da comunidade. A ideologia democrática ignora esse fato e sua decorrência inevitável, a tendência dos membros da classe alta a manipular "as funções institucionais (inclusive as escolares) segundo os interesses dos indivíduos e das famílias que possuem riqueza, prestígio e poder".[4]

É indubitável que tem havido algum progresso na orientação dos educadores em face dessa situação. Já são muitos os que se deram conta

---

[3] G. MYRDAL, com a colaboração de R. STERNER e A. Rose, *An American Dilemma. The negro Problem and Modern Democracy*, Harper & Brothers Publs, Nova York, 2ª ed., 2 vols, 1994.

[4] A. B. HOLLINGSHEAD, *Elmtown's Youth. The Impact of social Classes on Adolescents*, J. Wiley & Sons, Nova York, 1949 (citação extraída da pág. 452).

de como os valores da democracia podem ser identificados com os interesses restritos de grupos ou camadas sociais, que ocupam posições dominantes na estrutura de poder da ordem democrática. Todavia, em sua maioria, os educadores ainda hoje defendem as antigas concepções, que os convertem em arautos e defensores da perversão dos "critérios democráticos de educação" e põem suas atividades a serviço das forças sociais que contrariam, substancialmente, a "democratização da cultura".

Dois fatos explicam essa condição paradoxal. Primeiro, as experiências dramáticas que os regimes totalitários realizaram com a escola, na exploração do imenso poder de inculcamento e de manipulação da vontade humana inerente à educação sistemática. Elas estimularam a consciência das vantagens relativas da escola nos países onde a arregimentação autoritária é proscrita. Segundo, a inexistência de um conjunto orgânico de normas e de valores (de uma "subcultura" enfim), que pudesse orientar o ajustamento dos educadores a seus papéis sociais em termos dos interesses legítimos da educação sistemática propriamente dita e de suas funções construtivas na sociedade. O educador, até nossos dias, definiu-se perante a cena social, predominantemente, através de normas e de princípios selecionados, consciente ou inconscientemente, da filosofia social das camadas dominantes. Só recentemente, à medida que a especialização vem concorrendo para criar uma concepção autônoma dos direitos e dos deveres do educador, diante de seus papéis sociais específicos, é que ele começou a libertar-se da influência envolvente dos interesses supraeducacionais, disfarçados atrás de valores sociais conspícuos.

Por aí se vê por que os educadores precisam dar maior projeção ao elemento político em seu horizonte intelectual. A questão não está, naturalmente, em modificar um jargão consagrado por longos anos de debate. O que é preciso é modificar todo um estilo de pensamento, que confinou, em prejuízo da democracia, a intervenção do educador na solução dos problemas educacionais. Nada impede que o educador se identifique com os interesses sociais de camadas que detêm o poder na ordem social que exprime nossa capacidade de realização da democracia no presente, se essas forem as suas convicções. Mas, ele precisa estar consciente de que, no caso, suas escolhas se baseiam em opções que substituem os ideais democráticos por dada maneira de pô-los em prática legalmente. O desejável, porém, seria que os educadores preservassem seu poder de atuação social, discernindo os interesses profundos da educação na ordem democrática dos interesses de determinados círculos ou camadas sociais na manipulação das instituições escolares. Assim, ele concorreria, de forma ativa, para a reconstrução social do mundo em que vivemos, favorecendo a expansão e o aperfeiçoamento da democracia nas esferas de sua influência; e concorrendo para dar à escola as funções criadoras que ela deve desempenhar na constituição da ordem social democrática, na formação de personalidades democráticas e no fortalecimento de ideais democráticos de vida.

A ideologia dos educadores

Os educadores possuem uma ideologia? Essa pergunta seria mal vista no passado e, ainda hoje, pode ser mal interpretada. Via-se no educador um "idealista", alguém que deveria pensar e agir em termos de uma *missão,* muitas vezes qualificada corno "excelsa" e "nobilitante". Tais avaliações perduraram, especialmente nos países em que as atividades docentes se organizaram como parte das prerrogativas de um estamento intelectual, recrutado em camadas sacerdotais ou em círculos leigos, com privilégios equivalentes. Contudo, mesmo nesses países, as referidas avaliações deixaram de encontrar fundamento nas expectativas dos próprios educadores. Estes procuram livrar-se das coações indiretas, impostas por concepções tão obsoletas no presente. No fundo, defendem direitos que são comuns, porém indispensáveis em qualquer espécie de carreira remunerada no mundo competitivo em que vivemos. A profissionalização das atividades docentes e os critérios de recrutamento dos educadores na sociedade de classes incentivaram essa tendência, criando neles a disposição de explorar técnicas organizatórias (como as associações de caráter sindical) e inclusive técnicas de conflito (como o recurso à greve), seja na defesa de interesses restritos (como os níveis de salário, a extensão e a qualidade das obrigações para com os empregadores, etc.), seja na luta por interesses que afetam os alunos, os pais dos alunos ou a comunidade (como decorre com as reivindicações que dizem respeito à liberdade de expressão, à organização dos currículos, à estrutura das escolas, à assistência ao corpo discente, ao equipamento escolar, etc.). A renovação da mentalidade dos educadores foi tão profunda, que eles estão propensos a admitir que, entre si, não existe *uma* mas *várias* ideologias.

Ainda assim, parece-nos legítimo indagar se certas atitudes, idéias e valores, vinculados a interesses mais ou menos amplos mas substanciais dos educadores, se configuram numa sorte de ideologia básica comum. Nesse plano, a pergunta inicial nada teria de provocadora nem de chocante. Ao contrário, ela nos leva a questões cruciais em nossa época, na qual a tarefa de "educar o educador" tende a tornar-se extremamente difícil, complexa e incerta. A situação atual exige uma nova espécie de preparação do educador para seus papéis sociais, para que ele não seja reduzido à condição de mero instrumento, no entrechoque de interesses e conflitos sociais, que operam além e através das funções preenchidas pela educação sistemática na ordem social estabelecida. Como já aconteceu com os engenheiros, os médicos, os cientistas de laboratório, os antropólogos, etc., os educadores precisam elaborar um *código ético* próprio, que delimite o alcance de suas obrigações e a natureza do comportamento responsável, que elas requerem fundamentalmente. É patente que a antiga concepção missionária da natureza dos papéis sociais do educador deixou de corresponder às exigências educacionais do mundo moderno. Ela restringe o horizonte intelectual do educador e empobrece o seu intercâmbio produtivo com a evolução da ordem social. Além disso, ela impede que o educador atue de forma inteligente e consciente em face de muitos assuntos essenciais, associados à representação de interesses sociais na escola ou às conseqüências diretas e indiretas da educação sistemática na sociedade. Mesmo que o educador se identificasse, material e moralmente, com dada ordem social, ele precisaria dispor de meios intelectuais para saber o que significam – para si, para a escola, para os educandos e para a comunidade – as opções subjacentes ao modo de encarar e de pôr em prática suas atividades profissionais.

Em suma, o uso dado à escola e à educação sistemática pela sociedade constitui uma fonte de preocupações fundamentais do educador hodierno. Enquanto a escola apenas complementava as funções educacionais de outras instituições e enquanto a influência socializadora da educação sistemática era restrita, o educador podia absorver-se no aperfeiçoamento de sua capacidade técnica de "instruir". Seus papéis sociais dependiam, sobretudo, de competência, zelo e dedicação às tarefas rotineiras. Com a reviravolta produzida nas relações da escola com a ordem social e o destino humano, os papéis sociais adquiriram uma polarização inesperada. A educação sistemática passou a ter importância terrível na formação da personalidade e na manipulação-indireta do querer humano. Para a escola convergiram interesses econômicos, políticos e sociais que vinculam a atuação dos educadores com o "bom" e com o "mau" uso do poder, nos diversos níveis da vida social organizada. O educador, que antes pensava abstratamente nos "fins ideais" da educação, viu-se numa armadilha, mal preparado para discernir o que convinha fazer diante das influências externas na escola e sem autoridade suficiente para impor as soluções baseadas no conhecimento ou na experiência educacionais.

Na esfera da educação ocorreu, portanto, algo similar ao que se passou nas esferas da técnica e da ciência. Os inventores, por exemplo, só cuidavam dos aspectos técnicos e econômicos de suas invenções, descuidando-se quase totalmente das repercussões delas na ordem social e vice-versa. Foram as conseqüências sociais dos inventos ou a utilização inadequada deles que os obrigaram a refletir sobre aquilo que se chamou da "responsabilidade social dos engenheiros" dos "administradores", etc. Quanto aos cientistas, é sabido que negligenciaram, mais do que seria razoável, o destino prático das descobertas científicas. As ameaças relacionadas com a exploração destrutiva da energia nuclear é que os forçou a definir uma "ética de responsabilidade".

Os educadores também foram despertados por ocorrências "perniciosas" ou "catastróficas". De um lado, o progressivo conhecimento das inconsistências da atual organização do sistema escolar na ordem social democrática obrigou-os a tomar consciência das contradições existentes entre a filosofia e a prática da educação no presente. Na verdade, em nenhuma nação moderna a escola conseguiu corresponder à norma de que todos devem contar com oportunidades iguais de escolarização, ressalvadas apenas as aptidões variáveis dos indivíduos. Essa constatação alertou a inteligência dos educadores, revelando-lhes os "dilemas" educacionais de uma civilização que ainda não se ajustou, plenamente, a seus valores centrais. De outro lado, os regimes totalitários demonstraram quais são os perigos inerentes ao uso pervertido da escola. Eles deram aos educadores a ocasião de refletir sobre conseqüências potenciais nefastas da atual organização do sistema escolar, que impõe determinadas tarefas e responsabilidades aos educadores sem lhes conferir uma soma de poder satisfatória, para enfrentá-las com segurança, continuidade e eficácia. Existe, pois, enorme distância entre as atribuições inerentes aos papéis sociais dos educadores e a capacidade de autodeterminação que lhes é assegurada.

Em conclusão, é possível situar certos interesses gerais, suscetíveis de orientar a inteligência do educador moderno para efeitos práticos, que transcendem o processo educacional propriamente dito. Ao contrário do educador do passado, ele não pode avaliar corretamente o produto final de sua contribuição à sociedade através do caráter de sua influência pessoal. Além desta, que se mede, como antes, pelo grau de sucesso alcançado na formação dos alunos, precisa atentar para as diferentes conseqüências diretas ou indiretas da educação sistemática. Por isso, como os técnicos e os cientistas, defronta-se com a necessidade de construir um "código ético" próprio, que defina de maneira explícita, impessoal e universal as obrigações tangíveis e a responsabilidade do educador, bem como a extensão e a qualidade dos objetivos "legítimos" da educação sistemática.

Educação e progresso social

Em estudo recente,[5] tentamos analisar algumas influências do meio social brasileiro que são adversas ao bom funcionamento das escolas, a adaptação do ensino às necessidades regionais e à melhoria dos padrões de trabalho imperantes nos diferentes níveis do sistema escolar brasileiro. Nesse estudo, muitas questões importantes foram deixadas de lado. Entre elas, está a que diz respeito às concepções do educador brasileiro sôbre a própria significação dinâmica da escola, como fator de alteração e, portanto, de aperfeiçoamento do ambiente social.

Na verdade, a maioria dos educadores brasileiros mantém estreita fidelidade a concepções pedagógicas que engrandecem, de maneira utópica, o poder dinâmico da educação formal. Tal fato encontra sua explicação em duas circunstâncias bem conhecidas. De um lado, tem-se visto, na escola e no tipo de educação que ela proporciona, um instrumento eficaz de uniformização e de integração da sociedade brasileira. Desde a época das lutas pela independência, a "homogeneidade" sempre foi avaliada como uma condição para o sucesso do Brasil como País livre. Como escrevia José Bonifácio, focalizando outro assunto: "é da maior necessidade ir acabando tanta heterogeneidade física e civil; cuidemos pois desde já em combinar sabiamente tantos elementos discordes e contrários, e em *amalgamar* tantos metais diversos, para que saia um *todo* homogêneo e compacto, que não esfarele ao pequeno toque de qualquer nova convulsão política".[6] A convicção de que a escola poderia concorrer para a homogeneização intelectual do povo brasileiro ganhou crescente robustez, com o tempo, levando-nos inclusive, a extremos contraproducentes durante o "Estado Novo". De outro lado, é preciso considerar-se que a ideologia do educador brasileiro formou-se sob o impacto do pensamento liberal. Ainda hoje, o único elemento ideológico, claramente peculiar à mentalidade média do professor brasileiro, consiste na

---

[5] F. FERNANDES, *A Ciência Aplicada e a Educação como Fatores de Mudanças Provocada*, Departamento do Grêmio da Faculdade de Filosofia, Ciências e Letras da Universidade de São Paulo, edição mimeografada, 1958.

[6] José Bonifácio d'ANDRADA E SILVA. *Representação à Assembléia Geral Constituinte e Legislativa do Brasil sobre a Escravatura*, Tip. De Firmin Didot, Paris, 1825, pág.8.

confiança depositada na escola como foco de aperfeiçoamento material, intelectual e moral do homem. A seguinte afirmação de Caetano de Campos, traduz bem essa mentalidade: "A democratização do poder restituiu ao povo uma tal soma de autonomia, que em todos os ramos de administração é hoje indispensável consultar e satisfazer suas necessidades. Já que a revolução entregou ao povo a direção de si mesmo, nada é *mais urgente* do que cultivar-lhe o espírito, dar-lhe a elevação moral de que ele precisa, formar-lhe o caráter, para que saiba querer (...). A instrução do povo é, portanto, *sua maior necessidade*".[7] Em resumo, os componentes ideológicos substanciais da mentalidade dominante entre os educadores brasileiros lembram a "fé na razão" e nos meios de sua propagação, característica da utopia educacional da "era das luzes" e da filosofia da Ilustração.

Em nossos dias, é fácil perceber-se que tais disposições de espírito tiveram razão de ser. Elas justificaram a imensa revolução educacional que se operou mediante a transplantação de técnicas, instituições e valores educacionais europeus e norte-americanos. No fluxo e no tumulto dos acontecimentos associados à desagregação do regime escravocrata-senhorial e à implantação da República, iniciou-se a construção de um sistema educacional que devia inspirar-se numa nova concepção do homem e numa nova filosofia social de seus direitos e de suas responsabilidades fundamentais. O arsenal de idéias utópicas dos filósofos da Ilustração teve, então, sua importância, por permitir que se acreditasse que a educação formal seria a chave da solução dos problemas econômicos e políticos do Brasil. Devemo-lhes, pois, um efeito deveras útil. Sem aquelas idéias, é muito possível que a avaliação realista da situação brasileira não estimulasse a imitação de modelos educacionais que não poderiam ser, efetivamente, postos em prática em nosso meio.

Todavia, é patente que convicções dessa ordem mantêm-nos aferrados a uma noção obsoleta de educação formal, entendida como panacéia social. Deu-se importância exclusiva a um dos lados do triângulo, como se o todo não existisse: a escola, encarada como meio para atingir certos fins, foi o único alvo visado pelas reflexões e pelas tentativas de reforma. Tomou-se por assentado que, constituídas as escolas, seus fins seriam fatalmente atingidos e que a sociedade brasileira encontraria, assim, a senda que lhe abriria o caminho do progresso.

No entanto, os fins das instituições e as necessidades sócio-culturais do ambiente são elementos

---

[7] A. CAETANO DE CAMPOS, apud Anísio TEIXEIRA, *Educação não é privilégio*, Liv. José Olympio Editora, Rio de Janeiro, 1957, págs. 85-86.

que não podem ser dissociados do modo de resolver os problemas ligados à estrutura que elas devem ter ou ao rendimento que elas precisam proporcionar. Tais questões foram omitidas, como se as escolas fossem auto-suficientes ou pudessem expandir-se no vácuo. Em conseqüência, os modelos de educação formal, importados da Europa ou dos Estados Unidos, não foram submetidos a uma crítica seletiva, que relacionasse as inovações educacionais empreendidas às exigências da situação educacional brasileira. Isso quer dizer que, sob o influxo da "confiança racional na educação", se tentou implantar no Brasil um sistema educacional cuja organização e cujo funcionamento não estavam explicitamente referidos aos fins que a educação formal deveria satisfazer, para atender às necessidades sócio-culturais das populações brasileiras. Nem o "Manifesto dos Pioneiros da Educação", de 1932, contribuiu para corrigir essa anomalia, responsável pela falta de realismo e de eficácia de nossas reformas educacionais. Naquele manifesto, os educadores brasileiros tomaram consciência do triângulo *escola – fins da educação formal – necessidades sócio-culturais do ambiente*, mas de forma altamente abstrata. Os problemas foram definidos em termos por assim dizer "teóricos" (no bom sentido da palavra), sem que se tomassem em conta a variedade e a natureza das forças que vinham afastando a escola de seus alvos ideais universais, tanto quanto das necessidades específicas dos vários extratos e segmentos da sociedade brasileira. Por aí se vê que ainda nos encontramos na contingência de defender uma orientação crítica, que permita superar as limitações de uma herança intelectual obsoleta. O educador brasileiro precisa refazer seu arsenal de idéias básicas, para ajustá-lo às descobertas das ciências educacionais e das ciências sociais ou aos recursos da tecnologia científica. A nossa confiança no poder da educação formal não se alterou, em substância. Contudo, ela se tornou mais objetiva e precisa, despojando-se dos elementos utópicos, que situavam a escola num pedestal que não existe. Em face da situação brasileira, já nos podemos representar, de modo realista, as condições que são desfavoráveis à transplantação pura e simples dos modelos europeus ou norte-americanos de educação formal. A escola teve de ser inserida, no Brasil, em ambientes que não foram previamente trabalhados, de maneira extensa e profunda, pelas necessidades intelectuais vinculadas à educação formal. Daí o elevado número de elementos adversos ao seu funcionamento normal e o poder alcançado pelas forças que contribuem, em escala consciente ou inconsciente, e de dentro ou de fora da escola, para o solapamento e a deturpação das instituições escolares. A maior revolução de mentalidade, de que carecemos com urgência nessa esfera, é certamente a de ajustar-se o educador brasileiro à compreensão desse fato.

Há quem pense, porém, ser negativa a diretriz que defendemos. Primeiro, por se admitir que a preocupação pelas condições adversas poderá suscitar nova sorte de rebaixamento do nível médio de rendimento das instituições escolares e a imposição de concepções passivas de política educacional. Segundo, por se supor que deveria prevalecer, de imediato, e como condição de equilíbrio, uma tendência de correção, que permitisse ajustar as instituições escolares, importadas "antecipadamente", aos requisitos estruturais e funcionais de sua integração à sociedade brasileira.

A primeira espécie de crítica é inteiramente descabida. Nossa adesão ao ponto de vista de que é indispensável conhecer o condicionamento social das atividades educacionais, funda-se na presunção de que não se pode intervir, racionalmente, no funcionamento das instituições escolares brasileiras sem se saber ao certo como e por que elas não correspondem aos fins e às necessidades educacionais que deveriam preencher. Em outras palavras, trata-se de conhecer os efeitos negativos dos fatores que interferem no rendimento das técnicas ou das instituições educacionais, para removê-los, na medida do possível, através dos meios de controle existentes na situação educacional brasileira. Não cogitamos, portanto, de "rebaixar" ainda mais o nível médio de rendimento das escolas; ao contrário, tínhamos em mente sugerir um caminho que nos levaria a elevá-lo, pela exploração de planos educacionais suscetíveis de aumentar a eficácia de nossas instituições escolares, a extensão de nossa rede escolar e a plasticidade de nossa política educacional.

A segunda espécie de crítica também não se justifica. É certo que as técnicas, instituições e valores educacionais foram importados *antes* que se realizassem, no Brasil, as condições que os tornaram necessários e eficientes em outros países. Entretanto, a idéia de que o desenvolvimento social requer a reintegração das forças sócio-culturais operativas até um ponto de equilíbrio como condição para alterações ulteriores, não encontra fundamento nos resultados das investigações sociológicas. A *sociedade "pode dar saltos"*. O que importa é saber evitar os "saltos" que não conduzem a nada ou agravam a situação estabelecida. Sendo-nos impossível (e também indesejável) interromper o que se vem chamando de "curso da história", o melhor consiste em tirar partido das forças operativas em benefício da própria reconstrução social. Sob este aspecto, não nos parece desvantajoso que a transplantação de técnicas, instituições e valores educacionais tenha sido "antecipada" ou "prematura". É grave, isto sim, que ainda não se tenha procurado eliminar ou restringir as influências que parecem responsáveis pela redução da eficácia das soluções adotadas por empréstimo cultural.

Em suma, nossas idéias vão contra a pedagogia tradicional por insistirem no fato de que a escola é parte dinâmica da situação histórico-social brasileira. Por melhor que seja, a estrutura pedagógica da escola não é tudo, pois o rendimento da educação formal depende, largamente, de fatores extra-escolares. Até hoje, os educadores brasileiros refletiram, principalmente, sobre a organização da escola e do sistema escolar. Sem negar a prioridade e a necessidade de tais preocupações, apelamos para que se pense mais a respeito do destino social da educação formal em nosso meio e de como ajustar as nossas escolas aos imperativos da vida humana na civilização que se está implantando no Brasil.

Paulo Freire (1921-1997)

Paulo Freire e a consolidação do pensamento pedagógico na América Latina

Danilo R. Streck

O contexto

O século XX viu nascer, ao redor do mundo, práticas educativas que estão na origem de movimentos transformadores com grande repercussão. Myles Horton, no Centro Highlander, formou lideranças para o movimento de direitos civis nos Estados Unidos; James Coady, no Canadá, articulando a educação com a economia, lançou as bases para um movimento de educação de adultos ligado à formação para o trabalho cooperativo; Ivan Illich propôs nada menos que o ousado projeto de terminar com a escola tal como a conhecemos por vê-la como fator constitutivo dos problemas das sociedades modernas; Lorenzo Milani, num pequeno vilarejo da Itália (Barbiana), criou uma escola de filhos de trabalhadores que assumia o seu caráter de classe.

Esses exemplos, que poderiam ser multiplicados, servem para traçar o contexto pedagógico internacional no qual Paulo Freire (1921-1997) realiza a sua obra. Nascido no Recife (Pernambuco), no Nordeste brasileiro, Paulo Freire sentiu no corpo a dureza da vida. Ele conta da dificuldade que teve para estudar devido à precariedade financeira da família, mas ao mesmo tempo lembra do afeto e da amorosidade que nunca lhe faltaram e que serão uma marca de sua vida e sua obra. Formado em Direito, cedo descobriu que sua vocação era a educação e foi no serviço de extensão da Universidade do Recife (hoje Universidade Federal de Pernambuco) que ele desenvolveu o projeto-piloto de alfabetização na pequena cidade de Angicos (Rio Grande do Norte) pelo qual se tornou conhecido no Brasil e depois no mundo. O princípio, muitas vezes repetido, era de que a leitura do mundo precede a leitura da palavra. Ou seja, a aprendizagem para a construção do sujeito emancipado precisa manter a unidade dialética consciência e mundo, subjetividade e objetividade, teoria e prática.

O golpe militar, em 1964, deixou claro que esta não era a educação que desejava para o Brasil, e Paulo Freire, depois de passar um período na prisão, viveu como exilado na Bolívia, no Chile, nos Estados Unidos e, finalmente, na Suíça. Foi ali que, durante quase uma década, de 1970 até 1979, tornou-se um educador do mundo, assessorando práticas educativas realizadas por igrejas e movimentos sociais em todos os continentes. De volta ao Brasil, reassumiu seu trabalho na universidade (na Universidade de Campinas e na Pontifícia Universidade Católica de São Paulo), sem perder contato com experiências pedagógicas de movimentos sociais e, em geral, das classes subalternas. Foi com este espírito que se sentiu desafiado a assumir o cargo de secretário de Educação no município de São Paulo (1989-1991).

Paulo Freire deixou uma vasta obra e cada leitor e leitora fará a sua seleção das obras mais importantes. Para a compreensão do pensamento pedagógico latino-americano, destaco os seguintes livros: *Educação como prática da liberdade* (1967), *Pedagogia do oprimido* (1968); *Pedagogia da esperança* (1992); *Pedagogia da autonomia* (1996). Há também importantes obras de referência, dentre as quais, *Paulo Freire, biobibliografia* (organizado por Moacir Gadotti), *Paulo Freire: uma história de vida* (organizado por Ana Maria Araújo Freire) e o *Dicionário Paulo Freire* (organizado por Danilo R. Streck, Euclides Redin e Jaime J. Zitkoski).

Paulo Freire e o pensamento pedagógico latino-americano

Paulo Freire, por um lado, é parte da tradição pedagógica ocidental, como mostram as suas referências à dialética, à fenomenologia, ao existencialismo e a outras fontes que integram o acervo de fontes geralmente entendidas como universais. Por outro lado, nele se evidenciam as fraturas e os limites dessa mesma tradição. Diz ele:

> Minha terra é a coexistência dramática de tempos díspares, confundindo-se no mesmo espaço geográfico – atraso, miséria, pobreza, fome, tradicionalismo, consciência mágica, autoritarismo, democracia, modernidade e pós-modernidade. O professor que na universidade discute a educação e a pós-modernidade é o mesmo que convive com a dura realidade de dezenas de milhões de homens e de mulheres que morrem de fome (FREIRE, 1995, p. 26).

A pedagogia do oprimido, nas trilhas da teoria da dependência, se fundamenta na visão da América Latina como lugar dependente, mas também de possibilidades. Freire repercute a crítica dessa perspectiva:

> No fundo, desenvolvimento na dependência. Desta forma, obviamente, o ponto de decisão política, econômica, cultural da transformação da sociedade dependente deveria permanecer na sociedade matriz, a não ser em certos aspectos que, delegados a ela, não alterariam em essência seu estado de sociedade subordinada" (FREIRE, 1977, p. 120).

A superação dessa situação se dará a partir de uma dupla ruptura: externa, trazendo para a sociedade o centro de decisão; e interna, superando a sociedade de classes. Esse texto foi escrito em 1971, portanto antes da ofensiva neoliberal, da queda do muro de Berlim, da fundação do Partido dos Trabalhadores (PT) e da instalação de governos populares. As mudanças na sociedade implicaram revisão nos argumentos, mas ele manteve o compromisso ético-político com os oprimidos e reafirmou o diálogo como princípio pedagógico. Paulo Freire soube, como poucos, reinventar-se na história, alargando e aprofundando o seu olhar.

Pode-se dizer que Paulo Freire representa um momento de consolidação de um pensamento pedagógico latino-americano. Suas obras constituem o núcleo de um movimento educativo que na segunda metade do século XX passou a ser conhecido como Educação Popular. Houve uma ressignificação desse conceito que em autores como Domingo Faustino Sarmiento (Argentina), José Martí (Cuba), José Pedro Varela (Uruguai) tinha o sentido de educação geral do povo ou educação pública. Trata-se de um momento de ruptura que é também um momento de libertação da pedagogia.

Os teólogos haviam defendido a tese de que a teologia da libertação implica a libertação da teologia, no sentido de que ela vai muito além do ensino de novos conteúdos, mas se refere ao próprio processo de fazer teologia; para um grupo de filósofos, não poderia haver filosofia da libertação sem a libertação da filosofia. Em Freire temos um exercício de libertação da pedagogia. Em primeiro lugar, ela se torna uma pedagogia do outro, do oprimido. Rousseau havia deslocado o eixo para Emílio, o indivíduo burguês a ser educado como o cidadão do contrato social. Em Freire esse deslocamento é para uma classe social que ao mesmo tempo ensina e aprende. Em segundo lugar, é a libertação para um outro tipo de rigorosidade, que não tem a ver com aplicação de teorias e métodos, mas com a práxis transformadora. Em terceiro lugar, é a libertação de falsos dualismos, entre subjetividade e objetividade, entre ser humano e mundo, e outros (STRECK, 2001).

Com Freire, a pedagogia latino-americana ganha um caráter universal. Universalidade, como entendida aqui, tem a ver com radicalidade. Tanto mais se vai à raiz, tanto mais se amplia o círculo de possibilidades. Raízes fortes e profundas suportam copas de árvores com folhas e frutos abundantes. Nessa perspectiva se colocam duas tarefas concomitantes. Precisamos, no sentido em que Freire falava de uma "arqueologia da consciência", de um trabalho de arqueologia pedagógica a fim de reconstruir a memória pedagógica. Outra tarefa consiste em recuperar as pedagogias silenciadas durante séculos de dominação. A "cultura do silêncio" denunciada por Freire nas classes populares também se manifesta nos silenciamentos de práticas educativas transformadoras.

Sobre o texto selecionado

O artigo apresentado a seguir é inédito em língua portuguesa.[1] Ele compõe uma coletânea organizada por Louis M. Colonnese, com o título *Human Rights and the Liberation of Man in the Americas*. Os textos que compõem essa coletânea derivam de trabalhos apresentados na 6ª Conferência Anual realizada pelo Catholic Inter-American Cooperation Program (CICOP), na cidade de Nova York, de 24 a 26 de janeiro de 1969. A publição contou com o apoio dessa mesma entidade.

Dentre as razões que me levaram a optar pela apresentação desse artigo destaco as seguintes. Primeiro, nele encontramos Paulo Freire, no exílio, procurando compreender a terra que teve que deixar. Algumas das passagens são encontradas também em pelo menos dois de seus livros mais importantes dessa época e que lançam os fundamentos para toda a sua obra posterior, *Educação como prática da liberdade* e *Pedagogia do oprimido*. Seu argumento, reiterado ao longo do texto, é que, sem compreender a alma do povo, expressa em sua cultura e imersa nas condições de vida concretas, não é possível uma verdadeira educação libertadora.

O texto é também um exemplo de como Paulo Freire se aproxima dos temas, uma arte-ciência que vai cultivar ao longo de sua carreira de educador e pensador. O assunto proposto é *acarinhado* e então desdobrado em suas partes constituintes para, no fim, recompor um todo que dá algum encaminhamento e possibilita a continuidade do diálogo.

Referências

FREIRE, Paulo. *À sombra desta mangueira*. São Paulo: Olho d'Água, 1995.

FREIRE, Paulo. O papel educativo das igrejas na América Latina. In: *Ação cultural para a liberdade e outros escritos*. 2. ed. Rio de Janeiro: Paz e Terra, 1977.

FREIRE, Paulo. P*edagogia do oprimido*. 9. ed. Rio de Janeiro: Paz e Terra, 1981.

FREIRE, Paulo; GUIMARÃES, Sérgio. *Sobre educação*. Rio de Janeiro: Paz e Terra, 1984. v.2. (Diálogos)

STRECK, Danilo R. A educação popular e a (re)construção do público. Há fogo sob as brasas? *Revista Brasileira de Educação*, v. 11, n. 32, p. 272-284. maio-ago. 2006.

STRECK, Danilo R. *Pedagogia no encontro de tempos: ensaios inspirados em Paulo Freire*. Petrópolis: Vozes, 2001.

---

[1] Agradecemos aos filhos de Paulo e Elza Freire – Madalena, Cristina, Fátima, Joaquim e Lutgardes – a gentileza de ceder os direitos autorais do texto para a publicação nesta antolologia.

[Texto selecionado]

Tradução: *Danilo R. Streck*

Liberdade cultural na América Latina

Paulo Freire

[COLONNESE, Louis M. (ed.). *Human Rights and the Liberation of Man in the Américas.* Notre Dame Indiana: University of Notre Dame Press, 1970, p. 162-179.]

Quando eu confronto as palavras escritas nesta folha de papel quase vazia, eu sei que sou chamado a realizar um ato de cognição. Porque este ato requer o meu entendimento, ele não estará limitado às relações postas entre mim como sujeito e o objeto cognoscível que eu pretendo analisar. Ele se estende para incluir outros sujeitos que são igualmente chamados a refletir criticamente e que vão se juntar a mim em diálogo. O mediador desse diálogo entre nós será o tópico que, juntos, procuramos explorar.

Reflexões introdutórias

Na medida em que estou iniciando um ato de cognição, a primeira coisa que tenho que fazer é limitar o objeto cognoscível envolto no contexto linguístico: "Diagnóstico da liberdade cultural na América Latina: significando acesso à educação num sentido amplo". Por isso eu tenho que iniciar minha reflexão diretamente sobre o texto proposto, buscando os significados de suas partes como dimensões inter-relacionadas de toda a estrutura.

Em vista disso, tomarei primeiro a estrutura linguística como um todo, como um objeto cognoscível. Então, depois de "desdobrá-la", serei capaz de "ver" o todo a partir de dentro e apreender o "sentido contextual"[2] de suas palavras. A primeira operação me dará o tema central, isolado para a minha análise, e a outra operação se seguirá, a saber, minha tentativa de penetrar no tema dado com o propósito de desvelá-lo.

No processo de analisar o contexto linguístico, eu percebo que a palavra "diagnóstico" está relacionada com a expressão restritiva "liberdade cultural", estando conectada a ela através da proposição *de*. Por essa razão, também, o diagnóstico não é um diagnóstico não qualificado, mas um diagnóstico determinado pelo caráter restritivo da "liberdade cultural" na qual o adjetivo "cultural" modifica a

---

[2] Sobre "sentido básico e contextual de palavras, veja: GIRAUD, Pierre. *Semantics.* México City: Fondo de Cultura, 1965 (N.A.).

palavra "liberdade". Por outro lado, a frase "América Latina", vinculada à entidade linguística "diagnóstico da liberdade cultural" através da preposição *em*, indica a relação espaço-temporal dentro da qual devemos estudar liberdade cultural, que é o assunto central de nossa análise.

O subtítulo "significando acesso à educação num sentido amplo" constitui a segunda totalidade linguística cujo papel é definir ainda mais a primeira entidade e reforçar a resposta dada no enunciado principal. Além disso, o subtítulo, enquanto fixa uma relação significativa entre educação e cultura, evita a possível restrição do núcleo temático através da expressão: "no sentido amplo". Nesse sentido, nós não apenas investigamos o que "significa acesso à educação" num sentido restrito, mas o acesso a atividades de natureza cultural.

Não obstante, apesar do uso de estatísticas e índices de percentagem revelando fracassos quantitativos no campo da educação sistemática, o diagnóstico da liberdade cultural na América Latina não é possível sem uma análise prévia do que se entende por "liberdade cultural". Mas, no momento quando pergunto sobre o próprio sentido de "liberdade cultural", eu descubro que confronto requisitos ainda mais radicais que me remetem ao conceito de cultura e consequentemente à relação dialética homem-mundo. Nessa dimensão mais profunda, implícita dentro da estrutura linguística em estudo, se encontra o ponto de partida para uma das operações previamente mencionadas: a saber, o estudo deste tema que levará ao seu desvelamento. Não obstante, eu consigo alcançar este *insight* somente na medida em que, enquanto escrevo, penso e falo, não permito qualquer dicotomia entre pensamento-linguagem e a realidade sobre a qual eu atuo, falo e penso.

Nesse momento, quando escrevo – o que inclui pensar e falar –, eu estou aparentemente envolto dentro do mundo cultural, cercado por objetos culturais na companhia misteriosa dos autores dos livros em minha biblioteca. O "contexto teórico" que é fundamental e necessário para permitir que eu pense e fale sobre o "contexto real" é, também, um contexto cultural. Não é possível pensar "cultura", a não ser que seja culturalmente. É esta a razão pela qual o contexto teórico que agora é minha biblioteca, no momento em que eu lhe dou vida com minha presença inquiridora, me permite realizar uma dupla operação reflexiva: por um lado, eu posso "admirar" minha atividade cultural enquanto eu a realizo e, por outro lado, eu posso trazer a este contexto os fatos "reais" existentes que eu chamo de "contexto real", a fim de "readmirá-los". Ambas operações vão me conduzir à raiz da cultura como um produto da ação transformadora (práxis) do homem sobre o mundo. Se eu faço um esforço de "ad-mirar" a atividade na qual estou engajado, se eu estou em condições de objetivá-la no preciso momento em que ela ocorre – o que implica refletir sobre meu próprio pensamento e perceber-me a mim mesmo percebendo –, eu descubro que minha ação-linguagem-pensamento se encontra na mesma estrutura original que abarca a potencialidade humana, igualmente cultural, de "ad-mirar" o mundo. Se, por outro lado, eu reflito conscientemente sobre os fatos ocorridos e que ocorrem no contexto social a fim, de certa maneira, "re-admirá-los", eu alcanço a mesma conclusão.

Cultura: resultado de atos transformadores do homem

A cultura se origina como o resultado da ação transformadora do homem, de seu trabalho, que adquire esse significado através da operação dialética da "ad-miração" do mundo, através do qual ele se separa dele para permanecer *no* e *com* o mundo. É esta a razão pela qual o homem, um ser cultural, é único entre os que se tornam.[3] Ele não é capaz de ter como objeto de sua consciência apenas a sua própria atividade, mas a si mesmo. Este fato o torna diferente dos animais, que são incapazes de separar o seu *self* de suas atividades. Nessa distinção aparentemente superficial nós encontramos as linhas que separam o homem, do ponto de vista de seus atos, dentro do contexto no qual está situado.

Dada a sua incapacidade de separar-se de seus atos, sobre os quais é incapaz de refletir, o animal não é capaz de embutir na transformação que realiza, um significado além dela mesma. Na medida em que sua ação é "parte" do animal, os resultados da transformação que realizou não ultrapassam a transformação. Os resultados não adquirem autonomia na medida em que o lócus de decisão está fora do animal, na espécie à qual ele pertence.

Não tendo um lócus de decisão dentro de si mesmo, como não consegue objetificar nem a si mesmo nem às coisas, como lhe faltam objetivos para propor a outros e a si mesmo, como vive imerso num mundo ao qual não consegue dar significado, como não tem ontem, ou amanhã, e vive um presente que o oprime, o animal não é um ser histórico. Sua vida a-histórica é vivida em um mundo que não é um "não eu" que poderia transformá-lo num "eu" e, desta forma, permitir-lhe tornar-se consciente de si e do mundo. O mundo humano, um mundo histórico, é para o "ser em si" um mero suporte. Sua forma não é um problema, mas um estímulo. A vida do ser a-histórico não é feita de riscos enquanto não se percebe

---

[3] No original, "*the becoming ones*", no sentido de "vir a ser". (N. T.).

correndo riscos. Pelo fato de esses desafios não serem percebidos de uma forma refletida, mas apenas "notados" através dos sinais que os denotam, eles também não requerem uma resposta que implique atos de decisão.

Os animais, por essa razão, não podem assumir compromissos. Condicionados como seres a-históricos, eles não podem "assumir" a vida e, como não podem assumi-la, tampouco podem construí-la. Ao mesmo tempo, eles não conseguem perceber que sua vida está sendo destruída porque eles não são capazes de transformar o suporte no qual a sua vida se desenvolve num mundo significativo e simbólico, o abrangente mundo da cultura e da história. Esta é a razão por que o animal não animaliza o seu ambiente para animalizar-se a si mesmo; nem tampouco se torna *desanimalizado*.[4]

Na floresta como no zoológico continua sendo um "ser em si", um animal em ambos os lugares.[5]

O homem, ao contrário, é consciente de sua atividade e do mundo no qual ele vive. Ele age em função da realização de objetivos que ele propõe a si mesmo e a outros. Pelo fato de ter o lócus de decisão dentro de si, nas suas relações[6] com o mundo ele é capaz de "separar-se" do mundo e ao "separar-se" ele é capaz de permanecer nele. O homem, diferente do animal, não apenas vive, mas existe, e sua existência é histórica. Se a vida do animal é vivida num ambiente-suporte atemporal, pesado e opaco, a existência humana ocorre em um mundo que ele constantemente recria.

---

[4] Como disse Ortega y Gasset em um de seus livros: "O tigre não 'destigriza' a si mesmo" (N.A.).

[5] Isso não acontece aos homens que, ao recriar o mundo com o seu trabalho, "o humanizam". É nesse sentido que a cultura, como um produto dessa recriação, já é uma humanização, o que significa dizer que é uma presença transformadora dos homens no mundo; e do fato de que os homens podem "humanizar" o mundo segue que eles também podem desumanizar e humanizar a si mesmos, alienar-se, integrar-se, ser menos ou mais, ser escravos ou homens livres. Jamais a humanidade alcançou tão alto grau de progresso tecnológico e científico como hoje. Esse avanço, no entanto, em contraposição às teses ingênuas de progresso ininterrupto que identificam avanços científicos com melhoria humana, não parece ser um fato estabelecido. "*Il semble*", diz Marcuse, "*que la société industrielle advancée prive la critique de la véritable base. Le progrés technique renforce tout un systéme de domination et de coordination qui, à son tour, dirige le progrés et crée des formes de vie (et de pouvoir) qui semblent réconcilier avec le systéme les forces opposantes, et de ce fait rendre vaine toute protestation au nom des perspectivess historiques, au nom de la libération de l'homme.*" E mais, "*la société industrielle qui s'appropie la technologie et la science s'est organizée pour dominer toujours plus efficacement l'homme et la nature, pour utiliser ses resources toujours plus efficacement* (MARCUSE, Herbert. *L'homme unidimensionel*. Paris: Minuit, 1968, p. 18-42) (N.A.).

[6] Referente à diferença entre "relações" e "contatos", os primeiros pertencem ao domínio humano e os segundos meramente à ordem animal. Veja: FREIRE, Paulo. *Educação como prática da liberdade*. Rio de Janeiro: Paz e Terra, 1967 (N.A.).

Se na vida do animal a expressão "aqui" não denota nada mais do que o *habitat* com o qual ele simplesmente tem contato, na existência humana a expressão "aqui" denota não meramente um espaço físico, mas também um espaço histórico-cultural. Mais precisamente, não há aqui, agora, amanhã ou ontem para o animal, enquanto ele não possui consciência de si e seu estar vivo é uma completa determinação. Ao contrário, o homem, sendo a consciência do mundo e como tal um "corpo consciente",[7] vive uma relação dialética entre as restrições impostas por certos limites e sua liberdade.

Por causa de sua capacidade de dar um passo atrás e olhar objetivamente para o mundo sobre o qual ele age, o homem supera as "situações-limite" que não deveriam ser consideradas como algo insuperável, além do que nada existe.[8] No momento em que o ser humano as reconhece como barreiras, quando elas aparecem como obstáculos à liberdade, elas se tornam "percebidos destacados" na "profundeza de sua visão." Desta forma, elas aparecem na sua real dimensão: dimensões concretas e históricas de um determinado fato. As "situações-limite", por si, não geram um clima de desesperança. É a percepção que os seres humanos têm das mesmas que a gera. Concomitante à gênese da percepção crítica, que nunca é separada da ação, se desenvolve um clima de fé e confiança que impulsiona o homem a lutar para superar as "situações-limite" que os esmagam. Uma vez que estas tenham sido superadas pela transformação da realidade, novas situações emergem que requerem novas ações, e a estas Vieira Pinto chama "atos-limite". Por isso, o que é próprio de seres humanos como seres conscientes de si mesmos e de seu mundo é a adoção de uma postura permanente *vis-à-vis* a realidade na qual as "situações-limite" se revelam historicamente. E essa confrontação com a realidade para superar os obstáculos que o homem enfrenta apenas pode ser realizada historicamente na medida em que as "situações-limite" se tornam historicamente objetivas.

No mundo animal, que não é, estritamente falando, um mundo, mas um *suporte* do mesmo, não há "situações-limite" devido ao caráter a-histórico de cada um na relação com o outro. Por isso, em vez de

---

[7] No original, "*knowing body*". (N. T.).

[8] O professor brasileiro Álvaro Vieira Pinto analisa com bastante clareza o problema concernente às "situações-limite", indo além e eliminando a dimensão pessimista que originalmente nós encontramos em Jaspers. Vieira Pinto diz que as "situações-limite" não são "a barreira intransponível onde todas as possibilidades terminam, mas a margem real onde todas as possibilidades começam"; elas não são "a fronteira entre ser e não ser, mas a fronteira entre ser e ser mais" (PINTO, Álvaro Vieira. *Consciência e realidade nacional*. Rio de Janeiro: ISEB, 1960, p. 284. v. II) (N.A.).

"situações-limite" históricas, o limite é o próprio *suporte*. Portanto, o que caracteriza o animal é que ele não está *em relação com* o seu suporte, mas *adaptado* a ele. Consequentemente, como um "ser em si mesmo" ao produzir um ninho, uma colmeia, uma toca onde morar, ele não está de fato criando produtos como resultado de "atos-limite". Sua atividade produtiva está subordinada à satisfação de uma necessidade física, meramente estimulante, mas não desafiadora. Por essa razão, os seus produtos, sem dúvida, "pertencem diretamente ao seu corpo físico, enquanto o homem está livre diante de seu produto".[9] Somente à medida que os produtos que provêm da atividade de um ser em si "não pertencem ao seu corpo físico", eles darão origem à dimensão significativa do contexto que, desta forma, se torna *mundo*.

A principal diferença entre um animal, cuja atividade não vai além da mera produção, e o homem, que cria o domínio da cultura e da história através de sua ação sobre o mundo, é que apenas o último é um ser da práxis. Ele é um ser que cria e tem ciência disso como transformador e criador. Que o homem, em sua permanente relação com a realidade, produz não apenas bens materiais, coisas sensíveis e objetos, mas também instituições sociais, ideologias, arte, religião, ciência e tecnologia. Enquanto o animal, como nós vimos, é limitado pelo seu *suporte*, o homem é condicionado pelos produtos de sua própria atividade que, através da "inversão da práxis", se voltam contra ele. Desta forma a cultura, que é criação do homem, de certa forma cria o homem. Afetado pela sua própria práxis, ele a condiciona através do movimento dialético entre a própria cultura na qualidade de superestrutura e a infraestrutura.[10] É através do ato de criar e de ser condicionado por sua própria criação, através da criação de um objeto e de tornar-se um objeto, que ele encontra o grande desafio da liberdade. Somente os seres que vivem este paradoxo de criar e ser condicionados por sua criação são capazes de alcançar a liberdade. Quando alienados, eles são capazes de superar a alienação; quando oprimidos, eles são capazes de lutar pela liberdade.[11]

---

[9] MARX Karl. *Economic and Philosophical Manuscripts*. New York: International Publisher, 1964 (N.A.).

[10] "De acordo com a perspectiva materialista da história, o fato que a longo prazo determina a história é a produção e reprodução da vida concreta. Nem Marx nem eu jamais afirmamos mais do que isso. Se alguém o distorce, dizendo que o fator econômico é o único determinante, ele torna esta tese numa expressão vazia, abstrata e absurda. A situação econômica é a base, mas os elementos da superestrutura [...] também exercem sua influência no curso das lutas históricas e muitas vezes conformam o seu curso. Carta de Friedrich Engels a J. Bloch, London, September, 1890. Veja: MARX, Karl; ENGELS, Friedrich. *Marx-Engels, Selected Works*. Moscou: Progresso, 1966, p. 491-493. v. II. Veja também: ALTHUSSER, Luis. *Pour Marx*. Paris: F. Malpeso, 1965 (N.A.).

[11] Há um excelente ensaio sobre este assunto pelo professor brasileiro Ernani M. Fiori, "Culture and Alienation," a ser publicado em breve pelo

As oportunidades da América Latina na história

Então, se a cultura tem tal efeito condicionante sobre seus próprios criadores, a liberdade cultural bem como a opressão cultural estão diretamente condicionadas pela própria cultura. A liberdade cultural, assim como a sua falta, manifesta-se não apenas ao limitar o acesso à cultura a certas classes sociais, mas também ao negar o direito de recriá-la. Por essa razão, o foco da discussão é agora direcionado para inquirir se o contexto cultural latino-americano provê, ou não, uma oportunidade para a participação das classes populares na cultura existente, bem como se estas se sentem livres, ou não, para criar e recriar seus próprios valores.

Não entrando em uma análise detalhada dessa questão, nós podemos presumir que desde a conquista a América Latina foi uma terra subjugada. Sua colonização consistiu num transplante por parte dos invasores.[12] Sua população foi esmagada; sua economia foi baseada em trabalho escravo (particularmente dos negros trazidos da África como objetos); era dependente de mercados estrangeiros e, em geral, seguiu um padrão cíclico. Além disso, as suas estruturas econômicas, desde o início discriminatórias em favor dos conquistadores, eram baseadas em recursos naturais que foram sistematicamente explorados e direcionados para mercados europeus.[13]

Instituto Latinoamericano de Estúdios Sociales. (ILADES), Santiago, Chile (N.A.).

[12] "Se, do ponto de vista econômico, a ação dos leigos durante a colonização efetuou a destruição do tradicional sistema de produção dos nativos, a Igreja completou esse processo com a destruição do sistema cultural pré-colombiano. Baseado nessa ação que a 'europeização' da América Latina aos poucos vai apagar todas as características de uma cultura aborígine que sobreviverá sob a forma de subculturas campesinas regionais" (VASCONI, Tomas. *Educación y cambio social* santiago: Universidad de Chile, Centro de Estudios Sócio-Económicos, 1967, p. 39-40) (N.A.).

[13] "A estruturas econômica na América Latina é profundamente deformada no sentido que tanto a distribuição da renda como da população é muito desigual. Tal deformação tem sua origem no impacto da conquista sobre a economia não monetária, primitiva, onde a renda (o padrão de vida) era determinado fundamentalmente tanto pela disponibilidade de recursos naturais quanto pelo nível sociocultural. Por isso, a distribuição coincide com aquela da população. Com a colonização, os produtos oriundos das minas e outras indústrias extrativas, e depois aquelas originadas da agricultura e criação de gado, foram quase completamente canalizadas para a metrópole. Na maioria das áreas, especialmente em regiões de mineração, que usavam trabalho escravo, pode-se dizer que a renda local tenha sido negativa. O valor agregado nas colônias era limitado aos centros que fazem a intermediação com a metrópole. As melhores áreas então foram apropriadas, e os trabalhadores restantes e rebeldes foram empurrados para áreas marginais onde eles permaneceram no nível de subsistência, de acordo com os recursos naturais disponíveis. "Tal estrutura econômica era, portanto, profundamente deformada. Além disso, séculos mais tarde, os efeitos desta deformação ainda são sentidos na América Latina, uma vez que o crescimento econômico foi principalmente induzido de fora." (Esta nota foi tomada de um

O controle econômico, social, político e cultural dos centros colonizadores – Espanha e Portugal – moldou as sociedades latino-americanas em sociedades ao mesmo tempo agrárias e exportadoras, sujeitas a uma oligarquia rural, inicialmente transplantada e sempre dependente dos interesses estrangeiros. Eram oligarquias impostas ao povo, ao qual se referiam como "nativos" (no sentido pejorativo), que tinham a sua origem na mistura de raças que surgiu como resultado da miscigenação.

Durante o período colonial nós éramos "sociedades fechadas": escravocratas, sem um povo, simples "reflexos". A chave de nossa formação parece ter sido o exagero de poder que trouxe consigo um desejo quase masoquista de permanecer sujeito a ele. Isso tinha a respectiva satisfação de estar vinculado a um poder do qual se podia depender como se fosse onipotente.

A dominação econômica predominante determinou uma cultura de dominação que, uma vez internalizada, significou o condicionamento de um comportamento submisso. "Ninguém ousava passar por um soldado em guarda sem mostrar respeito", diz Luecock ao falar de suas observações durante a visita ao Brasil. Outro visitante distinto, Saint-Hilaire, acrescenta: "pode ser dito que o respeito era ingerido com o leite que mamavam", referindo-se ironicamente à internalização da cultura dominante.

As observações de Rugendas, em sua "Viajem Pinturesca atraves de Brasil" também são significativas:

> Verdadeiramente, há leis que impõem certos limites à vontade e ira dos senhores: um exemplo é aquela que determina o número de chicotadas permitidas de uma só vez sem a intervenção das autoridades; enquanto essas leis não são cumpridas [...] a punição dos escravos devido a uma falta real ou imaginária, os maus tratos devido à crueldade e arbitrariedade dos senhores são apenas limitados pelo receio de perder o escravo, ou devido à sua morte, à sua fuga, ou ao respeito humano da opinião pública.[14]

O último limite naturalmente deveria ser o mais frágil de todos...

Do ponto de vista da educação sistemática,[15] que é caracterizada pelo elitismo, há uma diferença entre a América espanhola e o Brasil. Enquanto na América espanhola as universidades começaram a surgir em 1551 (apesar de serem cópias

---

trabalho inédito, *Changes Within the Economic Space Structure in Latin America*, preparado por Estevan Strauss, jan. 1969. Nós reconhecemos, com agradecimento, a permissão do senhor Strauss para usar esse extrato) (N.A.).

[14] A este respeito veja: DAVIS, David Brion. *The Problem of Slavery in Western Culture*. Ithaca: Cornell University Press, 1966 (N.A.).

[15] TARSO, Paulo de. Necesidades Educacionales de Una Sociedad en Desarrollo. Remarks at Inter-American Forum: The Continuing Impact of Technology and Modernization on Latin American Society. Washington: Division for Latin America, USCC, jan. 1968 (N.A.).

pobres das universidades metropolitanas), no Brasil, durante os primeiros 200 anos de sua vida colonial, os jesuítas foram os únicos educadores, engajados com a catequização dos nativos. Suas atividades estavam voltadas principalmente à "conquista das almas" para a fé católica, à qual acrescentavam o ensino do latim. Não obstante, devemos reconhecer o grande esforço desses primeiros educadores do Brasil e o fato de que alguns, como Nóbrega e Anchieta, foram os precursores de valiosos métodos pedagógicos.

Apenas com a migração da "família real" em 1808 e a consequente renovação do governo metropolitano no Rio de Janeiro é que as primeiras mudanças na política educacional se tornaram evidentes no Brasil com o surgimento de escolas, bibliotecas, imprensa, etc. É importante notar, no entanto, que a escola de instrução superior criada naquele período foi uma escola de belas artes... Esta diferença de política educacional entre os conquistadores espanhóis e portugueses poderia dar a impressão de que os primeiros foram melhores colonizadores, mais desejosos de educação e cultura. No entanto, isso simplesmente se deve ao fato de que os portugueses não encontraram no Brasil o desafio à sua conquista que os espanhóis tiveram que enfrentar na área de seu domínio. Enquanto os portugueses encontraram no Brasil mais geografia que história, os espanhóis enfrentaram culturas altamente desenvolvidas.

A cultura do silêncio

A mencionada cultura da dominação, que continua viva na "cultura do silêncio", foi formada durante o passado colonial de reis e vice-reis, representantes da coroa, opressão e repressão, de uma educação elitista não capaz de libertar o homem, mas capaz de proibir-lhe a possibilidade da expressão pessoal. No Brasil a única voz que alguém podia ouvir em meio ao silêncio era a voz emanada dos púlpitos. Citando uma frase latina que terminava com a palavra *infans* da homilia que homenageava a chegada do Marquês de Montalvo, o Padre Antônio Vieira diz:

> Comecemos por esta última palavra, *infans*, infante, quer dizer o que não fala. Neste estado estava o menino Batista, quando a senhora o visitou, e neste estado estava o Brasil muitos anos que foi, a meu ver, a maior ocasião de seus males. Como doente não pode falar, toda outra conjectura dificulta muito a medicina. Por isso Cristo nenhum enfermo curou com mais dificuldade, e em nenhum milagre gastou mais tempo, que em curar um endemoniado mudo: o pior acidente que teve o Brasil em sua enfermidade foi de tolher-se-lhe a fala.[16]

A "cultura do silêncio" sobreviveu o período colonial e experi-

---

[16] VIEIRA, Padre Antonio. Sermão de Visitação de Nossa Senhora. In: *Obras completas: sermões*. Porto: Lelo Irmãos, 1959, v. III, p. 330 (N.A.).

mentou em alguns países uma interrupção formal durante as guerras da independência. Ela permanece hoje especialmente nas extensas áreas rurais da América Latina. É importante enfatizar que, apesar de nessas circunstâncias históricas a consciência oprimida "hospedar" a consciência opressora,[17] a "cultura do silêncio" está predisposta a ser "reativada" em suas manifestações sob circunstâncias mais favoráveis, mesmo que isso signifique uma mudança nas estruturas que a mantêm.

O fenômeno da emergência – mais forte em algumas sociedades do que em outras –, através do qual as classes populares na América Latina anunciam sua intenção de romper esta cultura e reclamam uma participação ativa no processo político, é bastante recente entre nós. Teve seu início com o deslocamento sofrido por estas "sociedades fechadas". "Um período de crise", diz Weffort, "nascido ou da profunda ruptura produzida pela Guerra Mundial de 1914-1917 ou pela Grande Depressão de 1929, dependendo do país, solapou as bases da velha sociedade latino-americana".[18] Essa crise caracteriza a transição histórico-sociológica pela qual as sociedades latino-americanas estão passando como sociedades dependentes, uma condição que agrava as suas contradições internas e externas. Entretanto, é importante destacar que a transição à qual me refiro não tem, pelo menos para mim, a conotação que alguns sociólogos lhe dão. Eles falam dela como a passagem mecânica de uma sociedade tradicional para uma sociedade modernizada. Esse tipo de transição, identificada com a passagem do subdesenvolvimento ao desenvolvimento, constitui uma das dimensões da ideologia dominante. Não há como identificar desenvolvimento com modernização. Embora desenvolvimento implique modernização, modernização não é, por si, desenvolvimento.

O desenvolvimento é alcançado somente quando o lócus da decisão para a transformação sofrido por um ser é encontrado dentro e não fora dele. E isso não acontece com sociedades dependentes, que estejam alienadas e, como tais, são "sociedades-objeto". Quando a fonte de decisão, incluindo os aspectos políticos, econômicos e culturais, continua fora, nas sociedades metropolitanas das quais o povo comum depende, somente é alcançado um processo de modernização. Por essa razão, a transição histórico-sociológica das sociedades da América Latina precisa ser canalizada ou para superar sua condição dependente e com isso assumir seu papel de sujeito e alcançar o desenvolvimento ou elas

---

[17] Sobre o fenômeno da reativação, veja: ALTHUSSER, 1965 (N.A.).

[18] WEFFORT, Francisco. *Classes populares e política.* São Paulo: Universidade de São Paulo, 1968, p. 2 (N.A.).

serão impedidas de descobrir o seu destino histórico.

Isso obviamente significa muito mais do que a derrocada de estruturas obsoletas com o fim de erigir novas; isso significa superar a sua condição de "existir para outros". A primeira opção pode ser induzida de fora, sem envolver o povo, e geralmente com o propósito de, mais cedo ou mais tarde, lançá-los de volta à imersão inicial; a segunda apenas pode ser atingida com o povo como sujeito de seu processo.

Modernização não basta

A opção por modernização em vez de desenvolvimento implica as restrições da liberdade cultural bem como o uso de métodos e de técnicas através das quais o acesso à cultura seria aparentemente controlado. Isso implica uma educação para a manutenção do *status quo*, preservando a não participação do povo em quaisquer processos em qualquer área; uma educação que, ao invés de desvelar a realidade, a mitifica e, consequentemente, domestica e adapta o homem.

Por isso, também, a modernização pode ser vista como uma resposta objetiva dada pelas elites no poder para a crescente demanda expressa pelas classes populares submersas. Tal emergência, como vimos, é recente entre nós e "significa", diz Weffort,

[...] por um lado, uma dupla pressão sobre as estruturas dominantes: pressão sobre as estruturas do Estado para ampliar a participação popular na política (especialmente através do voto), bem como na vida social (direitos sociais, educação, etc.), e uma pressão sobre as estruturas do mercado (através da pressão sobre o Estado), particularmente com relação da participação na elaboração de políticas de emprego e consumo.

Por outro lado, continua Weffort,

A emergência política das classes populares significou, até certo ponto, a sua incorporação efetiva no contexto político institucionalizado, transformando-se assim em pressão popular dentro do atual regime político [...] E movimentos e governos populistas típicos podem ser observados em países como o Brasil e a Argentina, onde encontraram espaço para sua realização.[19]

Na medida em que essas classes populares emergem dentro de certas condições históricas específicas, elas criam um novo estilo de ação política, o populismo. Em nossa opinião, as seguintes afirmações são legítimas: a emergência, por si, mesmo que signifique, como mencionado anteriormente (Weffort), dupla pressão, não implica expulsão automática dos fantasmas míticos que foram internalizados no período da imersão; e o populismo, como um novo estilo de vida política, caracterizado pela manipulação das classes populares emergentes e por um tipo de

---

[19] WEFFORT, 1968, p. 1 (N.A.).

liderança que faz a mediação entre elas e as elites do poder, não é capaz de realizar a necessária "exteriorização" de tais mitos.[20]

Tanto mais que se enfatiza a emergência das massas na América Latina, mais as elites que possuem o poder, comprometidas com interesses externos, polarizarão contra elas. Desta forma, na medida em que a fase populista parece indicar seu objetivo através da intensificação das pressões populares como uma tentativa de organização, as elites do poder, sentindo-se sempre mais ameaçadas, não têm alternativa a não ser terminar o processo. Ao fazê-lo de forma repressiva, negando às classes populares o direito de expressar-se e oferecendo-lhes uma educação mitificada, elas reativam a antiga tradição da "cultura do silêncio". Parece-me que podemos encontrar aqui uma explicação para a apatia das classes populares (especialmente as rurais, mas também as urbanas) que se segue ao fechamento do processo político. O "medo da liberdade", que não havia desaparecido durante a emergência, é restaurado de maneira ainda mais forte através do "fracasso" de suas primeiras experiências de participação. Mais uma vez elas tendem a viver sua postura fatalista diante do mundo, uma posição característica da consciência oprimida. Mais uma vez elas se sentem incapazes, em sua maioria, de enfrentar as "situações-limite", não percebendo além delas os "inéditos viáveis", entendidos como o futuro a ser construído pelo homem.

Por essas razões, a liberdade cultural na América Latina é a liberdade das classes dominantes de abordar a sua cultura, enquanto a usam como instrumento de proibir o direito de expressão das classes populares. No nível básico, e em alguns casos também em outros níveis, um reduzido número das classes populares é capaz de alcançar uma cultura alienada que, por sua própria natureza, impede a sua libertação. Na medida em que são "sociedades fechadas", predominantemente dependentes, passando por um processo de modernização e não de desenvolvimento, a elite do poder na América Latina, separada das massas e receosa de mudanças estruturais, não faz mais do que invadir o contexto de valores das classes populares com o fim de impor suas opções e frustrar suas ações. E nessas circunstâncias não é possível falar de liberdade cultural.

---

[20] "As massas que apoiam o líder populista não possuem as condições subjetivas e objetivas necessárias para evitar a sua queda. Elas foram mobilizadas por ele com o propósito de ampliar a sua participação econômica e política dentro do sistema vigente, não com o objetivo de conquistá-lo e de criar uma 'nova sociedade'". (CANTONI, Wilson. *The Dilemma of Education Before the Partiality of Latin American Development*. Santiago, Chile: International Sociological Association VI World Congress, Agrarian Reform Training and Research Institute, ICIRA, 1966) (N.A.).

A restauração da liberdade – "seres para si"

Para ter a liberdade restaurada como um direito e não como um privilégio através do acesso a uma cultura falsa, seria necessário que as sociedades latino-americanas se tornassem "seres para si". Além disso, um profundo e intenso esforço em favor da ação cultural seria necessário para enfrentar a "cultura do silêncio" culturalmente. Um passo fundamental seria o desvelamento dessa cultura, situada como um objeto cognoscível diante das classes populares que, ao percebê-la criticamente, poderiam "exteriorizar" seus mitos. Através dessa ação cultural libertadora, na medida em que envolve diálogo em vez de invasão cultural, realiza-se a síntese cultural. Por essa razão *o programa para tal ação não pode ser selecionado exclusivamente por aqueles que o iniciam*, mas deve também ser escolhido pelos grupos populares que, tanto quanto os outros, devem ser sujeitos no ato de conhecer a realidade. É por isso que esse estilo de ação tem o seu ponto de partida na realidade objetiva e na percepção desta pelas classes populares. Na proporção em que essas massas, através da *conscientização*, se tornam conscientes, pouco a pouco, de seu vir-a-ser e de sua realidade (que também é um vir-a-ser), elas estão se preparando para a inserção no processo histórico. Elas não são mais seres duais, "hospedeiros" dos opressores, mas seres no processo de se tornarem livres. E isso é possível porque a ação cultural não é um mero passatempo intelectual diletante, uma inútil combinação de palavras, mas uma tarefa reflexiva e positiva – um verdadeiro conhecimento da realidade para transformá-la conscientemente e, ao transformar, conhecê-la. Portanto, a liberdade cultural não existe dentro das condições concretas de dominação onde, na melhor das hipóteses, até mesmo uma elite do poder assume um papel paternalista, pensando por e para as classes populares, o que significa contra elas. A liberdade cultural não é um presente, mas o direito conquistado das classes populares para expressar a si mesmas, um ato que as capacita a "pronunciar o mundo" e viver a sua contínua recriação.

Libertar a ação cultural, previamente e concomitante a qualquer processo revolucionário, é a base da própria liberdade cultural porque se trata da revolução na superestrutura num processo dialético com a infraestrutura. Nessas circunstâncias, a busca de um diagnóstico da falta de liberdade cultural significa chegar a um diagnóstico da falta de liberdade. Não é possível ter liberdade cultural enquanto a "cultura do silêncio" prevalecer na América Latina.

Darcy Ribeiro (1922-1997)

Darcy Ribeiro: a educação necessária

Jairo Henrique Rogge

Darcy, Darcys

Escrever sobre Darcy Ribeiro é escrever sobre uma multiplicidade de seres e fazeres. Em seus diferentes "fazimentos" Darcy foi etnólogo, educador, ensaísta, romancista, político. Tantas foram suas "peles", como ele mesmo se referia aos seus distintos "eus", que parecem ser muitos Darcys. No entanto, ao mesmo tempo que se mostram diferentes, também se articulam perfeitamente em um só, através da unidade e da coerência de seu pensamento. Em outras palavras, o educador não pode ser entendido sem que se compreendam o etnólogo, o romancista ou o político.

Nascido em Montes Claros, Minas Gerais, em 26 de outubro de 1922, graduou-se em Ciências Sociais pela Escola de Sociologia Política de São Paulo, em 1946, realizando pesquisas etnológicas no Pantanal e na Amazônia. A partir de meados da década seguinte, tendo como mestre Anísio Teixeira, Darcy veste a pele do educador, e acaba por ser o fundador e primeiro reitor da Universidade de Brasília, durante o governo Juscelino Kubitschek, o que o leva ao Ministério da Educação e da Casa Civil, durante o governo João Goulart, entre 1961 e 1964. Com o golpe militar, até 1979, vive exilado em vários países latino-americanos e europeus, tendo então produzido a maior parte de sua obra. Uruguai, Venezuela, Chile, Peru, em todos esses cantos da América Latina Darcy deixou sua marca.

De volta ao Brasil, elegeu-se vice-governador do estado do Rio de Janeiro em 1982, no mandato de Leonel Brizola. Foi secretário da Cultura e coordenador do Programa Especial de Educação, com o encargo de implantar 500 Centros Integrados de Educação Pública (CIEPs). Criou, nessa mesma época, a Biblioteca Pública Estadual, a Casa França-Brasil, a Casa Laura Alvim, o Centro Infantil de Cultura de Ipanema e o Sambódromo. Em 1990, foi eleito senador da República. Faleceu em 17 de fevereiro de 1997, logo após finalizar sua obra maior, *O povo brasileiro*.

A pedagogia darcyniana

Filho de professora, Darcy carregou desde sempre o gene do educador. Porém, formalmente essa história começa a partir de sua ligação com Anísio Teixeira. Essa parceria teve seu grande momento com a fundação da Universidade de Brasília, a que se seguiu uma constante e frutífera produção intelectual voltada à questão da educação. Darcy buscava implementar um ensino público, gratuito e de qualidade, que culminasse em uma universidade livre, moderna e, acima de tudo, voltada para o futuro. Para ele, a educação era a ponte que uniria o cidadão e o Estado, proporcionando o desenvolvimento das plenas potencialidades do povo, levando à formação de uma sociedade mais justa.

Seus escritos sobre educação foram intensos e fundamentaram a criação de projetos escolares e universidades em vários países da América Latina. No Brasil, tal produção chegou a termo com a fundação da Universidade de Brasília e, mais tarde, com sua menina dos olhos, a Universidade Estadual Norte Fluminense, em Campos de Goytacazes, no estado do Rio.

A seguir, uma relação dessas obras.

- *Plano orientador da Universidade de Brasília;*
  - Edição brasileira (1ª): Editora da Universidade de Brasília - UnB, 1962.
- *A universidade necessária;*
  - Edição brasileira (1ª a 4ª): Editora Paz e Terra, 1969/1985.
- *Propuestas: acerca de la renovación;*
  - Edição venezuelana (1ª): Editora UCV, Caracas, 1970.
- *Université des Sciences Humaines D'Alger;*
  - Edição algeriana (1ª): mimeo, Alger, 1972.
- *La Universidad Peruana;*
  - Edição peruana (1ª): Editora Del Centro, Lima, 1974.
- *UnB: inversão e descaminho;*
  - Edição brasileira (1ª): Editora Avenir, Rio de Janeiro, 1978.
- *Nossa escola é uma calamidade;*
  - Edição brasileira (1ª): Editora Salamandra, Rio de Janeiro, 1984.
- *Universidade do terceiro milênio: Plano Orientador da Universidade Estadual Norte Fluminense.*
  - Edição bilíngue português-inglês (1ª): *Revista Universidade do Terceiro Milênio*, Rio de Janeiro, v. 1, n. 1, 1993.

No entanto, sua preocupação ia muito além da educação superior, fundando-se muito caracteristicamente no ensino de base. Um exemplo disso, e o seu reconhecimento de que educação e cultura popular andam juntas, pode ser dado pelos CIEPs e, mais especificamente, aquele integrado ao Sambódromo do Rio de Janeiro, no qual 200 salas de aula o transformaram também em uma imensa escola de turno integral.

Um pouco antes de falecer, Ribeiro fez uma de suas últimas grandes conquistas na área educacional, elaborando a Lei de Diretrizes e Bases da Educação Nacional (LDB), sancionada em 20 de dezembro de 1996 e chamada de Lei Darcy Ribeiro.

Sobre a universidade necessária

O livro *A universidade necessária* é, entre os textos sobre educação, aquele em que Darcy Ribeiro expõe de forma mais profunda seu pensamento pedagógico, mesmo sem ter necessariamente características de um "método" educacional. Publicado em 1967, como uma síntese de um seminário sobre reformas universitárias que conduziu durante o seu exílio no Uruguai, tem em suas páginas uma proposta de como uma universidade deve ser, a fim de contemplar seu real papel no mundo moderno. Para Darcy, a universidade necessária é aquela que forma o andaime básico da civilização, que atua sobre e modifica tudo o que está a sua volta.

Novamente, Darcy vincula a universidade necessária com a necessidade de crescimento autônomo, a forma de libertação do Terceiro Mundo. Assim, essa universidade se torna, ao mesmo tempo, fato e utopia.

E Darcy tinha sua utopia: um desenvolvimento com justiça para todos os brasileiros, e isso só seria possível com a popularização da educação como instrumento de transformação social. A utopia de Darcy era, na verdade, a matéria-prima sobre a qual ele construiria o concreto, uma educação necessária.

[Texto selecionado]

A universidade de utopia (trecho de *A universidade necessária*)

Darcy Ribeiro

[*A Universidade Necessária*. 3. ed. Rio de Janeiro: Paz e Terra, 1978, p. 172-177.]

A Universidade de que precisamos, antes de existir como um fato no mundo das coisas deve existir como um projeto, uma utopia, no mundo das idéias. Nossa tarefa, pois, consiste em definir as linhas básicas deste projeto utópico, cuja formulação deverá ser suficientemente clara e atraente para poder atuar como uma força mobilizadora na luta pela reforma da estrutura vigente. Deverá ter, além disto, a objetividade necessária para ser um plano orientador dos passos concretos pelos quais passaremos da Universidade atual à universidade necessária.

Forçosamente, este modelo utópico será muito geral e abstrato, afastando-se, assim, de qualquer dos projetos concretos que possa inspirar. Só deste modo poderá satisfazer, conjuntamente, a dois requisitos básicos: a) ser um guia na luta pela reestruturação de qualquer das universidades das nações subdesenvolvidas, sem o que estarão propensas a cair na espontaneidade das ações meritórias em si mesmas mas incapazes de somarem-se para criar a Universidade necessária e, b) poder converter-se em programas concretos de ação que considerem as situações locais, as possibilidades de cada país e, com a capacidade de transformar a Universidade em agente de mudança intencional da sociedade.

Na elaboração de um novo plano de Universidade cumpre considerar muitas contingências. Entre elas o fato das universidades serem sub-estruturas encravadas em sistemas sociais globais, não tendo em si mesmas condições de transformar a sociedade total, antes tendendo a refletir as mudanças verificadas do que a imprimir-lhes alterações. Entretanto o próprio fato de ser parte do sistema estrutural global capacita a universidade a prever transformações viáveis dentro do contexto social, que tanto podem servir à manutenção do sistema vigente, enquanto arcaico, como para imprimir-lhe características renovadoras. Partimos, por isto, do pressuposto de ser possível conseguir que a instituição universitária atue mais como agente de mudança progressista do que como contrapeso de atraso, através da possibilidade de explorar as contradições e tensões existentes.

Outra contingência a levar em conta é que as universidades são instituições históricas surgidas em todas as civilizações com certo grau de desenvolvimento, para atender exigências específicas de sua sobrevivência e de seu progresso. Não é preciso, portanto, reinventar a Universidade, nem conter a ousadia de repensá-la senão dar-lhe autenticidade e funcionalidade, mediante a análise dos interesses particularistas disfarçados na ideologia da Universidade tradicional. Só assim serão exploradas todas as possibilidades de modelar uma Universidade nova, correspondente às necessidades de desenvolvimento autônomo dentro da civilização emergente. Revestem-se de valor decisivo, neste empreendimento, tanto as experiências de nossos povos na criação de universidades como as experiências alheias, de todas as sociedades modernas, na medida em que forem entendidos com clareza os sucessos históricos e os imperativos sociais que regeram sua estruturação e reestruturação.

Nas análises anteriores, buscamos destacar tanto os condicionamentos necessários quanto os âmbitos de variação possível dos diversos modelos de organização universitária[1]. Evidenciamos que uma universidade tanto pode desempenhar o papel de instrumento da consolidação da ordem social vigente como, em certas circunstâncias afortunadas, atuar na qualidade de órgão transformador desta mesma ordem. As universidades que atuarem como simples guardiãs do saber tradicional só poderão sobreviver enquanto suas sociedades se mantiverem estagnadas. Entretanto, quando estas começarem a mudar a universidade também se verá desafiada a alterar suas formas para servir às novas forças sociais. Se não o fizer provocará o florescimento do novo saber fora de seu perímetro acabando assaltada e desfigurada pelos mais capazes de expressá-lo. Ao contrário, as universidades que se anteciparem, na medida do possível, às transformações sociais poderão converter-se em instrumentos de superação do atraso nacional, em certas circunstâncias, contribuindo decisivamente para a transformação radical de suas sociedades.

Conforme foi salientado, entre o modelo teórico de universidade, a ser posto em debate, e qualquer projeto concreto de implantação duma nova universidade, ou de transformação duma existente, haverá a diferença que distingue, necessariamente, uma concepção utópica de um plano de ação. Entretanto, esta concepção utópica só logrará seus fins normativos se não for construída sobre o vazio, como um modelo de universidade desejável em qualquer tempo e em qualquer situação; só os logrará, se for elaborada com base na análise cuidadosa dos fracassos e frustrações da experiência universitária latino-americana, a fim de suprir as carências observáveis nas condições presentes na região e contando com recursos escassos.

O modelo de universidade buscado será também utópico no sentido de antecipar, conceitualmente, as universidades do futuro, configurando-se como meta a ser alcançada um dia, em qualquer sociedade. Proceder doutro modo seria construir um modelo de universidade para nações subdesenvolvidas que seria, também, uma universidade subdesenvolvida, embora destinada a instrumentar a luta contra o atraso. E isto exige que o modelo proposto seja, por um lado, um padrão ideal e válido em qualquer situação; e, por outro lado, que possa ser um projeto aberto à revisão para poder ser apresentado em cada momento como o objetivo a dar sentido e justificação aos diversos projetos concretos a ele tendentes, como etapas de transição. Nestas condições o modelo teórico deve corresponder, simultaneamente, às exigências mínimas de uma proposição normativa, embora muito geral,

---

[1] O autor se refere especialmente aos capítulos II e III da obra, em que realiza uma minuciosa análise dos modelos de universidades ditas "clássicas" do Velho Mundo e a universidade latino-americana, respectivamente (N. Jairo Rogge).

e às imposições ideais duma utopia tão ambiciosa quanto possível. Só uma proposição muito esquemática poderá satisfazer a estes dois requisitos de padrão normativo e de utopia. Assim, distanciar-se-á necessariamente das universidades existentes, mas não ao ponto de não poder cristalizar-se, nas melhores delas, como um ideal de reestruturação.

Entretanto, cumpre assinalar que o modelo continuará sendo apenas uma utopia desejável para a maioria das centenas de entidades auto-designadas como universidades na América Latina. Elas não têm condições mínimas para alcançar o nível das universidades contemporâneas dignas deste nome, muito menos o das universidades do futuro. Portanto, o projeto também servirá para demonstrar a inviabilidade de muitas das referidas "*universidades*", sem nenhuma capacidade de lograr a massa crítica de recursos de ensino e de pesquisa que as converta em núcleos autônomos e lhes permita atuar como um dos centros através dos quais a sociedade nacional ou regional domina, aplica e difunde o patrimônio do saber humano.

Na verdade, o que é proposto ao formular-se o modelo é configurar a universidade necessária para atender as exigências mínimas do domínio do saber científico, tecnológico e humanístico de hoje. A construção de, pelo menos, uma universidade com estas características constitui a meta liminar de aspiração intelectual de toda nação que se proponha a sobreviver e a evoluir entre as demais, orientando autonomamente seu destino e seu desenvolvimento. Entretanto, esta é meta demasiadamente ambiciosa para meros simulacros de universidade, cujos horizontes de crescimento não podem ultrapassar os de uma agência de formação profissional ajustada às necessidades da zona em que se inserem.

Muitas destas instituições, dada sua precariedade, não têm condições para chegar a ser verdadeiras universidades, qualquer que seja o modelo estrutural adotado. O importante, no entanto, é que, mesmo para estas universidades de padrão mais baixo é indispensável a existência de uma verdadeira grande universidade no âmbito da região em que se localizam, da zona lingüístico-cultural que integram e da nação a que servem. Só esta presença permitirá a tais *quase-universidades* levantar o nível de eficácia do ensino proporcionado abrindo a seus estudantes e professores perspectivas de aperfeiçoamento que, doutro modo, só poderiam conseguir no estrangeiro. Tais advertências são indispensáveis, porque a adoção do modelo proposto, no caso de universidades precárias, seria mais danosa, quiçá, do que conveniente, pois poderia levar a simulações e alienações, no mínimo tão graves quanto as deformações cientificistas e profissionalistas já assinaladas.

Efetivamente, nosso modelo foi projetado para as universidades que dispõem de maiores possibilidades de auto-superação e desenvolvimento, e se propõem a ser centros dinamizados da criatividade cultural duma nação ou região. Para tais universidades o novo modelo estrutural pode desempenhar as seguintes funções:

a) prover um corpo explícito de alternativas e opções para o planejamento da renovação estrutural de seus órgãos e a revisão dos procedimentos através dos quais exerce suas funções;

b) proporcionar uma imagem global de como deve ser e operar uma universidade capaz de satisfazer os princípios reitores da nova reforma;

c) atuar como um ponto de referência para o diagnóstico e a crítica das estruturas vigentes e para uma justa apreciação das conquistas já alcançadas pelas universidades, que devem ser preservadas em qualquer futura reforma estrutural;

d) oferecer uma tabela de valores para avaliar a eficácia e importância de cada projeto parcial de mudança que a universidade se disponha a realizar;

e) mobilizar os corpos universitários para um esforço conjunto de renovação, capaz de contrapor à universidade real a universidade necessária e de formular um projeto específico de transição progressiva de uma à outra;

f) opor aos projetos de colonização cultural e de perpetuação do subdesenvolvimento e da dependência (através da modernização reflexa), um projeto próprio que satisfaça, no âmbito universitário, aos requisitos fundamentais do desenvolvimento autônomo da nação.

Antes de passarmos à discussão de nosso modelo teórico, faz-se necessário advertir que nenhum padrão estrutural de universidade é perfeito em si mesmo. O máximo a que pode aspirar é à prefiguração de uma estrutura teoricamente capaz de desempenhar as funções atribuídas à universidade, em certas circunstâncias. Pode-se indagar, até, se a estrutura atual de nossas universidades, embora obsoleta, apresentaria exigências imediatas de renovação, caso tivéssemos disponibilidade de recursos para investir no ensino superior de tal forma que, apesar das duplicações e constrições, ele resultasse eficaz. Um modelo estrutural novo impõe-se como necessidade impostergável, precisamente, por nossas universidades serem incapazes de crescer e aperfeiçoarem-se nas condições atuais, a partir da estrutura vigente ou dos modelos cristalizados em outras áreas, com os recursos disponíveis. E, sobretudo, porque tais estruturas servem antes à perpetuação do *status quo* do que à sua mudança. Impõem-se, além disso, porque os remendos, ora feitos nas estruturas tradicionais, concretizados em programas induzidos do exterior, ameaçam reforçar, mais ainda, seu caráter retrógrado, aliviando algumas tensões e atendendo algumas carências, precisamente para manter suas características essenciais de universidades elitistas e apendiculares, alienadas e alienadoras.

Orlando Fals Borda (1925-2008)

Orlando Fals Borda e a pedagogia da práxis

Alfonso Torres Carrillo

A vida de Orlando Fals Borda (1925-2008) está estreitamente ligada à história da Colômbia, ao pensamento crítico e à pedagogia comprometida com a transformação social na América Latina. Nasceu na cidade caribenha de Barranquilla, no seio de uma família presbiteriana e liberal de classe média, onde se formou nos valores morais que orientariam seu pensamento e sua ação posteriores. Estudou música e literatura inglesa na Universidade de Dubuque (Iowa), nos Estados Unidos. Regressou ao país em 1948, ano em que o dirigente popular Jorge Eliécer Gaitán foi assassinado, o que motivou um levante em todo o país; Fals – como o recordaria depois – presenciou e foi impactado por essa rebelião.

Em 1949, mudou-se para Bogotá, onde trabalhou como professor e como tradutor em um acampamento rural no qual uma empresa norte-americana construía uma represa. Ali fez amizade com os camponeses e começou a recolher informações sobre sua condição econômica, social e cultural, reconhecendo sua vocação para a pesquisa. Entre 1951 e 1955, realizou nas Universidades de Minnesota e Flórida, respectivamente, o mestrado e o doutorado em sociologia rural, temática a que se dedicou quando regressou à Colômbia, publicando alguns livros e numerosos artigos que lhe permitiram um reconhecimento continental como cientista social.

No final da década de 1950, vinculou-se ao Ministério da Agricultura e à Universidade Nacional, onde, junto com o sacerdote – e também sociólogo – Camilo Torres Restrepo, criou a Faculdade de Sociologia. Como assessores dos programas da Reforma Agrária e da Ação Comunitária, assim como a partir de sua atividade acadêmica, esses dois intelectuais se comprometeram inicialmente com o projeto reformista da Frente Nacional.

As rápidas transformações econômicas e sociais que o país viveu na década de 1960, marcadas pela última fase da violência rural, a acelerada urbanização e industrialização, o auge das lutas sociais e a radicalização da oposição política, influíram nos espíritos sensíveis de Camilo Torres e Orlando Fals Borda. O primeiro se vinculou à guerrilha, onde morreu em 1966; o segundo deixaria a universidade em 1969 para se comprometer de todo com o movimento camponês como pesquisador militante.

Neste contexto e em um intenso diálogo com outros intelectuais do Terceiro Mundo, Fals desenvolveu suas ideias sobre a subversão moral, a crítica ao colonialismo intelectual, a democracia radical e a Pesquisa-Ação Participativas (*Investigación Acción Participativa* – IAP); essa última é uma proposta metodológica e pedagógica de grande influência nas organizações populares, movimentos educacionais e projetos políticos alternativos, com os quais tanto se comprometeu até sua morte no ano 2008. De fato, Fals participou da criação de vários centros de pesquisa e ação educacional, como a Fundación La Rosca e o Foro por Colombia e de revistas como *Alternativas* e *Cepas*, e também se uniu a movimentos democráticos progressistas como Firmes, a Alianza M-19 e o Polo Democrático Alternativo.

A Pesquisa-Ação Participativa como pedagogia da práxis

A partir do impulso germinal de uma ciência comprometida com a justiça social e a partir da recepção criativa de autores como Kurt Lewin, Georg Lukács, Antonio Gramsci, Paulo Freire e Edmund Husserl, Orlando Fals Borda liderou um grupo de pesquisadores na Colômbia que procurou vincular pesquisa social e ação política transformadora. O próprio Fals definiu esta busca, gerada a partir da prática, nos seguintes termos:

> Recordemos que a IAP, ao mesmo tempo em que insiste na rigorosa busca de conhecimentos, é um processo aberto de vida e de trabalho, uma vivência, uma evolução progressiva rumo à transformação estrutural da sociedade e da cultura como objetivos sucessivos e parcialmente coincidentes. É um processo que requer um compromisso, uma postura ética e persistência em todos os níveis. Enfim, é uma filosofia de vida na mesma medida em que é um método (ANISUR, R.; FALS O., 1983).

A partir de uma crítica à neutralidade da ciência e à educação, assim como ao seu caráter integrador e colonialista em sua irrupção nos países do Terceiro Mundo, a IAP procura pôr em diálogo os saberes provenientes do mundo acadêmico e os originados pelos setores populares. Esse diálogo de saberes ganha sentido dentro de um compromisso e uma práxis de transformação social, o que implica opções éticas, políticas e pedagógicas coerentes.

Essa opção intelectual e política o conectou com outros educadores comprometidos com a práxis:

Seguimos então o rumo assinalado por Freire e Stenhouse sobre a necessidade de combinar o ensino e a pesquisa e de transcender a rotina pedagógica visando a alcançar clareza comunicativa, justiça social e avivamento cultural. O Conselho Internacional de Educação de Adultos (ICAE) do Canadá, com a direção de Budd Hall, organizou uma rede mundial de PP com ramificações em Nova Délhi, Dar es Salaam, Amsterdam e Santiago do Chile, e publicou a influente revista *Convergence*. Quase simultaneamente, na Universidade de Deakin, Austrália, um grupo de professores encabeçados por Stephen Kemmis começou a trabalhar com os aborígines Yothu-Yindi e a produzir conceitos centrais da P(A)P, como a "espiral", o "ritmo reflexão ação" e a "pesquisa emancipadora" (FALS, 1999, p. 7).

A partir da perspectiva pesquisadora e pedagógica da IAP, a separação entre sujeito e objeto de conhecimento e de ensino deve ser superada pelo princípio da "reciprocidade simétrica"; esta parte do reconhecimento de pesquisadores e pesquisados, educadores e educandos como sujeitos "sentipensantes", assim como da necessidade de vínculos horizontais e da construção coletiva de conhecimento. Também implica que, em toda pesquisa participativa, se deva realizar uma "devolução sistemática" ou socialização pedagógica dos resultados, fazendo uso da combinação de linguagens narrativas e analíticas.

Finalmente, este compromisso renovado com uma libertação a partir da pesquisa e da ação confirma que a IAP não é uma simples busca de conhecimentos. Também implica uma transformação em atitudes e valores individuais, na personalidade e na cultura, em perspectiva altruísta: "Este pode ser o sentido mais profundo da P(A)P como projeto histórico. Portanto, o etos de libertação/ emancipação está relacionado com um novo desafio intelectual: a construção de um paradigma prática e moralmente satisfatório para as ciências sociais, com o fim de torná-las congruentes com o ideal de serviço" (FALS, 1999).

Principais obras de Orlando Fals Borda

Subversión y cambio social (1968)

Ciencia y colonialismo intelectual (1970;1981)

Las revoluciones inconclusas en América Latina (1972)

Por la praxis: el problema de como investigar para transformarla (1979)

Historia doble de la Costa (1979-1984). 3 v.

Conocimiento y poder popular (1986)

Sobre os textos selecionados

Para esta publicação, escolhemos dois textos praticamente inéditos, nos quais Fals Borda faz uma reflexão explícita sobre os vínculos e influências mútuas entre Pesquisa Participante e Educação Popular. O primeiro,

Pesquisa-ação, ciência e educação popular nos anos 90, foi apresentado no Seminário Internacional realizado pelo Conselho de Educação de Adultos da América Latina (CEAAL) na cidade de Havana, em janeiro de 1995. Cabe recordar que Fals Borda era, então, presidente honorário dessa rede de Educação Popular, sucedendo Paulo Freire.

Nesse texto, Fals faz um balanço da contribuição da corrente pesquisadora participativa na crítica à razão moderna colonial, na construção de um pensamento e uma ciência social críticos e no desenvolvimento de movimentos sociais comprometidos com a emancipação humana. Depois, detém-se em analisar o conteúdo pedagógico da Pesquisa Participativa e a contribuição que representou para os educadores em diversos países dos Terceiro e Primeiro Mundos.

O segundo texto é uma transcrição da intervenção que Fals Borda fez em maio de 2005, em uma homenagem póstuma a Paulo Freire realizada na Universidade Pedagógica, no contexto da inauguração da Cátedra do mesmo nome. Ali, em um tom mais coloquial, referiu-se às circunstâncias históricas, às condições culturais e utópicas que tornaram possível e frutífera a mútua contribuição entre a Educação Popular e a Pesquisa-Ação Participativa. Finalmente, ele insiste em uma ideia também presente no texto anterior: a práxis pesquisadora e pedagógica deve estar orientada pelo bom juízo, a *phrónesis* grega, que permite tomar decisões acertadas e guiadas pela busca da justiça.

Esperamos que a leitura desses dois textos seja uma provocação para que os educadores latino-americanos se aproximem do pensamento e da obra desse "intelectual comprometido do Terceiro Mundo", como ele mesmo se definiu.

[Textos selecionados]

Tradução: *Luis Marcos Sander*

Pesquisa-Ação, ciência e educação popular nos anos 90
Orlando Fals Borda

[Seminário Internacional do Conselho de Educação de Adultos da América Latina. *Anais...*, Havana, 23-27 de jan. 1995.]

Apresentação

O tema que me foi proposto para este Seminário e o contexto do mesmo sobre construção plural de paradigmas emancipadores são assuntos afins vinculados pela crise contemporânea que nos afeta como educadores, como pesquisadores científicos e como pessoas. Tema e contexto andam de mãos dadas para nos levar a considerar questões relacionadas com o conhecimento e sua organização, seus tipos e suas formas de acumulação e comunicação, e os propósitos que animam sua busca e sua utilização.

Este não é um problema qualquer. Nas atuais circunstâncias de Cuba e dos países irmãos e também do resto do mundo, a sobrevivência da espécie humana depende de saber o que fazer com aquilo que aprendemos e decifrar seus sentidos intrínsecos.

A busca de paradigmas alternativos aos dominantes na ciência e na educação, como vem ocorrendo em nossa época, é sintoma das falhas das instituições que nos condicionam e governam. Essas falhas podem ser existenciais ou meramente técnicas, ou de ambas as espécies. A história deste esforço, às vezes parafraseado como "busca da verdade", oferece capítulos muito interessantes nos quais se observa o jogo das ideias em toda a sua plenitude. Uma coisa ficou clara: não existe a tão louvada neutralidade valorativa das ciências ou na busca do conhecimento de que a academia tanto se tem ufanado. O problema é muito mais complexo e aberto.

Baseados nessas constatações preliminares, temos agora duas grandes tarefas diante de nós:

1) Compartilhar e estudar com os pesquisadores acadêmicos a possibilidade de abrir a mente para alternativas de explicação das realidades e de ação sobre estas para transformá-las segundo ideais de justiça e de progresso; e 2) participar com os educadores do sentimento potencial de tornar-se pesquisadores eficazes da mesma realidade, para contribuir na tão grande empresa e justificar o trabalho diante da sociedade e da história.

Parece-me que o interesse suscitado em Cuba pelas metodologias participativas de pesquisa e ação social, econômica, política e cultural, das quais a Pesquisa-Ação Participativa (IAP) seja talvez a mais conhecida e empregada, é um sintoma de que se quer tomar uma direção apropriada. Por isso, vim a este Seminário para contribuir ao debate necessário e para prestar minha modesta contribuição ao avanço deste povo querido e admirável que merece superar os problemas de que hoje padece.

Frustração do cientificismo eurocêntrico

Comecemos, pois, com o problema dos cientistas e pesquisadores, que, em geral, nos consideramos membros da comunidade acadêmica dominante do Ocidente. Confessemos que esta comunidade não tem sido equânime de todo nem suficientemente informada e que nisso nós, que habitamos no Terceiro Mundo, não levamos a melhor parte. Muitos de nós nos frustramos com o colonialismo intelectual que adotamos diante de colegas de países do Norte, pois ele nos impediu de sermos suficientemente independentes e criativos, sendo que, em nossa atual crise, necessitamos de maior liberdade de concepções e mais amplitude de visão.

No entanto, há sintomas de mudança nesse mau tratamento. Começa a haver um conhecimento maior e respeitoso da realidade cultural, artística e humana de nossas sociedades tropicais e subtropicais, adquirido durante estes anos tanto por nós como pelos euramericanos. Muitos desses descobrimentos foram feitos dentro de um marco crítico comum que convida a desafiar as instituições do poder formal tanto nos países dependentes como nos dominantes, afetados pelas propensões auto-objetivantes da ciência e da técnica modernas.

Além disso, parece que se acumularam tantas informações recentes sobre setores de nossas sociedades para embasar uma reflexão teórica e metodológica própria que modifique as interpretações anteriores, que comumente foram exogenéticas.

É claro que os trabalhos rotineiros não desapareceram dentre nós, já que seus marcos de referência continuam se reproduzindo por inércia em instituições acadêmicas e em escolas e meios de comunicação de massa controlados por pessoas caracterizáveis como colonos intelectuais. No entanto, a produção dessas pessoas, em regra, não transcende as fronteiras nacionais justamente pelo mimetismo de que sofrem.

O que vou dizer a seguir para sustentar que necessitamos continuar nos livrando do colonialismo eurocêntrico que tanto afeta a academia não é novo, de modo que o resumirei. Desde o início do século XX, e em especial a partir dos desastres materiais e espirituais das guerras mundiais, muitos cientistas e filósofos europeus reconheceram que tinham um problema existencial e questionaram o propósito final de seus conhecimentos e acumulações técnicas, tanto nas universidades como nos laboratórios. O inspirador dessas tarefas tinha sido o cartesianismo analítico junto com a tentação teleológica de obter controle sobre os processos naturais. Além disso, no plano político, tinham-se delineado formas democráticas representativas escoradas em um positivismo funcional e nas ideologias da livre empresa, do livre mercado e da propriedade absoluta. Como nem tudo andava bem, a sociedade europeia se dividiu entre utopistas e realistas, dando origem a essa controvérsia permanente que parte de Hobbes e encontra seu nadir no fascismo.

Ao cabo de quase dois séculos de experiências, a desilusão e o protesto se transformaram em alimento diário daquela sociedade. Lembremos, entre outras vozes dissidentes, o pessimismo de Spengler sobre os resultados da busca do desenvolvimento econômico e a crítica fenomenológica de Husserl ao desvio do positivismo, criando escolas que desembocaram em revisões substanciais da interpretação ontológica. Até as ciências naturais experimentaram esse mal-estar e buscaram uma revisão orientadora. Encabeçados pelos físicos quânticos, descobriram a infinitude da estrutura interna das partículas atômicas e deram o salto do paradigma mecânico do cotidiano de Newton ao infinitesimal e relativo de Einstein, complementando-o com a inesperada e herética constatação de Heisenberg sobre a indeterminação do conhecimento experimental e o papel antrópico do observador. Dali às teses de Prigogine e Mandelbrot sobre a teoria do caos, o fractal e a serendipidade não foram mais do que um passo. E esse passo foi transcendental e inevitavelmente antiacademicista e antipositivista.

No campo filosófico também houve esforços para se afastar do cartesianismo e do positivismo que vale a pena recordar: entre outros, os da Escola Crítica de Frankfurt, ao combinar a rejeição do nazismo com o resgate antidogmático do marxismo; e o da filosofia da ciência, principalmente francesa, com as contribuições de Bachelard, Bourdieu, Foucault, Lyotard e outros pós-modernistas que quase não deixaram nada de pé na interpretação da formação social contemporânea. Às vezes, entre nós não houve maior eco a essa evolução por razões da linguagem, talvez. No concernente às ciências sociais, por exemplo, estas continuaram apegadas ao cientificismo e ainda hoje se encontram, em vários países, na antiquada etapa do paradigma newtoniano. Ainda não leram Feyerabend.

De um outro ponto de vista, o eurocentrismo umbilical e nosso servilismo acadêmico com os países do Norte são inexplicáveis, porque a sociedade e a ciência europeias são em si mesmas o fruto histórico do encontro de culturas diferentes, incluindo as do atual mundo subdesenvolvido. É natural se perguntar, por exemplo, se Galileu e os demais gênios da época teriam chegado às suas conclusões sobre a geometria, a física e o cosmo sem o impacto do descobrimento da América e suas culturas e produtos, ou sem a influência deslumbrante dos árabes, hindus, persas e chineses que bombardearam com seus decantados conhecimentos e invenções a Europa rudimentar do pré-Renascimento.

O reverso da corrente colonizadora

Acontece agora outro fenômeno interessante. As velhas correntes intelectuais colonizadoras do

Norte para o Sul mudaram de sentido parcialmente nestes anos para se voltar na direção contrária e criar interessantes ondas de convergência temática inspiradas no velho bordão de conhecer para poder atuar bem e transformar melhor. Neste caso, o que estamos observando pode ser o começo de uma fraternidade universal comprometida politicamente contra sistemas dominantes e exploradores do ser humano e da natureza, uma fraternidade formada por colegas intensamente preocupados com a situação social, política, econômica e cultural de todos nós que herdamos este mundo injusto, deformado e violento, tanto ali como aqui, e que queremos mudá-lo de maneira radical.

Para começar nossa revisão de dados e experiências relacionadas com esse fenômeno, vejamos uma expressão da estética indígena. Com este esforço, descobriu-se outra visão do mundo muito distinta da transmitida por culturas opressoras e suas academias. Como se sabe, para alcançar essa visão, Claude Lévi-Strauss fez viagens frequentes para a América Latina e a África e plasmou em páginas admirativas o "pensamento selvagem" que também os índios Desana em nossa Amazônia comunicaram a Gerardo Reichel-Dolmatoff. Esses estudiosos, como muitos outros autores, recolheram aquela sabedoria pré-colombiana que os cientistas ocidentais desprezaram, mas que o povo comum do Terceiro Mundo preservou apesar de tudo em seus casarios e bairros, defendendo o que depois identificamos como a dimensão "sentipensante" do ser latino-americano.

Os praticantes das ciências naturais tampouco se salvam dos desafios do mundo subdesenvolvido, especialmente aqueles que persistem em ver o universo como se fosse constituído de partículas ou blocos elementares finitos, mensuráveis e matematizáveis. A concepção mecanicista do mundo herdada pelo físico austríaco Fritjof Capra, por exemplo, começou a cair quando este e seus colegas analisaram os problemas ecológicos e perceberam formas não lineares em processos vitais comuns. Eles não descobriram isso sozinhos, mas o aprenderam principalmente de comunidades indígenas e da sabedoria intuitiva destas. Capra protestou contra a desorientação desumana da ciência moderna e encontrou fatores de equilíbrio para essa tendência mortal somente no I-Ching e em enfoques holísticos baseados no *yin* e no *yang* e no misticismo dos povos esquecidos do Extremo Oriente. Com base nesses postulados terceiro-mundistas, apresentou sua desafiante doutrina do "ponto de mutação" e a proposta de uma metafísica compartilhada por outras autoridades científicas (não todas, é claro).

De maneira semelhante, o epistemólogo canadense Morris Berman descobriu as limitações dos conceitos acadêmicos do circuito, campo de força, conexão e interação através do estudo da alquimia medieval, do totemismo e dos cultos à natureza dos indígenas e negros americanos. Foram trabalhos de africanos (Chinua Achebe e outros) os que mais o iluminaram para reformular teses derivadas dessas formas não acadêmicas e a necessidade de "reencantar o mundo" com o que ele chamou de "consciência participativa". Assim ele fez eco a clamores similares de grupos latino-americanos e hindus que propunham, já antes, metodologias inovadoras com essa espécie de consciência.

O que levou Foucault, por sua parte, a postular a conhecida tese sobre a "insurreição de conhecimentos subjugados" em sua primeira conferência de Turim? Ele mesmo o explica como uma reação à tendência erudita de produzir um único corpo unitário de teoria como se fosse "a ciência", esquecendo outras dimensões da realidade, especialmente as das lutas populares não registradas, nem oficial nem formalmente. Não sabemos com exatidão, por causa de sua morte prematura, quanto incidiu em Foucault a constatação da difícil situação dos indígenas americanos a quem visitou e cujas sobrevivências culturais e um e outro alucinógeno elogiou. Não deve ter sido pouco já que Foucault a homologa com lutas esquecidas que ele próprio documenta sobre o louco, o doente e o preso. Dali se derivam suas análises sobre as relações entre o saber e o poder político e os condicionantes do poder científico, análises que convergem com claras preocupações terceiro-mundistas anteriores e contemporâneas, incluindo as da IAP.

Por outro lado, a dialógica moderna foi proposta primeiro no Brasil (Paulo Freire). Dar voz aos silenciados e fomentar o jogo pluralista de vozes diferentes, às vezes discordantes, tornou-se também o bordão de estudo e ação para sociólogos influentes do Canadá (Bud Hall), Holanda (Jan de Vries), Estados Unidos (Park, Gaventa), Austrália (Kemmis, Carr, McTaggart) e Inglaterra (Reason, Whitehead), entre muitos outros, e para todo um movimento renovador da educação de adultos em nível mundial, inspirado em nossas metodologias participativas de pesquisa e ação. Dali surgiram as ideias sobre "o outro" e o respeito à diversidade que depois foram atribuídas aos intelectuais eslavos Bakhtin e Todorov.

As teorias da dependência e do sistema capitalista mundial, assim como do desenvolvimento do subdesenvolvimento, encontraram seus primeiros paladinos no Egito, Senegal (Samir Amin) e América Latina (Fernando H. Cardoso, hoje presidente do Brasil, Celso Furtado, André Gunder Frank), com replicações posteriores na Europa (Immanuel Wallerstein, Dudley Seers). A crítica terceiro-mundista à economia, como a de Manfred Max-Neef, demonstrou as graves falhas teóricas e técnicas dessa disciplina, seus objetivos e alcances. Acrescentam-se a ela hoje os trabalhos dos economistas humanistas e da vida cotidiana, como Mark Lutz e Paul Ekins, e os críticos do conceito e ideologia do "desenvolvimento" (o alemão Wolfgang Sachs, o colombiano Arturo Escobar) que o desnudaram em sua realidade malsã e inconveniente.

Além disso, registramos o efeito positivo de contribuições concretas de nossos pesquisadores envolvendo problemas da periferia, como Stavenhagen, González Casanova, Benarjee, Tandon, Taussing e Mustafá, sobre o marxismo esclerosado dos europeus. Algo semelhante ocorreu com as teorias do Estado e da democracia originadas no Cone Sul Americano (Lechner, O'Donnell); sem esquecer a extraordinária contribuição original dos hindus à física quântica e de cubanos e colombianos à medicina e à biotecnologia.

Enfim, creio que é fácil deduzir de tudo isso que os acadêmicos formais de hoje se encontram encostados contra a parede por não terem reconhecido a tempo se o que vinham fazendo era pertinente ou não, se era útil ou não, para a necessária transformação de nossas sociedades críticas ou se vinham repetindo, sem reconhecê-lo abertamente, velhos erros de orientação científica e técnica. A academia se equivocou ao se tornar rotineira, perdeu com frequência o ritmo do tempo e, muitas vezes, ficou sem sabor existencial por não ter prestado suficiente atenção ao estudo respeitoso de nossas raízes.

Mas nunca é tarde para revisar essa preocupante situação, e, para isso, felizmente surgiram fórmulas que se demonstraram adequadas. Entre elas sobressaem as que combinam pesquisa, ação e participação. Trataremos disso a seguir, que é igualmente do interesse dos educadores em geral e dos educadores populares em particular.

Pertinência na educação contemporânea

Uma tese central da Pesquisa-Ação Participativa se deriva do que foi dito antes: quem a pratica nega a autoridade monopólica da ciência cartesiana para determinar o que é a verdade e julgar segundo paradigmas relativos sobre o caráter apropriado do conhecimento adquirido; reconhecemos, porém, correntes diversas de conhecimento científico que se alimentam umas das outras, entre elas a da chamada "ciência popular" ou empírica, que tem seus próprios elementos culturais e regras de acumulação, dedução e transmissão entre as gerações.

Cremos também que o bom senso e a dimensão estética são tão importantes como o saber cultivado para fazer descobrimentos e que a intuição e o coração podem ser tanto ou mais definitivos para a tarefa científica e educacional do que a razão e o cérebro. Tanto para o primeiro como para o segundo sobram ilustrações e casos na história da ciência.

O segredo de unir uma regra com outra para fins educacionais radica no bom uso do conceito de práxis, visto como aquela combinação dialética de prática e teoria em que a prática é determinante, mas está sujeita às rédeas do bom juízo implicado no que os gregos chamaram de *phrónesis*, isto é, a bondade da vida e a sabedoria moral. Práxis mais *phrónesis*, eis aí outra fórmula que contribui para a educação contemporânea, que implica sua orientação e refundação.

Com a IAP e seus efeitos educacionais ocorreu algo parecido ao que acabo de relatar sobre a reversão de correntes de colonialismo intelectual, só que isso foi mais dramático para cobrir toda a distância desde o limbo inicial do desprezo acadêmico nos anos 1970 até a cooptação e assimilação institucionais de hoje em dia. Com a ajuda de não poucos educadores populares que tiveram fé em suas próprias capacidades de estudo e pesquisa, a IAP foi demonstrando sua consistência e sua utilidade, tanto para os grupos populares marginalizados e explorados a quem se dirigia como para a própria academia e a escola. Ela foi saltando primeiro de um país para outro do Terceiro Mundo, onde se originou, até atingir finalmente o mundo desenvolvido, as universidades e as agências das Nações Unidas onde se tinha refletido muito procurando alternativas viáveis diante dos fracassos do desenvolvimentismo. Então descobriram e adotaram a IAP.

Alguns gringos tentaram roubar a ideia para fazê-la parecer como sendo deles e explorá-la diante de organismos não governamentais interessados, mas as evidências do trabalho prévio eram demasiadamente contundentes para poderem ser ignoradas. Em consequência, ocorreu aqui outra convergência saudável, respeitosa e amigável entre os intelectuais de ambos os mundos, tanto cientistas como educadores, de tal maneira que se foi constituindo, entre todos, um movimento universal de envergadura. A partir do Primeiro Simpósio Mundial de Cartagena, realizado em 1977, por nossa iniciativa, houve reuniões pertinentes nos cinco continentes e sete congressos mundiais, os últimos quatro já auspiciados por universidades veneráveis (Calgary, Sydney, Brisbane, Bath). O último, na Inglaterra, em julho de 1994, resolveu realizar o próximo outra vez em Cartagena, em 1997, para lembrar os 20 anos daquele primeiro marco no desenvolvimento de nossa disciplina.

Cumpro, em seguida, com prazer, a incumbência de convidar vocês e suas instituições a estarem presentes em Cartagena nessa ocasião e a prepararem as palestras correspondentes. Terão boa companhia de colegas de 40 países, que discutirão um tema interessante: "Convergência em conhecimento, espaço e tempo". Se, em alguma parte do planeta, o problema de paradigmas emancipadores ou participativos na ciência e na educação vai ser estudado seriamente, isso vai ser em Cartagena. Ali poderia ser nosso próximo encontro.

Quanto aos trabalhos dos educadores e de todos aqueles colegas inspirados na IAP, seja para o Congresso mundial ou para outros fins mais próximos, digo-lhes com franqueza que não devem ter nenhum temor em realizá-los. Faz várias décadas que o Conselho Internacional de Educação de Adultos e sua ramificação latino-americana, o CEEAL com seus centros e redes, entre eles os cubanos, propuseram e ensaiaram formas convincentes de combinar a docência com a pesquisa, no que se chamou de "salto qualitativo" da Educação Popular. Foi relativamente fácil demonstrar que um bom professor também pode ser um bom pesquisador social, como fizeram especialmente Stephen Kemmis, na Austrália, e John Elliot, na Inglaterra.

É natural que seja assim, pois a sala de aula e a escola são ambientes de intercâmbio pessoal e coletivo onde as culturas renascem e vão se transformando e enriquecendo. Não é só o professor que pesquisa nesse contexto positivo. Também o aluno que tradicionalmente foi apenas receptor e objeto do conhecimento transmitido verticalmente. Com a IAP, o processo é horizontal ou simétrico, e todos se tornam sujeitos da mesma experiência pesquisadora e docente.

A nova escola inspirada nesses ideais participativos deixou para trás aspectos burocráticos e de rotina para renovar métodos e técnicas de ensino que envolvem os chefes de família e toda a comunidade. Ela tenta superar a alienação reinante, que reduz o processo educacional a simples elementos de produtividade, qualificação e adestramento, para formar pessoas solidárias e íntegras nas quais se una o elemento sensível ao inteligível. As técnicas necessárias se referem a novos elementos de epistemologia, a uma teoria crítica da aprendizagem e a um pensamento pedagógico renovado. Os resultados dessa reorientação são bem interessantes, e em vários países os ministérios da Educação fizeram os ajustes necessários das matérias a serem lecionadas e dos aspectos organizacionais. Agora só se necessita que os próprios educadores percam o medo da pesquisa e se lancem à arena com ela. Eles verão que a pesquisa não é coisa do outro mundo e que, além disso, é sumamente prazerosa.

Fundamental neste resgate pedagógico da nova escola é lembrar que o domínio das massas populares pelas elites se arraigou não só na polarização do controle sobre os meios de produção material, como nos ensinaram Marx e Engels, mas também nos meios de produção do conhecimento. Isso inclui o controle sobre o poder social que determina aquilo que se define como conhecimento útil nas escolas.

Nesse processo, os professores são atores privilegiados, e para fazê-lo bem devem conhecer a fundo sua própria realidade social, isto é, devem pesquisar o entorno de maneira eficaz e séria. Por isso, ao ter à mão esse grande poder comunicativo, este se torna político no bom sentido do conceito ("novas formas"). Os educadores podem, então, facilmente dar vários passos adiante da seguinte maneira:

1) Enriquecer seu próprio papel e sua personalidade com as tarefas de pesquisador social;

2) induzir processos de mudança e melhoramento na sociedade local e na própria escola;

3) apoiar ações de movimentos regionais e políticos sintonizados com estas preocupações básicas.

Enfim, fortalecer em tudo que for possível a sociedade civil como fundamento de uma democracia participativa que defenda e impulsione os ideais socialistas, com os quais sempre esteve unida historicamente desde os dias de Rousseau, Proudhon e John Stuart Mill, os cartistas e Robert Owen.

Como fazê-lo? Os princípios e técnicas da IAP que se mostraram os mais adequados para essas tarefas já são tão amplamente conhecidos que não quero abusar de sua paciência repetindo-os. Lembremos somente que isso implica realizar esforços coletivos (não só individuais) de indagação científica nos quais se aplicam princípios gerais de observação e inferência; recuperar e reinterpretar a história esquecida ou tergiversada das lutas populares; valorizar nossas próprias raízes como povo e utilizar, para essas tarefas, elementos da cultura e do saber cotidianos, da arte e da ciência popular; e comunicar os resultados do trabalho levando em conta níveis de compreensão das comunidades em formas diversas ou estilos diferentes.

Essas quatro técnicas básicas podem ser aprendidas com facilidade por educadores, educandos e famílias, como o fizeram, em muitíssimas escolas e em organismos camponeses e operários com bons resultados, de tal maneira que, ao ensinar, já não só repitam o anterior, mas proclamem o aprendido com o entusiasmo do compromisso transformador implícito e com o estímulo do descobrimento criador.

Renovação do compromisso

Que lições podemos tirar do que foi dito sobre a convergência Norte-Sul, as limitações do colonialismo intelectual e da ciência cartesiana que a academia continua transmitindo e as possibilidades criadoras de uma educação popular pesquisadora e participativa? As respostas estão conectadas à ideia de "compromisso" que acabo de mencionar.

É possível ver que a irmandade dos educadores e intelectuais críticos do Norte e do Sul a que aludi pode trabalhar eficazmente por um mundo melhor em que possam ser proscritos o poder opressor, a economia da exploração, a injustiça na distribuição da riqueza e dos recursos, o domínio do militarismo, o reino do terror e os abusos contra o meio ambiente natural. Isso é grande parte do compromisso.

Como vimos, sobre esses assuntos nós nos reforçamos mutuamente. Acima das diferenças culturais e regionais, reiteramos o emprego humanista da ciência como o queria, efetivamente, Sir Francis Bacon e condenamos o uso totalitário e dogmático do conhecimento. Portanto, tentamos oferecer elementos para novos paradigmas que reposicionem Newton e Descartes e novas formas de educar e transmitir conhecimentos. Procuramos deixar para trás os dois tétricos irmãos: o positivismo e o capitalismo deformantes, para avançar na busca de formas satisfatórias de sabedoria, razão e poder, incluindo as expressões culturais e científicas que as academias, as escolas e os governos desprezaram, reprimiram ou relegaram a um segundo plano.

Isso é o que, em termos gerais, se chamou, durante a década de 1960, "ciência social comprometida", cujo mais concreto produto foi a Pesquisa-Ação Participativa.

A proposta do compromisso renovado de hoje se alimenta de um tipo de conhecimento vivencial útil para o progresso humano, a defesa da vida e a cooperação com a natureza. Aqueles de nós que querem ajudar a construir essa proposta falam de participação cultural, econômica, política e social a partir das bases, da construção de contrapoderes populares mediante processos educacionais adequados, da proclamação de regiões autônomas e do ensaio de um federalismo libertário. Queremos examinar as relações que existem entre conhecimento e poder e colocá-las a serviço das classes exploradas para defender os interesses destas. Daí a importância central que a Educação Popular, guiada pela práxis e pela *phrónesis*, assim como a ciência pela justiça e pela vida, têm no projeto participativo da nova sociedade.

É minha sincera esperança que as reflexões para as quais convidei possam dar ainda mais certeza na interpretação própria de nossas realidades, mais segurança em saber transformá-las e mais confiança em educar e construir autonomamente nossos modelos alternativos de escola, democracia, estado e sociedade, rumo ao projeto participativo e emancipador que todos queremos.

No entanto, seria necessário chegarmos a um acordo em pelo menos uma condição de justiça histórica: que os esforços de interpretação, mudança e construção dos modelos novos visem prioritariamente a beneficiar o povo trabalhador e humilde e as classes e comunidades que guardaram zelosamente a chave de nossa arca vivencial através de séculos de penúria, exploração e morte, defendendo-a de poderes coloniais, capitalistas e outras tropas do desastre. Ainda podemos aprender muito das formas sentipensantes de criação e defesa cultural, assim como das táticas de resistência secular de nossos grupos de base. São formas e táticas que podem servir para que todos conjuntamente enfrentemos com êxito a época de graves perigos em que nos coube viver.

Referências e leituras recomendadas

BACHELARD, Gaston. *La filosofía del no: ensayo de una filosofía del nuevo espíritu científico*. Buenos Aires: Amorrortu, 1973.

BERMAN, Morris. *El encantamiento del mundo*. Santiago: Editorial Cuatro Vientos, 1987.

BOURDIEU, Pierre. *Outline of a Theory of Practice*. Cambridge: Cambridge University Press, 1977.

CAPRA, Fritjof. *El punto crucial*. Barcelona: Metatemas, 1985.

EKINS, Paul (Ed.). *Everyday Life Economics*. Londres, 1989.

ESCOBAR, Arturo. *Encountering Development: The Making and Unmaking of the Third World*. Princeton: Princeton University Press, 1995.

FALS BORDA, Orlando. *Conocimiento y poder popular: lecciones con campesinos de Nicaragua, Colombia y México*. Bogotá: Siglo XXI, 1986.

FALS BORDA, Orlando; RAHMAN, Mohammad Anisur (Ed.). *Acción y conocimiento: rompiendo el monopolio con la*. Bogotá: Cinep, 1991.

FOUCAULT, Michel. *Power/Knowledge*. New York: Colin Gordon, 1980.

GAJARDO, Marcela (Ed.). *Teoría y práctica de la educación popular*. Pátzcuaro: CREFAL-PREDE/OEA-IDRC, 1985.

GAVENTA, John. *Power and Powerlessness in an Appalachian Valley*. Urbana: University of Illinois Press, 1980.

KEMMIS, Stephen; WILFED, Car. *Teoría crítica de la enseñanza*. Barcelona: Ed. Martinez Roca, 1988.

LECHNER, Norbert. *Los patios interiores de la democracia*. Santiago: Flacso, 1988.

MAX-NEEF, Manfred. *Desarrollo a escala humana*. Santiago: CEPAUR, 1986.

MEJÍA, Marco Raúl. *Educación popular: historia, actualidad, proyecciones*. Santa Cruz de la Sierra: Unicruz, 1990.

OSORIO, Jorge; WEINSTEIN, Luis (Ed.). *El corazón del arco iris*. Santiago: CEAAL, 1993.

PARK, Peter et al. (Ed.). *Voices of Change: Participatory Research in the United States and Canada.* Toronto: OISE Press, 1993.

PRIGOGINE, Ilya. *Order out of Chaos: Man's New Dialogue with Nature.* Nova Iorque: Bantam Books, 1984.

RAHMAN, Mohammad Anisur. The Theory and Practice of Participatory Action Research. In: FALS BORDA, Orlando (Ed). *The Challenge of Social Change.* Londres: Sage, 1986.

REASON, Peter (Ed.). *Human Inquiry in Action: Developments in New Paradigm Research.* Londres: Sage, 1988.

SACHS, Wolfgang (Ed.). *The Development Dictionary: A Guide to Knowledge as Power.* Londres: Zed Books, 1992.

TANDON, Rajesh. *Movement towards Democratization of Knowledge.* Nova Delhi: Society for Participatory Research in Asia, 1989.

TAUSSIG, Michael. *The Nervous System.* Nova Iorque: Routledge, 1992.

TODOROV, Svetan. *La conquista de América: la cuestión del otro.* Cidade do México: Siglo XXI, 1987.

VIO GROSSI, Francisco; GIANOTEN, V.; WIT, T. de (Ed). *Investigación participativa y praxis rural.* Santiago: CEAAL, 1988.

Da pedagogia do oprimido à pesquisa participativa[1]
Orlando Fals Borda

Intervenção no ato de homenagem a Paulo Freire
Realizado na Universidade Pedagógica Nacional
Bogotá, 4 de maio de 2005

Escutamos duas magníficas introduções à filosofia e ao sentido atual da obra de Paulo Freire.[2] Elas o foram porque nos fazem lembrar aspectos que há 30 ou 40 anos apenas se delineavam no horizonte latino-americano, mas que, olhando para trás, foram momentos estelares e formativos, de impulso a novas ideias, iniciativas políticas, econômicas e sociais em nosso mundo. Nesses momentos, a proximidade aos fenômenos impedia ver a importância do que estava acontecendo. Hoje, talvez seja mais fácil entendê-lo e também usufruí-lo, com todo o seu rigor acadêmico.

Vejam vocês, 1970, um ano cabalístico, como Alfonso Torres

[1] Texto inédito, transcrito por Madison Ordoñez, corrigido e editado por Alfonso Torres Carrillo para esta publicação.

[2] No evento em homenagem a Paulo Freire, intervieram anteriormente os educadores populares João Francisco de Souza (Brasil) e Alfredo Guiso Cotes (Argentina).

o assinalou.[3] Aparece, já com seus bons perfis, a utopia central de Paulo Freire, utopia que é o ideal da libertação humana a partir do diálogo e da transformação social, um ideal que ele sempre viu conectado com o esforço educacional. Educação para quê? Para libertar a alma, libertar a mente, libertar o corpo, libertar os oprimidos, e ele nos delineia essa meta de uma forma tal que vem a ser como uma resposta construtiva em um momento de crise absoluta, política, criada pelas ditaduras militares no continente.

Poder-se-ia dizer que a escola freiriana foi uma resposta intelectual, anímica, pedagógica à imposição autoritária, militarista da época, que levou justamente Freire a sair de seu país e fez com que os primeiros manuscritos conhecidos de *Pedagogia do oprimido* circulassem de maneira informal e subreptícia. A primeira porque esta era a maneira de trabalhar a partir da subversão bem entendida, a subversão moral e intelectual, que também existe. Esse ideal, essa utopia continuam vivos, viverão com Freire, felizmente; embora as ditaduras de sua época tenham se ido, em nosso país, Colômbia, isolado do processo democratizador do hemisfério ocidental, persistem as ameaças militaristas, sobrevivem os governos autoritários, personalistas, messiânicos e midiáticos.

E essa condição de ser uma ilha autoritária no mar socialista que surgiu na América do Sul justifica que voltemos os olhos para a experiência de Freire, que voltemos para seus ensinamentos, seus livros, sua filosofia, seu exemplo como uma pessoa íntegra que soube imaginar, criar com ideias e viver sua vida de acordo com essas expressões; uma vida íntegra e coerente, que nós podemos retomar, na Colômbia, a qualquer momento e apresentar orgulhosamente como educadores populares.

Um primeiro elemento que foi muito bem lembrado tanto por João Francisco de Souza como por Alfredo Guiso é o horizonte utópico que se expressa na obra de Freire e na de muitos que o seguiram desde então. Mas, além disso, em Freire há um elemento adicional: não só é necessário possuir um pensamento utópico, mas é necessário saber compartilhá-lo e comunicá-lo.

As primeira tentativas de Freire para comunicar sua utopia foram muito simples, foram técnicas de alfabetização, de conscientização, de relação democrática entre os professores e os educandos; porém, subjacente a essas orientações pedagógicas, havia um princípio muito

---

[3] Na apresentação, o evento fez referência a que, em 1970, foram publicados simultaneamente *Pedagogia do oprimido*, de Paulo Freire, e *Ciencia propia y colonialismo intelectual*, de Orlando Fals Borda.

mais geral, ao qual João se referiu diretamente: na diversidade do mundo, para comunicar o pensamento, aceitar as diferenças e ir construindo pontes entre elas, é necessário o diálogo.

Por isso, o método dialógico foi amplamente acolhido e se tornou famoso, e com razão; desde então, ideias, sim, utopias, sim, mas é necessário construí-las coletivamente e saber comunicá-las também. Sem dúvida alguma, Freire estabeleceu as bases dialógicas dessas novas práticas alternativas de educação e comunicação, que começaram a chamar-se populares.

O que quero desenvolver aqui é que, nesse mesmo ano cabalístico de 1970, começa a delinear-se a partir da pesquisa outra proposta para reconstruir outro diálogo entre diferentes; e o diálogo na Colômbia, como na Índia, como no México, como no Brasil, como no Chile, foi tomando esse perfil que hoje se chama Pesquisa-Ação Participativa [IAP], e que, em seu momento, foi retomada pelo Conselho de Educação de Adultos da América Latina, justamente quando sucedi o lembrado Paulo Freire no cargo de presidente.

O que significou essa mudança na presidência dessa importante rede de Educação Popular? Um reconhecimento de que havia uma possibilidade de comunicar o que estamos descobrindo, sentindo e usufruindo de maneira muito mais eficaz que nos esquemas originários de Paulo frente ao diálogo. E esses descobrimentos da época foram levando a esse grande princípio da IAP, que para mim é o princípio dos princípios, que se chama o diálogo de saberes, não simplesmente entre pessoas.

Passando para outro nível, superior de comunicação de mensagens e significados, o diálogo de saberes constitui um dos grandes desafios contemporâneos em todo campo do saber e também na filosofia, porque o que esse princípio de princípios nos diz é que, na utopia e nos ideais, é necessário assumir as diferenças na linguagem e de cultura, em sua construção e em seus estilos.

Portanto, há campo fértil para construir e reconstruir nossas sociedades, quando se articula o conhecimento científico, formal ou acadêmico, com o conhecimento popular, reconhecendo-se a esse conhecimento popular o mesmo nível de importância científica que adquiriu o outro, o acadêmico. Que se exija, por parte da academia, o respeito ao conhecimento chamado folclórico ou popular, que é na realidade a soma das experiências vitais dos povos; sem essa experiência, sistematizada ou não, não haveria conhecimento acadêmico formal, porque o conhecimento dos povos é a origem da ciência e vem desde muito antes da criação das universidades, no século XII.

Junto com as contribuições já indicadas de Freire, seu horizonte utópico e seu método dialógico, complementado e enriquecido com a ideia de uma confluência crítica de saberes, é necessário acrescentar, ainda, a necessidade de formas de pesquisa sérias, formas de ação eficazes e formas de participação democrática. Isso leva à terceira contribuição da escola freiriana, como eu o vejo hoje: a ênfase no aspecto prático. A teoria sozinha é interessante, bonita e você pode "enrolar" a quem quiser.

No entanto, a *dóxa*, o saber comum construído a partir da prática, é absolutamente indispensável para chegar à teoria. A compreensão crítica do mundo também se constrói a partir do senso comum; é isso que se quer enfatizar a partir da práxis participativa, que não é qualquer práxis. A teoria não é suficiente para chegar às metas utópicas da libertação; tem que haver um complemento na práxis.

Essa virtude – como diria Freire, essa capacidade para articular teoria e prática – provém do bom juízo, da *phrónesis*, como o propõe Aristóteles. Então, práxis mais *phrónesis* garantem e enriquecem nossas convicções, nossos desejos de sair a campo, nosso afã de transformar a realidade. Esta é a ideia política da participação que hoje promovemos.

A quem devemos essa interpretação praxiológica e fronética? Nós a devemos a um colombiano, a um amigo nosso, ao padre Camilo Torres Restrepo, outro exemplar humano coerente, como Freire, cuja vida demonstrou como se traduzem as ideias e convicções para a prática concreta. Nele confluem três elementos: a utopia, o diálogo ou a comunicação e a participação. Se também nós conseguirmos combiná-los em nossos contextos, enfrentando a diversidade real, estaremos à altura dos desafios deste momento.

Isso é urgente, pelo menos na Colômbia, onde se nos apresentam as ameaças de um regime autoritário que já temos e que se deve contestar dessas formas e não unicamente com as armas na mão, como fizeram muitos, inclusive Camilo. Não estive de acordo com ele naquele momento, mas aceito que, para ele, a partir de suas convicções, isso foi consistente com a situação daquele momento.

Mas, então, nos resta uma última reflexão sobre Freire e Camilo, e que retoma com muito gosto o que Alfredo acaba de dizer, que é a *Pedagogia da indignação*. Eu estou indignado com aquilo que tenho visto ao longo de minha existência em nosso país e por causa de minhas frustrações como colombiano. Pertenço a uma geração que é chamada de "geração da violência"; ela nasceu comigo (anos 20 do século XX) e vai morrer comigo (começos do século XXI).

Já tenho 80 anos e não quero chegar aos 85 pensando que esse dilema vital para todos os colombianos não se resolveu. Minha geração da violência já se frustrou, não podemos fazer mais, e fomos a quarta geração frustrada no século XX na Colômbia, a partir de 1903 com a Guerra dos Mil Dias. Somos uma geração com personagens lúcidos como Alberto Zalamea Borda[4] e tantos outros que se frustraram com a Revolução em andamento, se frustraram com o assassinato de Gaitán em 1948 e a violência subsequente.

Alguns como eu, pensando que iríamos resolver esse problema da violência, descobrimos hoje uma série de ciclos de violência que vão se repetindo, mudando só o nome dos atores, dos instigadores, dos semeadores de violência. Desde os *chuvalitas* e os pássaros promovidos por Laureano Gómez e Ospina Pérez,[5] até chegar hoje aos paramilitares de Uribe Vélez. Mudam os nomes, e estão fazendo o mesmo e até pior, porque, se antes os "cortes de flanela"[6] eram feitos com machete, agora se fazem com motosserra. Que tecnologia!

Tal é, pois, a razão de estarmos indignados. Mas a partir da *Pedagogia da indignação* deve abrir-senos a porta para a ação e a justiça. É necessário varrer de seus postos de poder os que vêm usufruindo da violência há duas ou mais gerações, é necessário tirar do governo os que ressemeiam a guerra, é necessário tirar dos governos todos aqueles que querem nos enganar chamando uma guerra interna de terrorismo, esquecendo 50 anos de confrontação e milhares de mortos que choramos. Que é isso? Que governo temos que seja tão desrespeitoso com a história da Colômbia e do povo colombiano?

Freire nos chama a atenção para não perder o ideal da justiça, a utopia, a esperança por um mundo novo possível; Camilo Torres nos

---

[4] Pensador e jornalista de Bogotá, primo de Orlando Fals Borda, que representou a geração de intelectuais de esquerda da década de 1960.

[5] Durante os governos conservadores de Ospina e Gómez, a polícia era conhecida como "*chuvalita*", pois muitos de seus membros provinham de um município do mesmo nome no Departamento de Bogotá. Os "pássaros" foram sicários comandados por León María Lozano, "El Condor", utilizados pelo regime conservador para perseguir e assassinar a oposição.

[6] O "corte de flanela" era uma das formas de degolar utilizadas na violência dos anos 1950.

convida para a práxis e a participação a partir da *phrónesis*. Também é nossa obrigação comunicar o que aprendemos a partir da academia e de nossa experiência de luta em um diálogo de saberes. Que o saber não fique na universidade, mas que seja compartilhado com o povo, porque ele sabe mais que nós; se não, que se pergunte aos povos originários do continente que souberam resistir mais de cinco séculos e na Colômbia aos setores populares que souberam resistir a esta fase de desastres que já dura três gerações.

Viva Freire e viva Camilo!

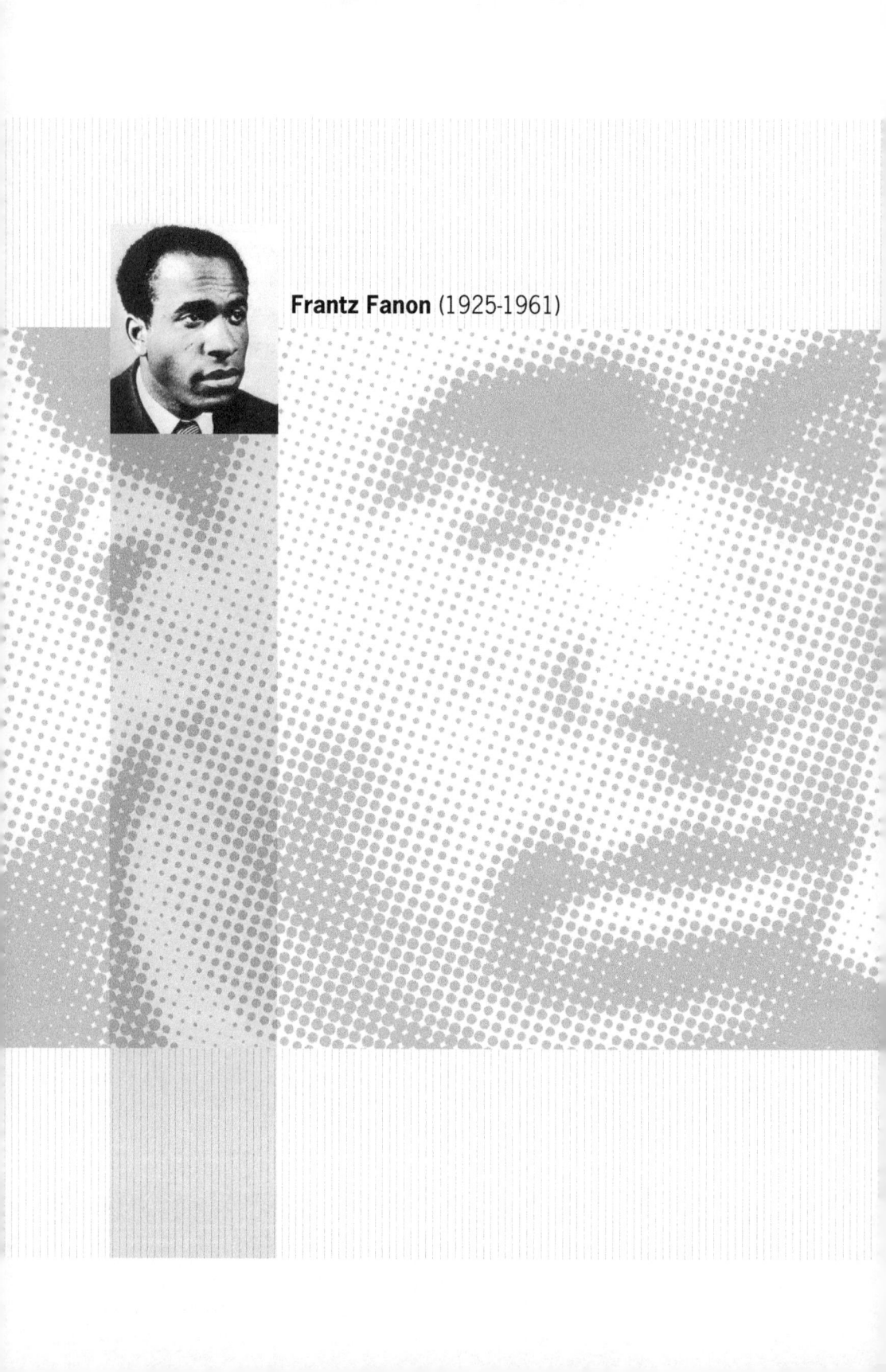

Frantz Fanon (1925-1961)

Frantz Fanon e a pedagogia da "colaboração muscular"

Gomercindo Ghiggi
Martinho Kavaya

O autor e seu contexto

Frantz Fanon, de família negra de pequena burguesia abastada e *assimilada*,[1] nasceu em Fort-de-France, na Martinica,[2] no dia 20 de julho de 1925, e faleceu aos 36 anos, no dia 6 de dezembro de 1961. Foi médico psiquiatra, escritor e ensaísta antilhano, de ascendência africana.

Na Universidade de Lyon, para além do curso universitário, Fanon especializou-se em neuropsiquiatria e em neurocirurgia. Considerado um dos maiores pensadores do século XX, inspirado nos movimentos de libertação anticoloniais, desenvolveu temas relacionados à descolonização e à psicopatologia da colonização. Como médico psiquiatra, Fanon trabalhou na Argélia, junto ao Exército francês, tendo testemunhado as barbaridades da guerra de libertação da então colônia francesa, sob o comando da Frente de Libertação Nacional (FNL), da qual foi membro. Aos 19 anos de idade lutou na resistência francesa.

Retornando à Martinica, Fanon conheceu Aimé Césaire, grande poeta antilhano de quem recebeu influência direta para a sua formação. Além da medicina, o pensador e revolucionário estudou filosofia, frequentando os cursos de Jean Lacroix e Merleau-Ponty. Aprofundou-se nas obras de Hegel, Marx, Lenin, Kierkegaard, Husserl, Heidegger e Sartre. Debruçou-se com densidade no conceito de alienação, trabalhado por Hegel e Marx.

Fanon remonta a temporada da colonização francesa na Argélia e na resistência do povo argelino. Ante a infame conduta colonialista e exploradora e, por isso, opressora, Fanon torna-se mentor da consciência dos *sem*

---

[1] Em África, este conceito se referia a africano negro ou mulato que, na época colonial, se beneficiava da nacionalidade (estrangeira) portuguesa (N.A.).

[2] Capital da Martinica, Ilha do Caribe, sob administração da França (N.A.).

voz ou vez. Diante de múltiplas atrocidades colonialistas de exploração, de repressão e de opressão francesa, o nacionalismo argelino foi ganhando corpo e se convencendo de que jamais existiria emancipação por vias *legais*. A França, com seus ideais democráticos de igualdade, liberdade e fraternidade, elaborados e difundidos desde 1789, mostrou que em se tratando do colonialismo a democracia era apenas um discurso vazio de sentido e desprovido de veracidade. O povo argelino, embora sob a jurisdição francesa, não tinha os mesmos direitos dentro do sistema democrático-liberal do qual a França se nutria. Daí a razão que explica a fundação da Frente de Libertação Nacional, com seu braço armado, o Exército de Libertação Nacional (ELN). Com as ações do ELN, com a inclusão do terrorismo e da sabotagem, a repressão aumentou. O povo e seus líderes não se cansavam, encetavam passos, mesmo que isso resultasse, como preço, em muitas mortes, apreensões, torturas e massacres.

Por isso Fanon é compreendido no contexto em que a população argelina obriga-se a combater o poderosíssimo Estado Colonialista Francês. Trata-se de uma luta anticolonial, africana e terceiro-mundista. Aqui, o povo, anteriormente sob o jugo da colonização, buscava afirmar seu protagonismo nas metamorfoses históricas mundiais, banindo preconceitos eurocêntricos que afirmavam categoricamente a África como continente sem pensamento autônomo, incapaz de pensar seu mundo da vida e sem história

O pensamento pedagógico e a centralidade da "Colaboração Muscular"

O tema do racismo ganha centralidade para Fanon, particularmente para dar densidade à sua Pedagogia da "Colaboração Muscular", como adiante veremos. O colonizador não quer, no bojo de suas preocupações, *aprender* o colonizado e, com ele, o seu *mundo da vida*. A intenção era submeter o colonizado. Neste sentido, são destruídas, sucessivamente, "todas as qualidades que fazem do colonizado um homem. E a humanidade do colonizado, recusada pelo colonizador, torna-se, para ele, com efeito, opaca. É inútil, segundo ele, procurar prever as atitudes do colonizado. ('Eles são imprevisíveis'[...]). 'Com eles nunca se sabe'". Ou seja, "é preciso que o colonizado seja bem estranho, em verdade, para que permaneça tão misterioso após tantos anos de convivência [...]" (MEMMI, 1977, p. 81-82).

Na análise do quadro de opressão no mundo africano, Fanon visualiza dois tipos de racismo: o negro e árabe e o branco europeu. O primeiro é contra os brancos-europeus, que não deverá ser analisado de forma banal, como o dos brancos contra os não brancos; o do oprimido é produto do racismo que o opressor, pela pretensa *superioridade branca*, perpetrou permanente e consequentemente contra a existência do negro e do árabe. Denomina-se *antirracismo* e discriminação positiva ou racismo positivo pelo fato de tentar lutar "contra a negação de si mesmo empreendida pelos europeus" (LIPPOLD, 2005, f. 9). É um ressentimento contra o colonizador e anúncio de uma nova era na qual o colonizado busca recuperar sua humanidade, livre e conscientemente. São exaltadas as qualidades mais profundas do negro, de modo singular aquelas que lhe são mais peculiares: "emoção, ritmo, musicalidade produto da negritude como tentativa de se autovalorizar, depois da multissecularidade de 'noites escuras' (de inferiorização) do costume africano visto essencialmente como a-histórico" (LIPPOLD, 2005, f. 9). Nesta ótica, conforme Fanon (2005, p. 112), "a mobilização das massas, quando se realiza por ocasião da guerra pela libertação, introduz em cada consciência a noção de causa comum, de destino nacional, de história coletiva". Com efeito, num segundo momento, o atinente à "construção da nação, é facilitada pela existência dessa argamassa, trabalhada com sangue e cólera (p. 112).

O *individualismo*, acentuada característica do modelo vigente, leva Fanon a afirmar que era o principal dos "*valores inimigos*", lembrando o que fazia o intelectual colonizado: firmar o indivíduo, fechando-o em sua subjetividade. E, para fortificar tal estratégia (FANON, 1979, p. 33), "ao dar-se conta da impossibilidade de manter seu domínio nos países coloniais, a burguesia colonialista resolve iniciar um combate de retaguarda no terreno da cultura, dos valores, das técnicas etc.".

A *denúncia* constitui-se como dimensão central para a produção da alternativa pedagógica da ação muscular. Ante tal quadro, Fanon, tendo por base o imperativo da denúncia que provoca o mundo africano agredido, avança na análise do grau de eficiência do poder dominante, particularmente quando usa as armas dos "aparelhos de produção da violência simbólica". Declara que o colonialismo "utiliza descaradamente esses cordéis, felicíssimo por atirar uns contra os outros, os africanos que ontem se tinham coligado contra ele. [...] o colonialismo ri baixinho, de escárnio, quando ouve as magníficas declarações sobre a unidade africana", destacando que a "religião fragmenta o povo e levanta umas contra as outras as comunidades espirituais sustentadas e reforçadas pelo colonialismo e seus instrumentos" (FANON, 1979, p. 132). A produção da denúncia de Fanon coloca o imperativo da elaboração da suspeita teórica em torno da presença de proselitismos religiosos e guerras étnicas, cada vez mais acentuadas.

Na esteira da denúncia de Fanon, Sartre, comentando a maneira como a exploração foi sendo justificada na África, afirma: "no século passado a burguesia considerava os operários invejosos, corrompidos por apetites grosseiros, mas teve o cuidado de incluir esses selvagens em nossa espécie: se não fossem homens e livres, como poderiam vender livremente sua força de trabalho?" (FANON, 1979, p. 132). Assim, torna-se fundamental entender que a "violência colonial não tem somente o objetivo de garantir o respeito desses homens subjugados; procura desumanizá-los", enfatizando que ao mundo hegemônico é importante "liquidar as suas tradições, para substituir a língua deles pela nossa, para destruir a sua cultura sem lhes dar a nossa, é preciso embrutecê-los pela fadiga" (p. 132). É, nessa ótica, que o autor fala de alternativas que o africano parece ainda não ter: "se resiste, os soldados atiram, é um homem morto; se cede, degrada-se, não é mais um homem; a vergonha e o temor vão fender-lhe o caráter, desintegrar-lhe a personalidade" (p. 9).

Apontando perspectivas, Fanon carrega em sua biobibliografia a dimensão da *esperança* e da necessária *luta*, aliás, bem postada no necessário horizonte *pedagógico* que tal propósito tem. Ao concluir a reflexão em *Os condenados da terra*, com voz profética, Fanon (1979, p. 271-274) anuncia a esperança: "o dia novo que já desponta deve encontrar-nos firmes, avisados e resolutos [...]. Deixemos a Europa que não cessa de falar do homem enquanto o massacra por toda a parte [...], em todas as esquinas de suas próprias ruas, em todas as esquinas do mundo"; uma Europa que assumiu a direção do mundo com "ardor, cinismo e violência", obrigando-se a manter "um diálogo consigo mesma, um narcisismo cada vez mais obsceno". Nós, continua Fanon, "queremos marchar o tempo todo, noite e dia, em companhia do homem, de todos os homens". Assim, o caráter educativo da obra de Fanon aparece na proposta da luta organizada e solidária, incluindo a *muscular*, o que se torna agenda permanente para a pedagogia da análise e da prática pedagógica da mudança.

Para dar alguma consistência à analise proposta e prestar algum destaque a ideias que, entendemos, sustentam a Pedagogia da "Colaboração Muscular" em Fanon, procuramos garimpar reflexões que têm destaque em sua bibliografia e conexão com a centralidade querida para este texto. Da investigação cabe destacar:

a) A ironização da "consciência europeia". Nessa ótica, o pensador pontualiza a consciência da civilização europeia autoproclamada superiora, arquitetando sistematicamente uma obra violenta que se chamou de "missão civilizatória".

b) O duplo processo de alienação: o econômico e a interiorização (a consciência). Aqui o sistema colonizador propunha a solução que visava fazer com que o negro negasse a própria condição de negro ou árabe, um estratagema que, com o bombardeamento permanente, ilustrava qual era a real "intrínseca humanidade".

c) O colonizado faz separação entre o *eu individual* e o *eu existencial*, como decorrência da agressão subjetiva de todo o processo colonial.

d) O ser e o sentir-se "estrangeiro na própria terra", compelem-no a abandonar hábitos e valores de seus ancestrais e de seu mundo e permitem que ele abrace compulsoriamente a conduta e os valores alheios à sua realidade cultural.

e) O conceito de "minoria estática", atribuído ao colonizado, resulta do fato de este ser dominado e reprimido. Segundo Castro (2006), o pensamento de Frantz Fanon aproxima-se da "obra de Marcel Mauss, especificamente quando compreende o colonialismo como um fato social total", ou seja, a "totalidade do fenômeno estaria na percepção de que o preconceito e a idéia de raça perpassam todos os demais sistemas de valores instalados nessas sociedades, possuindo uma dimensão política que se evidencia no processo de controle, de subjugo e de violência que lhes são inerentes" (s.p.).

f) A pedagogia da luta anticolonial "como preparação do amadurecimento das lutas atuais" (Fanon, 2005, p. 239). Percebe-se que "nos países subdesenvolvidos, as gerações precedentes resistem ao trabalho de erosão efetuado pelo colonialismo e ao mesmo tempo prepararam o amadurecimento das lutas atuais".

g) A condenação do colonialismo continental e a afirmação da cultura em escala continental. Nessa ótica, é preciso lembrar que "o intelectual colonizado que decide combater as mentiras colonialistas o fará em escala continental. O passado é valorizado. A cultura, que é arrancada do passado para ser desdobrada em todo o seu esplendor, não é a do seu país". Portanto, "o colonialismo, que não matizou os seus esforços, não deixou de afirmar que o negro é um selvagem e o negro, para ele, não era nem o angolano nem o nigeriano. Ele falava a língua negra." Mas o colonizado luta: "Os esforços do colonizado para reabilitar-se e escapar à mordida colonial se inscrevem logicamente na mesma perspectiva que a do colonialismo" (Fanon, 2005, p. 245).

A afirmação cultural do continente africano, que sofreu graves agressões do colonialismo europeu, levou afro-americanos, afro-latino-americanos, povos da América Central ou caribenhos a conectarem-se com a matriz cultural. Daí a razão de ser da afirmação de Fanon (2005, p. 249): "Os negros que se encontram nos Estados Unidos, na América Central ou Latina tinham necessidade, efetivamente, de se ligarem a uma matriz cultural. O problema que se apresentava a eles não era fundamentalmente diferente daquele com que se confrontavam os africanos." Lembra que em relação aos "brancos da América não se comportaram diferentemente daqueles que dominavam os africanos". E continua: "os homens de cultura, [os] africanos, falando de civilizações africanas, atribuíam um estado civil razoável aos antigos escravos. Mas, progressivamente, os negros americanos perceberam que os problemas existenciais que se apresentavam a eles não coincidiam com aqueles dos negros africanos" (p. 249).

A Pedagogia da "Colaboração Muscular"

Orientadas pela Pedagogia da "Colaboração Muscular" fanoniana, as pessoas, sob a égide da colonização, movem-se pela leitura política de seu mundo, propondo-se a desencadear uma luta que necessariamente passe pelos anúncios de libertação, com objetivo de elaborar o resgate histórico, no presente e no passe sofrido, e se abra aos sonhos possíveis de um mundo radicalmente humanizado. Desse modo, um caminho é apontado: participação popular na ação do homem todo e de todo o homem. Tal ação só tem um nome: *combate*. Com efeito, o pensar, o sonhar, o falar e o agir do colonizado apontam para o acirrado combate com os opressores. Nesta ótica a pedagogia de Fanon pode ser caracterizada como imperativamente de "colaboração muscular", como veremos adiante, *pedagogia* esta que aponta para a luta em colaboração conjunta (ensinante e aprendente) com os explorados, os oprimidos, os sem voz e os sem vez. Trata-se de uma ação colaborativa inserida na construção do sonho de libertação dos *condenados da Terra*.

Os colonizadores, por suas *imposições culturais* – como reflete Sartre, falando dos povos africanos, ao buscar formação de referenciais teóricos explicativos da vida das pessoas que lá viviam–, assim trabalhavam: "seus escritores, seus poetas, com incrível paciência trataram de nos explicar que nossos valores não se ajustavam bem às verdades de sua vida, que não lhes era possível rejeitá-los ou assimilá-los inteiramente". Para Fanon (1979, p. 4), "isso queria dizer: de nós fizestes monstros, vosso humanismo nos supõe universais e vossas práticas racistas nos particularizam".

Lendo Fanon, mirando para o "quadro da resistência" africana ante o invasor branco, Sartre (*apud* FANON, 1979, p. 12) afirma: "a fúria contida [...] destroça os próprios oprimidos. Para se livrarem dela, entrematam-se [...] por não poderem atacar [...] o verdadeiro inimigo" Pois, tal como o atesta Sartre, apresentando o livro *Os condenados da Terra*, de Fanon, "não faz muito tempo a terra tinha dois bilhões de habitantes, isto é, quinhentos milhões de homens e um bilhão e quinhentos milhões de indígenas. Os primeiros dispunham do Verbo, os outros pediam-no emprestado".

Fanon (1979, p. 33), ao lembrar a experiência dos povos africanos subjugados ("na medida em que, ao dar-se conta da impossibilidade de manter seu domínio nos países coloniais, a burguesia colonialista resolve iniciar um combate de retaguarda no terreno da cultura, dos valores, das técnicas etc."), afirma: "mais um passo e ele quererá bater-se para ser mais que o colono, tomar-lhe o lugar. Como se vê, é todo um universo material e moral que se desmorona". Outrora os colonizadores chegavam às cidades, "ainda não descobertas", e disparavam a artilharia para maravilhar os nativos e fazê-los crer que contra os brancos "somente Deus", para, em seguida, sob ordens do capitão, colocar "casaco e camisa" nos nacionais ou descer do navio, mandar fazer uma grande cruz de madeira e "enraizá-la" (p. 132).

A perspectiva de análise que aponta para a Pedagogia da "Colaboração Muscular" leva Fanon a falar particularmente da França "introduzida por tudo", para explicitar o grau de *invasão* cultural europeu. Para os países "do Norte", eurocentrismo e dominação são inseparáveis: outrora, pela produção de códigos (religiosos, econômicos, políticos e culturais) fundamentadores da exploração e negação do não europeu; hoje, a dominação continua pela *análise crítica,* uma das bem comportadas alternativas ao imperativo da "colaboração muscular" (FANON, 1979, p. 193), mesmo por *intelectuais progressistas,* ao próprio código ontem produzido. E nós, *cá embaixo, ao Sul,* nos embasbacamos com tais críticas e declaramos: *temos companheiros que, lá do Norte, referenciam nossas caminhadas rumo ao bem?* Afinal, assim como o humor, a crítica suaviza o ímpeto à "colaboração muscular". E como materializar a "colaboração muscular" sem teoria crítica?

Embora tantos escritos, Fanon (2005, p. 239) tem consciência que "não basta escrever um canto revolucionário para participar da revolução africana; é preciso fazer essa revolução com o povo. Com o povo, os cantos virão por si mesmos". Ou seja, "não há lugar algum, fora desse único combate, nem para o artista, nem para o intelectual que não está pessoalmente engajado e totalmente mobilizado com o povo, no grande combate da África e da humanidade". Por isso, afirma Fanon, "o homem colonizado que escreve para o seu povo, quando utiliza o passado, deve fazê-lo com a intenção de abrir o futuro, convidar para a ação, fundar a esperança. Mas para garantir a esperança, para lhe dar densidade, é preciso participar da ação, engajar-se de corpo e alma no combate nacional". Ele também indica o lugar da análise teórica: "pode-se falar de tudo, mas quando se decide falar dessa coisa única na vida de um homem, que é o fato de abrir o horizonte, de trazer a luz para si, de pôr em pé o [indivíduo] e seu povo, então é preciso colaborar muscularmente" (p. 266-267).

Corajosamente, Fanon aponta para um combate que ultrapassa o rasteiro e banalizado campo da produção de bandeiras e *slogans*: "combater pela cultura nacional, é, [em] primeiro [lugar] combater pela libertação da nação, matriz material a partir da qual a cultura se torna possível. Não há um combate cultural que se desenvolveria lateralmente ao combate popular" (2005, p. 267).

A Pedagogia da "Colaboração Muscular" aponta para o necessário mergulho "no passado do povo para encontrar elementos de coerência diante dos empreendimentos falsificadores e pejorativos do colonialismo. É preciso trabalhar, lutar na mesma cadência que o povo, a fim de precisar o futuro, preparar o terreno, onde já se erguem brotos vigorosos" (FANON, 2005, p. 267). Por isso, para Fanon, "a cultura nacional, nos países subdesenvolvidos, deve, pois, situar-se no próprio centro da luta de libertação que esses países travam. Os homens de cultura africana, que lutam pela unidade dessa cultura, devem perceber que essa atividade se reduziu a confrontar peças ou a comparar sarcófagos" (2005, p. 267-268).

Fanon, dando corpo à Pedagogia da "Colaboração Muscular", recorda que os colonizados "combateram como puderam, com as armas que tinham então, mesmo que os ecos de sua luta não tenham repercutido na arena internacional. É preciso ver a razão disso menos na ausência de heroísmo do que em uma situação fundamentalmente diferente". E, na "nossa missão histórica, para nós que decidimos quebrar o jugo do colonialismo, é ordenar todas as revoltas, todos os atos desesperados, todas as tentativas abortadas ou afogadas em sangue" (p. 240).

Sobre o texto escolhido

Para publicizar subsídios à leitura da Pedagogia da "Colaboração Muscular", escolhemos uma obra que, entendemos, embora através de fragmentos, possibilita leituras para avançar na reflexão aqui proposta. Assim sendo, trabalharemos com o texto *Pele negra, máscaras brancas*. Da obra citada, extraímos parte do Capítulo 5, que versa sobre a experiência vivida pelo negro, e elementos da sua Conclusão. Com a presente escolha pretendemos subsidiar a discussão acerca do racismo, dimensão central na elaboração da Pedagogia da "Colaboração Muscular", de Frantz Fanon.

Referências

CASTRO, Fábio Fonseca de. HOPOMNEMATA: blog de trabalho. Caderno de notas e ideias soltas. Guia de cursos e remissivo de aulas e pesquisa do Prof. Fábio Fonseca de Castro. UFPA. Pará: UFPA - Departamento de Comunicação, 2006. Disponível em: <http://hupomnemata.blogspot.com/2006/12/o-conceito-de-identidade-em-frantz.html>. Acesso em 27 fev. 2009.

FANON, Frantz. *Os condenados da Terra.* 2. ed. Rio de Janeiro: Civilização Brasileira, 1979.

FANON, Frantz. *Os condenados da Terra.* Tradução de Enilce Albergaria Rocha e Lcy Magalhães). Juiz de Fora: Ed. UFJF, 2005.

FANON, Frantz. *Pele negra, máscaras brancas.* Tradução de Renato da Silveira. Prefácio de Lewis R. Gordon. Salvador: EDUFBA, 2008.

LIPPOLD, Walter Gunther Rodrigues. *O pensamento anticolonial de Frantz Fanon e a guerra de Independência da Argélia* (Monografia). Porto Alegre, n. 1, 2005, 20fls. Disponível em: <http://www.fapa.com.br/monographia>. Acesso em: 27 fev. 2009.

MEMMI, Alberto. *Retrato do colonizado precedido pelo retrato do colonizador:* Tradução de Roland Corbisier e Mariza Pinto Coelho. 3 ed. Rio de Janeiro: Paz e Terra, 1977.

[Texto selecionado]

Pele negra, máscaras brancas[3]

Frantz Fanon

[FANON, Frantz. *Pele negra máscaras brancas.* Tradução de Renato da Silveira. Prefácio de Lewis R. Gordon. Salvador: EDUFBA, 2008.]

**Fragmentos do Capítulo 5 –
"Preto sujo!"
Ou simplesmente:
"olhe, um preto!"**

Cheguei ao mundo pretendendo descobrir um sentido nas coisas, minha alma cheia do desejo de estar na origem do mundo, eis que me descubro objeto em meio a outros objetos.

Enclausurado nesta objetividade esmagadora, implorei ao outro. Seu olhar libertador, percorrendo meu corpo subitamente livre de asperezas, me devolveu uma leveza que eu pensava perdida e, extraindo-me do mundo, me entregou ao mundo. Mas, no novo mundo, logo me choquei com a outra vertente, e o outro, através

---

[3] Publicação autorizada pela Editora da Universidade Federal da Bahia (EDUFBA)

de gestos, atitudes, olhares, fixou-me como se fixa uma solução com um estabilizador. Fiquei furioso, exigi explicações... Não adiantou nada. Explodi. Aqui estão os farelos reunidos por um outro eu.

Enquanto o negro estiver em casa não precisará, salvo por ocasião de pequenas lutas intestinas, confirmar seu ser diante de um outro. Claro, bem que existe o momento de "ser para-o-outro", de que fala Hegel, mas qualquer ontologia torna-se irrealizável em uma sociedade colonizada e civilizada. Parece que este fato não retere suficientemente a atenção daqueles que escreveram sobre a questão colonial. Há, na Weltanschauung de um povo colonizado, uma impureza, uma tara que proíbe qualquer explicação ontológica. Pode-se contestar, argumentando que o mesmo pode acontecer a qualquer indivíduo, mas na verdade, está se mascarando um problema fundamental. A ontologia, quando se admitir de uma vez por todas que ela deixa de lado a existência, não nos permite compreender o ser do negro. Pois o negro não tem mais de ser negro, mas sê-lo, diante do branco. Alguns meterão na cabeça que devem nos lembrar que a situação tem um duplo sentido. Respondemos que não é verdade. Aos olhos do branco, o negro não tem resistência ontológica. De um dia, os pretos tiveram de se situar diante de dois sistemas de referência. Sua metafísica ou, menos pretensiosamente, seus costumes e instâncias de referência foram abolidos porque estavam em contradição com uma civilização que não conheciam e que lhes foi imposta.

[...]

Já faz algum tempo que certos laboratórios projetam descobrir um soro para desempretecer; os laboratórios mais sérios do mundo enxaguaram suas provetas, ajustaram suas balanças e iniciaram pesquisas que permitirão aos coitados dos pretos branquear e, assim, não suportar mais o peso dessa maldição corporal. Elaborei, abaixo do esquema corporal, um esquema histórico-racial. Os elementos que utilizei não me foram fornecidos pelos "resíduos de sensações e percepções de ordem sobretudo táctil, espacial, cinestésica e visual", mas pelo outro, o branco, que os teceu para mim através de mil detalhes, anedotas, relatos. Eu acreditava estar construindo um eu fisiológico, equilibrando o espaço, localizando as sensações, e eis que exigem de mim um suplemento.

"Olhe, um preto!" Era um stimulus externo, me futucando quando eu passava. Eu esboçava um sorriso.

"Olhe, um preto!" É verdade, eu me divertia.

"Olhe, um preto!" O círculo fechava-se pouco a pouco. Eu me divertia abertamente.

"Mamãe, olhe o preto, estou com medo!" Medo! Medo! E começavam a me temer. Quis gargalhar até sufocar, mas isso tornou-se impossível.

Eu não agüentava mais, já sabia que existiam lendas, histórias, a história e, sobretudo, a historicidade que Jaspers havia me ensinado. Então o esquema corporal atacado em vários pontos, desmoronou, cedendo lugar a um esquema epidérmico racial. No movimento, não se tratava mais de um conhecimento de meu corpo na terceira pessoa, mas em tripla pessoa. No trem, ao invés de um, deixavam-se dois, três lugares. Eu já não me divertia mais. Não descobria as coordenadas febris do mundo. Eu existia em triplo: ocupava determinado lugar. Ia ao encontro do outro... e o outro evanescente, hostil mas não opaco, transparente ausente, desaparecido. A náusea.

[...]

Na América, os pretos são mantidos à parte. Na América do Sul, chicoteiam nas ruas e metralham os grevistas pretos. Na África Ocidental, o preto é um animal. E aqui, bem perto de mim, ao meu lado, este colega de faculdade, originário da Argélia, que me diz: "enquanto pretenderem que o árabe é um homem como nós, nenhuma solução será viável".

– Veja meu caro, eu não tenho preconceito de cor... Ora esse, entre monsieur, em nossa casa o preconceito de cor não existe!... Perfeitamente, o preto é um homem como nós... Não é por ser negro que é menos inteligente do que nós... Tive um colega senegalês no regimento que era muito refinado...

Onde me situar? Ou melhor, onde me meter? Martinicano, originário de "nossas" velhas colônias.

Onde me esconder?

Olhe preto!... Mamãe, um preto!... Cale a boca, menino, ele vai se aborrecer! Não ligue, monsieur, ele não sabe que o senhor é tão civilizado quanto nós...

Meu corpo era devolvido desancado, desconjuntado, demolido, todo enlutado, naquele dia branco de inverno. O preto é animal, o preto é ruim, o preto é malvado, o preto é feio; olhe, um preto!

Faz frio, o preto treme, o preto treme porque sente frio, o menino treme porque tem medo do preto, o preto treme de frio, um frio que morde os ossos, o menino bonito treme porque pensa que o preto treme de raiva, o menino branco se joga nos braços da mãe: mamãe, o preto vai me comer!

Nas proximidades do branco, no alto os céus se desmantelam, debaixo dos meus pés a terra se arrebenta, sob um cântico branco, branco. Toda essa brancura que me calcina...

Sinto-me perto da fogueira e encontro minha libré. Não a tinha percebido antes. Ela é realmente feia. Mas atenção, pois quem saberá me dizer o que é a beleza?!

Onde me meter de agora em diante? Sentia subir de todas as partes dispersas do meu ser um fluxo facilmente identificável. Eu estava ficando com raiva. O fogo há muito tempo estava morto, mas eis que novamente o preto tremia.

– Olhe, ele é bonito, esse preto...

– O preto bonito tá cagando pra você, madame.[4]

A vergonha ornamentou o rosto da madame. Enfim eu ficava livre de minhas ruminações. No mesmo momento compreendi duas coisas: identificava meus inimigos e provocava escândalo.

Completamente satisfeito, íamos, enfim, poder nos divertir.

O campo de batalha tendo sido como delimitado, entrei na luta.

Como assim? No momento em que eu esquecia, perdoava e desejava apenas amor, devolviam-me, como uma bofetada em pleno rosto, minha mensagem! O mundo branco, o único honesto, rejeitava minha participação. De um homem exige-se uma conduta de homem; de mim, uma conduta de um homem negro – ou pelo menos uma conduta de preto. Eu acenava para o mundo e o mundo amputava meu entusiasmo. Exigiam que eu me confinasse, que encolhesse.

Mas eles iam ver! Eu já os tinha prevenido... A escravidão? Não se falava mais disso, era uma lembrança ruim. A pretensa inferioridade? Uma pilhéria da qual era melhor rir. Eu acreditava esquecer tudo, com a condição de que o mundo não me escondesse mais suas entranhas. Tinha de testar meus incisivos. Eu os sentia robustos. E depois...

Como assim? Quando então eu tinha todos os motivos para odiar, detestar, rejeitavam-me? Quando então devia ser adulado, solicitado, recusavam qualquer reconhecimento? Desde que era impossível livrar-me de um complexo inato, decidi me afirmar como negro. Uma vez que o outro hesitava em me reconhecer, só havia uma solução: fazer-me conhecer.

[...]

Para o negro Francês, a situação é intolerável. Não estando jamais seguro de que o branco o considera como consciência em-si-para-si, ele se preocupa continuamente em descobrir a resistência, a oposição, a contestação.

É o que se evidencia em algumas passagens do livro que Mounier consagrou à África.[5] Os jovens negros que ele conheceu por lá queriam conservar sua alteridade. Alteridade de ruptura, de luta, de combate.

O eu se opõe opondo-se, já dizia Fichte. Sim e não. Dissemos, na nossa introdução, que o homem é sim. Não cessaremos de repeti-lo.

Sim à vida. Sim ao amor. Sim à generosidade.

Mas o homem também é não. Não ao desprezo do homem. Não à indignidade do homem. À exploração do homem. Ao assassinato

---

[4] No original: "*Le beau nègre vos emmerde, madame!*" Ou seja, ofensa pesada, mas no tratamento cortês do *vous*. Literalmente: "o preto bonito vos cobre (ou enche) de merda, madame!". Em um tom mais leve, *emmerder* significa apenas "chatear", "encher o saco". (N.T.).

[5] MOUNIER, Emmanuel. *L'éveil de l'Afrique noir*. Paris: Seuil, 1948.

daquilo que há de mais humano no homem: a liberdade.

O comportamento do homem não é só relativo. Sempre há ressentimento em uma reação. Nietzsche, em La volonté de puissance, já o tinha assinalado.

Conduzir o homem a ser acional, mantendo na sua esfera de influência o respeito aos valores fundamentais que fazem um mundo humano, tal é primeira urgência daquele que, após ter refletido, se preocupa para agir.

Fragmentos da Conclusão

Já percebo a expressão de todos aqueles que me pedirão para precisar tal ou tal aspecto da questão ou para condenar tal ou tal conduta.

Não cessarei de repeti-la, é evidente que o esforço de desalienação do doutor em medicina de origem guadalupense se faz compreender a partir de motivações essencialmente diferentes daquelas do preto que trabalha na construção do porto de Abidjan. Para o primeiro, a alienação é de natureza quase intelectual. Na medida em que concebe a cultura européia como um meio de se desligar de sua raça é que ele é um alienado. Para o segundo, é como vítima de um regime baseado na exploração de uma raça por outra, no desprezo de uma parte da humanidade por uma civilização tida por superior.

Não levamos a ingenuidade até o ponto de acreditar que os apelos à razão ou ao respeito pelo homem possam mudar a realidade. Para o preto que trabalha nas plantações de cana em Robert só há uma solução, a luta.[6] E essa luta, ele a empreenderá e a conduzirá não após uma análise marxista ou idealista, mas porque, simplesmente, ele só poderá conceber sua existência através de um combate contra a exploração, a miséria e a fome.

Jamais pensaríamos em pedir a esses pretos que corrijam sua concepção da história. Aliás, estamos persuadidos de que, sem o saber, eles comungam com o nosso ponto de vista, habituados que estão a falar e a pensar em termos de atualidade. Os poucos companheiros operários que tive a ocasião de encontrar em Paris nunca se preocuparam com a descoberta de um passado negro. Sabiam que eram negros, mas, diziam-me, isso não muda nada de nada.

No que tinham totalmente razão.

A esse respeito formularei uma observação que já encontrei em muitos autores: a alienação intelectual é uma criação da sociedade burguesa. E chamo de sociedade burguesa todas as que se esclerosam em formas determinadas, proibindo qualquer evolução, qualquer marcha adiante, qualquer progresso, qualquer descoberta. Chamo de sociedade burguesa uma sociedade fechada, onde não é bom viver, onde o ar é pútrido, as idéias e as pessoas em putrefação. E creio que um homem que toma posição contra esta morte é, em certo sentido, um revolucionário.

---

[6] Robert é uma municipalidade da Martinica.

[...]

Se para mim, a um certo momento, colocou-se a necessidade de ser efetivamente solidário com um determinado passado, fi-lo na medida em que me comprometi comigo mesmo e com meu próximo em um combate com todo o meu ser, com toda a minha força, para que nunca mais existam povos oprimidos na terra.

Não é o mundo negro que dita minha conduta. Minha pele negra não é depositária de valores específicos. Há muito tempo o céu estrelado que deixava Kant ofegante nos entregou seus segredos. E a lei moral duvida de si própria.

[...]

O negro quer ser como o branco. Para o negro não há senão um destino. E ele é branco. Já faz muito tempo que o negro admitiu a superioridade indiscutível do branco e todos os seus esforços tendem a realizar uma existência branca.

Então não tenho outra coisa a fazer nesta terra senão vingar os negros do século XVII?

Devo, nesta terra, que já tenta se esquivar, me dedicar à verdade negra?

[...]

Eu, homem de cor, não tenho o direito de procurar saber em que minha raça é superior ou inferior a uma outra raça.

Eu, homem de cor, não tenho o direito de pretender a cristalização, no branco, de uma culpa em relação ao passado de minha raça.

Eu, homem de cor, não tenho o direito de ir atrás dos meios que me permitiriam pisotear o orgulho do antigo senhor.

Não tenho nem o direito nem o dever de exigir reparação para meus ancestrais domesticados.

Não existe missão negra. Não existe fardo branco.

Desperto um dia em um mundo onde as coisas machucam; um mundo onde exigem que eu lute; um mundo onde sempre estão em jogo o aniquilamento ou a vitória.

Desperto eu, homem, em um mundo onde as palavras se enfeitam de silêncio, em um mundo onde o outro endurece interminavelmente.

Não, não tenho o direito de chegar e gritar meu ódio ao branco. Não tenho o dever de murmurar meu reconhecimento ao branco.

O que há é minha vida, presa na armadilha da existência. Há minha liberdade, que me devolve a mim próprio. Não, não tenho o direito de ser um negro.

Não tenho o dever de ser isso ou aquilo...

Se o branco contesta minha humanidade, eu mostrarei, fazendo pesar sobre sua vida todo o meu peso de homem, que não sou esse y'a bon banania que ele insiste em imaginar.

Desperto um belo dia no mundo e me atribuo um único direito: exigir do outro um comportamento humano.

Um único dever: o de nunca, através de minhas opções, renegar minha liberdade.

Não quero ser a vítima da Astúcia de um mundo negro.

Minha vida não deve ser dedicada a fazer uma avaliação dos valores negros.

Não há mundo branco, não há ética branca, nem tampouco inteligência branca.

Há, de um lado e do outro do mundo, homens que procuram.

Não sou prisioneiro da História. Não devo procurar nela o sentido do meu destino.

Devo me lembrar, a todo instante, que o verdadeiro salto consiste em introduzir a invenção na existência.

No mundo em que me encaminho, eu me recrio continuamente.

Sou solidário do Ser na medida em que o ultrapasso.

E vemos, através de um problema particular, colocar-se o problema da Ação. Lançado neste mundo, em determinada situação, "embarcado", como dizia Pascal, vou acumular armas?

[...]

Mas não tenho o direito de me deixar paralisar. Não tenho o direito de admitir a mínima parcela de ser na minha existência. Não tenho o direito de me deixar atolar nas determinações do passado.

Não sou escravo da Escravidão que desumanizou meus pais.

[...]

Não se deve tentar fixar o homem, pois o seu destino é ser solto. A densidade da História não determina nenhum de meus atos. Eu sou meu próprio fundamento.

É superando o dado histórico, instrumental, que introduzo o ciclo de minha liberdade.

A desgraça do homem de cor é ter sido escravizado.

A desgraça e a desumanidade do branco consistem em ter matado o homem em algum lugar. Consiste, ainda hoje, em organizar racionalmente essa desumanização. Mas, eu, homem de cor, na medida em que me é possível existir absolutamente, não tenho o direito de me enquadrar em um mundo de reparações retroativas.

Eu, homem de cor, só quero uma coisa: Que jamais o instrumento domine o homem. Que cesse para sempre a servidão do homem pelo homem. Ou seja, de mim por um outro. Que me seja permitido descobrir e querer bem ao homem, onde quer que ele se encontre.

O preto não é. Não mais do que o branco.

Todos os dois têm de se afastar das vozes desumanas de seus ancestrais respectivos, a fim de que nasça uma autêntica comunicação. Antes de se engajar na voz positiva, há a ser realizada uma tentativa de desalienação em prol da liberdade. Um homem, no início de sua existência, é sempre congestionado, envolvido pela contingência. A infelicidade do homem é ter sido criança.

[...]

Minha última prece: Ô meu corpo, faça sempre de mim um homem que questiona!

Che Guevara (1928-1967)

Che Guevara: a pedagogia da revolução

Luiz Bernardo Pericás

Vida e contexto

Ernesto Guevara de la Serna nasceu em Rosário, Argentina, em 14 de junho de 1928, filho de Célia de la Serna e Ernesto Guevara Lynch. Era o mais velho de cinco irmãos. Em 1930, aos dois anos de idade, teve os primeiros sintomas da asma que iria afligi-lo pelo resto da vida. A família do pequeno Ernesto se mudou para Alta Gracia, província de Córdoba, em 1934, e, a partir daí, Ernesto, apreciador desde cedo da vida ao ar livre, se interessará por vários esportes. Quando adolescente, jogará rúgbi. O ciclismo e o enxadrismo também serão praticados por ele.

Em 1945, finalmente se transferiu para Buenos Aires, onde estudaria Medicina. Nos anos seguintes, realizou trabalhos voluntários em um Instituto de Pesquisas Alérgicas, continuou seu curso de Medicina (sem se destacar nos estudos) e fez longas viagens de bicicleta por boa parte da Argentina, chegando a percorrer mais de 4.700 quilômetros pelo país. Também chegou a trabalhar num navio da marinha mercante.

Em 1951, fez sua famosa jornada (em parte de motocicleta) com seu amigo Alberto Granado, passando por vários países da América do Sul. A viagem foi extremamente importante para Ernesto, que viu com os próprios olhos a realidade e os grandes contrastes da região: teve contato com a miséria de camponeses e mineiros, atravessou rios, desertos e selvas, e depurou significativamente sua consciência social. Retornou à Argentina, em 1952, para terminar seus estudos.

Em 1953, se formou em Medicina e partiu novamente, desta vez com outro colega, Calica Ferrer. Foi à Bolívia, onde presenciou a implementação da Reforma Agrária (resultado do desenvolvimento da Revolução Boliviana, que triunfara no ano anterior); seguiu para o Equador e, de lá, continuou viagem pela América Central até chegar à Guatemala, em 1954. Nesse país, conhecerá Ñico López e outros dissidentes cubanos, que lhe contarão sobre Fidel Castro e o assalto ao Quartel Moncada.

É nessa mesma época que ocorre o golpe contra o governo de Jacobo Árbenz. Guevara se asila na Embaixada Argentina, e depois segue para o México, onde conhecerá Raúl Castro e, em seguida, Fidel. Lá ganhará o apelido Che.

Em 1955, se casou com a economista peruana Hilda Gadea, uma militante aprista, e, no ano seguinte, treinou com o grupo de expedicionários liderados por Fidel para invadir Cuba e iniciar o processo armado, rural, da Revolução Cubana. Em 1956, também nasceria sua primeira filha, Hildita (alguns anos mais tarde, se casaria novamente, desta vez com a cubana Aleida March, com quem teria mais quatro filhos).

Finalmente, em 25 de novembro de 1956, parte para a ilha no iate Granma, num grupo composto de 82 combatentes. Só um punhado deles irá sobreviver à invasão, se reagrupar e começar a luta no campo. Daí em diante, até 1º de janeiro de 1959, Guevara irá se destacar como líder guerrilheiro e estrategista militar, tornando-se comandante e obtendo várias vitórias para o Movimento 26 de Julho. Seu último grande feito na guerrilha foi a tomada da cidade de Santa Clara. De lá, seguirá com seus homens para Havana.

Com o triunfo da revolução, ocupou diversos cargos no governo revolucionário: foi comandante de La Cabaña, responsável pelo setor de educação e formação ideológica das Forças Armadas Revolucionárias (FAR), diretor do Departamento de Industrialização do Instituto Nacional da Reforma Agrária (INRA), presidente do Banco Nacional de Cuba e ministro das Indústrias. Também desempenhou o papel de "embaixador" da revolução no exterior, encabeçando, ao longo dos anos, diversas delegações diplomáticas e comerciais para vários países, como Egito, Índia, Indonésia, Ceilão, Iugoslávia, Birmânia, Japão, Paquistão, Sudão, Marrocos, Tchecoslováquia, União Soviética, Alemanha Oriental, Hungria, China, Coreia do Norte, Uruguai, Brasil, Suíça, Estados Unidos, Mali, Congo, Guiné Conakry, Ghana, Daomé, Tanzânia e Argélia. Em 1961, teve destaque sua atuação na reunião do Conselho Interamericano Econômico e Social (CIES), em Punta del Este, Uruguai. Participou de outros foros internacionais importantes, como a Conferência das Nações Unidas sobre Comércio e Desenvolvimento (UNCTAD), em Genebra, Suíça, e a XIX Assembleia Geral das Nações Unidas, em Nova Iorque (ambas em 1964), assim como o II Seminário Econômico da Organização de Solidariedade Afro-Asiática, na Argélia, em 1965. Naquele mesmo ano, Che iria desaparecer das vistas do público e muito se especularia sobre seu paradeiro. Na verdade, ele (juntamente com mais de uma centena de soldados cubanos) estaria tentando, durante aproximadamente sete meses, auxiliar no treinamento, preparação e organização da luta revolucionária no Congo, sem sucesso.

Mais tarde, retornou a Cuba, e de lá, no final de 1966, seguiu para a Bolívia, com o objetivo de tentar preparar um grupo de guerrilheiros que iniciaria uma suposta "revolução continental", a partir da consigna de criar "dois, três, vários Vietnãs". Para isso, organizou o Exército de Libertação Nacional (ELN) com militantes de diferentes países, em sua maioria bolivianos e cubanos. Em 8 de outubro de 1967, seria ferido e capturado pelos *rangers* bolivianos após intenso combate e, no dia 9 do mesmo mês, assassinado em La Higuera, um vilarejo na região de Ñancahuazú, no sul daquele país.

Seu pensamento pedagógico

Desde a juventude, Che Guevara demonstrara grande interesse pela leitura e a cultura de forma geral. Na infância e adolescência será um leitor ávido, em grande medida de livros da biblioteca particular de seus pais. Apreciará romances de capa e espada e de aventura, como os de Emilio Salgari e Jack London, até obras poéticas, como as de León Felipe e Pablo Neruda. Lerá também livros de Bertrand Russell, Aldous Huxley, Joseph Stálin, o *Manifesto comunista*, textos de Lênin, partes de *O capital*, de Karl Marx, ao mesmo tempo que escreverá seus *Cadernos filosóficos*, vários "volumes" anotados à mão ou datilografados, nos quais discutiria temas variados, em geral baseados em suas leituras. O gosto pela leitura acompanhará Guevara por toda a vida.

Durante o processo revolucionário em Cuba, dará prioridade para o estudo e a alfabetização dos guerrilheiros pertencentes à sua coluna. Insistirá na importância da formação cultural de seus homens, só possibilitando sua ascensão dentro dos quadros do Exército Rebelde se soubessem ler e escrever. Para isso, dará aulas a alguns de seus subordinados pessoalmente e promoverá a criação de escolas na região em que seu grupo atuava e libertava. É bom lembrar que durante a luta guerrilheira lia trechos de *Don Quixote* para seus companheiros de armas, e que iria incentivar a publicação deste e de outros livros depois da revolução.

Também se preocupará com a divulgação de ideias através de revistas e jornais. Criará o boletim *El Cubano Libre*, e mais tarde, colaborará com diversas publicações da imprensa cubana. Colocará a mesma ênfase de antes na questão da educação depois do triunfo da revolução, constituindo uma academia cultural em La Cabaña e sendo o responsável pela área de instrução e preparação ideológica das Forças Armadas.

Talvez por isso tudo, e em reconhecimento ao seu trabalho como incentivador do ensino em Cuba, em 28 de dezembro de 1959, a Faculdade de Pedagogia da Universidade Central de Santa Clara, Las Villas, lhe concederá o título de Doutor *Honoris Causa*. Em 2 de março de 1960, pronunciará o famoso discurso sobre "O papel da universidade no desenvolvimento econômico de Cuba", na praça Cadenas, da Universidade de Havana. Na ocasião, diria que haveria um "divórcio" entre as instituições de ensino superior e as necessidades da revolução. Também falará sobre assuntos correlatos, relacionados ao ensino superior, no programa de televisão *Universidad Popular*; na inauguração de um curso de doutorado patrocinado pelo Ministério da Saúde Pública, em 19 de agosto de 1960; no ato de graduação da Escola de Administradores de Indústrias Patricio Lumumba, em 21 de dezembro de 1961; na inauguração da Escola de Capacitação Técnica para Trabalhadores, na Cidade Escolar Abel Santamaría, em Santa Clara, em 1º de fevereiro de 1962; no ato de abertura do ano acadêmico de 1962-1963, na Universidade Central de Las Villas, em 2 de fevereiro de 1962; na conversa com estudantes na Escola Tecnológica da Cidade Escolar Abel Santamaría, em Santa Clara, em 11 de abril de 1962; na Aula Magna na Universidade de Havana, em 11 de maio de 1962; em sua visita à Universidade de Havana, em 30 de maio de 1962; no encerramento do Encontro Internacional de Professores e Estudantes de Arquitetura, em Havana em 29 de setembro de 1963; no ato de graduação de 400 alunos das escolas populares de estatística e desenho mecânico, em 16 de dezembro de 1963; e em suas conversas com professores e estudantes na Universidade do Oriente, em 2 de dezembro de 1964.

É bom ressaltar que Guevara era, em grande medida, contra a autonomia universitária, já que, naquele período difícil, logo após o triunfo revolucionário, muitos supostos defensores dessa ideia, na verdade, acabavam fazendo o "jogo" da contrarrevolução. As universidades e os sindicatos deveriam, portanto, trabalhar em sintonia com os interesses do governo. Os estudantes de ensino superior, assim, teriam de assumir uma atitude que correspondesse com as necessidades da revolução. Foram muitos, também, os discursos para trabalhadores, nos quais mostrava suas ideias sobre o papel do estudo e da *consciência* na construção do "Homem Novo" e do socialismo.

Guevara será um incentivador da publicação de livros em grandes tiragens para a venda a preços populares. A divulgação de artigos de diferentes linhas de pensamento era igualmente importante. Só um indivíduo culto, capaz de pensar por si mesmo, poderia construir o homem do futuro, desalienado e verdadeiramente revolucionário.

Podemos destacar vários aspectos do pensamento pedagógico e educacional de Che Guevara ao longo de sua atuação no governo cubano. Entre eles, sua intenção de lutar pela erradicação do analfabetismo; a incorporação plena da mulher em todos os aspectos da vida política e social cubana; o estímulo para a formação de *técnicos* e do ensino em áreas tecnológicas; uma educação de caráter popular; a conversão de alguns quartéis em escolas; uma Reforma Universitária em Cuba com uma educação voltada para a construção do socialismo; o estudo da teoria econômica e científica do "marxismo-leninismo"; o maior conhecimento pelos trabalhadores do seu próprio trabalho; e uma escola onde todos pudessem estudar, sem distinção de idades ou sexo.

O texto escolhido

O texto escolhido é um discurso de Che Guevara proferido na Universidade de Las Villas, em 28 de dezembro de 1959, no qual ele destaca a importância de "democratizar" o espaço do ensino superior cubano. Ele defenderá que a universidade seja ocupada por todos os setores que compõem a nação, muitos deles antes marginalizados, como por exemplo, os negros, os mulatos, os operários e os camponeses. Ou seja, a construção de uma universidade para todos.

Referências

CENTRO DE ESTUDIOS DE AMERICA. *Pensar al Che, Tomo I, Desafios de la lucha por el poder político.* Havana: Centro de Estudios sobre América; José Martí, 1989.

CENTRO DE ESTUDIOS DE AMERICA. *Pensar al Che, Tomo II, Los retos de la transición socialista,* Havana: Centro de Estudios sobre América; José Martí, 1989.

GUEVARA, Ernesto. *Por uma revolução internacional.* São Paulo: Populares, 1981.

GUEVARA, Ernesto. *Reflexões sobre a história cubana.* São Paulo: Populares, 1981.

GUEVARA, Ernesto. *Textos políticos e sociais.* São Paulo: Populares, 1981.

GUEVARA, Ernesto. *Textos revolucionários.* São Paulo: Populares, 1987.

LÖWY, Michael. *O pensamento de Che Guevara.* Lisboa: Bertrand, 1976.

MASSARI, Roberto. *Che Guevara, grandeza y riesgo de la utopia.* Navarra: Txalaparta, 1993.

PERICÁS, Luiz Bernardo. *Che Guevara and the Economic Debate in Cuba.* Nova Iorque: Atropos Press, 2009.

PERICÁS, Luiz Bernardo. *Che Guevara e a luta revolucionária na Bolívia.* São Paulo: Xamã, 1997.

PERICÁS, Luiz Bernardo. *Che Guevara e o debate econômico em Cuba.* São Paulo: Xamã, 2004.

[Texto selecionado]

Que a universidade se pinte de negro, de mulato, de operário, de camponês

Che Guevara

[GUEVARA, Ernesto. Discurso na Universidade de Las Villas, a 28 de dezembro de 1959 In: *Textos políticos e sociais*. São Paulo: Populares, 1981, p. 87-90.]

Queridos companheiros, novos colegas do Claustro e velhos colegas da luta pela liberdade de Cuba, tenho que assinalar como início destas palavras que somente aceito o título que hoje me conferiram como uma homenagem geral ao nosso exército do povo. Não poderia aceitá-lo individualmente pela simples razão de que não tenha um conteúdo que se adapte somente ao que se quer dizer não tem valor na Cuba nova; e como poderia aceitar ou pessoalmente, em nome de Ernesto Guevara, o grau de Doutor Honoris Causa da Faculdade de Pedagogia, se toda a pedagogia que pratiquei tem sido a pedagogia dos acampamentos guerreiros, dos palavrões, do exemplo feroz, e acredito que isto não se possa converter de forma alguma em uma beca; por isso continuo com meu uniforme do Exército Rebelde, embora possa vir a me sentar aqui em nome do nosso exército, dentro do Claustro de Professores. Mas, ao aceitar esta designação, que é uma honra para todos nós, queria também prestar a nossa homenagem, nossa mensagem do exército do povo e do exército vitorioso.

Uma vez prometi aos alunos deste Centro uma breve palestra, na qual expusesse minhas idéias sobre a função da Universidade; o trabalho, o acúmulo de acontecimentos, nunca me permitiu fazê-lo apoiado agora na minha condição de Professor Honoris Causa. E o que tenha para dizer à Universidade como artigo primeiro, como função essencial de sua vida nesta nova Cuba? Tenho que dizer que se pinte de negro, que se pinte de mulato, não só entre os alunos, mas também entre os professores; que se pinte de operário e camponês, que se pinte de povo, porque a Universidade não é patrimônio de ninguém e pertence ao povo de Cuba, e se este povo que hoje está aqui e cujos representantes estão em todos os postos do Governo, se levantou em armas e rompeu o dique de reação, não foi porque esses diques não foram elásticos, não tiveram a inteligência primordial de ser elástico para poder brecar com esta elasticidade o impulso do povo, e o povo que triunfou, que está até mal acostumado com o triunfo, que conhece sua força e sabe-se que é avassaladora, está hoje às portas da Universidade e a Universidade deve ser flexível, pintar-se de negro, de mulato, de operário, de camponês ou ficar sem portas, e o povo a arrebentará e pintará a Universidade com as cores que melhor lhe pareça.

Esta é a primeira mensagem, a mensagem que quis transmitir nos primeiros dias depois da vitória nas três universidades do país, mas que somente pude fazê-lo na Universidade de Santiago, e se me pedissem um conselho à guisa do povo, de Exército Rebelde e de professor de Pedagogia, eu diria que para se chegar ao povo é preciso sentir-se povo, é preciso saber o que é que ele quer, do que é que necessita e o que é que sente o povo. É preciso um pouquinho de análise interior e de estatística universitária e perguntas quantos operários, quantos camponeses, quantos homens, que têm de suar oito horas diárias a camisa, estão aqui nesta Universidade, e depois de se perguntar isso é preciso que se perguntem também, recorrendo à auto-analise, se este Governo que hoje tem Cuba representa ou não representa a vontade do povo, teria que perguntar-se também: este Governo que representa a vontade do povo nesta Universidade, onde está e o que faz? E então veríamos que desgraçadamente o Governo que hoje representa a maioria quase total do povo de Cuba não tem vez nas Universidades cubanas para dar seu grito de alerta, para dar sua palavra orientadora e para expressar sem intermediários a vontade, os desejos e a sensibilidade do povo.

A Universidade Central de Las Villas deu um passo à frente para melhorar as condições e quando foi realizar seu fórum sobre a Industrialização recorreu, sim, aos industriais cubanos, mas recorreu ao governo também, perguntou nossa opinião e a opinião de todos os técnicos dos organismos estatais e para-estatais, porque nós estamos fazendo – podemos dizê-lo sem vaidade – neste primeiro ano da Libertação, muito mais do que fizeram os outros governos, mais, além disso, muito mais do que isso que pomposamente se chama a "livre empresa", e por isso, como Governo, temos o direito de dizer que a industrialização de Cuba, que é conseqüência direta a Reforma Agrária, se fará pôr e baixo a orientação do Governo Revolucionário que a empresa privada terá, naturalmente, uma participação considerável nesta etapa de crescimento do país, mas quem determinará as pautas será o Governo, e o será por méritos próprios, o será porque levantou esta bandeira respondendo à pressão violenta dos setores industriais do país. A industrialização e o esforço que acarreta é filho direto do Governo Revolucionário por isso o orientará e o planificará.

Daqui desapareceram para sempre os empréstimos ruinosos do chamado Banco de Desenvolvimento, por exemplo, que emprestava 16 milhões a um industrial e este entrava com 400 mil pesos e estes são dados exatos, e estes 400 mil pesos não saíam tampouco de seu bolso, saíam dos dez por cento da comissão que lhe davam os vendedores pela compra de máquinas, e este senhor que possuía 400 mil pesos, quando o governo havia posto 16 milhões, era o dono absoluto desta empresa e como devedor do Governo pagava com prazos cômodos e como lhe convinha. O Governo interveio e se pega a reconhecer este estado de coisas, reclama para si esta empresa que se formou com o dinheiro do povo e deixa claro que se a "livre empresa" consiste em que alguns aproveitadores usem todo o dinheiro da nação cubana, este Governo está contra a "livre empresa", sempre que esteja sujeita a uma planificação estatal, e como já entramos neste escabroso terreno da planificação, ninguém mais o Governo Revolucionário, que planifica o desenvolvimento industrial do país de um extremo a outro, tem o direito de fixar as características e a quantidade dos técnicos de que necessitará em um futuro para atender as necessidades da nação, e, pelo menos, deve se ouvir o Governo Revolucionário quando diz que necessita de nada mais que um determinado número de advogados ou médicos, mas que necessita de 5 mil engenheiros e 15 mil industriais de todo o tipo, e se terá que formá-los, e buscá-lo, porque é a garantia do nosso desenvolvimento futuro.

Hoje estamos trabalhando como todo o esforço para fazer de Cuba uma Cuba diferente, mas este professor de Pedagogia que está aqui não se engana e sabe que de professor de Pedagogia tem tanto como de Presidente do Banco Central, e que se tem que realizar uma e outra tarefa é porque as necessidades do povo o exigem, e isso não faz se faz sem sofrimento, mesmo para o povo, porque terá que se aprender em cada caso, terá que se trabalhar, aprendendo, ao povo caberá apagar o erro, está em um posto novo, e não é infalível, e não nasceu sabendo, e como este professor que está aqui foi um dia médico e por exigência das circunstâncias teve que apanhar o fuzil, e se graduou depois de dois anos como comandante guerrilheiro, e terá que se graduar como Presidente de Banco ou Diretor da Industrialização do país, ou ainda, talvez, professor de Pedagogia, quer este médico, comandante, presidente e professor de Pedagogia, que se prepare a juventude estudantil do país, para que cada um, em um futuro imediato, tome posto que lhe seja destinado, e o tome sem vacilações e sem necessidade de aprender pelo caminho, mas este professor que está aqui também quer, filho do povo, criado pelo povo, que seja este mesmo povo que tenha direito também aos benefícios do ensino, que se derrubam os muros do ensino, que o ensino não seja simplesmente o privilégio dos que têm algum dinheiro, para poder fazer que seus filhos estudem, que o ensino seja o pão de todos os dias do povo de Cuba.

E é lógico: não me ocorria exigir que os senhores professores ou os senhores alunos atuais da Universidade de Las Villas realizassem o milagre de fazer com que as massas operárias e camponesas ingressassem na Universidade. Necessita-se de um longo caminho, de um processo que todos vocês têm vivido, de longos anos de estudos preparatórios. O que pretendo, sim, apoiado nesta pequena história de revolucionários e de comandante rebelde, é que os estudantes da Universidade de Las Villas de hoje compreendam que o estudo não é patrimônio de ninguém, pertence a todo o povo de Cuba, e ao povo o darão ou o povo tomará, e quisera que assim fosse, porque iniciei todo este ciclo em idas e voltas de minha carreira como universitário, como membro da classe média, como médico que tinha os mesmos horizontes, as mesmas aspirações que têm vocês, e porque mudei no curso da luta, e porque me convenci da necessidade imperiosa da Revolução e da imensa justiça da causa do povo, por isso queria que você, hoje donos da Universidade, a entregassem ao povo. Não digo como ameaça, para que amanhã não a tomem, não; digo-o simplesmente porque seria um exemplo a mais, dos tantos belos exemplos que estão sendo dados em Cuba, que os donos da Universidade Central de Las Villas, os estudantes, a entregassem ao povo através de seu Governo Revolucionário. E aos senhores professores, meus colegas, tenho que dizer-lhes algo parecido: há que pintar de negro, de mulato, de operário, de camponês; há de descer até o povo, há que se vibrar com o povo, isto é, todas as necessidades de Cuba inteira. Quando isto se consiga, ninguém perderá, todos teremos ganhado e Cuba poderá seguir sua marcha rumo ao futuro com um passo mais vigoroso e não terá a necessidade de incluir no seu Claustro este médico, comandante, presidente de Banco e hoje professor de Pedagogia que se despede de todos.

Camilo Torres (1929-1966)

Camilo Torres: a pedagogia do amor eficaz

Fernando Torres Millán

Vida e contexto

Camilo Torres Restrepo nasceu em Bogotá, em 1929, e morreu em combate nas montanhas de San Vicente de Chucurí (Departamento de Santander), em 1966. Filho de uma família burguesa, educou-se nos moldes europeus da educação de elite. Depois de concluir seus estudos de teologia para se tornar sacerdote católico, foi a Lovaina (Bélgica) para estudar sociologia. Teve contato e simpatizou com as expressões mais avançadas do catolicismo social europeu. Participou de um ambiente pedagógico de maior abertura e criticidade do que conhecia em Bogotá. Leu e discutiu autores "proibidos" na igreja, como Marx, Chardin e Sartre. Teve contato com estudantes colombianos na Europa, com os quais organizou equipes de pesquisa socioeconômica para colocar sua preparação intelectual a serviço do país. Conheceu experiências de "fronteira" que lhe interpelariam sua condição social e sua fé cristã: os recicladores de rua de Paris, os imigrantes norte-africanos, os sacerdotes operários, o socialismo nos países do Leste europeu, a resistência argelina, a militância ecumênica, o diálogo entre marxistas e cristãos, etc. Escreveu uma tese sobre a pobreza em Bogotá e regressou à Colômbia, onde se vinculou à Universidade Nacional (UN) como capelão. Junto com Orlando Fals Borda, fundaria a Faculdade de Sociologia, em 1961.

Na UN, ele se encontrou com um "tempo de ruptura" social, cultural e política. Um estudantado que expressava a ascensão da nova classe média urbana no país e sua inconformidade frente ao pacto excludente das elites bipartidaristas estavam emergindo. Impactada pelo triunfo da Revolução Cubana (1959), a universidade criaria um novo ambiente de discussão e argumentação do discurso político e de análise da realidade nacional; e desempenharia um papel protagonista na construção de uma universidade pública e de um movimento estudantil dinamizador dos processos de mudança social.

A UN começou a se transformar no centro em torno do qual giraria o debate político antielite, no eixo de articulação do movimento estudantil em nível nacional, no principal foco animador dos conflitos universitários e no cenário a partir do qual se desenvolveriam as mais significativas lutas estudantis. Este seria o lugar privilegiado onde Camilo Torres criaria, a partir de sua cátedra de sociologia, uma consciência política afim à mudança social, aglutinadora de juventudes universitárias inconformadas, que paulatinamente se transformaria em fonte de contestação e organização. Logo ele ampliaria o âmbito da docência social e política, articulando-a aos movimentos sociais, às instituições estatais de serviço e educação social, às organizações políticas populares e ao embrionário projeto de insurgência armada. Entendeu-se como educador do povo a serviço da revolução e sonhou com uma universidade militante formadora de revolucionários. Sua prática educacional e política trouxe o gérmen do que, posteriormente, Orlando Fals Borda desenvolveria como metodologia da Pesquisa-Ação Participativa (*Investigación Acción Participativa* – IAP).

Pensamento pedagógico

Camilo Torres não desenvolveu um projeto teórico de educação, mas viveu uma radical experiência educacional caracterizada por:

1. A articulação do pensamento com a dinâmica do movimento estudantil e com os grandes desafios da realidade nacional, transformando a cátedra em espaço político-pedagógico para a discussão, a pesquisa e a análise da realidade.

2. O interesse na política e nas soluções políticas dos problemas nacionais por parte do estudantado, não só como algo essencial para a universidade, mas também como motivo de apoio, solidariedade e confiança em seu processo educacional.

3. A reflexão a respeito da ação social e política revolucionária em "*koinonias* ecumênicas" como escola de formação da consciência, da ação e da organização da classe popular.

4. Os universitários, professores e profissionais ensinam o pouco ou muito que sabem ao campesinato e aos operários, e atuam como seus aprendizes e irmãos visando à aprendizagem da revolução.

5. O movimento revolucionário é um movimento de ensino no qual cada um dos membros é um professor da revolução estudando, explicando e formando consciência comum. Isso é o que vai criar a força indestrutível da união em torno das ideias.

6. O horizonte ético-político do amor ao próximo orienta e direciona a práxis educacional de crentes e não crentes. Não se procura instaurar um novo "sistema cristão", mas fazer com que o novo sistema nascido da revolução esteja orientado e seja exigido pelo princípio do amor eficaz.

Sobre os textos escolhidos

"A universidade e a mudança social". A partir da consideração do estudantado universitário como grupo social privilegiado no contexto educacional colombiano, Camilo Torres estuda os diferentes graus de conformismo e anticonformismo estudantil. Defende o anticonformismo científico baseado em um conhecimento da realidade nacional mediante a pesquisa. Esse texto foi publicado como um artigo no jornal *El Tiempo* de Bogotá, em 8 de outubro de 1964.

"Discurso na homenagem da Federação Universitária Nacional". Conclama à união da classe popular acima das ideologias separatistas e das ambições pessoais. Confia no protagonismo das juventudes universitárias, que, em atitude de aprendizagem junto ao povo, elaborarão e discutirão uma plataforma de unidade que canalize, a longo prazo, os objetivos da ação revolucionária e criarão as condições de consciência, ação e organização popular. Esse discurso foi pronunciado na Universidade Nacional de Bogotá, em 22 de maio de 1965.

"Mensagem aos estudantes". É um chamado para que o estudantado faça de sua convicção revolucionária um compromisso real na luta contra as estruturas vigentes. A mesma convicção deve levar o estudantado à inserção popular. "Ascendendo" desta maneira, sem nenhum tipo de paternalismo, com a disposição mais de aprender do que de ensinar, poderão julgar objetivamente o momento histórico da revolução. Essa mensagem foi publicada no jornal *Frente Unido*, número 9, em 21 de outubro de 1965.

Referências

DEPARTAMENTO DE SOCIOLOGÍA. Facultad de Ciencias Humanas. *Camilo Torres: el maestro.* Bogotá: Universidad Nacional, 2001.

PÉREZ, Gustavo. *Camilo Torres Restrepo: profeta para nuestro tiempo.* Bogotá: Indo American Press, 1996.

TORRES, Camilo. *Cristianismo y revolución.* Prólogo, selección y notas de Oscar Maldonado, Guitemie Oliviéri y Germán Zabala. 2. ed. México: Era, 1970.

TORRES, Camilo. *La proletarización de Bogotá: ensayo de metodología estadística.* Bogotá: Universidad Nacional, 1961.

UMAÑA, Eduardo. *Camilo vive: la rebelión del maestro ante la injusticia social: su vivencia, su obra, su actualidad*. 3. ed. Bogotá: Universidad Nacional, 1998.

UNIVERSIDAD NACIONAL DE COLOMBIA. *Camilo Torres y la Universidad Nacional de Colombia*. Bogotá: Universidad Nacional, 2002.

VILLANUEVA, Orlando. *Camilo: acción y utopía*. Bogotá: Universidad Nacional, 1995.

[Textos selecionados]
Tradução: *Luis Marcos Sander*

A universidade e a mudança social
Camilo Torres

[*Cristianismo y revolución*. Prólogo, selección y notas de Oscar Maldonado, Guitemie Oliviéri y Germán Zabala. 2. ed. México: Era, 1970, p. 346-350.]

A universidade e a mudança social nos países em desenvolvimento

a) Os universitários como grupo privilegiado

Nos países em desenvolvimento, encontramos um fenômeno muito particular por causa da estrutura econômica de desigualdade na divisão dos bens de produção e desigualdade na divisão da renda. Constatamos também uma incidência direta da desigualdade nas oportunidades educacionais da população em geral. Sabemos que a educação primária apresenta um déficit muito elevado. Somente em Bogotá, constatamos um absentismo escolar de 59% em 1956, e nas áreas rurais esta porcentagem é maior. O índice de analfabetismo também o mostra: 41% segundo o último censo de 1951; infelizmente não temos outros censos posteriores. Em todo caso, sabemos que o nível de educação é baixo e que, apesar de somente 12% dos alunos do primário estarem em escolas particulares, o ensino primário oficial é tão escasso que não contamos com escolas suficientes para exercê-lo. No ensino secundário, verificamos que 82% estão em mãos particulares, com o consequente efeito sobre os preços, já que, por um lado, não há subsídios oficiais para os colégios do secundário e, por outro, é mais ou menos generalizado o fato de que essas escolas secundárias são verdadeiramente um negócio e, por isso mesmo, os preços são muito elevados. Podemos comprovar isso com a multiplicação de colégios do secundário que vêm do domínio particular. Se não houvesse verdadeiramente um atrativo econômico, seria muito difícil supor que existisse um espírito apostólico tão generalizado entre os empresários escolares. As deficiências no ensino secundário e no universitário também são manifestas. Sabemos que, em 1958, se apresentaram 16 mil egressos do ensino secundário à Universidade e somente 9 mil puderam ingressar. Sabemos também que, apesar de a metade, mais ou menos, dos universitários estar em universidades oficiais, seja na Nacional, nas Universidades Departamentais ou Municipais, os outros 50% têm de pagar mensalidades muito altas para poder entrar, de modo que somente 5% da população colombiana terminaram ou fizeram estudos secundários ou universitários. Portanto, podemos considerar que, em um país como o nosso, dentro da estrutura geral da instituição educacional, os universitários são verdadeiramente uma classe privilegiada, se não do ponto de vista econômico, pelo menos do ponto de vista cultural. Este é, pois, o primeiro fato que temos de anotar: realmente os universitários são uma classe privilegiada em nosso país.

b) Inconformismo e mudança social

O segundo fato que se deve destacar é o dos graus de conformismo. Os graus de conformismo estão diretamente relacionados com dois fatores: com o compromisso com as estruturas vigentes e com a consciência que se tenha das deficiências dessas estruturas.

Verificamos que, entre a maioria da população, existe uma consciência muito confusa a respeito das necessidades de mudança social e que, em muitos destes setores, especialmente nos que são mais baixos culturalmente, existe quase uma ausência de consciência sobre a mudança social.

A falta de consciência aparece em muitos fenômenos: a debilidade do sindicalismo agrário, a abstenção sistemática nas eleições ou a manifestação muitas vezes conformista com as estruturas atuais por meio dessas mesmas eleições nos mostram que realmente não há uma consciência verdadeiramente clara da necessidade da mudança social.

É necessário comprovar que a consciência da mudança social está em uma correlação estreita com o nível educacional. Entretanto, entre esses 5% de indivíduos que fizeram estudos secundários e universitários, constatamos que a maioria ou são profissionais ou são burocratas que estão comprometidos com as estruturas vigentes e dependem dessas estruturas para viver, seja por causa do emprego ou por causa de seu serviço profissional. Portanto, quando se supera o nível cultural, quando se alcança a consciência social graças a uma educação superior, começa a surgir o fenômeno do conformismo. O conformismo com as atuais estruturas está condicionado pelo grau de dependência delas para poder subsistir, para poder se desenvolver.

Dentro desses 5% a que nos referíamos, encontramos o grupo de universitários, que atualmente no país não perfaz sequer 1% da população. Esse grupo de universitários apresenta a particularidade de possuir um nível alto de educação e provavelmente um nível alto de inconformismo. Isso pode ser comprovado no estudo que a Faculdade de Sociologia fez com o doutor Robert Williamson sobre as atitudes do estudantado colombiano, principalmente em relação aos estudantes da Universidade Nacional, e que mostra que há um alto grau de anticonformismo entre os universitários (correlativo ao nível educacional, ao nível cultural), porque eles ainda não estão comprometidos com as estruturas vigentes. Aquelas características de irresponsabilidade que, muitas vezes, se atribuem aos universitários são um sintoma de que realmente ainda não estão muito preocupados com sua inserção nas atuais estruturas.

O fenômeno de inconformismo dos universitários varia mais ou menos ao longo dos anos de estudo. Se fizéssemos um gráfico com os graus de inconformismo, poderíamos ver uma curva onde há pouco no início do curso, porque ainda não se adquiriram muitos conceitos, não se entrou no ambiente anticonformista universitário. Já no segundo ano se começa a entrar mais, ganha-se mais confiança no ambiente, há mais adaptação. O terceiro ano é provavelmente o que apresenta mais anticonformismo, que depois declina um pouco, porque o indivíduo começa a se tornar menos absoluto em seus juízos, menos decidido, mas principalmente porque nos últimos anos aparece a preocupação de inserção nas estruturas vigentes. Ele começa a prestar atenção aos professores que possam encaminhá-lo em sua carreira, tenta ter uma relação harmoniosa com os professores, tenta procurar maneiras de se empregar uma vez fora da estrutura universitária, em um nível que vá ascendendo de acordo com a escala dos atuais valores sociais.

Encontramo-nos, pois, diante de um fenômeno de inconformismo que é puramente temporal entre os universitários. Naturalmente, essa afirmação decorre de uma generalização. Há muitos universitários que adquirem um anticonformismo e o sustentam durante sua vida profissional, mas comumente se observa que ele cai verticalmente à medida que a pessoa se aproxima do fim de seu curso universitário. Cremos que, por isso, devemos tentar estudar um pouco mais o anticonformismo universitário e, para isso, dividi-lo em três classes gerais: anticonformismo utópico, anticonformismo por frustração e anticonformismo científico.

A hipótese, que como toda hipótese é discutível, é que a maioria dos universitários tem um anticonformismo utópico e um anticonformismo de frustração e que somente uma minoria tem um anticonformismo científico.

Alguns fatos que fizeram ver o que acontecia na Universidade Nacional: havia descontentamento, havia inconformismo, era preciso fazer algo pelos outros, mas isso era uma coisa bastante utópica, porque não tinha as bases científicas necessárias. Se se perguntava a essas pessoas como a renda nacional está dividida, como se pode sair do subdesenvolvimento, o que é o subdesenvolvimento, que correntes sociais existem em nosso país, como a terra está dividida, não o sabiam. Estes eram anticonformistas um pouco por instinto, mas sem bases científicas, não sabiam que o anticonformismo em um país subdesenvolvido é algo que pode ser sustentado com a ciência e com a técnica e que se nos aprofundarmos em cada uma de nossas áreas, na sanitária, na produção agropecuária ou em qualquer outra, vemos os defeitos estruturais que impõem uma mudança e que esse desejo de mudança é o verdadeiro anticonformismo. O anticonformismo utópico é o inconformismo sentimental de solidariedade humana, de altruísmo, de generosidade, mas não está sustentado com estudos e conhecimentos que nos mostrem que o anticonformismo não é somente uma coisa bonita, bem vista na universidade, mas é uma coisa necessária em um país que necessita de transformações radicais de estrutura.

O outro dos anticonformismos é o de frustração, que é o que se apresenta por causa das condições em que muitos estudantes têm de viver. Em 1958, fez-se um estudo bastante sério, com um conjunto de assistentes sociais, das condições socioeconômicas dos estudantes (que também se refletem um pouco no estudo do doutor Williamson), e ele mostrou como há muitos estudantes que têm dificuldades de moradia, alimentação, dificuldades para comprar livros. Isso em um ambiente urbano onde há tantos contrastes, onde encontramos elementos de cultura rural, como em muitos bairros suburbanos de Bogotá, e muitos elementos da mais alta civilização industrial, o que realmente produz uma certa amargura, uma frustração em muitos estudantes, que se revela por meio desse anticonformismo que é, muitas vezes, irracional. Esse anticonformismo é um pouco mais realista que aquele do qual falamos anteriormente. Pelo menos tem as bases reais da vida pessoal; no entanto, é de caráter mais emocional do que racional.

A estas duas espécies de anticonformismo, utópico e de frustração, atribui-se o fato de que a maioria dos estudantes perde o anticonformismo no momento em que entram em jogo fatores emocionais ou interesses pessoais que os induzem a ser conformistas. Quando eles começam a ver a necessidade de um emprego, a urgência de encontrar uma fonte de trabalho, de alcançar prestígio, quando já têm um título universitário na mão, o anticonformismo utópico desaparece na maioria dos casos. Quando o indivíduo verifica que esses obstáculos já foram superados e ele alcança uma certa capacidade econômica por ser um profissional, desaparece o anticonformismo de frustração.

Por essa razão, os profissionais são um elemento de mudança muito menos ativo que os universitários. Estes constituem fatores efêmeros porque seu anticonformismo está baseado em sentimento ou em frustração pessoal e não em um conhecimento autêntico da realidade colombiana.

Abordaremos o anticonformismo científico a seguir, ao falar da universidade e da ação comunitária.

A Universidade e a Ação comunitária:[1] importância da pesquisa

A Universidade deve estruturar um anticonformismo científico dentro dos estudantes e naturalmente não vai realizar isso somente com a ação comunitária. Toda a orientação universitária colombiana, a dos países subdesenvolvidos e a dos países latino-americanos, deveria estar impregnada da realidade nacional. Já se tornou um lugar-comum dizer que a universidade está de costas para o país. Cremos que está de costas para o país em primeiro lugar academicamente; é lógico que, em um país em desenvolvimento, muitíssimos elementos sejam estrangeiros; temos textos de estudo geralmente escritos fora do país, muitos professores graduados no exterior, e com isso se corre grande risco de estar formando profissionais que não sejam para a Colômbia.

Com um corretivo como a pesquisa, poderíamos realmente adaptar todas as cátedras à realidade nacional. Se conseguíssemos que todos os professores da Universidade Nacional pesquisassem e

---

[1] A Ação Comunitária nasceu como um movimento de educação política para a participação cidadã em nível local. Foi uma iniciativa de renovação da cultura política do governo de Alberto Lleras Camargo (1958-1962), cooptada rapidamente pelas estruturas dos partidos tradicionais.

que suas cátedras não fossem meramente a reprodução de manuais ou de teorias, mas a elaboração de nova ciência baseada na pesquisa dos problemas e necessidades do país, teríamos um nível e orientação acadêmicos fundamentalmente adaptados às realidades nacionais. Infelizmente, na Universidade Nacional a pesquisa é algo exótico e oficialmente "imprevisto". Se vocês revisarem as rubricas do orçamento atual das Faculdades da Universidade Nacional, encontrarão um último capítulo que diz "imprevistos" e alguns subtítulos onde figura "transportes e pesquisas". Portanto, dentro do orçamento da Universidade, verificamos que a pesquisa está no mesmo nível dos transportes e dentro dos imprevistos. Cremos que fundamentalmente cada profissional, qualquer que for sua área, deve conectar a ciência com as realidades nacionais por meio da pesquisa, sem desprezar as contribuições do exterior, já que não podemos ser xenófobos nesse sentido tão irracional.

El Tiempo, Bogotá, 8 de outubro de 1964.

Homenagem da federação universitária nacional – discurso[2]
Camilo Torres

[*Cristianismo y revolución*. Prólogo, selección y notas de Oscar Maldonado, Guitemie Oliviéri y Germán Zabala. 2. ed. México: Era, 1970, p. 449-456.]

Agradeço profundamente a homenagem que a Federação Universitária Nacional[3] me oferece hoje e desejo que a profunda emoção produzida em mim por esta manifestação imerecida à minha pessoa – digo imerecida não por falsa humildade, mas por um sincero reconhecimento de minhas limitações –, que esta emoção não impeça de dar um alcance teórico e científico a esta homenagem, extensiva, lamentavelmente, a Jorge Enrique Useche, nosso companheiro desaparecido.[4]

---

[2] Discurso pronunciado na Universidade Nacional, Bogotá, em 22 de maio de 1965.

[3] A Federação Universitária Nacional (FUN) é a organização estudantil constituída na assembleia de 1963 por representantes dos Conselhos Estudantis das principais universidades públicas do país.

[4] Estudante da universidade Jorge Tadeo Lozano. Quando invadiu os prédios da universidade, a

Seria lamentável que esta homenagem se limitasse às pessoas. A morte de Jorge Enrique Useche e meu leve desterro são unicamente episódios em uma luta maior do povo colombiano. Nesses momentos, não podemos nos deter em episódios.

Quando a classe dirigente, apesar de continuar detendo o poder com todos os seus fatores, se demonstrou incapaz de governar o país; quando nos aproximamos de uma grave crise econômica; quando, diante de sua própria incapacidade, esta mesma classe tem de recorrer à repressão contra todo aquele que seja a favor de uma mudança; quando um de nossos companheiros caiu, vítima da violência, não podemos nos deter nas pessoas, mas devemos pensar na necessidade, para a Colômbia, da realização de uma autêntica revolução.

Infelizmente, a palavra "revolução" foi prostituída por nós, os que pretendemos ser revolucionários. Ela foi utilizada de forma irrefletida, como uma paixão, sem um verdadeiro respeito e sem verdadeira profundidade. Se esta homenagem servisse mais do que para fazer ressaltar fatos e pessoas, para conseguir que hoje criássemos a unidade em torno do ideal revolucionário, eu pessoalmente creio que todos nós nos consideraríamos profundamente satisfeitos.

A união revolucionária

Nós temos de alcançar a união revolucionária acima das ideologias que nos separam. Nós colombianos nos temos dedicado muito às discussões filosóficas e às divergências especulativas. Perdemo-nos em discussões que, embora muito valiosas do ponto de vista teórico, nas condições atuais do país são completamente bizantinas. Como recordarão alguns dos amigos aqui presentes com quem trabalhamos na ação comunitária universitária de Tunjuelito,[5] quando éramos tachados de colaborar com comunistas, eu respondia a nossos acusadores que era absurdo pensar que comunistas e cristãos não pudessem trabalhar juntos pelo bem da humanidade e que nós nos pomos a discutir se a alma é mortal ou imortal e deixamos de resolver um ponto em que estamos todos de acordo, de que a miséria, esta sim, é mortal. Isso nos aconteceu em nossa orientação revolucionária. Há pontos elementares indicados pela técnica social e econômica que não têm implicações filosóficas sobre as quais nós, que buscamos uma autêntica renovação do país, podemos nos colocar de acordo, prescindindo das diferentes ideologias, não em nossa vida pessoal, mas em nossa luta revolucionária imediata. Os problemas

---

cavalaria o feriu de morte em 19 de maio de 1965.

[5] Populoso bairro marginal do sul de Bogotá.

ideológicos, nós os resolveremos depois de a revolução triunfar.

Necessitamos da união acima dos grupos. É lamentável o espetáculo proporcionado pela esquerda colombiana. Enquanto a classe dirigente se unifica, enquanto a minoria que tem todos os poderes em suas mãos consegue superar as diferenças filosóficas e políticas para defender seus interesses, a classe popular, que não conta senão com a superioridade numérica, é pulverizada pelos dirigentes dos diferentes grupos progressistas que, muitas vezes, colocam mais ênfase nas brigas que têm entre si do que em sua luta contra a classe dirigente. A linha soviética do Partido Comunista ataca mais a linha chinesa, a linha branda do MRL[6] ataca mais a linha dura, o MOEC[7] ataca mais a FUAR[8] do que cada um desses grupos ataca a oligarquia.

É necessário que assumamos uma atitude terminantemente positiva diante de todos os grupos revolucionários. É absurdo ser anticomunista, porque no comunismo encontramos elementos autenticamente revolucionários, como é absurdo estar contra o MRL, contra o que a Democracia Cristã tenha de revolucionário, ou contra a Vanguarda do MRL, ou contra o MOEC, ou contra a Vanguarda Nacionalista Popular, as Juventudes do MRL ou qualquer outro grupo que tenha algo de revolucionário. Da mesma maneira que o Libertador Simón Bolívar promulgou seu decreto de guerra à morte na luta emancipadora, nós devemos promulgar hoje também um decreto de guerra à morte, aceitando tudo que seja revolucionário, venha de onde vier, e combatendo tudo que seja antirrevolucionário, venha também de onde vier.

A união deve ser feita acima das ambições pessoais. É necessário que os chefes saibam que não poderão servir lealmente a revolução se não for mediante um sacrifício pessoal por esse ideal, até as últimas consequências. Entre os universitários e os profissionais se encontram casos de idealismo autêntico, porém, muitas vezes, utiliza-se a revolução como um degrau para ascender socialmente e não como um fim de serviço ao país e à humanidade.

Em um país subdesenvolvido onde menos de 2% da população, como é o caso da Colômbia, são profissionais e estudantes universitários, nós constituímos um grupo privilegiado. Esses últimos têm assegurada sua ascensão social

---

[6] Movimento Revolucionário Liberal, dissidência do Partido Liberal, simpatizante da Revolução Cubana e de reformas sociais. A linha branda é reformista, e a linha dura é revolucionária.

[7] Movimento Operário Estudantil Camponês criado em 1960, de orientação insurrecional. Seu líder, Antonio Larrota, foi assassinado em 1963.

[8] Frente Unida de Ação Revolucionária, organização política criada em 1962.

durante os anos de estudo sem ter de pagar a quota de conformismo que se impõe ao resto dos membros de nossa sociedade para ascender.

Isso, pelo menos, nas universidades onde não se estabeleceu o delito de opinião e onde os inconformados não são expulsos por causa do que pensam ou defendem. Como grupo privilegiado, devemos restituir ao povo colombiano os esforços que tem feito para que possamos ser uma elite cultural. Os universitários dos países subdesenvolvidos têm um papel político insubstituível e se encontram diariamente diante do drama de conseguir uma formação técnica indispensável para consolidar a revolução e a necessidade de intervir no processo de mudança, descuidando muitas vezes suas tarefas diárias de formação e aprendizagem. Somos um grupo insubstituível do qual as maiorias de nosso país esperam muito. Infelizmente traímos muitas vezes os interesses da revolução colombiana a serviço de nossos mesquinhos interesses pessoais. Enquanto não houver um grupo de estudantes e profissionais decididos a sofrer todas as consequências da repressão que lhes imporá um sistema que está organizado contra os que querem mudar o estado de coisas na Colômbia, não haverá uma verdadeira liderança revolucionária em nosso país.

Condições da união

Necessitamos de algumas condições indispensáveis para realizar a união. A revolução é um ideal que deve ser fixado de uma maneira muito determinada e precisa. Não podemos nos unir com base em ilusões vagas. Sobretudo, necessitamos de objetivos nacionais que canalizem nossas energias e as energias de todo o povo colombiano. Com grupos de jovens, universitários de todo o país, pertencentes a movimentos revolucionários ou independentemente destes, temos elaborado e proposto uma plataforma que resume os objetivos a longo prazo de uma ação revolucionária.

Não basta a decisão íntima de se entregar até as últimas consequências. A revolução é uma tarefa demasiadamente árdua para que as simples intenções bastem para realizá-la. Do contrário seria inconcebível que ela não tivesse sido realizada, dado o descontentamento geral que existe no país.

O inconformismo dos universitários é algo evidente. No entanto, depois dos primeiros anos de estudo, passa a euforia revolucionária. Ao terminar o curso, começa-se a procurar os vínculos com as estruturas vigentes. Seria mal visto pelos futuros sócios, empregadores, patrões e pessoas influentes se o novo profissional levasse o rótulo de "comunista", adjetivo que a classe dirigente emprega para desqualificar os inconformados.

Ao terminar o curso, o inconformismo decai totalmente, salvo algumas poucas exceções. Depois, os que foram os mais aguerridos revolucionários durante os estudos, em muitas ocasiões, começam a pedir o perdão das oligarquias por seus devaneios juvenis. Por isso, frequentemente os estudantes mais revoltados se tornam os profissionais que defendem com mais afinco os privilégios, os símbolos de prestígio e até as formas exteriores de vida das classes dirigentes.

Creio que no apego a esses símbolos de prestígio está, em grande parte, a armadilha para cair no aburguesamento. A nossa sociedade é uma sociedade burguesa. Os estudantes participam subconscientemente dos valores dessa sociedade, embora conscientemente os repudiem. Uma forma de repúdio exterior desses valores se manifesta na roupa pobre e extravagante, na barba e nos costumes antitradicionais de muitos universitários. No entanto, a imagem do que deve ser um profissional continua sendo uma imagem burguesa. O profissional, o doutor deve estar bem vestido, viver em uma casa ou um apartamento mais ou menos bem mobiliado, ter automóvel e viver em um bairro residencial; ter um escritório com máquinas, sala de espera e secretária. E como tudo isso custa dinheiro, é necessária uma remuneração "adequada" ao nível profissional. Infelizmente, as remunerações "adequadas" são controladas pela oligarquia, e então é necessário se vender, renunciar ao inconformismo.

Enquanto não formos capazes de abandonar nosso sistema de vida burguês, não poderemos ser revolucionários. O inconformismo custa, e custa caro. Custa descenso no nível de vida, custa demissões dos empregos, mudar e descer de ocupação, mudar de bairro e de roupa. Pode ser que implique a passagem para uma atividade puramente manual, a mudança da cidade para o campo ou a montanha. O arquiteto inconformista deve estar disposto a trabalhar como pedreiro, se este é o preço que a estrutura vigente lhe exige para subsistir sem se trair.

Infelizmente, não estamos decididos a isso e procuramos no subconsciente uma espécie de composição na qual possamos dizer que lutamos contra o sistema e, ao mesmo tempo, usufruímos dele. No melhor dos casos, tornamo-nos revolucionários de cafés, lugares onde podemos falar sem nos comprometer. Creio que esta é a melhor explicação de por que os universitários e ainda mais os profissionais nunca chegam a uma colaboração eficaz com a revolução.

Convençamo-nos de que, como diz o Evangelho, "há mais alegria em dar do que em receber". Ao sacrificar todos esses impedimentos burgueses, seremos muito mais felizes, mais livres, mais autênticos conosco mesmos. Estaremos dispostos a enfrentar tudo. Parece que até agora o povo não reconheceu nos chefes essa entrega. O povo tem suficiente olfato para descobrir quem o procura para servi-lo ou para usá-lo...

No entanto, para isso, é necessário que comecemos já. Que nos misturemos com as massas, que vivamos não somente para os pobres, mas com os pobres e como pobres. A integração com as massas é um elemento essencial para a revolução e para a união. Estas não são patrimônio nosso, mas dos operários e camponeses da Colômbia. Serão eles que nos trarão a pauta, que nos exigirão, que imporão a união acima de grupos e do personalismo caudilhista. Para os que conhecem intimamente nossa gente, a frase de Gaitán[9] de que "na Colômbia o povo é superior a seus dirigentes" não é uma frase demagógica, mas absolutamente real. Creio que somente a dinâmica dos fatos imporá a união, e esses fatos terão de ser realizados pela massa.

Ninguém pode ser verdadeiramente revolucionário se não confia nos valores do povo. É só isso que pode nos livrar do paternalismo prático de que nossos dirigentes de esquerda ainda sofrem.

Devemos saber que, quando vamos para a base de nosso povo, é muito mais para aprender do que para ensinar. Pode ser que essa base tenha mais dificuldade para comunicar seus valores. Nessa comunicação, devemos nos esforçar para poder aproveitar o que o povo nos ensinar. Nele existem necessidades comuns, sofrimentos comuns, aspirações comuns. Por isso, em última instância, será o povo que nos ensinará como devemos realizar a união.

Os universitários e intelectuais temos, porém, algo a contribuir com essas massas. Não como chefes, mas como colaboradores, devemos dar uma consciência nacional que unifique o inconformismo de nossas classes populares. Além da consciência comum, nós podemos estimular os valores que existem em nosso povo sempre e quando, como disse antes, confiarmos nele. Nossa gente tem vivido em condições de inferioridade, sendo frustrada muitas vezes pelas circunstâncias, pelos líderes e pelo sistema. É fatalista e desconfia do resultado de sua ação individual e coletiva. Nós temos de reconstruir a confiança que o povo deve ter em si mesmo. Devemos ajudá-lo a encontrar segurança na ação, por pequenos triunfos de ação coletiva no início que, pouco a pouco, se transformarão em ações de importância cada vez maior. Assim, nosso povo adquirirá uma atitude ativa diante de seus próprios problemas, condição indispensável para poder resolvê-los por si mesmo.

Contudo, a consciência e a atividade não bastam para realizar

---

[9] Jorge Eliécer Gaitán, caudilho liberal populista, assassinado em 1948.

uma revolução. A atividade anárquica pode ser estéril e, portanto, ser fonte de novas frustrações. Necessita-se da organização, organização que implica planejamento, liderança, coordenação, controle. A consciência, a atividade e a organização que devemos promover na classe popular exigem que tenhamos unidade de consciência, unidade de atividade e unidade de organização entre nós mesmos. As rixas de grupos e os personalismos desconcertam essa massa. Esse desconcerto que esteriliza a luta deve ser para nós o mais poderoso estímulo para buscar a união e não trair nosso povo e nossa missão histórica.

Mensagem aos estudantes
Camilo Torres

[*Cristianismo y revolución*. Prólogo, selección y notas de Oscar Maldonado, Guitemie Oliviéri y Germán Zabala. 2. ed. México: Era, 1970, p. 551-553.]

Os estudantes são um grupo privilegiado em todo país subdesenvolvido. As nações pobres sustentam a custos muito elevados os poucos egressos de colégios e universidades. Na Colômbia, em particular, dada a grande quantidade de colégios e universidades particulares existentes, o fator econômico constitui um fator determinante na educação. Em um país com 60% de analfabetos funcionais, 8% de egressos do ensino secundário e 1% de profissionais, os estudantes são um dos poucos grupos que têm instrumentos de análise sobre a situação colombiana, de comparação com outras situações e de informação sobre as possíveis soluções.

Além disso, o estudante universitário (o das universidades onde não há delito de opinião) e o dos colégios onde há liberdade de expressão têm, simultaneamente, dois privilégios: o de poder ascender na escala social mediante a ascensão nos graus acadêmicos e o de poder ser inconformado e manifestar sua rebeldia sem que isso impeça essa ascensão. Essas vantagens têm feito com que os estudantes sejam um elemento decisivo na revolução latino-americana. Na fase de agitação da revolução, o trabalho estudantil foi de grande eficácia. Na fase de organização, seu trabalho foi secundário na Colômbia. Na luta direta, não obstante as honrosas exceções que se apresentaram em nossa história revolucionária, seu papel tampouco foi determinante.

Sabemos que o trabalho de agitação é importante, mas que

seu efeito real se perde se não for seguido da organização e da luta pela tomada do poder. Uma das causas principais do fato de a contribuição do estudante para a revolução ser transitória e superficial é a falta de compromisso do estudante na luta econômica, familiar e pessoal. Seu inconformismo tende a ser emocional (por sentimentalismo ou por frustração) ou puramente intelectual. Isto explica também o fato de que, no final do curso universitário, o inconformismo desapareça ou, pelo menos, se oculte e o estudante rebelde deixe de sê-lo para se tornar um profissional burguês que, para comprar os símbolos de prestígio da burguesia, tem de vender sua consciência em troca de uma remuneração elevada.

Essas circunstâncias podem ocasionar graves perigos para uma resposta madura e responsável dos estudantes ao momento histórico que a Colômbia está vivendo. A crise econômica e política se faz sentir com todo o rigor sobre os operários e os camponeses. O estudante, geralmente isolado destes, pode crer que basta uma atitude revolucionária superficial ou puramente especulativa. Essa mesma falta de contato pode fazer com que o estudante traia sua vocação histórica; que, quando o país exige dele uma entrega total, o estudante continue com o palavreado e as boas intenções, nada mais. Que, quando o movimento de massas exige dele um trabalho cotidiano e contínuo, o estudante se conforme com gritos, pedradas e manifestações esporádicas. Que, quando a classe popular exige deles uma presença efetiva, disciplinada e responsável em suas fileiras, os estudantes respondam com promessas vãs ou desculpas.

É necessário que a convicção revolucionária do estudante o leve a um compromisso real, até as últimas consequências. A pobreza e a perseguição não devem ser procuradas. Mas, no atual sistema, são as consequências lógicas de uma luta sem quartel contra as estruturas vigentes. No atual sistema, são os sinais que autenticam uma vida revolucionária. A mesma convicção deve levar o estudante a participar das penúrias econômicas e da perseguição social de que participam os operários e camponeses. Então, o compromisso com a revolução passa da teoria para a prática. Se for total, é irreversível; o profissional não poderá voltar atrás sem uma flagrante traição à sua consciência, ao seu povo e à sua vocação histórica.

Não quero dogmatizar sobre o momento da conjuntura revolucionária que estamos vivendo. Quero somente exortar os estudantes a tomarem contato com as autênticas fontes de informação para determinar qual é o momento, qual sua responsabilidade e qual terá de ser, em consequência, a resposta necessária. Pessoalmente, creio que estamos nos aproximando rapidamente da hora zero da Revolução Colombiana. Mas isso só os operários e os camponeses poderão dizer com a devida autoridade. Se eles "ascendem à classe popular", sem nenhum tipo de paternalismo, com a intenção mais de aprender do que de ensinar, poderão julgar objetivamente o momento histórico.

No entanto, seria estéril e infeliz que os estudantes colombianos que foram a faísca da revolução permanecessem à margem dela por qualquer causa: por falta de informação, por superficialidade, por irresponsabilidade ou por medo.

Esperamos que os estudantes respondam à chamada que sua Pátria lhes faz neste momento significativo de sua história e que para isso disponham seu ânimo para ouvi-la e segui-la com uma generosidade sem limites.

Frente Unido, n. 9, Bogotá,
21 de outubro de 1965.

Chico Mendes (1944-1988)

Chico Mendes e os povos da floresta: uma pedagogia em construção

Lindomal Ferreira

O contexto

Falar de um ideal pedagógico dos Povos da Floresta é compreendê-lo como resultado de um processo de organização e luta popular na busca de melhores condições de vida e trabalho, o qual tem como figura emblemática Chico Mendes, liderança que esteve à frente da ação sindical que tinha em vista a defesa da floresta e de um modo de vida digno para os povos da Amazônia.

O termo "Povos da Floresta" remonta à segunda metade do século XIX e remete ao processo de resistência empreendido pelos extrativistas da Amazônia ocidental pela defesa de suas terras e condições de reprodução social. A pressão industrial americana e europeia para a produção do látex transformará essa parte da Amazônia num dos centros da produção mundial de borracha, contexto para o qual concorreu um processo de colonização que deu origem à expropriação dos seus moradores originais: os índios, os quais, face à resistência em se tornarem mão de obra, foram substituídos, pelos barões da borracha, por migrantes de outras regiões.

Estimulados pelos altos preços da borracha, nordestinos constituíram a base sob a qual a economia da borracha se estruturou, estendendo-se até o final da Segunda Guerra Mundial, momento em que essas populações ficaram abandonadas na floresta, presas a um sistema econômico que os condenou por décadas à miséria e ao isolamento. Na década de 1970, a ação do governo militar para "ocupar" a Amazônia mobilizou o deslocamento de imigrantes do Sul do país atraídos pelo baixo preço das terras bem como por projetos mineradores, pela exploração madeireira e da empresa agropecuária. Tratava-se de um processo marcado pelo subsídio do governo nacional e estadual de financiamento público dessas atividades que resultava em prejuízo da decadente economia local voltada para a borracha.

A progressiva pauperização da população, bem como o processo de expropriação dessa "nova economia" em destruição da floresta, fez surgir os primeiros movimentos sociais de resistência, dos quais se destacam a ação dos sindicatos, a prática dos "empates", bem como das reservas extrativistas (RESEX). Essas organizações eram precedidas de um conjunto de estratégias desenvolvidas pelos trabalhadores e demandaram importante processo pedagógico de construção da identidade coletiva. Era o surgimento de uma crescente tomada de consciência que desembocaria numa reação política de proporções globais. Caberia ao Estado brasileiro o reconhecimento dos princípios que iriam reorientar as políticas para o meio ambiente, para as questões agrárias bem como para a cidadania das populações "invisíveis" das florestas da Amazônia.

Os Povos da Floresta e a luta por educação

A educação dos Povos da Floresta tem se caracterizado fundamentalmente em meio a processos de resistência e luta em torno de seus territórios e modos de vida, o que remonta a épocas imemoriais. A heterogeneidade da organização étnica e sociocultural tem constituído um mosaico de diversidades que o esforço da pesquisa não tem esgotado, sendo necessárias mais ações nessa direção.

A rica teia de articulações solidárias entre grupos sociais, políticos e étnicos tem influenciado e, em alguns casos, determinado a ação do Estado para a educação. A exemplo, têm-se as propostas das Casas Familiares Rurais, as escolas indígenas, a progressiva busca pela formação de seus professores, a busca de infraestrutura e organização política para iniciativas educativas que, de fato, constituem as próprias políticas públicas para esses povos. O papel das associações, cooperativas, sindicatos, organizações comunitárias e de parcerias outras tem constituído uma problemática à parte, revelando as vicissitudes desse contexto no qual a questão da participação toma centralidade e para a qual investigações a respeito devem concorrer. A problemática que se põe como pano de fundo para esses povos da Amazônia inclui as contradições do processo de desenvolvimento para a região o qual tem se mostrado em sua face modernizadora. Contudo, mesmo nesse contexto adverso, a educação tem se revelado como um bem social desejado pelos povos que a habitam.

A história de vida de Chico Mendes é emblemática em relação à luta pela educação, tema para o qual as reflexões devem se multiplicar. Sua infância demonstra a aridez das chances de se escolarizar e de um tempo em que não tê-la significava permanecer no "cativeiro"; no sistema econômico do *aviamento* no qual os extrativistas estavam submersos, sua vida estava indelevelmente ligada ao senhor da borracha, dono dos barracões dos seringais nativos e que mantinham o extrativista numa relação servil de trabalho. O desconhecimento da escrita e da leitura zerava as chances de qualquer controle de suas dívidas com o patrão, ocasionando uma condição de dependência permanente durante toda a vida. Para alguns, a dívida não era contraída, uma vez que dentro dela nasciam e lá permaneciam confinados.

Na década de 1970, com o surgimento dos primeiros sindicatos, a questão da educação figurava como um desafio a ser enfrentado. Nessa perspectiva, uma das ações do Projeto Seringueiro era a de garantir conhecimentos do Português e da Matemática como instrumento de defesa do anacrônico modelo econômico – o aviamento.

A trajetória de articulações políticas rumo à instituição das reservas extrativistas foi o que permitiu a popularização das escolas. Nesse processo ressalta-se a presença dos sindicatos, associações e cooperativas que, em maior ou menor medida, esboçavam alguma ação nesse sentido. De outra parte, a realidade das RESEX possibilitou a qualificação e a reprodução de lideranças, capacidade esta que não passava necessariamente pela escolarização, mas pela "alfabetização" política. Na possibilidade de inclusão desses povos nas condições de cidadania, o sonho da escola e do livro, da biblioteca, da água tratada bem como a melhoria nas condições de escolas já existentes sempre foram uma reivindicação constante dos trabalhadores.

Além da dimensão econômica e ecológica, para as populações extrativistas, as reservas criaram uma realidade nova, ou seja, sua viabilidade política. De fato, institucionalizado, o espaço reservado (na forma de concessão de uso) configurou normas novas e poderes novos (ALLEGRETTI, 1992), exigindo dos extrativistas das RESEX um posicionamento mais coerente com a nova realidade institucional a que passaram a ser submetidos. Os acordos estabelecidos entre os extrativistas e o Estado passavam pela experiência da organização coletiva dos trabalhadores, de um lado, e do Estado nacional por outro, mediado ainda por um aparato legal e burocrático que exigia uma readequação da ação dos extrativistas, no sentido do domínio das leis e dos procedimentos subjacentes aos contratos.

Desse modo, ao que comenta a mesma autora, "apesar de não entenderem a trama de significados que passou a existir em torno da defesa da Amazônia, especialmente a partir da morte de Chico Mendes, o movimento vem estrategicamente se posicionando favoravelmente a fazer parcerias" (ALLEGRETTI, 1989, p. 33), o que de fato tem extrapolado as fronteiras político-partidárias. Nos últimos anos essas reservas têm configurado uma das mais importantes estratégias para a conservação dos recursos naturais, amplamente aceita pela sociedade mais ampla e populações residentes.

Mas, em que pese o avanço dessa política pública, o progressivo caráter institucional tem demandado maiores níveis de preparação por parte dessas mesmas populações, especialmente quanto a maiores níveis, não só de escolarização (leitura e escrita), mas, e sobretudo, de organização social. Entretanto, principalmente o Estado em âmbito regional tem resistido ao avanço do processo de criação das RESEX e de outras Unidades de Conservação (UC), o que se apresenta como uma política permeada por sentimentos e posturas antiamazônidas, antiambientalistas e antipopulações tradicionais presentes na ação do latifúndio e do grande capital. Nesse sentido, o Estado tem respondido de modo a atender aos interesses das elites, tanto rural como urbanas.

Na atualidade pode-se identificar um enorme contingente de ações em torno da educação para os Povos da Floresta bem como de outras que o próprio Estado criou influenciado pela luta de Chico Mendes, realidade debitada à luta dessas mesmas populações. Há uma extensa malha de organizações que se articulam em torno das políticas dirigidas para essas áreas: federações, cooperativas, sindicatos, associações, grupos de trabalho (GTs), fundações, igrejas, etc., as quais têm marcado o perfil das políticas públicas estatais fruto do reconhecimento desses setores.

Quanto à perspectiva de Chico Mendes, há o que investigar fundamentalmente quanto ao papel emancipador que a educação assume em sua vida assim como para o conjunto das populações extrativistas. Essa questão toma forma ao se olhar, ao longe, sua infância precária tal como a de centenas de seringueiros, lugar onde o sonho de liberdade foi além da subsistência da atividade extrativa na floresta.

De fato, sua vida é emblemática em relação à educação, uma vez que, longe da escola, aprendeu exatamente tudo aquilo que serviria à missão de emancipação dos trabalhadores da floresta. Tão logo o Projeto Seringueiro criou as primeiras escolas no interior dos seringais, foi para dentro delas com o propósito da conscientização dos trabalhadores sobre seus direitos. A vivência nos encontros de categoria, nas Comunidades Eclesiais de Base (CEBs), foram experiências que fortaleceram seu perfil de líder e multiplicador de novas ideias para, em seguida, realizar o sonho emancipador de muitos trabalhadores, homens e mulheres da floresta. Um homem simples, movido pelo sonho de uma sociedade melhor.

Apesar de não ter deixado nada escrito sobre uma prática educadora ou pedagógica, Chico Mendes, com sua vida, ensinou a muitos sobre a importância da educação, das suas possibilidades como ato político.

Apresentação dos textos selecionados

Como a própria Federação de Órgãos para Assistência Social e Educacional (FASE) refere em sua apresentação no livro de onde se extraem os textos seguintes, o mesmo deveria apenas ser um subsídio para o Latin

America Bureau (LAB) de Londres, tarefa que Cândido Grzybowski realizava por meio de uma série de entrevistas a diversos movimentos sociais rurais e urbanos. Contudo, o assassinato de Chico Mendes, cerca de uma semana após, dá novo sentido à entrevista, imprimindo-lhe caráter *post-mortem*, tornando-a seu testamento político.

Lançado em meados de janeiro de 1989, o texto foi organizado de acordo com o roteiro das entrevistas, cabendo ao autor fazer a introdução, a junção das ideias e a organização dos títulos das sessões. A escolha dessa peça justifica-se por julgar ser a mais completa fonte sobre Chico Mendes, "é a fala do Chico" e, mais, de sua fala sobre a educação. Assim, os textos aqui apresentados têm origem nessa publicação.

"Um líder feito no trabalho e na luta, devotado aos companheiros seringueiros e à defesa da Amazônia". Esse texto trata do processo de formação política de Chico Mendes desde as suas primeiras lições com Euclides Fernandes Távora, pode-se dizer, seu preceptor, incluindo seu engajamento com o movimento sindical e na política partidária bem como com a conscientização dos seringueiros através da criação de uma educação popular que fugisse à lógica do sistema oficial e dominante no país e fortalecesse a organização social e política do movimento.

"Projeto Seringueiro: a ação educativa como estratégia de fortalecimento do movimento". Essa sessão expressa a ação pedagógica dos Povos da Floresta a partir da Criação do Conselho Nacional dos Seringueiros e, com ele, do Projeto Seringueiro, o qual estabelece na prática ações pedagógicas direcionadas para a emancipação da dominação gerada pelas formas econômicas do aviamento. Constitui um processo que, além de elevar as condições de alfabetização, objetivou, sobretudo, a conscientização política. Surge como uma ação no sentido da organização social para a resistência ao desmatamento direcionada inicialmente aos adultos e, depois, pensada para os mais jovens e às crianças. Destaca-se nesse processo o papel da participação comunitária na construção das escolas, no estímulo dos pais à participação dos filhos nas estratégias de resistência dos "empates" e outras manifestações políticas e, posteriormente, da criação das reservas.

Referências

ALLEGRETTI, Mary Helena. A Amazônia e o extrativismo. In: ARAGÓN, Luís E. (Org.). *Desenvolvimento sustentável nos trópicos úmidos*. Belém: UNAMAZ/UFPA, 1992, p. 399-415.

ALLEGRETTI, Mary Helena. Reservas Extrativistas: uma proposta de desenvolvimento para a floresta amazônica. *São Paulo em Perspectiva*, n. 3, 4, p. 23-29, out-dez. 1989.

ALLEGRETTI, Mary Helena. Reservas extrativistas, desafios à sua implantação. *Tempo e presença*, Rio de Janeiro, CEDI, n. 244-245, ano 11, ago-set. 1989. Edição especial.

DIEGUES, Antônio Carlos. Populações tradicionais em unidades de conservação: o mito moderno da natureza intocada. In: VIEIRA, Paulo Freire; MAIMON, Dália (Org.). *As ciências sociais e a questão ambiental: rumo à interdisciplinaridade.* Belém: UFPA/NAEA, 1993, p. 217-249.

FURTADO, Lourdes G. Comunidades tradicionais: sobrevivência e preservação ambiental. In: D'INCAO, M. A; SILVEIRA, I. M. da. (Org.) *A Amazônia e a crise da modernização.* Belém: Museu Paraense Emílio Goeldi, 1994, p. 67-74. (Coleção Eduardo Galvão.)

GRZYBOWSKI, Cândido. *O testamento do homem da floresta: Chico Mendes por ele mesmo.* Rio de Janeiro: FASE, 1989.

HÉBETTE, Jean (Org.). *O cerco está se fechando: o impacto do grande capital na Amazônia.* Petrópolis: Vozes; Rio de Janeiro: FASE, 1991.

PRIMEIRO Encontro Nacional de Seringueiros da Amazônia. Documento final. Brasília, INESC, 1985. Mimeografado.

RUEDA, Rafael Pinzón. Organização das populações extrativistas. In: MURRIETA, Júlio Ruiz, RUEDA; Rafael Pinzón. *Reservas extrativistas.* Gland, Suíça; Cambridge, Reino Unido: UICN; Bellegarde-sur-Valserine, France: SADAG, 1995, p. 13-17.

[Textos selecionados]

Um lider feito no trabalho e na luta, devotado aos companheiros seringueiros e à defesa da amazônia

Chico Mendes

[GRZYBOWSKI, Cândido. O Testamento do Homem da Floresta: *Chico Mendes por ele mesmo.* Rio de Janeiro: FASE, 1989, p. 61-69.]

Com 9 ou 10 anos, como todos os outros, comecei a minha atividade como seringueiro. Em 68, eu tentei fazer um trabalho isolado na luta pela autonomia dos seringueiros e enfrentei muitos problemas. Foi um pouco difícil o movimento aqui, mas com muito esforço, sacrifício, ele foi se enraizando. Eu fui me afinando mais com o movimento sindical. Achei que a bandeira mais eficiente para eu atuar era o movimento sindical. O meu papel, não digo como liderança, mas como um companheiro, tem sido tentar contribuir para o fortalecimento deste movimento, o movimento sindical na Amazônia.

Iniciação sócio-política: as lições do mestre Euclides Fernandes Távora no meio da floresta

A minha vida começou igual a todos os outros seringueiros: escravo submetido às ordens do patrão. Eu comecei com 9 anos de idade. Em vez de receber a lição do ABC, aprendi a sangrar a seringueira. Durante muitos anos, desde o século passado até 1970, pelo que eu sei, em nenhum seringal da Amazônia era permitido criar escola. Os patrões seringalistas não deixavam. Primeiro porque se o filho do seringueiro fosse pra escola, ele ia começar a aprender a ler, a escrever e a contar e ia descobrir a exploração que estava sendo feita. Isto não interessava ao patrão. Depois, isto influía na produção. No lugar do filho do seringueiro ir para a escola, ele tinha que ir pra seringa pra poder fazer mais borracha e aumentar a produção do seringal. Por isto, durante longos anos, a grande maioria, por quase todo o lado, não sabia ler nem escrever. O seringueiro trabalhava o ano todo achando que no final do ano lucraria algum saldo, alguma coisa, mas sempre estava devendo. Como ele não sabia contar, não sabia fazer contas, o patrão enrolava de qualquer maneira. Eu com 9 ou 10 anos, como todos os outros, comecei a minha atividade como seringueiro. Mesmo meu pai, também o seu ABC foi sangrar a seringueira.

Houve, porém, um momento que teve alguma coisa diferente para mim. Não sei se eu acertei numa loteria, o fato é que, de repente, no seringal em que nós morávamos, em 62, uma tarde chegou uma pessoa diferente dos outros seringueiros; um trabalhador, um seringueiro, mas com aspecto totalmente diferente e com um linguajar totalmente diferente dos outros companheiros. Aquela pessoa, por coincidência, passou em nossa casa num dia em que nós tínhamos chegado da estrada, da seringa, e estávamos defumando o leite. Ele começou a conversar com a gente. Eu comecei a me interessar pelo modo de falar dele, pela forma com que ele se expressava. Ele trazia alguns jornais; por sinal eu ainda não conhecia o que era jornal, naquela época. Me interessei por aquilo. Parece que ele percebeu esse meu interesse. De modo que, a partir desta conversa dele com meu pai e comigo, ficou acertado que a gente visitaria o seu barraco.

Um dia a gente fez uma primeira visita ao seu barraco. Para ir à casa dele se caminhava três horas pela picada na selva, pelo varadouro. Ele morava sozinho num barraco e demonstrou interesse em me ensinar a ler. Houve um acordo entre ele e meu pai para que eu fosse liberado aos sábados e domingos pra ficar na sua casa durante algum tempo. Todo sábado, eu saía à tarde, caminhava aquelas três horas pela selva, ia pro barraco dele. Como não tinha carta de ABC, ele começava a desenvolver uma espécie de discussão em cima da leitura de um jornal, de uma coluna política do jornal. Jornais que ele recebia com grande atraso de um mês, dois meses.

Durante vários meses este processo foi se dando e eu, de repente, aprendi a ler e escrever. Meu pai entendia um pouco também, o que me ajudou. Ele lia um pouco e escrevia, mas não tinha tempo de me ensinar. Esta pessoa, então, tinha capacidade muito maior, era uma pessoa muito inteligente. Aquilo me levou a um interesse tão grande que a gente às vezes passava a noite acordado, eu ouvindo toda a explanação que ele fazia.

Depois de um ano, mais ou menos, é que ele começou a se identificar, começou a contar a sua história para mim. Uma noite, ele se identificou como militar, foi tenente do Exército em 35. Ele, juntamente com vários colegas de farda, fizeram uma opção pelo movimento que o Luis Carlos Prestes liderou no Brasil naquela época. Ele disse que o país estava numa situação muito difícil e então entrou no processo da revolução liderado por Prestes. Com a derrota de Prestes, vários foram presos. Ele e outros companheiros foram presos na ilha de Fernando de Noronha.

Ele tinha parentes do lado oposto, ele era sobrinho do Juarez Távora, que tinha uma influência muito grande. Por causa da influência do Juarez Távora, ele conseguiu fugir da ilha de Fernando de Noronha, num barco e veio para Belém. Nessa época ele participou de um movimento que tinha influência do major Barata, no Estado do Pará.

Nesse movimento, mais uma vez, ele quase vai preso. Conseguiu fugir e de lá foi para a Bolívia. Na Bolívia, durante muito tempo, na década de 50, ele participou principalmente de movimentos de resistência dos operários bolivianos, dos mineiros e ingressou em todos os movimentos de oposição. Houve, então, grande repressão na Bolívia e ele foi um dos atingidos. Antes de ser preso, ele conseguiu fugir e se embrenhou na selva. Atravessou a selva boliviana, por dentro dos seringais, e veio ter na fronteira do Brasil.

Como ele achava que a sua situação estava já muito complicada, resolveu fazer opção pela vida no seringal, pra convivência junto ao seringueiro e daí ficou aonde ele morava. Não era distante da fronteira da Bolívia, com umas duas horas de caminhada você estava na fronteira da Bolívia. Ele ficou naquele lugar por achar que ali estava mais seguro. Fez essa opção, aprendeu a cortar seringa. Vivia uma vida muito isolada, sozinho, morava sozinho e nunca soube, nem aprendeu a cozinhar. Levava realmente uma vida muito complicada.

Depois de um ano, ele falou seu nome. Era Euclides Fernandes Távora. O pai dele se chamava Joaquim Távora e todos os filhos tinham nascido no Crato, Ceará. Tinha um outro parente dele, Dom José Távora, que era bispo. Todo um pessoal muito influente. Mas ele achava que jamais voltaria ao seio de sua família, porque achava que a sua vida era complicada. Se voltasse teria que fazer de um fuzil o travesseiro. Não ia fazer mais essa opção nesta vida, ficaria ali até morrer, ou quando seu destino o levasse para algum lugar.

O mais importante que eu aprendi com ele foi sobre 64, quando houve o golpe militar. Eu já estava muito mais preparado pelas minhas conversas com ele. Ele tinha conseguido um rádio no qual aprendi a sintonizar os programas em português das rádios internacionais. Um dos primeiros programas em português que eu ouvi era transmitido todas as 5 horas da tarde, pela Central de Moscou. Em seguida, tinha um programa transmitido em português pela Voz da América e, também, no mesmo horário, o programa em português transmitido pela BBC de Londres. Aí foi que eu descobri que estas três rádios têm uma potência muito grande pra Amazônia. Cada noite a gente tinha uma discussão em cima de uma programação daquelas. Alguns meses depois do golpe militar, sintonizava-se, por exemplo, em português, o programa Voz da América. Ele falava da grande vitória da democracia no Brasil e fazia uma propaganda tremenda. Em outra noite se ouvia a versão da Central de Moscou, onde eles condenavam toda a política de repressão que estava existindo no país, que era um golpe financiado pela CIA, financiado pelo governo americano, com participação, inclusive, de grandes setores conservadores da Igreja ou das Igrejas. O programa fazia uma explanação muito bonita. Ao mesmo tempo se ouvia pela mesma rádio que estava havendo um massacre contra os verdadeiros patriotas neste país e que vários deles estavam sendo torturados, outros estavam nas prisões, outros no exílio, outros desaparecidos, assassinados, todos militantes. No outro lado da história, a Voz da América repetia sempre que tinha havido uma vitória da democracia, que o país agora caminhava para a normalidade democrática que foi uma grande vitória em cima de uma política do anarquismo, de corrupção, de não sei de que lá, de terrorista, de comunista e tal. Aí, eu aprendi aquelas versões. A BBC de Londres, em seguida, fazia um retrospecto de tudo o que acontecia pelo mundo. A cada programa que era transmitido, ao final do programa, abria-se uma discussão em cima de todas aquelas questões, com uma versão da política norte-americana e a outra versão da política soviético-socialista.

Isto me despertou muito em 65, que foi o último ano em que tive um entrosamento mais direto com ele. Ele me falava muito e me recomendava muito sobre o processo de organização do movimento sindical no país. Dizia que teríamos pela frente, com todo aquele esquema de ditadura e de imposição de um momento negro, pelo menos 10, 15, 20 anos de regime duro, de regime ditatorial, mas que iriam surgir novos sindicatos, novas organizações, entidades, associações. Apesar de derrotadas, humilhadas, massacradas, as raízes nunca se acabaram, elas sempre germinam; por mais atacadas que sejam, elas germinarão mais tarde. Esse movimento de libertação, segundo ele, jamais foi eliminado no mundo inteiro. Foi uma lição muito boa, ele fez quase que uma profecia e todo o futuro deste país. E aí ele dizia: "olhe, você vai firmar é na organização dos primeiros sindicatos que forem criados nesta região. Vão surgir, mais hoje ou mais amanhã, eu não sei, mas é neles que você tem que se firmar. Você não pode deixar de entrar no sindicato porque eles vão surgir atrelados ao sistema, pelo Ministério do Trabalho, com todo o acompanhamento e fiscalização da ditadura. É lá que você tem que entrar porque, você sabe, Lênin sempre pregou que não se pode deixar de entrar num sindicato porque ele é pelego. Você tem que entrar lá para estabelecer suas bases, criar raízes e espalhar sua semente, sua ideologia, para fortalecer o movimento e quem sabe, derrubar aquele esquema, que está ali enraizado. Desta forma, vão surgir os sindicatos totalmente atrelados e é lá que você tem que estar sem se importar com que filosofia, que tipo de política, está orientando aquele sindicato. É claro que são orientações ligadas ao sistema e do qual você tem que para estar lá dentro". É, eu acho que isso foi uma das melhores ajudas e uma das razões pela qual eu julgo que hoje eu estou em toda essa luta. Outros companheiros, infelizmente, naquela época, não tiveram o privilégio de receber uma orientação tão importante como a que recebi para o futuro.

O engajamento na luta pela formação do movimento sindical no Acre

Em 68, eu tentei fazer um trabalho na luta pela autonomia dos seringueiros e enfrentei muitos problemas. Como era uma luta um pouco isolada, minha, não tinha respaldo; era um círculo fechado no momento de ditadura. Então eu encontrava muita dificuldade, até mesmo para conseguir despertar a consciência dos meus companheiros. Só em 75, no momento em que a repressão do latifúndio estava dominando toda essa região, surgiram os primeiros sindicatos, liberados pela Confederação Nacional dos Trabalhadores na Agricultura, a CONTAG, com acompanhamento do Ministério do Trabalho. O primeiro que eu ouvi falar ia ser fundado no município de Brasiléia. Naquele momento me recordei muito das lições passadas e o meu primeiro passo foi seguir pra lá, mesmo sem ser convidado. Eu cheguei lá, fui aceito e participei do curso de sindicalismo que traria a fundação do sindicato. Tive bastante sucesso. Como já tinha uma experiência aprendida dez anos antes, não tive problema de me colocar dentro das discussões que se levantavam naquele momento. Só que já tive condições de descobrir que as orientações que levaram à fundação daquele sindicato eram de uma tendência ainda muito cautelosa, muito conservadora. Dava pra você perceber que eram orientações muito ligadas ao sistema, orientação muito de conciliação. Era defesa do seringueiro, mas ficava entre uma coisa e outra, uma bananosa. Isto eu descobri logo e cresceu mais a minha vontade de penetrar naquele movimento. Foi assim que eu ingressei no sindicato de Brasiléia, em 75, e em março de 76 participei diretamente do primeiro momento de resistência dos seringueiros desta região e quando o sindicato foi fundado, foram eleitos Elias Roseno, como presidente, Raimundo Maranhão, tesoureiro, e eu, Chico Mendes, secretário. Éramos os três. A gente fazia revezamento. Como os sindicatos surgiam sem condições financeiras, a gente fazia revezamento. Eu ficava uma, duas, três semanas atuando na sede, enquanto os outros companheiros trabalhavam. Depois, eles vinham, eu saía um pouco. Voltava pra assumir enquanto eles iam cuidar de seu trabalho. Alguns companheiros de Xapuri, ligados àqueles seringais vizinhos de Brasiléia, quando souberam que eu estava na direção do sindicato de Brasiléia correram para se filiarem. Mas aqui em Xapuri era uma outra jurisdição. Então me empenhei em vir pra cá, pra começar a atuar nas bases e fortalecer o movimento aqui, para possível criação do sindicato.

Foram difíceis os primeiros passos porque havia uma diferença. Em Brasiléia, naquela época, a Igreja era liderada pelo bispo Dom Giocondo, da prelazia do Acre-Purus. Ela começou a fazer uma opção muito grande em favor do seringueiro ameaçado. Em Brasiléia, a Igreja abriu suas portas para o sindicato, de modo que os cursos, o treinamento, a fundação do sindicato foram feitas dentro das dependências da Igreja. Aqui em Xapuri, a coisa foi diferente. Foi a primeira vez que eu, inclusive, recebi intimação da Polícia Civil. Isto foi originado em uma denúncia feita, na época, pelo padre local, que era totalmente contra qualquer tipo de mobilização dos trabalhadores e totalmente comprometido com a política do latifúndio. Este padre, além de padre era um agente secreto do SNI. Chamava-se Pe. José Carneiro de Lima.

Foi um pouco difícil enraizar o movimento aqui, mas com muito esforço, sacrifício, foi se enraizando. A partir de 78, quando eu já estava em Xapuri, o Wilson Pinheiro assumiu a direção do sindicato em Brasiléia. O movimento se fortaleceu muito mais porque Wilson Pinheiro era um companheiro de uma capacidade muito grande, de coragem.

Uma história de ativa militância sindical e política

Na época que eu era diretor do sindicato, em Brasiléia, e que sentia a necessidade de organizar o sindicato aqui em Xapuri, estava acontecendo o processo político, havia campanha política, era um momento eleitoral em Xapuri e toda região. Naquela época, havia dois partidos da ditadura, a Arena – Aliança Renovadora Nacional e o Movimento Democrático Brasileiro, o MDB. O MDB era tido como o partido realmente de oposição ao sistema, mesmo sendo criado pela ditadura. Era o único partido em que os trabalhadores depositavam certa confiança, por ser de resistência contra a ditadura, naquele momento negro. Muita gente não tinha nem coragem de ser candidato por um partido de oposição.

Eu fui convidado pra preencher uma vaga de candidato a vereador de Xapuri, porque o partido precisava de um número mínimo de candidatos para poder concorre à eleição. Eu aceitei só pra preencher a vaga. Consultei os companheiros de Brasiléia que ficaram preocupados, pois achavam que aquele não era o momento. Mas eu tinha o direito de vir porque tinha uma função aqui, a de organizar o sindicato. Então houve consenso. Por isto me desloquei pra cá e aceitei ser candidato pelo MDB a vereador. Só que eu aceitei pensando que o meu nome era simplesmente pra preencher uma vaga para o partido político concorrer. Eu não tinha recurso nenhum, não tinha nenhuma experiência de política partidária. Eu era um eleitor de oposição, tinha uma convicção de oposição ao sistema, mas não entendia do processo político partidário. Mesmo assim aceitei. Fui eleito. Isto me deixou numa situação muito difícil, porque eu não tinha experiência nenhuma nesse ramo, a experiência que eu estava desenvolvendo era a questão sindical, a luta sindical. Aí, eu tive que juntar as duas coisas pra poder tocar o trabalho. O partido pelo qual fui eleito, o MDB, elegeu três vereadores e o partido dominante elegeu quatro, ficou com a maioria. Eu sabia de antemão que ia enfrentar uma barra muito pesada, porque sabia que aquelas pessoas estavam do lado do latifúndio. Tinha uma esperança que meus dois outros companheiros de bancada pudessem seguir também uma linha política mais comprometida com os trabalhadores. Isto foi minha grande decepção. Além de ter dado os primeiros passos sem muita experiência, percebi que os companheiros não fechavam com a minha idéia de usar o mandato como instrumento de luta em favor dos seringueiros. Os meus primeiros trabalhos na Câmara foram com o objetivo voltado contra a expulsão dos seringueiros, o que não agradou aos companheiros de bancada, nem ao outro lado, do poder dominante. Também não agradou aos políticos maiores do próprio partido em que eu estava. Isto foi me deixando um pouco decepcionado, de forma que em 77 eu quase fui cassado.

Participei ativamente da fundação do sindicato. Não pude ser diretor porque exercia um cargo político, mas trabalhei para eleger companheiros para a direção do sindicato. A partir desse momento comecei a ter um certo apoio da Igreja local, estava passando por um processo de transformação com a saída do padre reacionário.

Os anos de 78 e 79 foram muito difíceis, neste processo de ser vereador e ao mesmo tempo sindicalista. E ainda me colocaram uma imposição: eu não poderia ser sócio do sindicato porque era vereador, tinha que exercer alguma atividade no campo para poder ser sócio. Eu aceitei e então, na época da safra da castanha, eu ia cortar castanha. Era época de recesso da Câmara e eu aproveitava pra ir cortar seringa ou cortar castanha. Aí o sindicato me aceitou como sócio e eu comecei a participar quase que diretamente das decisões do sindicato. A coisa ficou mais ampla, ficou melhor para mim, mas tive que enfrentar uma briga contra os fazendeiros e uma briga contra os seis vereadores. Isto foi uma das experiências mais amargas que eu passei, só que me ajudou a amadurecer muito e aprender muita coisa. Comecei então a descobrir como funciona a máquina político-partidário, o esquema tão trágico, tão ridículo, como funciona a coisa, como os trabalhadores são enrolados, e como servem de manobra pra fortalecer os políticos. Os trabalhadores, inconscientemente, fazem que nem uma pessoa que encontra um leão ferido, cura o leão e depois o leão os devora. Os trabalhadores fortalecem os políticos que defendem os inimigos deles. E muitos trabalhadores não descobriram isto.

O ano de 78 foi um momento difícil para mim, porque eu enfrentava uma luta interna contra os companheiros de bancada e enfrentava uma outra luta contra o latifúndio. Ao mesmo tempo, comecei a ter um relacionamento com o outro lado, o dos intelectuais, do pessoal de outra formação, estudantes e professores universitários e que participavam de outros movimentos de esquerda. Este pessoal começou a me cooptar e eu comecei a ter entrosamento também com este outro lado da história, com pessoas ligadas aos partidos clandestinos da época. Comecei a me entrosar e cheguei a participar, inclusive, de um movimento clandestino, o PCdoB, naquela época na clandestinidade. Comecei a descobrir que eu estava no partido errado. Mas, por uma questão de tática, tinha que seguir e usar aquele mandato como instrumento de luta, porque sem ele seria pior. Era a avaliação que eu fazia.

Foi no final de 79 que surgiu o PT. A grande expectativa dos sindicalistas de São Paulo, e mesmo aqui do Acre, era a minha adesão ao Partido dos Trabalhadores. Aí, eu passei uma transição difícil porque o PCdoB considerava, naquele momento, traidor aquele que aderisse ao Partido dos Trabalhadores. Eu discordava de algumas posições do PCdoB, naquela época, porque quando a gente se articulava na luta contra o latifúndio, quando eu enfrentava a luta, os embates e a repressão caíam em cima de mim, eles se escondiam por detrás das cortinas. Só eu aparecia na história. Comecei a ficar meio bravo com aquilo, desconfiando daquilo. Rompi com o grupo do PCdoB e aderi ao Partido dos Trabalhadores.

Daí comecei a minha militância no Partido dos Trabalhadores. Como era um partido que vinha se afinando com o movimento sindical em uma série de coisas, eu ingressei. Só que também passei por experiência amarga, não pela orientação nacional do partido, mas por causa de vários grupos que também entraram no partido. Houve divergências internas das quais eu também fui vítima. Inclusive, em 82, fui candidato pelo PT a deputado estadual e perdi. Também cheguei a enfrentar a oposição interna, porque alas com tendência mais à direita achavam que a minha candidatura representava um perigo dentro do partido, pois poderia levar o partido a uma posição muito radical e coisas dessa natureza. O pior ainda eram os setores da Igreja, tidos como progressistas, naquele momento. Mas, tudo bem, eu avaliei que isso faz parte do processo da luta mesmo e continuei.

Fui me afinando mais com o movimento sindical. Achei que a bandeira mais eficiente pra eu atuar era o movimento sindical. Isto me lembrou muito as lições aprendidas com Euclides Fernandes Távora, em 65. Continuei na militância do Partido dos Trabalhadores, mas de 81 em diante, em 82, comecei a atuar como linha de frente na direção do Sindicato dos Trabalhadores Rurais de Xapuri.

Nesse momento surge a nossa preocupação de criar um movimento de educação popular. Isto foi fruto de todo o avanço desta luta. Foram escolas organizadas com uma linha política diferente do esquema oficial de ensino no país, porque a nossa preocupação era não permitir que se adaptasse nas escolas o esquema oficial do sistema dominante, que levaria a uma situação até pior pra nós.

Chico Mendes: companheiro e líder dos seringueiros

Hoje sou membro do Conselho Nacional dos Seringueiros. Eu nem entrei na direção pra dar oportunidade a outros companheiros. Mas, como membro, eu faço um papel quase de direção do Conselho. Existe uma tendência, para me colocar na frente da direção do Conselho Nacional dos Seringueiros a partir do próximo encontro, que está previsto para a primeira quinzena de março.

Isto porque me familiarizei muito na questão do Conselho Nacional dos Seringueiros. Acho que é uma entidade nova que consegue dar uma enorme contribuição a nível nacional e internacional.

Meu papel, não digo como uma liderança mas como um companheiro, tem sido contribuir para o fortalecimento deste movimento e o Conselho Nacional dos Seringueiros hoje, pra mim, é o mais importante para a luta dos seringueiros. Mesmo como presidente do sindicato, que sou, acho que a partir do Conselho se pode fortalecer, também o movimento sindical na Amazônia. É o fortalecimento feito pelo Conselho Nacional dos Seringueiros. E eu, não digo como líder mas como um dos membros, pretendo dar toda a minha contribuição e ajudar no que for preciso para o fortalecimento deste movimento.

Projeto seringueiro: a ação educativa como estratégia de fortalecimento do movimento.
Chico Mendes

[GRZYBOWSKI, Cândido. *O Testamento do Homem da Floresta: Chico Mendes por ele mesmo.* Rio de Janeiro: FASE, 1989, p. 45-47.]

O trabalho de educação começou a dar os primeiros passos a partir de 79. Em 80-81 a gente sofreu duras conseqüências. A partir de 82 ele foi melhorando. Começou o movimento de educação dos seringueiros, de educação de base, o movimento de organização de uma escola numa filosofia assim de educação popular, baseada na realidade vivida pelos trabalhadores. Este trabalho foi um trabalho lento, mas ele começou a contribuir para o despertar da consciência dos seringueiros. Esse é um trabalho que nós não podemos parar. É um trabalho de alfabetização popular que foi elaborado por pessoas ligadas a Paulo Freire e pelo pessoal do CEDI. Foi exatamente a partir deste processo de preparação da educação, de alfabetização popular para o seringueiro, que o trabalho de consciência começou a se fortalecer muito mais.

A educação para o cidadão da floresta

Hoje o Projeto Seringueiro que o Conselho Nacional dos Seringueiros está desenvolvendo tem como objetivo ensinar ao seringueiro a ter mais amor pela floresta, a aprender viver com a realidade dele, a ter amor, a lutar pela floresta, enfim, descobrir que na floresta tem várias alternativas que podem usar, pode até aprender, fazer outras coisas mais importantes. É um processo lento, mas a gente vai chegando lá. Este Projeto ajudou muito na própria luta em defesa da floresta. Foi a partir desta educação, desta escola que até as próprias crianças hoje estão muito mais sensibilizadas, participam, fazem questão de participar do movimento de resistência, dos empates, porque aquilo já é uma coisa que elas estão aprendendo na escola.

Inicialmente, o projeto foi exclusivamente para adultos. Só que os adultos começaram a reclamar e justificavam, devido ao trabalho do dia, ao cansaço, que não podiam estar estudando todos os dias, que o mais importantes eram seus filhos. Diziam que já estavam velhos, quase não aspiravam mais nada, mas o importante para eles era que os seus filhos estudassem e aprendessem alguma coisa. Eles conseguiram convencer a equipe coordenadora com os argumentos, de modo que o pessoal está elaborando um outro material, um material didático adaptado pra as crianças.

Como eu vinha dizendo, os adultos acharam que era mais importante seus filhos estudarem. Eles já se consideravam pessoas idosas. Pra eles, o interessante era o futuro dos filhos. Então a questão se aprofundou mais no problema do jovem e das crianças. Não se descarta também a possibilidade com os adultos, principalmente porque eles são comprometidos com a luta contra o desmatamento, têm que colaborar com seus exemplos para os filhos e com o próprio trabalho na escola, no sentido de ajudar esse processo de luta para que os jovens assumam. Hoje, os jovens já têm uma participação razoável na luta, nos empates contra a derrubada, até consciência política. É um negócio interessante. Mas é um processo lento, não é um processo rápido.

Isto já teve sua importância nas próprias lutas de Xapuri. Por exemplo, a conquista de Cachoeira, a primeira reserva de Xapuri, que foi fruto de uma luta organizada, já foi decorrência deste avanço de organização dos seringueiros e também foi o resultado do trabalho educativo das escolas da região.

Grandes necessidades e escassos recursos para desenvolver o Projeto

Inicialmente, quando foi pra gente organizar as primeiras escolas, a gente fez alguns projetos. Recebemos alguma ajuda da OXFAM.[1] Inclusive foi nessa época que os fazendeiros fizeram uma grande propaganda para os órgãos de segurança que nós estávamos recebendo dinheiro de Moscou para organizar a guerrilha.

---

[1] A Oxfam International é uma confederação de 13 organizações e mais de três mil parceiros, que atuam em mais de 100 países na busca de soluções para o problema da *pobreza* e da *injustiça*, através de campanhas, programas de desenvolvimento e ações emergenciais. Sob o nome de Oxford Committee for Famine Relief (Comitê de Oxford de Combate à Fome) (N. Lindomal Ferreira).

Esta foi uma das razões da presença muito forte dos órgãos de segurança naquela época. Até 83, pelo menos, foi muito complicado. A partir daí os órgãos de segurança perceberam, descobriram, que não era nada disto e o nosso trabalho continuou. Nós não nos intimidamos com tal fato, pelo contrário, à medida que a gente começou a ver a preocupação dos órgãos de segurança, a gente achou que alguma coisa estava dando certo.

A partir daí o trabalho avançou. Hoje, nós temos praticamente 18 escolas na região de Xapuri e pretendemos levar essa experiência para todas as áreas onde o Conselho Nacional dos Seringueiros está se organizando, em toda a Região Amazônica. Este trabalho de educação vai contar para o avanço maior da consciência dos trabalhadores conscientes na luta.

Hoje, existe um projeto para a manutenção da coordenação do pessoal que atua no Projeto Seringueiro.

A equipe de coordenação do Projeto Seringueiro recebe uma ajuda da Coordenadoria Ecumênica de Serviços (CESI).[2] Com esse Projeto a gente conseguiu que muitos professores recebessem contrato. A maioria dos professores já tem contrato do governo, já recebe pelo Estado. A coisa foi avançando tento que a Secretaria de Educação reconheceu que o pessoal merecia algum apoio. No ano passado fizemos um pequeno convênio, um projeto com o Ministério da Educação que foi aprovado em Brasília. Foram repassados recursos do governo para a construção das escolas. O volume total de dinheiro é muito pouco: CZ$ 1.164.000,00[3] pra se construir 12 escolas. Isto só foi possível com a participação da comunidade. Os agentes do Ministério da Educação, que vieram fiscalizar as escolas, ficaram pasmados com o resultado. Disseram que nunca se viu em todo o Brasil, onde eles andaram, coisa igual. As prefeituras que receberam altos financiamentos não conseguiram construir um terço do que nós conseguimos construir com tão pouco dinheiro.

Infelizmente, não temos um apoio maior porque ao governo não interessa muito que o trabalhador seja politizado, porque ele sabe muito bem que, na medida em que o trabalhador se politiza, ele vai saber andar com seus próprios pés. Mas mesmo assim o projeto de educação tem tido resultado positivo. Agradecemos as vitórias que nós temos hoje, esse avanço na luta contra o desmatamento e até mesmo a questão da cooperativa e o fortalecimento do sindicato a este processo de organização, a este trabalho educativo a partir das escolas.

---

[2] Possivelmente a sigla CESI, como se apresenta no texto original, refira-se à Coordenadoria Ecumênica de Serviços-CESE, entidade ecumênica de defesa da vida com base na promoção dos Direitos, da Justiça e da Paz (N. Lindomal Ferreira).

[3] À época, a moeda brasileira era o Cruzado (N. Lindomal Ferreira).

Subcomandante Marcos (Século XXI)

Subcomandante insurgente Marcos[1]: educação rebelde, autônoma e zapatista

Cheron Zanini Moretti

Contextualizando o Subcomandante Insurgente Marcos e o Zapatismo

Localizar espacialmente e temporalmente o movimento indígena de Chiapas, sobretudo, o zapatista nos solicita alguns esforços: primeiro, compreendê-lo como uma experiência que não se esgotou na Revolução Mexicana (1910), liderada por Zapata (ao sul) e Villa (ao norte); e, segundo, compreendê-lo, também, dentro de um projeto "intergaláctico", o que para os rebeldes zapatistas significa a defesa da humanidade contra si mesma. O desafio de compor este projeto de antologia e colocar o Delegado Zero do Exército Zapatista de Libertação Nacional (EZLN) como uma fonte do pensamento pedagógico latino-americano requer algumas ressalvas, destacando-se entre elas seu caráter de "porta-voz" de um mundo indígena em que a democracia direta e comunitária representam apenas uma das forças baseadas em sua ancestralidade maia; e, também, de que o pensamento pedagógico de Marcos é a tradução de um autogoverno que envolve comunidades zapatistas e não zapatistas.

Pouco se sabe sobre a verdadeira identidade do "supercomandante de aço inoxidável" Marcos. Especula-se que ele teria sido líder do movimento estudantil que, em outubro de 1968, foi duramente perseguido e massacrado pela polícia de Estado e que, no início da década de 1970, junto com outros militantes de esquerda, chegaria a Chiapas, depois se instalando na selva Lancandona. Outra sugestão sobre sua identidade é a de que seria um professor universitário, um intelectual de esquerda que teria colocado na prática seu compromisso político. Entretanto, não se tem negado a relevância de sua personagem para o universo zapatista; o próprio insurgente se define como um "símbolo de uma luta" que se acaba com ela, com a chegada da paz porque o que sustenta a personagem desapareceria.

---

[1] Delegado Zero do Exército Zapatista de Libertação Nacional (EZLN).

Com o grito de "Já Basta", em janeiro de 1994, os indígenas de Chiapas, do sudeste mexicano, após dez longos anos de clandestinidade marcharam sobre as ruas de várias cidades do Estado (como San Cristóbal de Las Casas, Altamirano, Las Margaritas, Oxchuc, Huixtán, Chanal e Ocosingo, das quais se retiraram após alguns de levante para depois se embrenharem nas montanhas da selva Lacandona), reivindicando terra, trabalho e educação, entre tantas outras demandas. Caberia, para um movimento político e social, um sistema educacional rebelde, autônomo, zapatista de libertação nacional (SERAZ), distanciado das políticas de Estado, porém apoiado pela sociedade civil nacional e internacional. Os zapatistas de Chiapas usam sua fala e, por vezes, seu silêncio, como armas para a construção de um México livre e digno. A educação zapatista se faz no movimento cotidiano das suas lutas, mas faz-se também nas escolas autônomas, com promotores e promotoras da educação e com currículos próprios. Marcos é um porta-voz, portanto, e segue à risca o lema zapatista "mandar obedecendo".

Educação rebelde, autônoma e zapatista para a libertação nacional

A proposta pedagógica zapatista passa por sua própria história e nela cria raízes. A insurreição indígena mexicana luta contra o esquecimento e a política "desde cima" imposta por muito tempo, pelo sistema de partido de Estado e que os partidos políticos comprometidos com o projeto neoliberal insistem em manter. Esta é uma luta nascida de uma dignidade relacionada com uma rebeldia que se alimenta de séculos de resistência:

> [...] primeiro contra a escravidão, na guerra de independência contra a Espanha encabeçada pelos insurgentes; depois para não sermos absorvidos pelo expansionismo norte-americano; em seguida, para promulgar a nossa Constituição e expulsar o Império francês do nosso solo. A ditadura Porfirista [...] negou a justa aplicação das leis da Reforma e o povo se rebelou criando seus próprios líderes; foi assim que surgiram Villa e Zapata, homens pobres como nós, aos quais também se negou um mínimo de instrução (CCRI-CG do EZLN, 2004 [s.p.]).

É uma rebeldia em que os maias não aprenderam a soletrar R-E-N-D-I-Ç-Ã-O. De acordo com o porta-voz dos zapatistas, em certa discussão sobre a questão, não se encontrou uma tradução dessa palavra em tzotzil, em tzeltal, em tojolabal ou em chole.[2] Depois de horas procurando termos

---

[2] Tzeltal, Tzotzil, Chole, Tojolabal, Mame e Zoque constituem as principais etnias de Chiapas. Sobretudo as quatro primeiras trouxeram importantes elementos indígenas para que Marcos e o grupo de guerrilheiros de origem urbana compreendessem que era necessário aprender com as suas experiências.

equivalentes, Marcos lembra as palavras do Velho Antônio[3] sobre a polêmica. Dizia ele que "essa palavra não existe em língua verdadeira,[4] por isso os nossos nunca se rendem e preferem morrer, porque (nossos) mortos mandam que não vivam as palavras que não caminham" (*apud* GENNARI, 2002, p. 45). Se *rendição* não se encontra no vocabulário indígena maia, a palavra I-N-I-M-I-G-O foi incorporada para que pudessem escolher o caminho da luta. E D-I-G-N-I-D-A-D-E tem sido a tradução de ser reconhecido como igual.

Na medida em que os zapatistas foram construindo as suas próprias regulamentações do convívio nas comunidades, criando e recriando formas de exercício do poder, a construção de uma "outra educação" esteve pautada em oposição àquela que atendeu aos critérios das reformas que se implementaram por toda a América Latina, na última década. A autonomia aparece no zapatismo do século XXI como um valor estratégico, sendo que a questão não é que se tenha que teorizar sobre o seu significado, mas que ela se transformou numa referência política-moral para os amplos setores da população que se encontram em rebeldia. A autonomia tem se feito a partir da realidade. Se, por um lado, os insurgentes zapatistas têm divulgado comunicados e declarações de apoio e solidariedade com a luta e as mobilizações de estudantes e de professores mexicanos, por outro lado, a educação zapatista vem se construindo em *escolas autônomas* com a perspectiva de ampliação e fortalecimento de suas lutas. A realidade, portanto, tem caminhado junto com a autonomia como um projeto educativo-político.

Apresentação do texto selecionado

O texto escolhido para este livro poderia estar acompanhado por outros comunicados ou mensagens; porém, a sua escolha justifica-se pelo momento de transição ao qual está situado. O ano de referência é 2003, próximo de se

---

[3] Antônio foi um dos principais mediadores entre os jovens guerrilheiros urbanos, recém-chegados à selva Lacandona, na década de 1980, e as comunidades indígenas de Chiapas.

[4] Os "homens verdadeiros", segundo a tradição maia, são os homens de milho; daí a referência à língua verdadeira. De acordo com uma lenda indígena, os deuses, depois de criarem o mundo, reuniram-se em assembléia para decidir com que material fariam as pessoas. Como queriam que os homens e as mulheres fossem fortes e bonitos, moldaram os primeiros seres em ouro. Os deuses ficaram contentes porque o ouro é brilhante e dura muito. Perceberam, então que as pessoas de ouro não se moviam. Muito pesadas, eram incapazes de caminhar e de trabalhar. Os deuses resolveram fabricar outros seres humanos, desta vez, de madeira. Mais ágeis, as novas criaturas trabalhavam e caminhavam muito. Mas a satisfação dos deuses terminou quando souberam que os homens de ouro, mais fortes, estavam obrigando os de madeira a trabalharem para eles. Irritados, os deuses se reuniram para remediar a situação. Criaram, então, as pessoas de milho, homens e mulheres de verdade que não se submetem a ninguém. Daquele dia em diante, a chegada dos homens e das mulheres de milho é aguardada com medo pelos homens de ouro e pelos de madeira com esperança".

completar dez anos do levante armado e 20 anos de experiência militante na clandestinidade. É um dentre uma série de 15 textos, escritos e divulgados pelo *sup* Marcos e que revelam uma profunda reflexão sobre a experiência insurgente.

Assim, aparecem elementos que apontam a reflexão de que os zapatistas foram se transformando devido à sua identificação consciente e prática com a "sociedade comunitária", uma relação de igualdade (uma relação sujeito-sujeito) o que, no fundo, sustenta a sua resistência. Esse momento foi para defesa para que os insurgentes continuassem tomando conta e se preparando militarmente; assim como, foi de apoio a que os povoados levassem adiante os seus municípios autônomos. Neste bojo, destaca-se a constituição de um sistema de saúde e de educação, próprios.

De acordo com a concepção zapatista sobre a educação, as escolas oficiais só poderão servir como mecanismo de regulação social e política atendendo ao projeto político-pedagógico da sociedade dominante, ou seja, uma educação condenada a ser prática de puro treino. Assim, os problemas encontrados na educação oficial não se limitam apenas à falta de professores e professoras e às condições estruturais e materiais; para os zapatistas, existe uma necessidade de uma escola que atenda às suas demandas e suas experiências comunitárias, um sistema educativo distinto daquele oferecido pelo governo federal do México.

Conforme podemos observar no texto a seguir, quanto à educação, nas terras em que não havia escolas, e muito menos professores, os conselhos autônomos foram capazes de construir escolas, formar os chamados promotores e promotoras de educação. Em vários municípios autônomos rebeldes zapatistas (MAREZ) foi possível também criar uma currículo próprio, cartilhas de alfabetização e livros-texto. Marcos destaca com clara satisfação, porém com cuidado, a conquista zapatista e das feministas indígenas em manter as mulheres e meninas frequentando a escola. "Ainda falta bastante para que a chamada 'lei revolucionária das mulheres' seja cumprida", adverte Marcos. E, na forma poética e bem humorada que lhe é peculiar, propõe que os diplomas conferidos aos formandos sejam feitos de chiclete, para que quando perseguidos pudessem mascá-lo, já que diz o cabeçalho que "[nosso] Sistema Educativo reconhece o seu esforço, suas contribuições à luta de resistência e convida-o a partilhar com nossos povos o que o povo lhe deu". E, em seguida, diz: "Por uma educação libertadora! Por uma educação científica e popular! Coloco-me a serviço do meu povo".

Podemos, portanto, observar que, de um modo geral, o Sistema Educativo Rebelde Autônomo Zapatista de Libertação Nacional tem importância estratégica na condução da luta e na construção da autonomia. A escola zapatista é engajada na luta e na garantia de direitos indígenas e camponeses através da conscientização popular e na construção de novas relações sociais. Ao mesmo tempo que se "manda obedecendo", como acatamento crítico às decisões coletivas, na educação se estabeleceu a condição "ensinando se aprende, aprendendo se ensina".

Referências

CCRI-CG do EZLN. Primeira Declaração da Selva Lacandona: México, janeiro de 1994. In: GENNARI, Emílio (Org.). *Traduções dos comunicados do EZLN (1994-2004)*. São Paulo: s.n., 2004. CD-ROM.

ENLACE CIVIL. *Programa de educação*. Disponível em: <http://www.enlacecivil.org.mx/pr_e_semillita.html>. Acesso em: 13 jun. 2007.

GENNARI, Emílio. *Chiapas: as comunidades zapatistas reescrevem a história*. Rio de Janeiro: Achiamé, 2002.

GENNARI, Emílio. *Traduções dos comunicados do EZLN (1994-2004)*. São Paulo: [s.n.], 2004. CD-ROM.

GENNARI, Emílio (Org.). *EZLN: passos de uma rebeldia*. São Paulo: Expressão Popular, 2005.

SUBCOMANDANTE MARCOS. Abertura do Encontro: os professores democráticos e o sonho zapatista: México, agosto de 1999. In: GENNARI, Emílio (Org.). *Traduções dos comunicados do EZLN (1994-2004)*. São Paulo: [s.n.], 2004a. CD-ROM.

SUBCOMANDANTE MARCOS. Encerramento do Encontro: os professores democráticos e o sonho zapatista: México, ago. 1999. In: GENNARI, Emílio (Org.). *Traduções dos comunicados do EZLN (1994-2004)*. São Paulo: [s.n.], 2004b. CD-ROM.

SUBCOMANDANTE MARCOS. Chiapas: a 13º estela: Quinta parte: uma história: México, julho de 2003. In: GENNARI, Emílio (Org.). *Traduções dos comunicados do EZLN (1994-2004)*. São Paulo: [s.n.], 2004c. CD-ROM.

[Texto selecionado]

Tradução: *Emílio Gennari*

Chiapas: a décima terceira estela. Quinta parte: uma história.

Subcomandante Insurgente Marcos

[Disponível em: <http://palabra.ezln.org.mx/>. Acesso em: maio 2009.]

A história dos municípios autônomos rebeldes zapatistas é relativamente jovem, completou sete anos e entra nos oito. Apesar de terem sido declarados por ocasião da ruptura do cerco de dezembro de 1994, os municípios autônomos rebeldes zapatistas (os MAREZ) levaram ainda um tempo para concretizar-se.

Hoje, o exercício da autonomia indígena é uma realidade em terras zapatistas, e temos o orgulho de dizer que tem sido conduzido pelas próprias comunidades. Nesse processo, o Exército Zapatista de Liberação Nacional (EZLN) tem se dedicado unicamente a acompanhar e a intervir quando há conflitos ou desvios. Por isso, é que a voz do EZLN não coincidia com a dos municípios autônomos. Estes expressavam diretamente denúncias, diligências, esclarecimentos, acordos, relações de irmandade (não são poucos os municípios autônomos rebeldes zapatistas que mantêm relações com municípios de outros países, principalmente da Itália). Se agora os autônomos têm pedido que o EZLN cumpra as funções de porta-voz, é porque entraram numa etapa superior de organização e, generalizada esta, não cabe a um único município, ou a vários, o dá-lo a conhecer. Por isso, o acordo foi que o EZLN desse a conhecer isso que agora muda.

No período anterior, os problemas das autoridades autônomas podem ser reunidos em dois grupos: os que se referem à sua relação com a sociedade civil nacional e internacional e os que se referem ao seu autogoverno, ou seja, às relações com as comunidades zapatistas e não zapatistas.

Em sua relação com a sociedade civil nacional e internacional, o problema principal é que há um desenvolvimento desequilibrado dos municípios autônomos, das comunidades que se encontram em seu interior e, inclusive, das famílias de zapatistas que vivem aí. Ou seja, os municípios autônomos mais conhecidos (como os que são sedes dos já extintos *Aguascalientes*) ou mais ao alcance da mão (mais próximos dos centros urbanos ou com acesso pela estrada) recebem mais projetos e mais apoio. O mesmo ocorre com as comunidades. As mais conhecidas e as que se encontram à beira da estrada recebem mais atenção das "sociedades civis".

No caso das famílias zapatistas, acontece que a sociedade civil, quando visita as comunidades, trabalha em projetos ou se instala com o acampamento de paz, costuma construir uma relação especial com uma ou várias famílias da comunidade. Logicamente, com obrigações, presentes ou atenções especiais, essas famílias têm mais vantagens do que as demais, ainda que sejam todas zapatistas. Também não é raro que aqueles que têm uma interlocução com a sociedade civil pelo cargo que ocupam na comunidade, no município autônomo, na região ou na área recebam atenções especiais e presentes que muitas vezes dão o que falar no resto da comunidade ou não seguem o critério zapatista de "a cada um de acordo com suas necessidades".

Devo esclarecer que não se trata de uma relação perversa nem do que alguém, com soberba, chamou de "contrainsurreição bem intencionada", mas sim de algo natural nas relações humanas. Contudo, isso pode produzir desequilíbrios na vida comunitária quando não há contrapesos a essa atenção privilegiada.

No que se refere à relação com as comunidades zapatistas, o "mandar obedecendo" foi aplicado sem distinção. As autoridades devem ver que se cumpram os acordos das comunidades, suas decisões devem ser regularmente informadas, e o "peso" do coletivo, junto com o "passa a voz" que funciona em todas as comunidades, se convertem num vigilante difícil de evadir. Ainda assim, há casos de alguém que tem a manha de burlar isso e corromper-se, mas não chega muito longe. É impossível ocultar um enriquecimento ilícito nas comunidades. O responsável é castigado com a obrigação de torná-lo coletivo e de repor à comunidade o que pegou indevidamente.

Quando a autoridade se desvia, se corrompe ou, para usar um termo nosso, "está com malandragem" é removida do cargo e uma nova autoridade a substitui. Nas comunidades zapatistas o cargo de autoridade não tem remuneração alguma (durante o tempo que a pessoa é autoridade, a comunidade a ajuda na sua manutenção), é concebido como um trabalho em benefício do coletivo e é rotativo. Não poucas vezes é aplicado pelo coletivo para punir a indolência ou a indiferença de algum de seus integrantes, como quando alguém que falta muito nas assembleias comunitárias é castigado com o cargo de agente municipal ou enviado ejidal.

Essa "forma" de autogoverno (que aqui resumo ao extremo) não é uma invenção ou uma contribuição do EZLN. Vem de mais longe e, quando o EZLN nasceu, já estava funcionando há um bom tempo, ainda que só ao nível de cada comunidade.

É com o crescimento desmedido do EZLN (que, como já expliquei, se deu no final dos anos 1980) que essa prática passa do local ao regional. Funcionando com responsáveis locais (isto é, os encarregados da organização em cada comunidade), regionais (um grupo de comunidades) e de área (um grupo de regiões), o EZLN viu que, de forma natural, os que não davam conta dos trabalhos eram substituídos por outros. Ainda que aqui, como se tratava de uma organização político-militar, o comando tomava a decisão final.

Com isso, quero dizer que a estrutura militar do EZLN "contaminava" de alguma forma uma tradição de democracia e de autogoverno. O EZLN era, para assim dizer, um dos elementos "antidemocráticos" numa relação de democracia direta comunitária (outro elemento antidemocrático é a Igreja, mas este é assunto para outro escrito).

Quando os municípios autônomos começam a caminhar, o autogoverno não passa só do local ao regional, mas também se desprende (sempre tendencialmente) da "sombra" da estrutura militar. Na designação ou na destituição das autoridades autônomas, o EZLN não intervém em nada, e só tem se limitado a sublinhar que, como o EZLN, por seus princípios, não luta pela tomada do poder, nenhum dos comandantes militares ou membros do Comitê Clandestino Revolucionário Indígena pode ocupar um cargo de autoridade na comunidade ou nos municípios autônomos. Aqueles que decidem participar dos governos autônomos devem renunciar definitivamente ao seu cargo organizativo dentro do EZLN.

Não vou me estender muito sobre o funcionamento dos Conselhos Autônomos, eles têm seu agir próprio ("seu jeito", dizemos nós) como aval, e não são poucas as testemunhas das "sociedades civis" nacionais e internacionais que têm visto eles funcionar e que trabalham diretamente com eles.

Contudo, não quero que fique a impressão de que se trata de algo perfeito e que seja idealizado. O "mandar obedecendo" nos territórios zapatistas é uma tendência, e não está isenta de sobe-e-desce, contradições de desvios, mas é uma tendência dominante. Que isso tem resultado em benefício das comunidades fala o fato de ter conseguido sobreviver em condições de perseguição, hostilidade e pobreza que poucas vezes podem ser encontradas na história do mundo. Não só, os conselhos autônomos têm conseguido levar adiante, com o apoio fundamental das "sociedades civis", um trabalho titânico: construir as condições materiais para a resistência.

Encarregados de governar um território em rebeldia, ou seja, sem apoio institucional algum e sob perseguição e hostilidade, os conselhos autônomos centraram suas baterias em dois aspectos fundamentais: a saúde e a educação.

Na saúde, não se limitaram a construir clínicas e farmácias (sempre apoiados pelas "sociedades civis", não podemos nos esquecer disso), formaram também agentes de saúde e mantêm campanhas permanentes de higiene comunitária e de prevenção de doenças.

Uma vez, uma dessas campanhas esteve muito perto de custar-me o ser criticado na assembleia (não sei se vocês sabem o que é ser criticado numa assembleia, mas, caso não saibam, basta que lhes diga que o inferno deve ser algo parecido) e ser "olhado" pela comunidade (ou seja, as pessoas "olham" para você, mas com um desses olhares que dá calafrios, enfim, uma espécie de purgatório). Acontece que, acho que foi em La Realidad, estava de passagem e pernoitava numa das choças que os companheiros têm para casos como estes. Nesse dia, passou o "comitê de saúde" da comunidade para verificar as latrinas de cada casa (havia o acordo de que as latrinas deviam ser cobertas regularmente com cal ou cinzas para evitar a proliferação das doenças). Obviamente, a nossa latrina não tinha cal e nem cinzas.

Os do "comitê de saúde" me disseram, carinhosamente, "companheiro subcomandante insurgente Marcos, estamos vistoriando as latrinas por acordo da comunidade e sua latrina não tem cal e nem cinzas e então você tem que colocá-las e amanhã voltamos para ver se já foram colocadas". Eu comecei a balbuciar algo sobre a viagem, o cavalo coxo, os comunicados, as movimentações militares, os paramilitares e não lembro mais do que. Os do "comitê de saúde" ouviram pacientemente até que parei de falar e só disseram "é tudo, companheiro subcomandante insurgente Marcos". É óbvio que, no dia seguinte, quando passaram os do "comitê de saúde", a latrina estava com cinzas, cal e areia, menos o cimento, mas isso só porque não o encontrei, do contrário tampava até pra sempre a dita latrina.

Quanto à educação, nas terras em que não havia escolas, e muito menos professores, os Conselhos Autônomos (com o apoio das "sociedades civis", não me cansarei de repeti-lo) construíram escolas, capacitaram promotores de educação e, em alguns casos, até criaram seus próprios conteúdos educativos e pedagógicos. Manuais de alfabetização e livros de texto são preparados pelos "comitês de educação" e por promotores, acompanhados pelas "sociedades civis" que entendem desses assuntos.

Em algumas regiões (mas não em todas, claro) já se conseguiu que as meninas frequentem a escola, elas que, desde os tempos antigos, eram marginalizadas do acesso ao conhecimento. Mesmo tendo conseguido que as mulheres não sejam vendidas e escolham livremente o seu parceiro, existe ainda em terras zapatistas o que as feministas chamam de "discriminação de gênero". Ainda falta bastante para que a chamada "lei revolucionária das mulheres" seja cumprida.

Continuando com a educação, em alguns lugares, as bases zapatistas têm feito acordos com professores da seção democrática do sindicato do magistério (ou seja, os que não estão com a Gordillo) para que não façam trabalho de contrainsurreição e respeitem os conteúdos recomendados pelos Conselhos Autônomos. Zapatistas que são, esses professores democráticos aceitaram o acordo e o têm cumprido plenamente.

Claro, nem os serviços de saúde nem os de educação atingem todas as comunidades zapatistas, mas boa parte delas, a maioria, já tem uma forma de conseguir um remédio, cuidar de uma doença e conseguir um veículo para levar alguém à cidade no caso de doença ou acidente graves. A alfabetização e o primário estão só se generalizando, mas uma região já conta com uma secundária autônoma que, nestes dias, "faz a graduação" de uma nova leva de homens e, atenção, mulheres indígenas.

Dias atrás, me mostraram os diplomas e os certificados de estudo da Secundária Rebelde Autônoma Zapatista. Minha modesta opinião é que deveriam fazê-los de chicle porque têm como cabeçário um "EZLN – Exército Zapatista de Libertação Nacional", e, logo em seguida, se lê (em "castelhano" e em tzotzil): "O Sistema Educativo Rebelde Autônomo Zapatista de Libertação Nacional (se refere ao que funciona em Los Altos, porque em outras regiões há outros sistemas educativos) certifica que o(a) aluno(a) fulano(a) cursou satisfatoriamente os três graus da Secundária Autônoma, de acordo com os Planos e Programas Zapatistas da ESRAZ, Escola Secundária Rebelde Autônoma Zapatista 1º de Janeiro, obtendo uma média geral de ____.

Razão pela qual o nosso Sistema Educativo reconhece o seu esforço, suas contribuições à luta de resistência e convida-o a partilhar com nossos povos o que o povo lhe deu". E, em seguida, diz: "Por uma educação libertadora! Por uma educação científica e popular! Coloco-me a serviço do meu povo". Assim que, em caso de perseguição, o aluno não só não poderá exibi-lo, mas sim terá que comê-lo, por isso é melhor que seja de chicle. Há também o boletim com as várias notas (que aparece como um "reconhecimento") e nele se leem as matérias (na realidade não são matérias, mas sim "áreas") que são cursadas: Humanismo, Esportes, Artes, Reflexão sobre a Realidade, Ciências Sociais, Ciências Naturais, Reflexão sobre a Língua Materna, Comunicação, Matemática, Produção e Serviços à comunidade. Só há dois conceitos: "A" ("área aprovada") e "ANA" ("área não aprovada"). Já sei que as "Anas" que existem no mundo vão se ofender, mas eu não posso fazer nada porque, como costumo dizer, os autônomos são autônomos.

A educação é gratuita e os "comitês de educação" (reitero: com o apoio das "sociedades civis") se esforçam para que cada aluno tenha o seu caderno e o seu lápis, sem ter de pagar por ele.

Quanto à saúde, está se fazendo também o esforço para que também seja gratuita. Em algumas clínicas zapatistas já não se cobra aos companheiros nem a consulta nem o remédio, nem a cirurgia (quando esta se faz necessária e é possível nas nossas condições), e nas demais se cobra o custo do remédio, não a consulta e nem o cuidado médico. Nossas clínicas têm o apoio e a participação direta de especialistas, cirurgiões, médicos e médicas, enfermeiros e enfermeiras da sociedade civil nacional e internacional, bem como de alunos e residentes de Medicina e Odontologia da Universidade Nacional Autónoma de México (UNAM), da Universidade Autónoma Metropolitana (UAM) e de outros institutos de ensino superior. Não cobram um único centavo e muitas vezes tiram do seu bolso.

Eu sei que mais de um estará pensando que já está parecendo um informe do governo e só falta que eu diga que "o número de pobres foi reduzido" ou algumas "foxeadas" bem ao estilo, mas não, por aqui o número de pobres tem crescido porque o número de zapatistas tem crescido, e uma coisa acompanha a outra.

Por isso, quero reafirmar que tudo isso se dá em condições extremas de pobreza, carência, limitações técnicas e de conhecimentos, além do fato de que o governo faz o possível para bloquear os projetos que vêm de outros países.

Há pouco tempo, algumas pessoas da "sociedade civil" me falaram dos sofrimentos que tiveram para trazer uma geladeira que funciona a energia solar. O projeto consiste em vacinar as crianças, mas a maioria das comunidades não tem energia elétrica ou, quando tem, não tem refrigerador. De tal forma, que a geladeira permitiria guardar as vacinas até que fossem aplicadas naqueles que delas precisam. Bom, acontece que para trazer a dita geladeira era necessário passar por uma infinidade de trâmites burocráticos e, conforme se investigou, só havia uma organização que podia trazer do exterior o que quer que fosse e de forma rápida: a "Fundação Vamos México" de Martha Sahagún de Fox. É óbvio que não se recorreu a essa agência de propaganda. Foram cumpridos todos os trâmites e, mesmo que demore, a geladeira será instalada e haverá vacinas.

Além da educação e da saúde, os Conselhos Autônomos veem os problemas das terras, do trabalho e do comércio, onde avançam um pouco. Veem também questões de moradia e alimentação, mas estamos engatinhando. Onde se está um pouco melhor é na cultura e na informação. Quanto à cultura, se promove, sobretudo, a defesa da língua e das tradições culturais. Na informação, através das várias estações da rádio zapatista, são transmitidos noticiários em língua [indígena]. Também, regularmente e intercalados com todo tipo de músicas, se transmitem mensagens recomendando aos homens o respeito às mulheres, e chamando as mulheres a organizarem-se e exigir o respeito dos seus direitos. E, não é por nada, mas a nossa cobertura da guerra do Iraque foi muito superior à da CNN (o que, olhando bem, não significa muito).

Os Conselhos Autônomos administram também a justiça. Os resultados são irregulares. Em alguns lugares (por exemplo, em San Andrés Sakamchén de los Pobres) até os priistas procuram a autoridade autônoma porque, dizem, "eles sim atendem e resolvem o problema". Em outros, como vou explicar agora, há problemas.

Quando a relação dos Conselhos Autônomos com as comunidades zapatistas está cheia de contradições, a relação com as comunidades não zapatistas tem sido de atrito constante e de enfrentamento.

Nos escritórios das organizações não governamentais defensoras dos direitos humanos (e no Comando Geral do EZLN), há uma boa quantidade de denúncias contra os zapatistas por supostas violações dos direitos humanos, injustiças e arbitrariedades. No caso das denúncias recebidas pelo Comando, são distribuídas aos Comitês de Área para investigar sua veracidade e, em caso de resposta positiva, resolver o problema juntando as partes para fazer um acordo.

Mas no caso dos organismos defensores dos direitos humanos há dúvidas e confusões porque não está definido a quem devem se dirigir. Ao EZLN ou aos Conselhos Autônomos?

E têm razão (os defensores dos direitos humanos) porque não há clareza sobre esse assunto. Também há o problema das diferenças entre o direito positivo e os chamados "usos e costumes" (como são chamados pelos juristas) ou "caminho do bom pensamento" (como nós o chamamos). A solução desse último cabe a quem tem feito da defesa dos direitos humanos a sua vida. Ou, como no caso Digna Ochoa (que para encarregado especial do caso não passou de uma secretária – como se ser uma secretária fosse ser algo menor –, mas que, para os perseguidos políticos foi, e é, uma defensora), sua morte. No que diz respeito a uma definição clara de a quem é necessário se dirigir para dar andamento a essas denúncias, cabe aos zapatistas. E, por estes dias, se conhecerá como irão tratar de resolvê-lo.

Enfim, não são poucos os problemas que a autonomia indígena enfrenta em territórios zapatistas. Para tratar de resolver alguns deles, foram realizadas mudanças importantes em sua estrutura e funcionamento. Mas falarei sobre isso depois, agora só quis dar um breve panorama do onde estamos.

Esta longa explicação se deve ao fato de que a construção dessa autonomia indígena não tem sido obra só dos zapatistas. Se a condução do processo foi exclusiva das comunidades, a realização contou com o apoio de muitos e muitas mais.

Se o levante de 1º de janeiro de 1994 foi possível pela cumplicidade conspiradora de dezenas de milhares de indígenas, a construção da autonomia em território rebelde é possível pela cumplicidade de centenas de milhares de pessoas de diferentes cores, diferentes nacionalidades, diferentes culturas, diferentes línguas, enfim, de mundos diferentes.

Com seu apoio, eles e elas tornaram possível (no que tem sido bom, porque no ruim é só responsabilidade nossa) não o atendimento às demandas dos indígenas rebeldes zapatistas, mas sim uma leve melhora em suas condições de vida e, sobretudo, que tenhamos sobrevivido e feito crescer mais uma, talvez a menor, das alternativas diante de um mundo que exclui todos os "outros", ou seja, os indígenas, jovens, mulheres, crianças, migrantes, trabalhadores, professores, camponeses, motoristas de táxi, comerciantes, desempregados, homossexuais, lésbicas, transexuais, religiosos comprometidos e honestos, artistas e intelectuais progressistas e _____ (acrescente você o que falta).

Também para todos eles e elas (e aqueles que não são nem eles e nem elas) deveria ter um diploma próprio que dissesse "O Exército Zapatista de Libertação Nacional e as Comunidades Indígenas Rebeldes Zapatistas certificam que _____ (nome do – ou da – cúmplice em questão) é nosso irmão(ã) e tem, nestas terras e conosco, um coração moreno como casa, a dignidade como alimento, a rebeldia como bandeira e como amanhã um mundo onde caibam muitos mundos. Entregue em solos e céus zapatistas aos tantos dias do mês tal do ano etcétera", e assinam os e as zapatistas que sabem fazê-lo, e quem não souber, pois então, põe sua digital". Eu, num canto, colocaria:

Das montanhas do Sudeste Mexicano.

Subcomandante Insurgente Marcos. México, julho de 2003.

(Continuará...)

Sobre autores e autoras

Adriana Puiggrós, na qualidade de deputada nacional, é presidente da Comissão de Educação do Congresso da Nação Argentina. Foi ministra da Educação da Província de Buenos Aires, secretária de Estado de Ciência e Tecnologia, decana da Faculdade de Filosofia e Letras da Universidade de Buenos Aires (UBA), professora titular de História da Educação Argentina e Latino-Americana na UBA e na Universidade Nacional Autónoma (UNAM). É autora de 17 livros, numerosos livros em coautoria e artigos sobre problemas da educação latino-americana. É autora e coordenadora da *História da Educação Argentina*, em oito tomos.
E-mail: puiggros.adriana@gmail.com

Alfonso Torres Carrillo é educador popular, licenciado em Ciências Sociais, mestre em História e doutor em Estudos Latino-Americanos. Acompanha e investiga processos educativos populares e experiências de organizações e movimentos populares urbanos, temas sobre os quais publicou alguns livros e numerosos artigos. Atualmente dirige o mestrado em Estudos Sociais da Universidade Pedagógica Nacional na Colômbia e coordena o Grupo de Investigação: Sujeitos e Narrativas em Investigação e Ensino das Ciências Sociais.
E-mail: alfonsitorres@gmail.com

Antônio Sidekun é natural de Nova Harmonia, Município de Nova Petrópolis, Rio Grande do Sul, onde reside atualmente, depois de ter estudado Filosofia na Faculdade de Filosofia Nossa Senhora Imaculada Conceição (FAFIMC) - Viamão, mestrado em Filosofia pela Pontifícia Universidade Católica do Rio Grande do Sul (PUCRS), doutorado em Filosofia pela Universidade de Bremen, Alemanha, com pós-doutorado em Ética em Theodor

W. Adorno pela Universidade de Leipzig e pós-doutorado pela The Catholic University of America, de Washington, sobre Ética e Multiculturalismo. Foi professor de Filosofia na PUCRS e na Universidade do Vale do Rio dos Sinos (Unisinos). Membro fundador da Associação Sul-Americana de Filosofia e Teologia Interculturais (ASAFTI), secretário-geral do Centro de Estudos Nova Harmonia, professor visitante na Universidade Centro Americana de El Salvador. Atualmente ministra minicursos sobre interculturalidade e dirige a Editora Nova Harmonia.

E-mail: anko.amigo@hotmail.com

Bartomeu Melià ingressou na Companhia de Jesus. Chegou ao Paraguai em 1954 e desde o princípio dedicou-se ao estudo da língua guarani e da cultura paraguaia. É doutor em ciências religiosas pela Universidade de Strasbourg (1969). Acompanhou e conviveu com os índios Guaranis, Kainganges e Enawené-nawé, no Paraguai e no Brasil. Publica regularmente sobre língua, etnografia e história guarani, assim como ensaios e estudos sobre o Paraguai. Reedita a obra linguística de Antonio Ruiz de Montoya (1639-1640), assim como a de León Cadogan (entre outros, *Ayvu rapyta*; textos míticos da Mbyá-Guaraní do Guairá /1959/ 1992). Publicações recentes: 2004 As línguas indígenas no Paraguai; uma visão desde o Censo 2002, em: ARGENTER, Joan; BROWN, R. Mckenna. *On the Margins of Nations: Endangered Languages and Linguistic Rights.* Bath (Inglaterra), F.E.L.:77-87; 2004; *O dom, a vingança y outras formas de economia.* Asunción, CEPAG, 258 p., 2006; *Mundo guaraní.* Asunción.

E-mail: bmelial@hotmail.com

Berenice Corsetti possui graduação em História pela Universidade de Caxias do Sul (UCS), mestrado em História pela Universidade Federal Fluminense (UFF) e doutorado em Educação pela Universidade Estadual de Campinas (Unicamp). Atualmente é professora titular da Unisinos. Tem experiência em História e Educação, atuando principalmente nos seguintes temas: Rio Grande do Sul, História da Educação e Políticas educacionais.

E-mail: bcorsetti@unisinos.br

Cênio Back Weyh é graduado em Pedagogia e Filosofia pela Unijuí, possui mestrado pela Universidade Federal de Santa Maria (UFSM) e doutorado pela Unisinos em Educação. Atualmente é docente titular e coordenador da Área de Conhecimento de Ciências Humanas da Universidade Regional Integrada (URI) - Campus de Santo Ângelo (RS); é líder (URI) de grupo de

pesquisa e pesquisador da Unisinos; atua nas linhas de Educação Popular, Estudos Freirianos e Formação de Professores.
E-mail: ceniow@urisan.tche.br

Cheron Zanini Moretti é doutoranda em Educação pela UNISINOS e bolsista do CNPq. Mestre em Educação e licenciada em História pela mesma universidade, está vinculada ao grupo de pesquisa "Mediação Pedagógica e Cidadania", pesquisando temas relacionados a Educação Popular, movimentos sociais e políticos e à insurgência como princípio educativo da pedagogia latino-americana.
E-mail: cheron.moretti@gmail.com

Daiane Almeida de Azevedo é graduanda do curso de História (licenciatura) da Unisinos, bolsista de Iniciação Científica do CNPq e está vinculada ao grupo de pesquisa "Mediação Pedagógica e Cidadania", na pesquisa Práticas Educativas, Justiça Social e Desenvolvimento: a Educação Popular Diante das Reformas Estruturais e Mudanças Culturais na América Latina (1989-2009).
E-mail: dayazinhaazevedo@gmail.com

Danilo R. Streck é professor no Programa de Pós-Graduação em Educação da Unisinos. Pesquisa temas relacionados com a educação popular e as mediações pedagógicas em processos sociais. Autor, entre outros, de *Educação para um novo contrato social* (Vozes), *Rousseau & a Educação* (Autêntica), organizador de *Educação em nossa América: textos selecionados de José Martí* (Unijuí), *Martí & a Educação* (Autêntica) e co-organizador do *Dicionário Paulo Freire* (Autêntica).
E-mail: dstreck@unisinos.br

Dênis Wagner Machado é graduando em História pela Universidade do Vale do Rio dos Sinos (Unisinos), bolsista de iniciação científica pelo Programa de Pós-Graduação em Educação da referida instituição e membro do grupo de pesquisa Mediação Pedagógica e Cidadania.
E-mail: dtron_rs@hotmail.com

Edla Eggert é pedagoga, mestre em Educação e doutora em Teologia. Professora no Programa de Pós Graduação em Educação da Unisinos. Área temática: Educação Popular e Estudos Feministas. Bolsista Produtividade CNPq.
E-mail: edla@unisinos.br

Eulálio Velázquez Licea é doutor em Ciências Pedagógicas, professor-investigador da Universidade Pedagógica Nacional en Xalapa, Veracruz, no México. Responsável pelo grupo de pesquisa "Educação, curriculum e valores". Integrante da Rede de Investigadores Educativos da América e do Caribe (RIEAC).
E-mail: evelazquezl@gmail.com

Fernando Torres Millán é educador e teólogo. Durante mais de 25 anos, colaborou na construção de um movimento e uma reflexão sobre educação popular, religião e teologia latino-americana de diversos processos educativos. Hoje afronta coletivamente o desafio de aprofundar esta proposta mediante a criação e animação de um novo espaço de articulação, investigação, formação e assessoria: Kairós Educativo.
E-mail: dimed@etb.net.co

Gomercindo Ghiggi é professor da Universidade Federal de Pelotas (UFPel), Rio Grande do Sul. Participa do Grupo de Pesquisa Filosofia, Educação e Práxis Social e da Linha de Pesquisa Filosofia e História da Educação do Programa de Pós Graduação em Educação da UFPel. Atua na área de Educação, com ênfase em Fundamentos da Educação e Educação Popular, centralmente a partir de estudos de Paulo Freire.
E-mail: gghiggi@terra.com.br

Graziela Rinaldi da Rosa possui graduação em Filosofia pela Universidade Federal de Pelotas (UFPel), especialização em Metodologia do Ensino de História e Geografia e mestrado em Educação pela Unisinos. Atualmente faz doutorado em Educação na mesma universidade. É professora de filosofia, cidadania, relações interpessoais e ética e relações humanas no Colégio Cenecista Felipe Tiago Gomes e no Colégio Fátima. É coordenadora do Curso de Especialização em Planejamento Ambiental (CNEC-Osório). Vem pesquisando principalmente a questão sobre gênero e Filosofia, problematizando a exclusão das mulheres nessa área do conhecimento.
E-mail: grazirinaldi@bol.com.br

Janilson Pinheiro Barbosa possui graduação em Licenciatura Plena em Filosofia pelo Centro Universitário La Salle, especialização em Direito da Criança e do Adolescente pela Escola Superior do Ministério Público (ESMP) e mestrado em Educação pela Unisinos e atualmente realiza doutoramento

nesta mesma universidade. Tem experiência na área de Educação, principalmente nos seguintes temas: Medida Socioeducativa, FASE, Ato Infracional, Adolescente, Autonomia e Educação.
E-mail: janilsonpb@uol.com.br

Jairo Henrique Rogge é doutor em História pela Unisinos, docente no curso de Licenciatura em História da mesma universidade e pesquisador do Instituto Anchietano de Pesquisas, na área de Arqueologia, com ênfase em Arqueologia Pré-Histórica e História das Sociedades Indígenas.
E-mail: rogge@unisinos.br

Joice Oliveira Pacheco é formada em Estudos Sociais – História pela Universidade de Santa Cruz do Sul (UNISC), com especialização em História do Brasil pela mesma universidade. Mestre em Educação pelo Programa de Pós-Graduação em Educação na Unisinos, na Linha de Pesquisa Educação e Processos de Exclusão Social.
E-mail: joicepacheco@bol.com.br

Lindomal Ferreira possui graduação em Pedagogia e especialização em Produção Familiar Rural e Ciências Sociais pela Universidade Federal do Pará (UFPA) e mestrado em Planejamento do Desenvolvimento pelo Núcleo de Altos Estudos Amazônicos (UFPA). Tem experiência na área da Educação com ênfase em Planejamento e Gestão e atualmente é docente dessa mesma universidade, com afastamento para doutoramento na Unisinos.
E-mail: lindomal@bol.com.br

Luiz Bernardo Pericás é formado em História pela George Washington University, doutor em História Econômica pela Universidade de São Paulo (USP), pós-doutorado em Ciência Política pela Facultad Latino-Americana de Ciencias Sociales (FLACSO) México, onde foi professor convidado. Foi também *Visiting Scholar* na University of Texas at Austin. Colaborou com diversas revistas e jornais, como *O Estado de S. Paulo, Correio Braziliense, Memória (México), Contexto Latinoamericano (Cuba), Lua Nova (Cedec), Política Externa, Cadernos do Terceiro Mundo, Novos Rumos, História (Unisinos), Estudos (USP), Teoria e Debate (Fundação Perseu Abramo), Revista de História da Biblioteca Nacional, Luta de Classes (NEILS/PUC), História e Luta de Classes, História (Unesp), Outubro (Cemarx/Unicamp), Carta Capital, Quaderni della Fondazione Che Guevara (Itália), Fórum, Teorema* e *Cult,* entre outras. Traduziu, organizou e prefaciou livros de diversos autores, como Jack London, John Reed, James Petras, Edward Said, A. Alvarez, Christopher Hitchens, Slavoj Zizek e José Carlos Mariátegui. É autor de *Che Guevara and the Economic Debate in Cuba* (Atropos Press, 2009) e *Mystery Train* (Brasiliense, 2007), entre vários outros. É pesquisador da Fundação de Desenvolvimento Administrativo (Fundap), em São Paulo, e professor da FLACSO sede acadêmica do Brasil.

E-mail: lbpericas@hotmail.com

María del Carmen Cruz Senovilla é doutora em Ciências da Educação da Universidad Nacional de Educación a Distância (UNED) de Madri, catedrática-investigativa do Departamento de Ciências da Educação da Universidade Centroamericana José Simeón Cañas (UCA), docente e diretora de teses do mestrado em Política e Avaliação Educativa. Realizou atividades de docência, investigação e direção de projetos educativos em todos os níveis educativos na Espanha e em El Salvador. Trabalhou em distintas publicações do setor educativo nos dois países.

E-mail: mccruz@buho.uca.edu.sv

Martinho Kavaya é professor angolano, graduado em Filosofia e Teologia; bacharel em Serviço Social, mestre e doutor em Educação pela UFPel. Membro do grupo de pesquisa Filosofia, Educação e Práxis Social (FEPráxis).

E-mail: makavaya@yahoo.com.br

Marcos Rocchietti é mestre pelo Institutos Normales de Montevideo, licenciado em Ciências da Educação, pela Facultad de Humanidades y Ciencias de la Educación (FHCE), Universidad de La República. Mestrando em Educación Popular na Multiversidad Franciscana de América Latina (MFAL), em convênio com a Pontificia Facultad de Teología San Buenaventura, de Roma. Fez cursos de atualização e especialização em diversos países. É secretário executivo da Asociación Latinoamericana de Instituciones Metodistas de Educación (ALAIME).

E-mail: marcosr@internet.com.uy

Mirele Alberton é graduanda em História (Licenciatura) na Unisinos, bolsista de Iniciação Científica (CNPq) vinculada ao grupo de pesquisa Mediação Pedagógica e Cidadania. Pesquisa "Práticas educativas, Justiça Social e Desenvolvimento: a educação popular frente às reformas políticas e mudanças culturais na América Latina (1989-2009)".

E-mail: elyzinha89@hotmail.com

Paulo P. Albuquerque é bacharel em Ciências Sociais, licenciado em Estudos Sociais e mestre em Sociologia da Sociedade Industrial pela PUCRS e doutor em Sociologia pela Université Catholique de Louvain-la-Neuve. Atualmente é professor adjunto da Universidade Federal do Rio Grande do Sul. Tem experiência na área de Sociologia, com ênfase em Sociologia do Trabalho, organizações associativas e cooperativas, atuando principalmente nos seguintes temas: trabalho, exclusão social, inovação tecnológica, cooperativismo e processos de aprendizagem coletiva.
E-mail: albuquerque.paulo@gmail.com

Telmo Adams, natural de São Luiz Gonzaga, educador com Licenciatura Plena em Filosofia, especialização em Pastoral Popular e em Cooperativismo, mestrado em Serviço Social e doutorado em Educação. Atuou por 20 anos na Cáritas Brasileira, na área da formação, economia popular solidária, projetos socioeducativos. Durante oito anos esteve na coordenação da entidade no estado do Rio Grande do Sul. Em 2003 e 2004 atuou no Instituto Humanitas Unisinos na área do cooperativismo e economia solidária. Leciona em cursos de especialização (Cooperativismo, Gestão de Pessoas) e realizou pós-doutorado Júnior na Unisinos. Bolsista do CNPq, atuando na pesquisa "Práticas Educativas, Justiça Social e Desenvolvimento: A Educação popular frente às reformas políticas e mudanças culturais na América Latina (1989-2009)", coordenada pelo Prof. Danilo R. Streck. Atualmente é professor no Centro Universitário La Salle (Canoas/RS).
E-mail: adams.telmo@gmail.com

Qualquer livro do nosso catálogo não encontrado nas livrarias pode ser pedido por carta, fax, telefone ou pela Internet.

✉ Rua Aimorés, 981, 8º andar – Funcionários
Belo Horizonte-MG – CEP 30140-071

📱 Tel: (31) 3222 6819
Fax: (31) 3224 6087
Televendas (gratuito): 0800 2831322

@ vendas@autenticaeditora.com.br
www.autenticaeditora.com.br

Este livro foi composto com tipografia Minion e impresso em papel Off Set 75 g na Gráfica e Editora Del Rey.